Berühmte Zitate
und Redewendungen

Ursprung, Hintergrund, Verwendung

Christa Pöppelmann

compact via ist ein Imprint der Compact Verlag GmbH

© Compact Verlag GmbH
Baierbrunner Straße 27, 81379 München
Ausgabe 2015
2. Auflage

Alle Rechte vorbehalten. Nachdruck, auch auszugsweise,
nur mit ausdrücklicher Genehmigung des Verlages gestattet.

Text: Christa Pöppelmann
Chefredaktion: Dr. Matthias Feldbaum
Redaktion: Tanja Böhm, Dr. Verena Stindl
Fachredaktion: Christine Lendt
Produktion: Ute Hausleiter
Abbildungen: siehe Bildnachweis S. 320
Gestaltung: textum GmbH, München
Umschlaggestaltung: seitenwind GmbH – Design und Kommunikation, Regensburg

ISBN 978-3-8174-9425-5
381749425/2

www.compactverlag.de

Vorwort

Bekannte Aussprüche und geflügelte Worte begegnen uns ständig. Oft haben sie sich bereits so in unsere tägliche Sprache eingeschlichen, dass wir sie gar nicht mehr als Zitat wahrnehmen. Andere heben sich umso deutlicher ab, sind lateinisch, englisch, französisch oder enthalten Wendungen, die nicht mehr gebräuchlich sind. Wer solche Zitate verwendet, wirkt belesen und gebildet. Und so manches sagt sich leichter und schöner mit den Worten großer Männer und Frauen.

Oft wissen wir aber gar nicht, wen wir zitieren und in welchem Zusammenhang der Ausspruch ursprünglich stand. In diesem Buch finden sich rund 900 der bekanntesten Zitate und Redewendungen sowie alles, was man über sie wissen muss: wie sie genau lauten, von wem sie stammen, welche Geschichten dahinterstecken und wann sie heute verwendet werden. Antike Philosophen und römische Feldherren, verdiente Schriftsteller und erfahrene Staatslenker kommen zu Wort, aber auch moderne Wendungen aus Film und Werbung sind aufgeführt. Dazu kommen lateinische Fachausdrücke und Lehnwörter, die sich grammatikalisch unserer Sprache angepasst haben und so ihre Herkunft besonders gut verstecken.

Die Zitate sind alphabetisch nach ihren Anfangsbuchstaben sortiert, nur Artikel am Zitatanfang werden dabei nicht berücksichtigt. Alle Zitaturheber sind im Personenregister auffindbar. Bei der Suche nach bestimmten Themen hilft das Sachregister.

Ganz gleich, ob Sie eine Rede vorbereiten, Glückwünsche formulieren, eine bestimmte Redewendung nachschlagen oder einfach schmökern wollen – in diesem Buch können Sie Altbekanntes neu entdecken und sich von unerwarteten Hintergrundinformationen verblüffen lassen.

Inhalt

A priori	6
Der barmherzige Samariter	32
Coitus interruptus	45
Da bleibt kein Auge trocken	47
Ecce homo!	67
Fac simile	86
Galgenhumor beweisen	93
Hab Sonne im Herzen	109
I did it my way	122
J'accuse	137
Der Kalte Krieg	143
L'art pour l'art	151
Macht doch euren Dreck alleine!	162
Nach Canossa gehen wir nicht	181
O tempora, o mores!	195
Pack die Badehose ein	197
Quadratisch. Praktisch. Gut	204
Rache ist süß	206
Den Sack schlägt man, den Esel meint man	212
Tabula rasa	240
Ueber den Wolken	247
Vae victis!	257
Ein wahrer Adonis	265
Yes we can	297
Der Zahn der Zeit	298
Personenregister	306
Sachregister	312

A priori
Vom Früheren her

nach Aristoteles
*384 †322 v. Chr.

Aristoteles

Aristoteles schuf mit der Einführung der beiden Begriffe „proteron" (Bedingung) und „hysteron" (Bedingtes) die Grundlage für die spätere Verwendung. Seit dem französischen Philosophen René Descartes (1596–1650) steht „a priori" für Erkenntnisse, die allein durch den Verstand entstehen, ohne jegliche empirische, also sinnliche Erfahrung. Aber gibt es so etwas überhaupt? Darum streiten sich die Erkenntnisphilosophen seit dem 17. Jahrhundert. Rationalisten wie Descartes vertraten die Meinung, dass nur Erkenntnisse a priori es uns erst möglich machen, empirisches Wissen einzuordnen. Empiristen wie der Brite John Locke (1632–1704) waren dagegen der Meinung, dass alle Erkenntnis erst durch die empirische Erfahrung entstehen kann, also a posteriori (vom Späteren her). Für den deutschsprachigen Raum prägte der Philosoph Immanuel Kant (1724–1804) die Begriffe „a priori" und „a posteriori" entscheidend mit.

Das A und O

Neues Testament (Offb 1,8)

Das letzte Buch des Neuen Testaments ist die *Offenbarung des Johannes.* Darin schildert der Ich-Erzähler, Johannes, eine Vision vom Ende der Welt, die ihm zuteil geworden ist. In der Einleitung beschwört er das künftige Kommen Gottes am Ende der Zeiten und schreibt: „Ich bin das Alpha und das Omega, spricht der Herr." Dabei bezieht sich Johannes auf das griechische Alphabet, in dem Alpha und Omega der erste und der letzte Buchstabe sind. In diesem Sinne stehen A und O für alles zwischen Anfang und Ende. Sagt man heute „Das A und O dieser Sache ist …" dann meint man meistens einen Punkt, der so wichtig ist, dass mit ihm die ganze Sache steht und fällt.

Aber hier, wie überhaupt, kommt es anders, als man glaubt

Wilhelm Busch *1832 †1908

Eigentlich glaubt der alte Kaspar Schlich in Wilhelm Buschs Bildergeschichte *Plisch und Plum,* die beiden Hundewelpen dieses Namens ertränkt zu haben. Die Jungen Peter und Paul allerdings retten die beiden in letzter Sekunde. In der Folge spielen Plisch und Plum der Familie ihrer Retter allerhand böse Streiche, was der alte Schlich mit Schadenfreude betrachtet. Am Ende aber kommt es bekanntlich anders, als man denkt. Plisch und Plum erweisen sich als wertvoll. Schlich bekommt deshalb vor Neid einen Anfall, fällt in den Teich und ertrinkt selbst.

Wilhelm Busch

Abschaum der Menschheit

Neues Testament (1 Kor 4,13)

Diesen Ausdruck benutzte Martin Luther in seiner Übersetzung des Neuen Testaments. Erfunden hat der Reformator den Begriff aber nicht. Er war im Spätmittelalter auf Latein gebräuchlich. Doch durch die Bibelübersetzung hat er sich über die folgenden Jahrhunderte auch in deutscher Sprache verbreitet. Luther ließ den Apostel Paulus im ersten Brief an die Korinther klagen: „Wir sind geworden wie der Abschaum der Menschheit, jedermanns Kehricht."

Martin Luther

Ach, spricht er, die größte Freud ist doch die Zufriedenheit

*Wilhelm Busch *1832 †1908*

Diese Worte spricht der Lehrer Lämpel aus der Bildergeschichte *Max und Moritz*. Der „brave" Lehrer, der „gute, alte Mann", der „bieder" sonntags in der Kirche Orgel spielt und dann in „sanfter Ruh […] nach besorgten Amtsgeschäften" zu Hause sein Pfeifchen anzündet, ist geradezu das Musterbeispiel des Spießbürgers, den außer seiner behaglichen, überschaubaren kleinen Welt nichts interessiert. Max und Moritz reißen den weltfremden Pädagogen mit Schießpulver in der Pfeife aus seiner Gemütsruhe. Das ändert allerdings auch nicht wirklich etwas: „Mit der Zeit wird alles heil, nur die Pfeife hat ihr Teil."

Ach, wie gut, dass niemand weiß, ...

*Jacob Grimm *1785 †1863*
*Wilhelm Grimm *1786 †1859*

„… dass ich Rumpelstilzchen heiß." Denn wenn die schöne Müllerstochter den Namen des Wesens nicht errät, das ihr geholfen hat, Stroh zu Gold zu verspinnen, dann muss sie ihm ihr Kind geben. Doch Rumpelstilzchen, die Titelfigur aus Grimms Märchen, kann es nicht lassen, triumphierend obigen Spruch zu krähen, und wird dabei belauscht. Pate für das Rumpelstilzchen stand möglicherweise der Kobold „Rumpele" aus Johann Fischarts *Geschichtsklitterung*, während der Zusatz „Stilzchen" wahrscheinlich auf ein Hinken hindeutet. Da das Rumpelstilzchen sich am Ende des Märchens vor Zorn selbst zerreißt, wird die Bezeichnung gern auf jähzornige Menschen angewandt.

Das Nationaldenkmal der Brüder Grimm in Hanau

Die Achse des Bösen

George W. Bush
*1946

George W. Bush

In einer Rede zur Lage der Nation im Januar 2002 warf US-Präsident George W. Bush Nordkorea, dem Iran und dem Irak aggressive Aufrüstung vor und sagte: „Staaten wie diese und die mit ihnen verbündeten Terroristen formen eine Achse des Bösen, die aufrüstet, um den Frieden der Welt zu bedrohen." Die „axis of evil" sorgte für viel Wirbel. Bushs Redenschreiber David Frum (*1960) erklärte später, der Begriff stamme ursprünglich von ihm. Er habe damit auf die Achsenmächte des Zweiten Weltkrieges (Deutschland, Italien, Japan) Bezug genommen, aber von einer „Achse des Hasses" gesprochen. Bush oder jemand aus seiner Umgebung bevorzugte aber die religiöser klingende Version „Achse des Bösen". In den USA wird der Begriff noch viel mehr karikiert und in fremden Zusammenhängen benutzt als in Europa, zum Beispiel „axis of weasels" (Achse der Wiesel/Feiglinge) für die Staaten, die den Irak-Krieg nicht unterstützten, oder „axis of medievals" (Achse der Mittelalterlichen) für das Netzwerk konservativer Christen.

Actio est reactio
Aktion ist gleich Reaktion

Isaac Newton *1643 †1727

Dies ist die Kurzformel für eine physikalische Gesetzmäßigkeit, die der britische Wissenschaftler entdeckte: das dritte Newton'sche Axiom. In der Langfassung lautet es: „Actioni contrariam semper et aequalem esse reactionem." (Wirkung und Gegenwirkung sind stets von entgegengesetzter Richtung und gleich groß.) Wenn also Körper A auf Körper B eine Kraft ausübt, dann wirkt eine gleich große Kraft von Körper B auf Körper A. Umgangssprachlich will man mit dem Zitat sagen, dass Taten entsprechende Folgen haben.

Isaac Newton

Ad absurdum
Zum Sinnlosen

Aristoteles *384 †322 v. Chr.

Als „reductio ad absurdum", als Rückführung bis zum Sinnlosen, bezeichnet man eine Beweistechnik der Logik. Anstatt eine Aussage zu beweisen, nimmt man ihr Gegenteil an und zeigt durch logische Schlüsse, dass dieses nicht zu einem Ergebnis führt. Die älteste Quelle dafür sind die Schriften des Aristoteles. Eine der berühmtesten Anwendungen stammt vom griechischen Mathematiker Euklid (um 300 v. Chr.), der bewies, dass es keine größte Primzahl geben könne, indem er die Annahme, es gebe eine größte, widerlegte. Umgangssprachlich spricht man auch davon, dass jemand eine Sache „ad absurdum" führt, wenn er sie so weit treibt, dass sie unsinnig wird.

Ad acta
Zu den Akten

Fachausdruck

Etwas „ad acta" legen bedeutet, sich nicht länger damit zu beschäftigen. Früher wurden amtliche Unterlagen, die im Archiv abgelegt werden sollten, weil der Fall – für den Moment – abgearbeitet war, mit dem Vermerk „a. a." oder „ad a." gekennzeichnet.

Ad hoc
Zu diesem

Fachausdruck

„Ad hoc" bedeutet wörtlich „zu diesem" und sinngemäß „für diesen Augenblick" oder „für diese Sache". Der Begriff charakterisiert Dinge, die aus einer Situation heraus, aus dem Stegreif entstehen. Ein Ad-hoc-Gremium zum Beispiel wird für eine ganz bestimmte Sache zusammengestellt. Eine Ad-hoc-Entscheidung wird aus einer Situation heraus gefällt. Eine Ad-hoc-Meldung wird gemacht, wenn sich wichtige Dinge ereignet haben. Börsennotierte Unternehmen sind beispielsweise verpflichtet, Ereignisse ad hoc öffentlich zu machen, die erheblichen Einfluss auf den Kurs haben können.

Adel verpflichtet

Pierre-Marc-Gaston de Lévis
*1764 †1830

„Noblesse oblige", forderte der französische Politiker Pierre-Marc-Gaston de Lévis in seinen *Maximes et réflexions sur divers sujets* (Maximen und Reflexionen über verschiedene Themen) und drückte damit aus, dass ein Adliger nicht nur Privilegien genießt, sondern auch verpflichtet ist, sich seinem Rang gemäß „edel" zu benehmen. Bekannt wurde das Motto in Deutschland durch den gleichnamigen Film mit Alec Guiness (1914–2000) aus dem Jahr 1949. Im Original hieß er allerdings *Kind Hearts and Coronets*.

Adlige im Mittelalter

Advocatus Diaboli
Anwalt des Teufels

Papst Sixtus V. (Felice Peretti)
*1521 †1590

Papst Sixtus V.

Die Rolle des Teufelsadvokaten wurde 1587 in den katholischen Heiligsprechungsprozess eingefügt. Er hatte die Rolle, jedes erdenkliche Negativ-Argument gegen die Heiligsprechung vorzubringen. Sein Gegenspieler war der Advocatus Dei (Anwalt Gottes). Die Rolle des Advocatus Diaboli einzunehmen bedeutet heute, in einer Diskussion die Rolle des Gegenparts zu übernehmen, nicht weil man diese Position wirklich vertritt, sondern um die andere Seite auf den Prüfstand zu stellen. Seltener verwendet man den Ausdruck auch für einen Anwalt, der einen besonders unpopulären Fall übernimmt und zum Beispiel einen Massenmörder oder Kinderschänder verteidigt. Im Vatikan schaffte Johannes Paul II. (1920–2005) den Advocatus Diaboli 1983 ab und brachte es mit einem schnelleren und einfacheren Prozess auf über 500 Heilig- und über 1300 Seligsprechungen, was selbst innerkirchlich oft als inflationär kritisiert wird.

Agenda
Die zu tuenden Dinge

Fachausdruck

Eine „Agenda" ist eine Sammlung von Dingen, die getan werden müssen. Dabei kann es sich um eine konkrete Tagesordnung für eine Sitzung handeln, auf der die Punkte aufgelistet sind, die in diesem Meeting abgearbeitet werden müssen, aber auch um einen eher vagen Zukunftsplan, der noch ausgestaltet werden muss. So war die Agenda 2010 eine Liste mit rund 20 teils konkreten, teils eher als Absichtserklärung formulierten Zielen, die die rot-grüne Bundesregierung im Jahr 2003 aufstellte und anschließend umzusetzen begann. Wenn jemand sagt, dass etwas „auf der Agenda steht", dann will er in der Regel versichern, dass er vorhat, sich mit dieser Sache zu befassen.

Alea iacta est
Der Würfel ist geworfen

Gaius Julius Caesar *100 †44 v. Chr.

Als Caesar am 10. Januar des Jahres 49 v. Chr. mit seinem Heer den Fluss Rubikon bei Ravenna überschritt, soll er die griechischen Worte „anerriphtho kybos" gesprochen haben. (Allerdings gibt es verschiedene Auslegungen der Geschichte.) Dies war, wie seine Biografen verraten, eine bei Glücksspielern gängige Phrase. Ihre älteste schriftliche Erwähnung findet man in einem Komödienfragment des Dichters Menandros (um 341–291 v. Chr.). Anders als die lateinische Übersetzung „Alea iacta est" oder gar das Deutsche „Die Würfel sind gefallen" drückt das griechische Original allerdings keine Entscheidung aus, die bereits getroffen ist, sondern erst die Bereitschaft zu einem Wagnis. Deshalb findet man auch manchmal die – korrektere – lateinische Version: „Alea iacta esto." (Der Würfel soll geworfen werden.) Da kein römischer Feldherr ein Heer auf italienischen Boden bringen durfte, wurde Caesars Überschreitung des Rubikon als Angriff gewertet und löste einen Bürgerkrieg aus, den Caesar allerdings ein Jahr später mit dem Sieg über seinen Rivalen Pompeius (106–48 v. Chr.) für sich entschied.

Alias
Auf andere Weise

Lehnwort

Ein „Alias" ist bei uns ein Beiname, den ein Mensch führt. Das kann ein Künstlername sein, aber auch ein falscher Name, den sich Kriminelle zulegen. Das Wort „alias" wird dabei im Sinne von „auch genannt"

Terenz

benutzt. Im Lateinischen bedeutet es aber „anders, auf andere Weise, ein andermal, sonst". In Terenz' Stück *Andria (Das Mädchen von Andros)* zum Beispiel sagt Simo: „Quid alias malim quam hodie has fieri nuptias (Was anders will ich, als dass heute diese Hochzeitsfeierlichkeiten stattfinden)?"

Alibi
Anderswo

Lehnwort

Wer ein Alibi hat, der kann beweisen, dass er zum Zeitpunkt eines Verbrechens an einem anderen Ort war als an dem, wo das Verbrechen geschehen ist. Im Lateinischen ist es eine Zusammensetzung aus den Worten „alius (anders)" und „ibi (dort)" und steht generell für „woanders". In Plautus' Komödie *Truculentus (Die Unfreundlichen)* beispielsweise heißt es über die Huren und Zuhälter: „Nam nusquam alibi si sunt, circum argentarias." (Wenn sie nirgends sonst sind, sind sie um die Wechselstuben.)

All mein Hoffen, all mein Sehnen

*Wilhelm Busch *1832 †1908*

Der erste Streich der beiden Übeltäter Max und Moritz in Wilhelm Buschs berühmter Bildergeschichte besteht darin, dass sie den drei Hühnern und dem Hahn der Witwe Bolte Brotköder hinlegen, die an zusammengeknoteten Stricken festgebunden sind. Die Tiere schlucken das Brot, flattern panisch hin und her, kommen nicht voneinander los und erhängen sich schließlich selbst im Baum. Die geschockte Witwe kommentiert dies mit der Klage: „All mein Hoffen, all mein Sehnen, meines Lebens schönster Traum, hängt an diesem Apfelbaum!"

Max und Moritz

Alle Frauen werden wie ihre Mütter ...

*Oscar Wilde *1854 †1900*

„... das ist ihre Tragödie. Kein Mann wird wie seine Mutter, das ist seine Tragödie." So philosophiert der junge Dandy Algernon in Oscar Wildes Komödie *Bunbury oder Ernst sein ist alles*, als ihn sein Freund Jack fragt, ob seiner Meinung nach die Gefahr bestünde, dass Algernons Cousine Gwendolen, in die Jack verliebt ist, wie ihre Mutter werden könnte. Aber er tut die Bemerkung schon im nächsten Satz wieder ab. Auf Jacks Frage, ob diese Ansicht klug sei, erklärt er, sie sei perfekt ausgedrückt und so wahr, wie jede Beobachtung im zivilisierten Leben sein solle.

Die Musketiere

lage für die Geschichte benutzte Dumas die Biografie des realen Grafen Charles d'Artagnan (um 1611–73). Den Roman verfasste er zusammen mit seinem Co-Autor Auguste Maquet (1813–88), wobei Maquet im Wesentlichen für die Handlung, Dumas für die Dialoge und Details verantwortlich war. Das Motto der Musketiere stammt also vermutlich wirklich von ihm selbst.

Oscar Wilde

Alle Menschen sind gleich

*George Mason *1725 †1792*

Dieser Grundsatz, der sich heute in der Verfassung jeder Demokratie befindet, wurde 1776 in der *Virginia Declaration of Rights (Erklärung der Rechte von Virginia)* zum ersten Mal festgehalten. „Alle Menschen sind von Natur aus in gleicher Weise frei und unabhängig und besitzen bestimmte angeborene Rechte, ... den Genuss des Lebens und der Freiheit, die Mittel zum Erwerb und Besitz von Eigentum und das Erstreben und Erlangen von Glück und Sicherheit", beginnt die Erklärung. Maßgeblicher Autor war der Politiker George Mason, der später als

Alle für einen, einer für alle

*Alexandre Dumas der Ältere *1802 †1870*

„Tous pour un, un pour tous", so lautet der Wahlspruch der *Drei Musketiere*, die Freunde von d'Artagnan: Athos, Porthos, Aramis. Als Grund-

Abgeordneter Virginias auch an der Unabhängigkeitserklärung der Vereinigten Staaten mitarbeitete. Im Grundgesetz der BRD findet sich das Gebot der Gleichheit in Artikel 3. Ausdrücklich betont wird: „Niemand darf wegen seines Geschlechtes, seiner Abstammung, seiner Rasse, seiner Sprache, seiner Heimat und Herkunft, seines Glaubens, seiner religiösen oder politischen Anschauungen benachteiligt oder bevorzugt werden."

Alle Staatsgewalt geht vom Volke aus

*George Mason *1725 †1792*

George Mason

„Alle Macht ruht im Volke und leitet sich folglich von ihm her; die Beamten sind nur seine Bevollmächtigten und Diener und ihm jederzeit verantwortlich", schrieb der amerikanische Politiker George Mason im Jahr 1776 in der *Virginia Declaration of Rights*, einer der ersten Erklärungen menschlicher Grundrechte. Im deutschen Grundgesetz findet sich dieser Rechtsgrundsatz in Artikel 20, Absatz 2. Allerdings darf das Volk mit wenigen Ausnahmen wie Bürgerentscheiden diese Macht nur indirekt ausüben, indem es die Bundestagsabgeordneten als seine Repräsentanten und Vertreter wählt.

Alle Tiere sind gleich, aber einige sind gleicher

*George Orwell (Eric Arthur Blair) *1903 †1950*

Der Roman *Animal Farm (Die Farm der Tiere)* war eine Abrechnung des überzeugten Sozialisten George Orwell mit der Machtübernahme der totalitären Bolschewisten in der Sowjetunion. Zu Beginn des Romans vertreiben die unterdrückten Tiere den Bauern und übernehmen selbst die Macht. Sie geben sich eine Verfassung, die mit den Worten „Alle Tiere sind gleich" beginnt. Mit der Zeit aber reißen die Schweine teils subtil, teils brutal die Macht an sich, was zu einer Änderung in „Alle Tiere sind gleich, aber einige Tiere sind gleicher als andere" führt.

Allein auf weiter Flur

*Ludwig Uhland *1787 †1862*

Den Ausdruck gebrauchte der schwäbische Dichter Ludwig Uhland im Jahr 1805 in seinem Gedicht *Schäfers Sonntagslied*. Dort heißt es: „Ich bin so hold den sanften Tagen. Das ist der Tag des Herrn! Ich bin allein auf weiter Flur; noch eine Morgenglocke nur, und Stille nah und fern."

Ludwig Uhland

Alles besiegt die Liebe

Vergil (Publius Vergilius Maro)
*70 v. Chr. †19 v. Chr.

Der römische Dichter Vergil wurde vor allem durch sein zwölfbändiges Nationalepos *Aeneis* berühmt. Daneben schrieb er aber auch kleinere Stücke in der Form griechischer Hirtendichtungen, die „Eklogen". In einem davon besingt er das Schicksal eines Soldaten namens Gallus, dessen Freundin Lykoris ihn wegen eines anderen verlässt, als er gerade im Einsatz ist. Gegen Ende des Gedichtes heißt es: „Omnia vincit amor, et nos cedamus amori." (Alles besiegt die Liebe und wir beugen uns der Liebe.)

Heraklit

zusammenzufassen. Heraklit selbst hat den Satz so nicht gesagt, aber der stete Wechsel der Dinge stand im Zentrum seiner Überlegungen. Dabei interessierte ihn besonders das Spannungsverhältnis zwischen dem Sein und Werden, also einer Sache und dem, was mit ihr passiert. Damit war er ein Vorläufer von Georg Wilhelm Friedrich Hegel (1770–1831), dem Erfinder des dialektischen Denkens.

Vergil

Alles fließt

Platon
*um 428/427 v. Chr.
†um 348/347 v. Chr.

Platon versuchte, mit dem Satz „Pánta choreî kaì oudèn ménei" (Alles bewegt sich fort und nichts bleibt) die Flusslehre des Philosophen Heraklit

Alles hat seine Zeit

Altes Testament
(Buch Prediger)

Die wohl bekannteste Stelle aus dem alttestamentarischen Buch *Prediger* (auch *Kohelet* oder *Ecclesiastes* genannt) sind die in Versform verfassten Gedanken des anonymen Autors über den Lauf der Zeit im 3. Kapitel. „Alles hat seine Stunde und es gibt eine Zeit für jegliche Sache unter der Sonne", heißt es dort. Etwa: „Eine Zeit zu töten und eine Zeit zu heilen, eine Zeit einzureißen und eine Zeit aufzubauen, eine Zeit zu weinen und eine Zeit zu lachen, eine Zeit zu klagen und eine Zeit zu tanzen."

Alles ist erlaubt

Friedrich Nietzsche
*1844 †1900

Diese Maxime predigt der Einsiedler Zarathustra in Friedrich Nietzsches bekanntestem Werk *Also sprach Zarathustra*. Jegliche moralischen Vorschriften und Verbote werden von ihm als verlogene „Sklavenmoral" gedeutet, mit deren Hilfe die Individuen unterdrückt werden sollen. Zarathustra propagiert stattdessen eine „Herrenmoral", die sich um keinerlei Vorschriften schert. Hier spiegelt sich die „Umwertung aller Werte" wider, ein von Nietzsche geprägtes Schlagwort und zentrales Thema seiner Philosophie.

Friedrich Nietzsche

Alles klar auf der Andrea Doria?

Udo Lindenberg *1946

Eine Frage, die manchmal einfach deshalb gestellt wird, weil sie sich so schön reimt und witziger klingt als „Wie geht es dir?" Hintergrund ist ein Schiffsunglück: Der Luxusliner *Andrea Doria* sank 1953 nach einer Kollision mit einem anderen Schiff. Dabei starben 46 Menschen, 1660 weitere konnten gerettet werden. Schuld an dem Unglück war gleich eine ganze Reihe von Fehlern. 1973 brachte Udo Lindenberg ein Gute-Laune-Lied über eine durchgeknallte Rentnerband heraus. Der Refrain lautet: „[…] und ich glaub, dass unser Dampfer bald untergeht. Aber sonst ist heute wieder alles klar auf der *Andrea Doria*."

Udo Lindenberg

Alles neu macht der Mai

Hermann Adam von Kamp
*1796 †1867

So beginnt ein Wanderlied, das der deutsche Dichter Hermann Adam von Kamp im Jahr 1818 verfasste. „Macht die Seele frisch und frei. Lasst das Haus, kommt hinaus!", geht der Text weiter. Das Lied ist heute weniger bekannt. Doch die alljährlichen Neuerungen, die das Frühjahr und speziell der Monat Mai mit sich bringen, werden immer noch gern mit seiner Titelzeile beschworen.

Alles verstehen, heißt alles verzeihen

Friedrich Nietzsche
*1844 †1900

Diese Maxime klingt überhaupt nicht nach dem Philosophen Nietzsche, der seine Umwelt stets mit scharfen Sprüchen geißelte. In der Tat schimpfte er auch: Dieser Spruch sei das „Lieblingswort der Schlaffen und Gewissenlosen". Er bezog sich damit auf den Roman *Corinne* der berühmten französischen Aktivistin und Literatin Madame de Staël (1766–1817). Dort heißt es: „Alles verstehen, macht sehr nachsichtig und tiefes Gefühl flößt große Güte ein." Schlaff und gewissenlos aber war die umtriebige Madame de Staël, die während der Französischen Revolution mehrere Menschen vor der Guillotine rettete, nicht. Auch ihre Corinne verliert den Geliebten, weil er mit ihrer emanzipierten Lebensweise nicht klarkommt. Aber Nietzsche war nun einmal Fan von Napoleon, der wiederum Madame de Staël aus tiefstem Herzen hasste.

Alles, was schiefgehen kann, wird auch schiefgehen!

nach Edward Aloysius Murphy
*1918 †1990

So lautet die Hauptregel von „Murphy's Law". Doch der Namensgeber, der US-amerikanische Luftfahrtingenieur Edward Aloysius Murphy, hat den Satz nie so gesagt. Er warnte nur zur Vorsicht bei neuen Konstruktionen: „Wenn es mehr als eine Möglichkeit gibt, eine Sache zu erledigen, und eine endet in einem Desaster, dann findet sich jemand, der diesen Weg einschlägt." Der Satz hatte also nichts von dem Galgenhumor und Fatalismus, der heute oft mit „Murphy's Law" verbunden wird. Angeblich war es der Testpilot John Stapp (1910–99), der später auf einer Pressekonferenz die hohen Sicherheitsstandards seiner Firma mit dem Spruch erklärte, man habe sich immer an „Murphy's Law" gehalten. Die Sache verselbstständigte sich dann und viele, die „Murphy's Law" munter weiterspannen, wussten überhaupt nicht, dass es „Murphy" tatsächlich gegeben hat. Gelegentlich wird auch die Behauptung, Butterbrote würden meist auf die gebutterte Seite fallen, als „Murphy's Law" zitiert. Sie ist aber schon viel älter. Der deutsche Dichter Ludwig Börne (1786–1837) behauptete einmal, Minister fielen wie Butterbrote „gewöhnlich auf die gute Seite". Aber auch er soll nur ein jiddisches Sprichwort herangezogen haben.

Madame de Staël als Corinne

Allwissend bin ich nicht, doch viel ist mir bewusst

Johann Wolfgang von Goethe
*1749 †1832

Diese koketten Worte stammen von Mephistopheles, der Teufelsfigur in Goethes *Faust*. Er hat Faust gerade enthüllt, dass er weiß, dass dieser in der letzten Nacht einen Selbstmordversuch erwogen hat. *Faust* ist vermutlich Goethes bekanntestes Drama und Mephisto die populärste Figur darin. Sein Wesen ist schillernd. Nichts von dem, was er sagt, ist klar zu deuten. Dazu gehört auch, dass er Faust – und die Zuschauer – im Unklaren lässt, wie viel er eigentlich weiß und über welche Fähigkeiten er verfügt.

Johann Wolfgang von Goethe

im Jahr 1809 zu seiner Studentenzeit, als ihm wegen des Tiroler Volksaufstandes eine Einberufung drohte. 1966 gab der Schriftsteller Carl Zuckmayer (1896–1977) seiner Autobiografie diesen Titel. Darin erzählt er unter anderem von seinen Erfahrungen als Freiwilliger im Ersten Weltkrieg und als Emigrant während des Nationalsozialismus.

Also lautet ein Beschluss, dass der Mensch was lernen muss

Wilhelm Busch *1832 †1908

Mit diesen Worten beginnt der vierte Streich der beiden Übeltäter Max und Moritz im gleichnamigen Werk. Mit dem Loblied auf das Lernen wird der Lehrer Lämpel eingeführt. Dieser ist – wie Wilhelm Busch es selbst auch war – ein genüsslicher Raucher. Eines Sonntags jedoch wird ihm das Rauchen verleidet. Als Lämpel „in der Kirche mit Gefühle saß vor seinem Orgelspiele", stopfen Max und Moritz ihm die Pfeife mit Schießpulver. Als der Lehrer sie anzündet, explodiert sie mit „Getöse". Am Ende jedoch „wird alles heil, nur die Pfeife hat ihr Teil".

Als wär's ein Stück von mir

Ludwig Uhland *1787 †1862

Uhlands Gedicht *Der gute Kamerad* ist eines der bekanntesten und beliebtesten Soldatenlieder. „Ich hatt' einen Kameraden, einen bessern findst du nit", beginnt es. Weiter heißt es: „Eine Kugel kam geflogen, gilt's mir oder gilt es dir? Ihn hat es weggerissen, er liegt mir vor den Füßen, als wär's ein Stück von mir." Uhland war zwar selbst nie Soldat. Er schrieb das Gedicht jedoch

Lehrer Lämpel nach der Explosion seiner Pfeife

Also sprach Zarathustra

*Friedrich Nietzsche *1844 †1900*

Im Gegensatz zu Nietzsches anderen Büchern ist *Also sprach Zarathustra* (1885) kein Sachbuch, in dem er seine Ansichten erläutert. Er legt sie stattdessen seinem Helden Zarathustra in den Mund. Dieser trägt den Namen eines persischen Religionsstifters, der vermutlich im 7. Jahrhundert v. Chr. lebte. Nietzsche erklärte, er habe diesen Namen gewählt, weil der historische Zarathustra (oder Zoroaster) als Erster über Gut und Böse philosophiert habe. Im Gegensatz zu Nietzsches Figur trat der wirkliche Zarathustra aber sehr entschieden für ein moralisches Leben ein.

Zarathustra

Alt wie Methusalem

*Altes Testament
(1. Bucher Mose)*

Methusalem ist der älteste in der Bibel erwähnte Mensch. Er soll 969 Jahre alt geworden sein. Ansonsten wird fast nichts von ihm berichtet. Sein Name findet sich lediglich in einer Ahnenreihe im 5. Kapitel des Buches *Genesis (1. Buch Mose)*, die von Adam bis Noah reicht und ausnahmslos aus Männern besteht, die mehrere Hundert Jahre alt geworden sein sollen, woher das ebenfalls sprichwörtlich gewordene „biblische Alter" resultiert. Im 6. Kapitel heißt es dann, Gott habe beschlossen, dass die Menschen nur noch 120 Jahre alt werden sollen, damit der göttliche Geist nicht länger in ihnen beengt sei.

Das alte Europa

*Donald Rumsfeld *1932*

„Sie denken bei Europa an Deutschland und Frankreich. Ich nicht. Ich denke, das ist das alte Europa", erklärte der damalige US-Außenminister Donald Rumsfeld im Januar 2003 während einer Pressekonferenz und verursachte damit viel Wirbel. „Das alte Europa" (engl. „Old Europe") wurde in Deutschland zum Wort des Jahres 2003. Hintergrund war die heftige Ablehnung des von den USA geplanten Krieges gegen den Irak in Deutschland und Frankreich, während andere europäische Länder, vor allem osteuropäische, der „Koalition der Willigen" beitraten, die den Krieg unterstützte. Dem Rumsfeld-Statement folgte auch eine Diskussion um die traditionellen Werte des „alten Europa". In den USA bekamen die saloppen Sprüche des Ex-Verteidigungsministers – etwa „Stuff happens" (Solche Dinge passieren) zur katastrophalen Lage im Irak – als „Rumsfeld Poetry" Kultstatus.

Alter Ego
Anderes Ich

*Zenon von Kition
um 333 †264 v. Chr.

Als „alter Ego", als „anderes Ich" bezeichnete der griechische Philosoph Zenon von Kition, der

Begründer der Stoa, in seinen Werken einen guten Freund. Auch andere antike Autoren wie Cicero (106–43 v. Chr.) verwendeten den Begriff später, wenn sie von Freundschaft sprachen. Inzwischen drückt man damit jedoch meist eine Facette der eigenen Persönlichkeit aus oder nennt einen Menschen so, mit dem man sich identifiziert, der einem vom Wesen her in vielen, aber eben nicht allen Punkten sehr ähnlich ist. Ein „Alter Ego" kann auch eine künstlich geschaffene Ich-Figur sein, wie sie sich viele Personen im Internet zulegen oder wie es Karl Mays Old Shatterhand war. Dabei drückt das Alter Ego oft Wunschträume aus, die man selbst in der Realität nicht umsetzt.

Alter Freund und Kupferstecher

Friedrich Rückert *1788 †1866

So spricht der Dichter Rückert seinen Freund, den Kupferstecher Carl Barth (1787–1853), in seinen Briefen an. Anreden, die sich aus „alter Freund" und einem Beruf zusammensetzten, waren wohl vor allem in Sachsen schon vorher üblich. Warum sich gerade der Kupferstecher gehalten hat, ist ungewiss. Möglicherweise, weil der Beruf des Kupferstechers mit dem Aufkommen von Druckplatten für Papiergeld und der häufigen Fälschung desselben eine gewisse Anrüchigkeit bekam. Gewöhnlich wird die Anrede jedenfalls gebraucht, wenn man den anderen aufziehen will, etwa: „Na, alter Freund und Kupferstecher, gestern wieder zu tief ins Glas geschaut?"

Friedrich Rückert

Alter schützt vor Torheit nicht

William Shakespeare *um 1564 †1616

„Though age from folly should not give me freedom, it does from childishness", erklärt Kleopatra zu Beginn von William Shakespeares Drama *Antonius und Cleopatra* (um 1607). „Wenn das Alter mich auch vor Torheit nicht schützen kann, so doch vorm Kindischsein." Sie reagiert damit auf eine Nachricht, die sie nicht glauben kann: Fulvia, die Gemahlin ihres Geliebten Marc Anton, ist gestorben. So wie Shakespeare den Ausdruck verwendet, liegt es nahe, dass „Alter schützt vor Torheit nicht" damals in England eine geläufige Redensart war.

Alumnus
Zögling

Fachbegriff

Der „Alumnus", der „Genährte", ist quasi das Pendant zur Alma Mater, der Nährmutter. „Alumni" ist heute ein Ausdruck für Absolventen einer Hochschule. Ursprünglich umfasste der Begriff aber nur jene Kinder und Heranwachsende, die tatsächlich von jemand anderem als den Eltern verköstigt wurden, vor allem Schüler, die ein Stipendium bekamen, oder Studenten, die Zugang zu einem sogenannten Freitisch hatten, also nicht für ihr Essen zahlen mussten.

Am deutschen Wesen soll die Welt genesen

Emanuel Geibel *1815 †1884

Obwohl heute nur noch Neonazis diesen fatalen Slogan aus nationalsozialistischen Zeiten im Mund führen, ist er doch noch den meisten Deutschen bekannt. Er stammt aus Geibels Gedicht *Deutschlands Beruf* von 1861. Geibel sprach darin die Hoffnung aus, dass durch eine Einigung des zersplitterten Deutschlands wieder eine starke Macht im Herzen Europas entstehe und für Frieden sorge. Dabei leistete er sich aber verbale Ausfälle gegen die Franzosen, die seiner Meinung nach ihre Launen zu Weltgesetzen erklärten, den Papst und die „Horden" des russischen „Kolosses". Geibel, ein äußerst loyaler Parteigänger des preußischen Königshauses, war durchaus der Meinung, dass eine deutsch-preußische Führungsrolle besser für Europa sei, und beendete sein Gedicht deshalb mit den Zeilen: „Und es mag am deutschen Wesen einmal noch die Welt genesen."

Amerika den Amerikanern

James Monroe *1758 †1831

James Monroe

Am 2. Dezember 1823 erklärte US-Präsident James Monroe vor dem amerikanischen Kongress die Grundzüge seiner künftigen Außenpolitik. Amerika und Europa seien zwei Interessensphären, die einander in Ruhe lassen sollten. Deshalb werde man keinerlei koloniale Bestrebungen der Europäer mehr dulden, weder in den USA noch in Lateinamerika. Ebenso werde man sich aber aus Konflikten der Europäer heraushalten, die Amerika nicht berührten. Diese Erklärung wurde später als Monroe-Doktrin bezeichnet und auf das Schlagwort „America for the Americans" („Amerika den Amerikanern") verkürzt. Monroe selbst ist also kein Vorwurf für daraus abgeleitete nationalistische Slogans wie „Deutschland den Deutschen" zu machen. Eher der, die Indianer nicht als Amerikaner angesehen zu haben. Auch das Recht, sich in alle Belange der lateinamerikanischen Staaten einmischen zu dürfen, leitete erst Präsident Theodore Roosevelt (1858–1919) aus der Monroe-Doktrin ab.

An die große Glocke hängen

Matthias Claudius *1740 †1815

„Häng an die große Glocke nicht, was jemand im Vertrauen verspricht", warnte Claudius in seinem Lehrgedicht *Ein silbern ABC*. Darin dichtete er, ebenso wie in *Ein gülden ABC*, zu jedem Buchstaben des Alphabets einen Zweizeiler

Matthias Claudius

mit einer moralischen Botschaft. Im Vers von der Glocke spielte er auf den alten Brauch an, die Bevölkerung mit einer Glocke zusammenzurufen, wenn wichtige öffentliche Bekanntmachungen verlesen werden sollten.

Andre Städtchen, andre Mädchen

Albert Graf von Schlippenbach
*1800 †1886

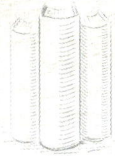

Damit redet man heute einen Abschied klein, im Vertrauen darauf, auch am nächsten Wohnort wieder eine Freundin zu finden. Der preußische Jurist und Hobbydichter Albert von Schlippenbach hat es in seinem Gedicht *Nun leb wohl, du kleine Gasse* jedoch ganz anders gemeint. Für ihn ist es ein Mangel anderer Städte, dass dort nicht seine Geliebte wohnt. „Andre Städtchen kommen freilich, andre Mädchen zu Gesicht: Ach, wohl sind es andre Mädchen, doch die eine ist es nicht. Andre Städtchen, andre Mädchen, ich da mittendrin so stumm. Andre Mädchen, andre Städtchen: O wie gerne kehrt' ich um."

Der Anfang vom Ende

William Shakespeare *um 1564 †1616

In William Shakespeares Komödie *Ein Sommernachtstraum* (um 1596) spielen Elfen und Trolle eine Rolle, aber auch eine unglaublich schlechte Schauspielertruppe, die vor Theseus, dem König von Athen, ein Stück aufführen möchte. Wie es damals Mode war, gibt es einen Prolog, der den Zuschauer auf das Stück einstimmen soll. Dieser ist ziemlich verworren und damit unfreiwillig komisch. In der englischen Fassung heißt es: „To show our simple skill, that is the true beginning of our end." (Unsere einfachen Künste zu zeigen, das ist der wahre Anfang von unserem Ende.) In manchen deutschen Übersetzungen dagegen wird „beginning" mit „Zweck" und „end" mit „Ziel" übersetzt und der Widerspruch zwischen Anfang und Ende damit unterschlagen.

William Shakespeare

Das Angenehme mit dem Nützlichen verbinden

Horaz (Quintus Horatius Flaccus)
*65 v. Chr. †8 v. Chr.

Horaz

Diesen Rat erteilt Horaz allen Dichterkollegen in seinem Werk *Dichtkunst (Ars Poetica)*. Er schreibt: „Alle Punkte erringt, wer das Angenehme mit dem Nützlichen verbindet." (Omne tulit punctum, qui miscuit utile dulci.) Das Gedicht sollte also idealerweise nicht mit erhobenem Zeigefinger daherkommen, aber auch mehr als sinnfreie, oberflächliche Zerstreuung bieten.

Anno Domini
Im Jahr des Herrn

Fachbegriff

Jesus Christus

Im Jahr 525 schlug ein Mönch namens Dionysius Exiguus vor, Christi Geburt künftig zum Anfang einer neuen Zeitrechnung zu machen. Es dauerte aber noch ein paar Jahrhunderte, bis sich diese Idee in der christlichen Welt allgemein durchsetzte. Zur Kennzeichnung für diese Zählweise wurde der Zusatz „Anno Domini Nostri Iesu Christi" (im Jahr unseres Herrn Jesus Christus) oder kurz A. D. In der Neuzeit begann man von „vor Christi Geburt" und „nach Christi Geburt" zu sprechen. Dabei setzte man das Jahr 1 A. D. mit dem Jahr 1 n. Chr. gleich. Ursprünglich sah man das Jahr 1 aber nicht als das erste Jahr nach Christi Geburt an, sondern als das Jahr, in dem man meinte, dass Jesus von Nazareth geboren worden sei. Aus diesem Grund gibt es in der christlichen Zeitrechnung kein Jahr Null. Auf 1 v. Chr. folgt unmittelbar 1 n. Chr., das ursprüngliche Jahr 1 A. D. Der Begriff wird auch heute noch in der Literatur und mitunter als Zeitangabe verwendet.

Ante/post meridiem
Vor/nach Mittag

Fachausdruck

In vielen englischsprachigen, aber auch spanischsprachigen Ländern werden die Stunden eines Tages nicht von Mitternacht bis Mitternacht durchgezählt, sondern in die zwölf Stunden vor Mittag und die zwölf nach Mittag geteilt. Um zum Beispiel 7 Uhr am Morgen und 7 Uhr am Abend unterscheiden zu können, wird in der Regel das Kürzel a. m. oder p. m. für ante oder post meridiem zugefügt. Mitternacht wird als 12 a. m., Mittag als 12 p. m. bezeichnet.

Der Appetit kommt mit dem Essen

*François Rabelais *um 1495 †1553*

Soweit ist das Zitat bekannt und entspricht oft auch der alltäglichen Erfahrung. Doch im ersten Band des Ritterromans *Gargantua und Pantagruel* des französischen Satirikers François Rabelais geht es noch weiter. „Der Durst schwindet beim Trinken", heißt es dort. Auch wenn der Titelheld, der Riese Pantagruel, ungeheuer gefräßig ist, spielt das Trinken eine viel

François Rabelais

größere Rolle in dem Roman. Das entsprechende Kapitel beschäftigt sich ausdrücklich mit dem Trinken und schon die Vorrede des Romans beginnt mit der Titulierung der Leser als „preiswerte Zecher".

Arbeit schändet nicht

Hesiod 8. Jh. v. Chr.

Neben seinem Hauptwerk, der *Theogenie (Götterlehre)*, verfasste der griechische Dichter Hesiod auch ein großes Lehrgedicht namens *Werke und Tage*. Darin schrieb er: „Arbeit schändet nicht, die Trägheit aber entehrt uns." Einige seiner Landsleute waren da ganz anderer Auffassung. Die Oberschicht Athens sah später Arbeit durchaus als Schande an. Die Philosophen Platon und Aristoteles sprachen Handwerkern und Tagelöhnern sogar die menschliche Vollkommenheit ab und in Sparta war es Männern strikt verboten zu arbeiten. Selbst die Verwaltung ihres Besitzes mussten sie ihren Frauen überlassen.

Hesiod

Arm, aber sexy

*Klaus Wowereit *1953*

Mit diesem Schlagwort charakterisierte der Berliner Bürgermeister Klaus Wowereit erstmals in einem Interview im November 2003 seine Stadt, die zwar rund 60 Milliarden Euro Schulden hat, aber bei Touristen beliebt ist – auch deshalb, weil Übernachten, Ausgehen und Einkaufen im Vergleich zu anderen europäischen Metropolen sehr billig ist. Als das Bundesverfassungsgericht im Oktober 2006 eine Klage Berlins auf Bundeshilfen abwies, wurde der Satz dann zum Bumerang. „Arm, aber sexy" reiche als Regierungskonzept nicht, wurde Wowereit und seiner Regierungskoalition von vielen Seiten vorgeworfen.

Klaus Wowereit

Auch du, mein Sohn?

Gaius Julius Caesar
*100 v. Chr. †44 v. Chr.

Diese Worte soll Caesar ausgestoßen haben, als er im Augenblick seiner Ermordung erkennen musste, dass auch sein Vertrauter Marcus Iunius Brutus zu den Verschwörern gehörte. Vermutlich ist das eine Legende. Selbst die römischen Historiker Sueton (um 70–140) und Cassius Dio (um 155–235) berichteten, dass diese Worte nur eine Version seien. Nach einer anderen sei Caesar wortlos gestorben. Angesichts von 23 Messerstichen ist dies auch wahrscheinlicher. William Shakespeare (um 1564–1616) jedoch entschied sich in seinem Drama *Julius Caesar* für die erste Version und machte sie damit populär.

Auch ein blindes Huhn findet mal ein Korn

*Georg Rollenhagen *1542 †1609*

Georg Rollenhagen

1595 veröffentlichte der Magdeburger Prediger und Schulrektor Georg Rollenhagen unter dem Pseudonym Marcus Hüpfinsholz von Meusebach ein Fabelepos namens *Froschmeuseler*, dessen Grundlage ein griechisches Epos aus dem 1. Jahrhundert v. Chr. über einen Krieg der Frösche gegen die Mäuse war. Während das griechische Original aber vor allem eine Parodie der homerischen *Ilias* mit ihren ausufernden Schlachtbeschreibungen ist, verhandeln bei Rollenhagen Mäuse und Frösche ausgiebig. Dabei lässt Rollenhagen aktuelle philosophische Debatten seiner Zeit und Lebensweisheiten und Sprichwörter einfließen. So heißt es unter anderen: „Ein blind Huhn findet wohl auch ein Korn."

Auch eine Reise von tausend Meilen beginnt mit dem ersten Schritt

Laotse wohl 6. Jh. v. Chr.

Dieser Satz wird traditionell dem chinesischen Philosophen Laotse (Alter Meister) zugeschrieben. Doch es ist überhaupt nicht sicher, ob es je einen Philosophen dieses Namens gegeben hat. Er soll im 6. Jahrhundert v. Chr. gelebt haben und gilt als Verfasser des Buches *Tao Te King*, des Hauptwerkes der philosophischen Richtung des Taoismus. Dieses ist jedoch erst im 4. Jahrhundert v. Chr. aufgeschrieben worden. Aber auch im *Tao Te King* findet sich der Satz nicht, sodass sich im Grunde nur festhalten lässt, dass er wohl aus dem Umfeld des Taoismus stammen dürfte.

Auch ich war ein Jüngling mit lockigem Haar

*Albert Lortzing *1801 †1851*

Der Held der Oper *Der Waffenschmied* von Albert Lortzing ist der alte Schmiedmeister Hans Stadinger, in dessen Tochter Marie sich Graf Konrad von Liebenau verliebt hat. Da ihm der Alte seine Tochter aber nicht geben will, schleicht er sich als Lehrling bei ihm ein. Doch auch als Lehrling gefällt er dem Vater nicht. Marie dagegen fragt sich, ob sie lieber den unbekannten Grafen oder den armen Gesellen heiraten soll. *Der Waffenschmied* mit seinen vielen Liedern gilt als volkstümlichste von Lortzings Opern. Besonders bekannt wurde der sentimentale Rückblick des alten Schmiedes: „Auch ich war einst ein Jüngling …", heute noch ein beliebter Spruch bei älteren Herren mit Glatze und Selbstironie.

Albert Lortzing

Audi
Höre zu

August Horch
*1868
†1951

August Horch

1909 verließ der Automobilbauer August Horch die Firma Horch, die er selbst gegründet hatte, und eröffnete in Zwickau ein neues Unternehmen, die „August Horch Automobilwerke GmbH". Es kam jedoch zu Namensstreitigkeiten mit seiner alten Firma und so verfiel Horch auf die Idee, seinen Nachnamen einfach ins Lateinisch zu übersetzen. Der Befehl „audi" bedeutet wörtlich „Höre" oder „Höre zu" – eben „Horch!". Die Automarke Fiat dagegen ist die Abkürzung von Fabbrica Italiana Automobili Torino und nicht das lateinische Wort für „es werde".

Auf dem Olymp thronen

Hesiod
8. Jh. v. Chr.

Auf dem Berg Olymp, einem fast 3000 Meter hohen Massiv im Osten Griechenlands, wohnten nach Vorstellung der alten Griechen ihre wichtigsten Götter, allen voran Zeus, der Göttervater. „Es lacht der Palast, wo der Vater, Zeus der Donnerer, wohnt, wie der Göttinnen heller Gesang sich weit ausgießt; und es hallen die Höhn des beschneiten Olympos, jed' ein Götterpalast", schrieb der Dichter Hesiod zu Beginn seiner *Theogenie*, die neben Homers Werken die älteste Quelle der griechischen Mythologie ist. Mit dem Rauch von Opferfeuern hofften die Gläubigen, die Götter in ihrer Höhe zu erreichen und sie zu bewegen, ihren Thron zu verlassen und zur Erde zu kommen.

Auf Messers Schneide

Homer
um 8. Jh. v. Chr.

Der 10. Gesang des Epos *Ilias* von Homer erzählt, wie die Griechen nach mehreren Niederlagen zweifeln, ob sie noch länger versuchen sollen, Troja zu erobern, oder ob ein Abzug nicht doch besser wäre. Mitten in der Nacht geht der greise Fürst Nestor herum und weckt die übrigen Anführer der Griechen (Achaier). Als Diomedes ihm vorwirft, mit seinem Eifer zu übertreiben, erwidert Nestor: „Denn nun steht es allein fürwahr auf der Schärfe des Messers: schmählicher Untergang den Achaiern oder auch Leben!" Heute wird das Zitat benutzt, wenn jemand vor einer Entscheidung steht, in der die Folgen der beiden Alternativen gleich wahrscheinlich sind, meistens verbunden mit der großen Gefahr, zu scheitern.

Homer

Auf fruchtbaren Boden fallen

Jesus und seine Jünger

Auf Händen tragen

*Altes Testament
(Buch der Psalmen)*

Mit diesem Bild beschwört der Verfasser des 91. Psalms die Geborgenheit des Gläubigen bei Gott. „Kein Unglück wird dir begegnen", versichert er, „keine Plage naht deinem Zelt. Denn seinen Engeln befiehlt er (Gott), dich zu behüten auf allen deinen Wegen. Sie werden dich auf den Händen tragen, damit dein Fuß an keinen Stein stoße". Der Psalm beeinflusste die Vorstellung von Schutzengeln. Diese kam jedoch erst in der frühen Neuzeit auf.

Auf fruchtbaren Boden fallen

*Neues Testament
(Mk 4,1–9 und Mt 13, 1–9)*

Die Evangelisten Markus und Matthäus berichten von einem Gleichnis, das Jesus seinen Anhängern erzählt. Darin geht es um einen Sämann, der Samen auf sein Feld streut. Ein Teil der Saat fällt auf einen Weg und wird von Vögeln gefressen, ein anderer landet auf felsigem Untergrund und verdorrt und ein dritter Teil gerät zwischen Dornen, die ihn ersticken. „Ein anderer Teil schließlich fiel auf guten Boden und brachte Frucht; die Saat ging auf und wuchs empor und trug dreißigfach, ja sechzigfach und hundertfach." Jesus spielt damit auf seine Botschaft an. Auch heute gebraucht man die Wendung „auf fruchtbaren Boden fallen" vor allem dann, wenn eine Lehre beherzigt wird, etwas Zustimmung erfährt oder viel positive Rsonanz erzeugt.

Auf Herz und Nieren prüfen

*Altes Testament
(Buch der Psalmen)*

„Der die Herzen und Nieren prüft, ist ein gerechter Gott", betete der Verfasser von Psalm 7. Und der von Psalm 26 forderte Gott auf: „Prüfe mich, Herr, und erprobe mich, erforsche meine Nieren und mein Herz." Ähnliches findet sich auch beim Propheten Jeremias. Dass Gott die Herzen prüft, scheint religiös einsichtig. Aber woher kommt die große Bedeutung, die die Nieren oder auch die Lenden im Alten Testament haben? Darüber haben schon viele Forscher gerätselt. Eine These lautet, dass man glaubte, die Zeugungs- und damit Schöpfungskraft eines Menschen sitze in den Nieren. Das Wort soll sogar als schamhafte Umschreibung für Hoden gedient haben. Aber all das ist Spekulation. Die Reinigungsfunktion der Nieren für den menschlichen Körper war damals wohl noch nicht bekannt.

Auf in den Kampf, Torero!

*Georges Bizet *1838 †1875*

Nicht wenige Menschen zitieren diese markanten Worte gern, wenn sie sich in die Schlachten des Alltags stürzen. Sie stammen vom Ende der Oper *Carmen*. Die Titelheldin trifft sich mit ihrem früheren Geliebten José am Rande eines Stierkampfes. Er bedrängt sie, zu ihm zurückzukehren, sie aber weigert sich. Während der Chor das Geschehen in der Arena feiert und singt „Torero, auf in den Kampf, Torero, Torero, und denk daran, ja denk im Kampf daran, dass ein schwarzes Aug' dir zusieht und dass dich die Liebe erwartet", ersticht er sie. Wie andere Komponisten auch schrieb Bizet seinen Text aber nicht selbst. Das Libretto der Oper stammt von Henri Meilhac (1831–97) und Lodovic Halévy (1834–1908), zwei Textern, die vornehmlich für Jacques Offenbach (1819–80) arbeiteten. Die Vorlage dafür lieferte eine Novelle von Prosper Mérimée (1803–70).

Auf keinen grünen Zweig kommen

Altes Testament (Buch Hiob)

Unglück galt früher oft als Strafe Gottes. Im Buch *Hiob* des Alten Testamentes wird diese Auffassung durch drei Freunde Hiobs vertreten, die ihm wortreich klarzumachen versuchen, dass all seine Leiden eine Konsequenz seiner Sünden sein müssen. So ergeht sich Eliphas in einer langen Predigt über die Gottlosigkeit und die göttliche Vergeltung solchen Tuns. Unter anderem sagt er, dass der Gottlose auch wirtschaftlich nichts erreichen werde. „Sein Palmzweig wird nicht ergrünen. Gleich dem Weinstock verschleudert er unreife Trauben, gleich dem Ölbaum wirft er seine Blüten ab." Der grüne Zweig im Alten Testament steht für Reife und Fruchtbarkeit. Am Ende des Buches werden übrigens Eliphas und die beiden anderen Freunde Hiobs durch Gott persönlich widerlegt.

Auf Regen folgt Sonne

*Sebastian Franck *1499 †1542/43*

Diese gern zum Trost zitierte Volksweisheit findet sich schon in der Sprichwörtersammlung des gelehrten Pfarrers Sebastian Franck von 1541. „Post nubila Phoebus", heißt es dort wörtlich, was übersetzt bedeutet: „Nach den Wolken [kommt] Phoebus." Phoebus ist ein Beiname des griechischen Lichtgottes Apollo, der in der späteren Rezeption der griechischen Mythologie den Sonnengott Helios verdrängte.

Auf zum letzten Gefecht!

*Eugène Pottier *1816 †1887*

„Völker, hört die Signale! Auf zum letzten Gefecht! Die Internationale kämpft für das Menschenrecht." So lautet der Refrain der *Internationalen*, einem heute noch bekannten Kampflied der Arbeiterbewegung. Im französischen Original heißen die Zeilen: „C'est la lutte finale, groupons-nous, et demain l'Internationale sera le genre humain." Den Text schrieb Eugène Pottier, Transportarbeiter und Mitglied der Pariser Kommune, einer sozialistischen Stadtverwaltung, unmittelbar nach der blutigen Zerschlagung der Kommune durch die französischen Regierungstruppen im Mai 1871. Er feierte darin die Internationale Arbeiterassoziation, die 1864 unter anderem von Karl Marx gegründet worden war. Den deutschen Text verfasste Emil Luckhardt (1880–1914).

eher ironisch zitieren. Becher schrieb den Text 1949, noch ganz unter den Eindrücken der Nachkriegszeit, auf eine Melodie von Hanns Eisler (1898–1962). Seine Strophen, die ideologisch auch in Westdeutschland denkbar gewesen wären, sprechen von einem friedlichen Zusammenleben mit allen Völkern und gemeinsamen Anstrengungen für den Wiederaufbau.

Aufgeschoben ist nicht aufgehoben

Arnobius der Jüngere 5. Jh.

Von dem gallischen Bischof Arnobius sind vor allem theologische Kommentare zu den Psalmen des Alten Testamentes erhalten. In seinem Kommentar zum Psalm 36 schrieb er: „Quod differtur, non aufertur." Der Psalm stellt den Gottlosen und den Frommen gegenüber und betreibt dabei eine harte Schwarz-Weiß-Malerei. Nach der Prädestinationslehre ist es auch jedem Menschen von Gott vorherbestimmt, ob er ein Heiliger oder ein Sünder wird. Arnobius jedoch stand den Lehren des britischen Mönches Pelagius (um 360–435) nahe, der von einer Willensfreiheit des Menschen ausging. Mit seinem Kommentar wollte Arnobius Folgendes ausdrücken: Wer bislang noch nicht fromm sei, könne es immer noch werden. Eine solche Bemerkung war damals nicht ungefährlich, denn Pelagius wurde 417 von der offiziellen Kirche als Ketzer exkommuniziert.

Auferstanden aus Ruinen …

*Johannes R. Becher *1891 †1958*

„… und der Zukunft zugewandt." Der erste Satz der ehemaligen Nationalhymne der DDR ist meist auch der einzige, den die Deutschen im Westen kennen und gelegentlich

Johannes R. Becher

Aufklärung ist der Ausgang des Menschen aus seiner selbst verschuldeten Unmündigkeit

Immanuel Kant *1724 †1804

Immanuel Kant

Diese am häufigsten zitierte Definition der Aufklärung stammt aus der Schrift *Beantwortung der Frage: Was ist Aufklärung?* des deutschen Philosophen Immanuel Kant. Er setzt sich damit von allen wohlmeinenden, aber arroganten Zeitgenossen ab, die glauben, Aufklärung hieße, andere zu belehren. Kant stellt klar, dass Aufklärung immer ein Schritt ist, den jeder Mensch für sich selbst vollziehen muss, denn „Unmündigkeit ist das Unvermögen, sich seines Verstandes ohne Leitung eines anderen zu bedienen". Wer sich also vom Denken anderer anleiten lässt, bleibt nach Kants Definition unmündig.

Ein Auge auf jemanden werfen

Altes Testament (Buch Daniel)

In der katholischen Einheitsübersetzung der Bibel gehört zum alttestamentarischen Buch *Daniel* auch die Erzählung von Susanna im Bade. Die schöne Susanna wird im Garten ihres Hauses von zwei alten Richtern belauert, die oft bei ihrem Mann zu Gast sind. In manchen Bibelausgaben heißt es: „Sie wurden entzündet in böser Lust und wurden darüber zu Narren und warfen die Augen auf sie." Inzwischen tendiert man eher zu der Übersetzung, dass die beiden ihre Augen senkten, um nicht zum Himmel zu sehen und an Gottes Strafgericht zu denken. Als Susanna sich weigert, sich mit den beiden einzulassen, klagen die Männer sie öffentlich an, Ehebruch begangen zu haben, und sie wird zum Tod verurteilt. Hier tritt dann der Prophet Daniel als geschickter Detektiv auf, der die beiden getrennt verhört und in Widersprüche verwickelt.

Das Auge des Gesetzes

Friedrich Schiller *1759 †1805

Diese Wendung gebrauchte Friedrich Schiller 1799 in seinem *Lied von der Glocke.* In diesem berühmten Gedicht, das früher nahezu jeder Schüler auswendig lernen musste, wird das Gießen einer Glocke geschildert. In den Arbeitsablauf flicht der Erzähler alle Gelegenheiten ein, zu denen die Glocke später läuten wird. Eine Strophe ist dem abendlichen Läuten gewidmet. Darin heißt es: „Doch den sichern Bürger schrecket nicht die Nacht, die den Bösen grässlich wecket, denn das Auge des Gesetzes wacht."

Friedrich Schiller

Auge um Auge, Zahn um Zahn

Altes Testament (2. Bucher Mose)

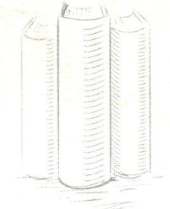

Dieses Rechtsprinzip findet sich im biblischen Buch *Exodus (2. Buch Moses)* in einer langen Rede Gottes, relativ kurz nach den Zehn Geboten. Es ist zum Beleg für das frühgeschichtliche Vergeltungsprinzip (Talion) geworden. Allerdings finden sich rundherum andere Vorschriften, in denen teilweise auch eine Wiedergutmachung für verursachten Schaden möglich ist. Manche jüdische Gelehrte meinen deshalb, dass die Stelle eigentlich ausdrücken soll, dass jemand, der einem ein Auge zerstört hat, nicht auch ein Auge verlieren soll, sondern eine Wiedergutmachung leisten muss, die dem Geschädigten das Auge ersetzt.

Aus dem Nähkästchen plaudern

Theodor Fontane
*1819 †1898

Plaudereien aus dem Nähkästchen enthüllen intime Dinge, die eigentlich keiner wissen soll. Nur finden sich solche Intimitäten meist nicht im Nähkästchen. Bei Fontanes Heldin Effi Briest aus dem gleichnamigen Roman jedoch ist das anders. Sie verwahrt die Briefe ihres Anbeters Major Crampas bei ihren Nähsachen, weil sie glaubt, dort werde ihr Mann sie nie finden. Durch Zufall jedoch stößt dieser, sechs Jahre nach der Affäre zwischen Effi und Crampas, auf die Briefe. Daraufhin tötet er Crampas im Duell, reicht die Scheidung ein und enthält Effi auch die gemeinsame Tochter vor.

Theodor Fontane

Aus den Augen, aus dem Sinn

nach Properz (Sextius Propertius)
*um 50 v. Chr. †nach 15 v. Chr.

Die meisten Gedichte des römischen Lyrikers Properz drehen sich um eine gewisse Cynthia, die möglicherweise ein reales Vorbild hatte. Properz schildert, wie er sich in sie verliebte, wie er unter seiner sklavischen Liebe zu ihr litt und wie er von ihr gequält wurde. Am Ende will er sich losreißen, scheitert aber ein ums andere Mal, sobald er ihr nur begegnet. Schließlich unternimmt er eine lange Reise nach Athen – einzig und allein zu dem Zweck, von seiner Besessenheit geheilt zu werden. Und es funktioniert: „Wie aus den Augen sie schwand, schwand auch die Liebe aus dem Sinn" (Quantum oculis, animo tantum procul ibit amor), berichtet Properz seinen Lesern. In der geläufigeren Form kommt das Zitat in Goethes *Faust* vor.

Aus der Not eine Tugend machen

Sophronius Eusebius Hieronymus
*347 †420

Hieronymus

„Fac de necessitate virtutem!", rät der Kirchenlehrer Hieronymus in einem seiner Briefe: „Mach aus dem Notwendigen etwas Tugendhaftes!" Der istrische Theologe wollte also nicht sagen, dass man eine schlechte Situation zu seinen Gunsten drehen kann, sondern fordert dazu auf, dass das, was getan werden muss, wirklich gut gemacht werden soll – vor allem auch im moralischen Sinn. An anderer Stelle, in einer Schrift gegen seinen ehemaligen Freund Rufinus von Aquileja (um 345–411), klingt der Satz „Facis necessitate virtutem", als würde Hieronymus Rufinus vorwerfen, das Notwendige zur Tugend aufzubauschen.

Aus Erfahrung gut

Werbeagentur Verres

Mit dem Spruch „AEG – Aus Erfahrung gut", geschaffen von der Werbeagentur Verres (TSF), bewarb die 1883 gegründete Allgemeine Elektrizitäts-Gesellschaft (AEG) seit 1958 ihre Haushaltsgeräte und interpretierte damit geschickt den eher nichtssagenden Firmennamen neu. 1994 kaufte der schwedische Konzern Elektrolux die Haushaltsgerätesparte, den Namen und damit auch die Rechte an dem bewährten Werbeslogan, während der Rest der einstigen AEG zwei Jahre später abgewickelt wurde.

Aus nichts wird nichts

Lukrez (Titus Lucretius Carus)
*um v. Chr. 99 †55 v. Chr.

Lukrez

Diese Überzeugung äußert der römische Schriftsteller Lukrez wiederholt in seinem Werk. „Denn wir sehen, dass nichts von nichts entstehen kann" (De nihilo quoniam fieri nihil posse videmus), heißt es beispielsweise im zweiten Band von seiner Naturgeschichte *De rerum natura*. Lukrez nimmt damit auf die naturwissenschaftliche Erkenntnis Bezug, dass Materie nicht vergeht, sondern sich nur wandelt. Diese natürlichen Prozesse brachten ihn zu der Überzeugung, dass alles in der Welt ohne Zutun der Götter geschehe. Im Deutschen ist auch die Wendung „Von nichts kommt nichts" gebräuchlich.

Die Axt im Haus erspart den Zimmermann

Friedrich Schiller *1759 †1805

Friedrich Schiller stellte seinen Helden *Wilhelm Tell* als einen Mann dar, der alles am liebsten allein macht, weil er dann nie auf andere angewiesen ist. Sein Tor selbst zu reparieren, anstatt einen Zimmermann zu holen, verleiht ihm große Befriedigung, die er mit dem Satz von der Axt im Haus ausdrückt. Auch seine beiden Söhne sollen schon von klein auf alles lernen, um später im Leben in jeder Situation zurechtzukommen.

Wilhelm Tell

Der barmherzige Samariter

Neues Testament (Lk 10,25–37)

Das ist der Held eines Gleichnisses, das Jesus im Lukasevangelium erzählt. Ein Mann wird unterwegs von Räubern überfallen und halb tot liegen gelassen. Mehrere ehrbare Leute gehen vorbei, kümmern sich aber nicht um ihn. Ein Samariter jedoch bringt ihn zur nächsten Herberge, pflegt ihn zunächst einmal eigenhändig und bezahlt, als er wieder aufbrechen muss, den Wirt dafür, dass der Mann alles erhält, was er braucht. Jesus wollte mit der Geschichte verdeutlichen, wer der Nächste eines Menschen sei. Nicht etwa der Glaubensgenosse oder Blutsverwandte, sondern der, der Nächstenliebe ausübt. Denn die Samariter waren eine jüdische Sekte, die von der Mehrheit der Juden als unrein und nicht rechtgläubig angesehen wurde.

Ein Bart allein macht noch keinen Propheten

Plutarch *um 45 †um 125

Wer für das „Propheten" in diesem Sprichwort verantwortlich ist, ist unbekannt. Der griechische Schriftsteller Plutarch jedenfalls warnte in seinen Schriften, dass der Bart noch keinen Philosophen mache. Nach ihm spottete auch der römische Schriftsteller Aulus Gellius (um 130–180) in seinem Werk *Attische Nächte*: „Ich sehe einen Bart und einen Mantel, aber noch keinen Philosophen." (Barbam et pallium, philosophum nondum video.) Die antiken Philosophen, von denen Statuen und Büsten erhalten sind, tragen tatsächlich fast alle Bart.

Plutarch

Basiliskenblick

Isidor von Sevilla
*um 560 †636

Basilisk

Ein Basiliskenblick ist ein Blick, der das Gegenüber förmlich „versteinert". In der griechischen Mythologie ist der Basilisk der „König der Schlangen". Er hat einen diademartigen Kamm und einen giftigen Atem, der schon aus beträchtlicher Entfernung tötet. Erstmals erwähnt wird er im 5. Jahrhundert v. Chr. vom Philosophen Demokrit. Die Legende, dass ein Blick des Basilisken auch tötet, entstand wohl erst in der Spätantike und wird in der *Etymologiae* des Isidor von Sevilla erwähnt. Ähnlich ist die Geschichte vom Haupt der Medusa, das so hässlich gewesen sein soll, dass alle, die es erblickten, zu Stein erstarrten.

wurde bei antiken Triumphzügen den siegreichen Feldherren zur Mahnung vorgehalten. Das Zitat ist auch in der Fabel 78 *Zwei Frösche* von Äsop (620–564 v. Chr.) zu finden: „Was auch immer du tust, tue es klug und bedenke das Ende."

Bedenke das Ende

Altes Testament
(Buch Jesus Sirach)

Eine der Ermahnungen aus dem alttestamentarischen Buch *Jesus Sirach*, einer Sprichwortsammlung, die ein gewisser Jesus Ben Eleazar Ben Sira im 2. Jahrhundert v. Chr. zusammengetragen hat, lautet: „Wie du auch handelst, handele klug und bedenke das Ende, dann wirst du nie und nimmer Schlechtes tun." Dem Verfasser geht es also um die Folgen des Handelns. Der Spruch wird aber oft auch als Anspielung auf den Tod zitiert. Dabei liegt eine Vermischung mit dem lateinischen Spruch „Memento mori" vor, der eine grammatisch nicht korrekte Verballhornung von „Memento moriendum esse" (Bedenke, dass gestorben werden muss) ist. Diese Tatsache

Der Beginn einer wunderbaren Freundschaft

Julius J. Epstein *1909 †2000
Philip G. Epstein *1909 †1952

Mit dieser Bemerkung endet der amerikanische Kultfilm *Casablanca*. Nachdem der Held Rick Blaine (Humphrey Bogart) auf seine große Liebe Ilsa (Ingrid Bergmann) verzichtet und sie bewegt hat, zusammen mit ihrem Mann Victor László zu fliehen, verlässt er zusammen mit Capitain Louis Renault, dem französischen Polizeichef von Casablanca, den Flughafen. Während die beiden Männer langsam im Nebel verschwinden, sagt Bogart: „Louis, I think this is the beginning of a beautiful friendship."

Bei genauerer Betrachtung steigt mit dem Preis auch die Achtung

*Wilhelm Busch *1832 †1908*

Im Prolog zu seiner Bildergeschichte *Maler Klecksel* zieht Busch genüsslich über den etablierten Kunstbetrieb her und gibt sich als regelmäßiger Besucher von Kunstausstellungen, der die dort verkehrende Weiblichkeit mit seinem Sachverstand beeindruckt: „Mit scharfem Blick, nach Kennerweise, seh ich zunächst mal nach dem Preise." Die Geschichte selbst erzählt vom Wirtssohn Kuno Klecksel, der sich als Maler versucht, am Ende aber – nach dem bekannten, allerdings nicht zitierten Motto „Wer nichts wird, wird Wirt" – die väterliche Gastwirtschaft übernimmt, wo dann all seine früheren Bekannten sich zum Stammtisch treffen und selbstzufrieden räsonieren: „Wäre nicht die rechte Bildung da, wo wären wir? Jajajaja!"

Beneidenswert, wer frei davon

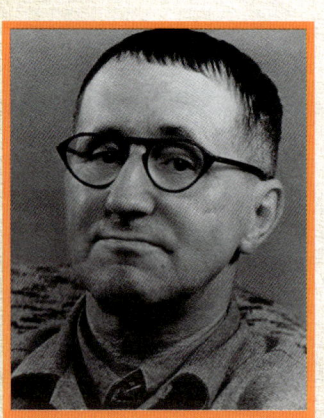

Bertolt Brecht

*Bertolt Brecht *1898 †1956*

Mit diesem Refrain enden die Strophen in Brechts *Salomon-Lied* von der Schädlichkeit der Tugenden. Egal, ob es um die Weisheit Salomons, die Schönheit Kleopatras, die Kühnheit Caesars oder die Selbstlosigkeit des Heiligen Martin geht – alle enden elend und dann heißt es stets: „Denn seht, da war es noch nicht Nacht, da sah die Welt die Folgen schon: Die Weisheit/Schönheit/Kühnheit/Selbstlosigkeit hat ihn/sie so weit gebracht! Beneidenswert, wer frei davon!" Eine Version des Liedes wird in der *Dreigroschenoper* von der Seeräuber-Jenny gesungen, eine andere Variante gibt der Koch in *Mutter Courage* zum Besten. Beide Dramen handeln von erbarmungslosen Umständen, in denen sich die armen Menschen gemäß Brechts Philosophie „Erst kommt das Fressen, dann die Moral" keine Tugenden leisten können.

Der Berg kreißte und gebar eine Maus

*Horaz (Quintus Horatius Flaccus) *65 †8 v. Chr.*

So sagt man gern, wenn gewaltige Anstrengungen am Ende nur ein lächerlich kleines Ergebnis hervorbringen. Außer beim „Kreißsaal" ist es einer der wenigen Fälle, in denen das alte deutsche Wort „kreißen" (= gebären) noch verwendet wird. Auch der römische Dichter Horaz warnte in seiner *Ars poetica* schon davor, große Erwartungen zu wecken, die man dann nicht erfüllen kann: „Parturient montes, nascetur ridiculus mus." (Die Berge kreißen, es wird eine lächerliche Maus geboren werden.)

Besser als sein/ihr Ruf

Ovid (Publius Ovidius Naso)
43 v. Chr. †um 18 n. Chr.

In einem Brief an seinen Freund Paullus Fabius Maximus (um 45 v. Chr.–14. n. Chr.) spielte der römische Dichter Ovid auf die Vestalin Claudia Quinta an. Sie war im Jahr 204 v. Chr. angeklagt worden, ihr Keuschheitsgelübde verletzt zu haben, wurde aber später von dem Vorwurf freigesprochen. „Ipsa sua melior fama" (Sie selbst war besser als ihr Ruf), erinnerte Ovid. „Fama", das üble Gerücht, wurde in der Antike oft als eine Gottheit mit tausend Augen, Ohren und Zungen dargestellt und sehr ernst genommen. „Das Ärgste weiß die Welt von mir und ich kann sagen, ich bin besser als mein Ruf", heißt es auch in Schillers Drama *Maria Stuart*.

Ovid

Voltaire

der französische Philosoph Voltaire den Artikel über die „Art dramatique" (Theaterkunst) mit dem italienischen Satz: „Il meglio è l'inimico del bene." In einem späteren Werk zitierte er den Spruch nochmals auf Französisch und erklärte, er stamme aus den Schriften eines „weisen Italieners". Wer das gewesen sein könnte, weiß man aber nicht. So ist Voltaire vielleicht nicht der Erfinder dieser Weisheit, überliefert hat er sie aber auf jeden Fall.

Das Bessere ist der Feind des Guten

Voltaire (François-Marie Arouet)
1694 †1778

In seinem *Philosophischen Wörterbuch,* in dem er zu einer Vielzahl von Stichwörtern seine ganz persönlichen Ansichten darlegte, schloss

Das Beste ist gerade gut genug

Johann Wolfgang von Goethe
1749 †1832

„Wenn es eine Freude ist, das Gute zu genießen", schreibt Goethe am 3. März 1787 in Neapel in sein Reisetagebuch, „so ist es eine größere, das Bessere zu empfinden, und in der Kunst ist das Beste gerade gut genug." Er spielt dabei auf die Übertragung seines Stückes *Iphigenie* von der Prosaform in ein Versdrama an, die seine Freunde seiner Meinung nach nicht genug würdigten. „Mich freut, dass ihr nun mit der neuen Bearbeitung der *Iphigenia* euch befreundet; noch lieber wäre mir's, wenn euch der Unterschied fühlbarer geworden wäre", lässt er sie wissen.

Betrogener Betrüger

Gotthold Ephraim Lessing
*1729 †1781

Gotthold Ephraim Lessing

Die sogenannte Ringparabel ist das Herzstück des berühmten Dramas *Nathan der Weise* von Gotthold Ephraim Lessing. Der gelehrte Jude Nathan erzählt sie, um das Verhältnis von jüdischer, christlicher und islamischer Religion zu charakterisieren. In dieser Geschichte besitzt ein Mann einen Ring, der seinen Träger „vor Gott und den Menschen angenehm" macht. Vor seinem Tod überreicht er jedem seiner drei Söhne einen Ring. Da die Söhne nicht wissen, welches der echte ist, gehen sie zu einem Richter. Der erinnert daran, dass der echte Ring seine Eigenschaften offenbaren werde. Trete dies bei keinem ein, „so seid ihr alle drei betrogene Betrüger!", sagt er.

Big Brother is watching you

George Orwell *1903 †1950

In seinem Roman *1984* entwarf George Orwell eine Vision von einem Zukunftsstaat, in dem alle Menschen unter einer totalen Überwachung des Regimes stehen. Alle Fäden laufen beim Staats- und Parteiführer, „Big Brother" genannt, zusammen. Zum System gehören unter anderem überall installierte Mikrofone und Bildschirme.

Deshalb wird der Terminus meist verwendet, wenn es zum Beispiel um die Videoüberwachung oder das Abhören von Telefonen geht. Auch die Fernsehserie *Big Brother,* in der Menschen in einem Container rund um die Uhr von Kameras beobachtet werden, wurde nach Orwells „Großem Bruder" benannt.

George Orwell

Bildung macht frei

Joseph Meyer *1796 †1856

Diesen Slogan wählte der thüringische Verleger Joseph Meyer für sein 1826 gegründetes Bibliographisches Institut. Meyer war überzeugt, dass eine universelle Bildung der Weg zur Emanzipation des Volkes sei. Er gab deshalb eine für fast jeden erschwingliche Bibliothek der deutschen Klassiker in extrem preisgünstigen Heft-Ausgaben heraus. Allerdings wird der Spruch heute kaum noch verwendet, erinnert er doch rein sprachlich zu sehr an das zynische „Arbeit macht frei", das die Nationalsozialisten über die Tore der Konzentrationslager schreiben ließen.

Das bisschen Haushalt …

Hans Bradtke *1920 †1997

„… kann so schwer nicht sein, sagt mein Mann. Das bisschen Haushalt macht sich von allein, sagt mein Mann", sang Johanna von Koczian 1977. Den Text des Liedes schrieb der Texter Hans Bradtke für sie. Seitdem ist das „bisschen Haushalt" oft beschworen und Gegenstand vieler Auseinandersetzungen geworden. 2003 drehte Regisseurin Sharon von Wiersheim eine Beziehungskomödie mit diesem Titel.

Novalis

erschaffen wollten: eine Synthese aus Natur, Lebenssinn und eigener Persönlichkeit. Während der Studentenbewegung 1968 wurde die als weltfremd empfundene germanistische Wissenschaft dann mit dem Satz angefeindet: „Schlagt die Germanistik tot, färbt die blaue Blume rot!"

Die blaue Blume suchen

Novalis (Friedrich Freiherr von Hardenberg) *1772 †1801

Die blaue Blume war das Symbol der Romantik schlechthin und später der Wandervogelbewegung. Der Dichter Novalis hatte 1797, nach dem Tod seiner erst 15-jährigen Verlobten Sophie, von einem Freund ein Aquarell mit Kornblumen erhalten. In seinem Roman *Heinrich von Ofterdingen* heißt es: „Nicht die Schätze sind es, die ein so unaussprechliches Verlangen in mir geweckt haben, sagte er (Heinrich) zu sich selbst; fern ab liegt mir alle Habsucht: Aber die blaue Blume sehn' ich mich zu erblicken." Die blaue Blume, die Heinrich im Roman schließlich findet, wurde für die späteren Romantiker zu einem Sinnbild dessen, was sie mit ihren Werken

Bleibe im Lande und nähre dich redlich!

Altes Testament (Buch der Psalmen)

So heißt es im Psalm 37, der Gelassenheit und Gottvertrauen predigt. Der Psalmist – er behauptet, König David zu sein – rät seinen Zuhörern, sich nicht über die Bösen und Übeltäter aufzuregen. Diese werde Gott schon bestrafen. Den Frommen aber wird ans Herz gelegt: „Habe am Herrn deine Wonne, dann gibt er dir, was dein Herz begehrt." Um Sesshaftigkeit und Heimatverbundenheit geht es dabei allerdings nicht. Was Martin Luther (1483–1546) mit „Bleibe im Lande" übersetzte, heißt in anderen Bibelausgaben beispielsweise: „Wohne friedlich im Lande."

Blinder Eifer schadet nur

Magnus Gottfried Lichtwer
*1719 †1783

In dem Gedicht *Die Katzen und der Hausherr* schilderte der Halberstädter Jurist Magnus Gottfried Lichtwer, wie mehrere Katzen nachts allerlei Unfug in der Wohnung treiben und durch ihren Radau schließlich den Hausherrn wecken. „Dieser springt mit einem Prügel in dem finstern Saal herum, schlägt um sich, zerstößt den Spiegel, wirft ein Dutzend Schalen um. Stolpert über einge Späne, stürzt im Fallen auf die Uhr und zerbricht zwei Reihen Zähne: Blinder Eifer schadet nur."

Blut ist dicker als Wasser

Heinrich der Glîchezære 12. Jh.
John Ray *1627 †1705

Dieses Sprichwort gibt es in mehreren Sprachen. Die älteste Erwähnung findet sich in einer Sammlung englischer Sprichwörter des britischen Gelehrten John Ray. Allerdings ist umstritten, ob die Bedeutung die heutige war, nämlich dass im Zweifelsfall (Bluts-)Verwandtschaft mehr zählt als Freundschaft. Es gibt auch die Deutung, dass sich die Redensart auf Verträge bezieht, die mit Blut besiegelt bzw. in alten Zeiten durch ein Tieropfer bekräftigt wurden. Dagegen drückt die Bemerkung, Verwandtschaftsblut sei nicht durch Wasser verdünnt, in dem Epos *Reineke Fuchs* des mittelalterlichen Dichters Heinrich der Glîchezære die heutige Bedeutung des Sprichwortes aus. Sehr populär wurde die Wendung durch den deutschen Kaiser Wilhelm II. (1859–1941), der damit die Zusammengehörigkeit zwischen Briten und Deutschen zu beschwören pflegte. Das hinderte ihn freilich nicht daran, zum englischen Königshaus, der Familie seiner Mutter, ein besonders schlechtes Verhältnis zu haben.

John Ray

Blut, Schweiß und Tränen

Winston Churchill *1874 †1965

Winston Churchill

Im Gegensatz zu seinem Vorgänger Neville Chamberlain (1869–1940), der lange versucht hatte, einen Krieg gegen Hitler-Deutschland zu vermeiden, war der britische Premierminister Churchill überzeugt, dass das NS-Regime um jeden Preis militärisch vernichtet werden musste. In seiner ersten Rede als Premier am 13. Mai 1940 erteilte er allen Kräften in Großbritannien, die nach Hitlers ersten Kriegserfolgen wieder über eine Verständigung nachdachten, eine klare Absage. Er schwor das Volk auf einen harten, aber notwendigen Kampf ein und bekannte dabei: „Ich habe nichts anzubieten als Blut, Mühe, Tränen und Schweiß." (I have nothing to offer but blood, toil, tears and sweat.)

Den Bogen überspannen

*Plutarch *um 45 †um 125*

„Wer den Bogen überspannt, der sprengt ihn", warnte der griechische Schriftsteller Plutarch in seinen Schriften. Das Bild des überspannten Bogens war jedoch generell ein beliebtes Bild bei griechischen und römischen Schriftstellern der Antike. So schrieb zum Beispiel auch der Fabeldichter Phaedrus (um 20 v. Chr.–50 n. Chr.): „Schnell wirst du den Bogen brechen, wenn du ihn immer gespannt hältst."

Bona Fide
In gutem Glauben

Juristischer Fachausdruck

Was passiert, wenn man eine Sache gekauft hat, und hinterher stellt sich heraus, dass der Verkäufer gar nicht berechtigt war, die Sache zu verkaufen? Wenn der Käufer bona fide oder in gutem Glauben gehandelt hat, also keine reelle Chance hatte, zu erkennen, dass an der Sache etwas faul war, darf er die Sache behalten – vorausgesetzt, sie wurde dem rechtmäßigen Eigentümer nicht gestohlen, sondern gelangte legal, also etwa durch Leihen, in den Besitz des Verkäufers. Als römischer Staatsbegriff steht er auch allgemein für das redliche und zuverlässige Handeln. Daher umfasst die Wendung auch den Bereich, der in der deutschen Rechtslehre unter die Generalklausel „Treu und Glauben" fällt.

Die Botschaft hör ich wohl, allein mir fehlt der Glaube

*Johann Wolfgang von Goethe *1749 †1832*

Bevor Faust in Goethes gleichnamigem Drama Mephisto trifft, ist er entschlossen, sich umzubringen. Er ist schon dabei, die Schale mit dem Gift auszutrinken, als er die ersten Kirchenlieder des beginnenden Ostersonntags hört. Er setzt den Gifttrank ab, ist aber der Meinung, dass er der falsche Adressat für die Auferstehungslieder ist, da ihm eben der Glaube fehle. Immerhin erinnern ihn die bekannten Lieder an seine Jugend und er lässt vom Selbstmord ab. Der Absatz endet mit dem ebenfalls sehr bekannten Vers: „O tönet fort, ihr süßen Himmelslieder! Die Träne quillt, die Erde hat mich wieder."

Bretter, die die Welt bedeuten

Friedrich Schiller
*1759 †1805

Diese Umschreibung für die Theaterbühne findet sich in dem Gedicht *An die Freunde* von Friedrich Schiller. Darin philosophiert der Erzähler darüber, dass andere Menschen in besseren Zeiten und an besseren Orten gewohnt haben als er und die angesprochenen Freunde. Doch im „kleinen Leben", so meint er, „sehn wir doch das Große aller Zeiten auf den Brettern, die die Welt bedeuten, sinnvoll still an uns vorübergehn." Am Ende bleibe doch das, was sich nur in der Fantasie zugetragen habe, allein ewig jung.

Bühne des Ekhof-Theaters

Brot und Spiele

Juvenal (Decimus Junius Juvenalis)
*um 60 †um 127

In seiner zehnten Satire beklagt sich der römische Satiriker Juvenal, dass große Teile der römischen Bevölkerung nicht mehr am sozialen Leben teilnehmen. „Wer früher die Verwaltung, die Polizei, die Legionen, ja alles stellte, hält sich heute heraus und wünscht sich nichts sehnsüchtiger als Brot und Spiele." Seitdem steht „Brot und Spiele" (lat. panem et circenses) für die Tatsache, dass viele Menschen sich von der herrschenden Schicht mit einem vollen Bauch und ausreichend billiger Unterhaltung abspeisen lassen.

Brüder, zur Sonne, zur Freiheit!

Hermann Scherchen
*1891 †1966

So beginnt eines der bekanntesten Arbeiterlieder, obwohl in den originalen drei Strophen überhaupt nicht von Arbeitern, sondern nur von Millionen unterdrückter Menschen die Rede ist, die gemeinsam die Sklaverei überwinden. Geschrieben wurde es 1897 von einem russischen oppositionellen Wissenschaftler namens Leonid Petrowitsch Radin in einem Moskauer Gefängnis. In Russland wurde es während der folgenden Aufstände und Revolutionen bald zur Hymne. 1918 lernte es der deutsche Dirigent Hermann Scherchen in russischer Kriegsgefangenschaft kennen, schrieb den deutschen Text dazu und machte es in Deutschland bekannt.

Brutalstmögliche Aufklärung

Roland Koch *1958

Diesen aus grammatikalischer Sicht fragwürdigen Superlativ gebrauchte der hessische Ministerpräsident Roland Koch, als im Januar 2000 bekannt wurde, dass die hessische CDU in einen Spendenskandal verwickelt war. Da Koch die Erwartungen aber enttäuschte, wird die „brutalstmögliche Aufklärung" heute meist eher ironisch zitiert, zum Beispiel wenn eine Aufklärung dringend notwendig wäre, die Verantwortlichen aber eher bemüht sind, die Sache im Sande verlaufen zu lassen.

Roland Koch

ze Volk mit Ausnahme von Moses zu vernichten. Dieser zerstört das Kalb und lässt die Anführer töten, bittet Gott dann aber um Gnade für den Rest des Volkes: „Vergib ihnen doch ihre Sündenschuld, wenn nicht, so streiche mich aus dem Buch, das du geschrieben hast!" Daraus resultierte die Vorstellung, Gott führe über alle lebenden Menschen Buch. Auch im *Psalm 69* wird Gott aufgefordert, die Sünder aus „dem Buch der Lebendigen" zu tilgen und die Gläubigen so vor ihnen zu schützen. Das Buch des Lebens (auch: Buch der Lebenden) steht im Judentum und Christentum zusätzlich für die Idee eines göttlichen Verzeichnisses, das die Namen aller Gott wohlgefälligen Menschen enthält, die jemals lebten.

Das Buch des Lebens

Altes Testament (2. Buch Mose)

Im biblischen Buch *Exodus* wird erzählt, wie sich das Volk Israel nach dem Auszug aus Ägypten ein goldenes Kalb fertigt und dieses anbetet. Gott wird daraufhin wütend und droht, das gan-

Die Verehrung des Goldenen Kalbs

Ein Buch mit sieben Siegeln

Neues Testament (Offb 5,1)

Das Buch mit den sieben Siegeln spielt in der biblischen *Offenbarung des Johannes* eine bedeutende Rolle. Johannes' Vision beginnt damit, dass er in den Himmel aufsteigt und dort „einen" auf einem Thron sitzen sieht, der in der Hand eine mit sieben Siegeln versiegelte Buchrolle hält. Ein „Lamm" öffnet nacheinander die Siegel und jedes Mal brechen schreckliche Katastrophen über die Menschheit herein, darunter die ebenfalls sprichwörtlich gewordenen „apokalyptischen Reiter", die Ehrsucht, Krieg, Hunger und Tod bringen. Enthalten sind in der Buchrolle die Taten der Menschen, nach denen sie beim jüngsten Gericht beurteilt werden. Heute dagegen steht das „Buch mit sieben Siegeln" für unverständliche, geheimnisvolle Dinge.

Die Büchse der Pandora

Hesiod 8. Jh. v. Chr.

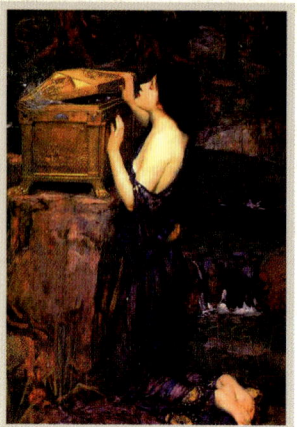
Pandora

In seinem Hauptwerk *Werke und Tage* erzählt Hesiod unter anderem die Geschichte von Pandora. Göttervater Zeus wollte sich an dem Titanen Prometheus rächen, der die Menschen geschaffen und für sie das Feuer vom Himmel gestohlen hatte. Deshalb ließ er den Götterschmied Hephaistos eine wunderschöne Frau herstellen, der er Leben einhauchte: Pandora. Mit einem Gefäß, das nie geöffnet werden durfte, schickte er sie zu Epimetheus, dem Bruder des Prometheus. Aber Pandora öffnete das Gefäß und alles Übel, das Zeus hineingesteckt hatte, brach über die Welt herein. Die einzige positive Gabe aus der „Büchse" war die Hoffnung.

Business as usual

*Winston Churchill *1874 †1965*

Erfunden hat Churchill diesen Begriff wohl nicht. Er wurde zum Beispiel von Geschäftsleuten benutzt, die ihre Kunden informierten, dass ihr Laden trotz sichtbarer Bauarbeiten weiter geöffnet war. Churchill jedoch machte den Spruch populär und gab ihm eine breitere Bedeutung. Kurz nach Ausbruch des Ersten Weltkriegs, im November 1914, hielt der damalige britische Marineminister eine Rede über die Auswirkungen des Krieges auf das Geschäftsleben. Dabei erklärte er cool: „The maxim of the British People is: Business as usual." (Die Maxime der Briten ist: Die Geschäfte gehen ihren normalen Gang).

Camera obscura
Dunkler Raum

*Alhazen (Abu Ali al-Hasan Ibn Al-Haitham) *um 965 †um 1040*

Eine Camera obscura (camera = Zimmer, Gewölbe; obscura = dunkel) ist ein dunkler Behälter oder auch ein ganzer Raum mit nur einem kleinen Loch auf einer Seite. Fallen durch dieses Loch Lichtstrahlen in den Raum, wird auf die Wand, die dem Loch gegenüberliegt, ein auf dem Kopf stehendes Bild von angeleuchteten Gegenständen außerhalb der Camera projiziert. Dieses Prinzip entdeckte schon Aristoteles (384–322 v. Chr.) Der arabische Gelehrte Alhazan experimentierte um 980 mit einer Camera obscura und gab ihr ihren Namen, auf Arabisch „Al-Bayt al-Muthlim". In der Folge benutzten Astronomen, Optiker und Künstler solche Apparate, deren Name später auch auf die Fotokameras übertragen wurde.

Alhazen

Carmina burana
Lieder aus Beuren

Johann Andreas Schmeller
*1785 †1852

Im Jahr 1803 wurde im oberbayerischen Kloster Benediktbeuren eine Sammlung von über 240 Liedtexten aus dem 11. und 12. Jahrhundert gefunden. Es handelte sich um sogenannte Vagantenlieder, also Lieder der Nichtsesshaften, zu denen damals auch fahrende Studenten und Kleriker gehörten. Der Sprachforscher Schmeller edierte die Liedersammlung für eine Veröffentlichung und gab ihr den irreführenden Namen *Carmina burana*. Bekannt wurde vor allem die szenische Kantate von Carl Orff (1895–1982), für die er einige dieser Lieder vertonte und sie in eine Rahmenhandlung einfügte.

Ergreife den Tag!

möglichst wenig!" (Carpe diem, quam minimum credula postero!) Der Satz wird sowohl zitiert, um vor dem Verplanen des Lebens zu warnen, als auch vor dem Vertrödeln. In dem US-amerikanischen Film *Der Club der toten Dichter* (1989) spielt er eine zentrale Rolle.

Carpe diem!
Ergreife den Tag!

Horaz (Quintus Horatius Flaccus)
*65 †8 v. Chr.

Das elfte Lied im ersten im Jahr 23 v. Chr. verfassten Gedichtband *(Carmine)* des römischen Dichters Horaz befasst sich mit Gegenwart und Zukunft. Horaz vertritt die Meinung, dass der Mensch weder weiß noch wissen darf, was die Götter planen. Ganz gleich, ob man seinen letzten Winter erlebe oder noch viele vor sich habe, gelte: „Lebe mit Verstand, kläre den Wein und beschränke ferne Hoffnung auf kurze Dauer!" Das Gedicht endet mit der Zeile „Ergreife den Tag und trau dem nächsten

Cave canem!
Hüte dich vor dem Hund!

Römische Redewendung

Wer sich heute einen Wachhund hält, bringt üblicherweise ein Schild mit der Aufschrift „Vorsicht bissiger Hund" am Zaun oder an der Haustür an, um keine versehentlichen Zusammenstöße zwischen dem Tier und harmlosen Besuchern zu provozieren. Das war im alten Rom nicht anders. Zu den bekanntesten Kunstwerken aus der vom Vesuv verschütteten Stadt Pompeji gehört ein Bodenmosaik, auf dem ein recht aggressiv wirkender Wachhund an der Kette und der Schriftzug „Cave canem" zu sehen sind.

Ceterum censeo
Im Übrigen beantrage ich ...

Marcus Porcius Cato der Ältere
*234 †149 v. Chr.

Im Jahr 201 v. Chr. hatte Rom Karthago im Zweiten Punischen Krieg besiegt und ihm seine außenpolitische Souveränität genommen. Der äußerst konservative Politiker Cato jedoch war der Meinung, dass der einst so gefährliche Feind vollständig vernichtet werden sollte. Angeblich beendete er jede seiner Reden im Senat mit dem Satz: „Ceterum censeo Carthago delenda est." (Zusätzlich stelle ich den Antrag, dass Karthago zerstört werden muss.) „Ceterum censeo ..." steht deshalb für penetrant vorgetragene Anliegen. Tatsächlich begann Rom ein Jahr vor Catos Tod den Dritten Punischen Krieg, der 146 v. Chr. mit der Vernichtung Karthagos endete.

Das Original aber stammt von Mark Twain, der im Rahmen einer Rede im Londoner Savage Club am 9. Juni 1899 erklärte: „Ich machte mir Sorgen, weil ich als einer der bedeutenden Autoren genannt wurde. Sie haben nämlich die traurige Angewohnheit auszusterben. Chaucer ist tot, Spencer ist tot, ebenso Milton, ebenso Shakespeare, und ich fühle mich auch nicht sehr wohl."

Cherchez la femme

Alexandre Dumas der Ältere
*1802 †1870

Alexandre Dumas

„Sucht die Frau!" Nach diesem Motto geht ein Polizeibeamter in Dumas' weniger bekanntem Roman *Die Mohikaner von Paris* seine Fälle an. Nach seinem Vorbild haben seitdem unzählige Romandetektive ein Liebes- oder Eifersuchtsdrama hinter einem Mord gewittert – und meist auch gefunden. Interessant ist auch die heutige Bedeutung: „Da steckt – bestimmt – eine Frau dahinter!" Das Zitat wird übrigens eher vom Bildungsbürgertum verwendet.

Chaucer ist tot, Spencer ist tot ... und ich fühle mich auch nicht sehr wohl

Mark Twain

Mark Twain (Samuel Longhorne Clemens)
*1835 †1910

Der Spruch wird gern mit Berühmtheiten eigener Wahl wiedergegeben. Der rumänisch-französische Dramatiker Eugène Ionesco (1909–94) zum Beispiel entschied sich für Gott und Karl Marx.

Cogito, ergo sum
Ich denke, also bin ich

René Descartes *1596 †1650

René Descartes

Welchen Beweis hat der Mensch eigentlich, dass er selbst und alles, was er um sich herum wahrzunehmen glaubt, auch wirklich existiert und nicht nur Einbildung ist? Der französische Philosoph Descartes stellte sich dieser Frage und kam zu dem Schluss: „Das Denken ist's. Es allein kann von mir nicht getrennt werden." In seinem Buch *Meditationes de prima philosophia* schrieb er: „Ich zweifle, also bin ich, oder, was dasselbe ist, ich denke, also bin ich." Damit leitete er die moderne Philosophie ein. Er war allerdings nicht der Erste, der zu dieser Erkenntnis kam: Über 1000 Jahre vor ihm schrieb der heilige Augustinus (354–430) in seinem Buch *Vom Gottesstaat:* „Wenn ich mich auch täusche, bin ich. Denn wer nicht ist, kann sich auch nicht täuschen."

Coitus interruptus
Unterbrochene Vereinigung

Fachausdruck

Als Coitus interruptus wird Geschlechtsverkehr bezeichnet, der möglichst kurz vor dem Samenerguss abgebrochen wird. Damit soll eine Schwangerschaft verhindert werden, was jedoch oftmals misslingt. Der Begriff wurde bereits in der Bibel im 1. Buch Moses erwähnt. Onan wollte sich mit dieser Methode von der Pflicht befreien, die Frau seines toten Bruders zu schwängern und ihren Kindern das Erbteil des Bruders zu übergeben.

Corpus delicti
Tatgegenstand

Prosper Farinacius *1544 †1618

Damit pflegt man ein Tatwerkzeug oder einen Beweisgegenstand für ein Verbrechen zu bezeichnen. Der römische Rechtswissenschaftler Farinacius jedoch schrieb in einem juristischen Werk: „Primum inquisitionis requisitum est probatio corporis delicti." Auf Deutsch: „Das Erste bei der richterlichen Untersuchung ist die Prüfung des Körpers einer Tat." Mit dem „Körper" meinte er das Wesen einer Tat, also den Tatbestand, und nicht einen Gegenstand, der für die Tat benutzt wurde.

Courage ist gut, aber Ausdauer ist besser

Theodor Fontane *1819 †1898

Zu dieser Ansicht kommt der Titelheld in Fontanes Roman *Der Stechlin*. Der alte Major Dubslav von Stechlin erinnert sich an die Freiheitskämpfe gegen Napoleon 1813: „Nichts im Leibe, nichts auf dem Leibe, Hundekälte, Regen und Schnee, sodass man so in der nassen Patsche liegt." Das auszuhalten, brauchte es vor allem Ausdauer.

Credo
Ich glaube

Gebetsformel

„Credo" lautet das erste Wort des christlichen Glaubensbekenntnisses. Es ist aber auch der lateinische Name für das gesamte Gebet. Der Text soll auf den Kirchenkonzilen von Nicäa (325) und Konstantinopel (381) erarbeitet worden sein. Wenn man sagt, dass jemand „sein Credo vertritt", sind meist besonders tiefe Überzeugungen oder ein Grundsatz gemeint.

Cum grano salis
Mit einem Körnchen Salz

*Gaius Plinius der Ältere *um 23 †79*

In seiner *Naturgeschichte* befasste sich der römische Gelehrte Plinius der Ältere auch mit Giften und erzählte in diesem Zusammenhang, dass der Feldherr Pompeius (um 78–45 v. Chr.) ein Mittel gegen Schlangengift gefunden habe, das man unter „Zugabe eines Körnchens Salzes" einnehmen solle. Daraus entwickelte sich die Redensart „cum grano salis", die besagt, dass man die Aussage mit etwas Humor betrachten müsse und nicht für bare Münze nehmen soll. Es ist jedoch strittig, ob auch Plinius schon meinte, man solle das Rezept des Pompeius nicht ganz so ernst nehmen, oder ob er wirklich glaubte, Salz verbessere die Wirkung.

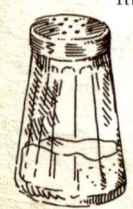

Cum/sine tempore
Mit/ohne Zeit

Fachausdruck

Schon so mancher Neustudent, der pünktlich zur angegebenen Stunde in einem Hörsaal aufgetaucht ist, wird sich gewundert haben, dass er allein auf weiter Flur stand. Denn vielerorts ist es noch üblich, dass Vorlesungen grundsätzlich

eine Viertelstunde später (c. t. = cum tempore) anfangen als im Vorlesungsverzeichnis angegeben. Ist eine Zeitangabe ausnahmsweise so gemeint, wie sie da steht, trägt sie den Vermerk s. t. (sine tempore). Vermutlich rührt diese Gepflogenheit daher, dass früher in der ersten Viertelstunde der Stoff vom letzten Mal wiederholt wurde und man erst danach auftauchen musste, um nichts zu verpassen. Man spricht auch humorvoll vom „akademischen Viertel", wenn sich jemand im außeruniversitären Bereich verspätet.

Curriculum vitae
Der Lauf des Lebens

Marcus Tullius Cicero
**106 †43 v. Chr.*

Jeder, der sich um eine Stelle bewirbt, fügt einen Lebenslauf oder nobler ausgedrückt ein „Curriculum vitae" bei. Der Begriff geht auf eine Rede

Ciceros zurück, in der er 63 v. Chr. einen gewissen Gaius Rabirius verteidigt. Darin spricht er vom „Lauf unserer Leben". Damit meinte er aber nicht das Lebensschicksal, sondern – wie in einer Bewerbung – den bisherigen Karriereweg. Der war im alten Rom für eine politische Karriere übrigens ziemlich streng vorgegeben. Es gab tatsächlich eine Karriereleiter (Cursus honorum), die Stufe für Stufe erklommen werden musste.

satirischen Gedichten und Theaterstücken. Für das Marionettenspiel *Die Prinzessin mit dem Schweinerüssel* wollte ihn Goethe sogar aus Weimar ausweisen lassen. Heute verwendet man den Ausdruck allerdings meist, wenn Tränen gelacht werden.

Da hab ich was Eigenes

Loriot (Vicco von Bülow)
*1923 †2011

Da bleibt kein Auge trocken

Johannes Daniel Falk
*1768 †1826

Johannes Daniel Falk

Loriot

„In schwarzen Trauerflören wallt beim Grabgeläut der Glocken zu unserm Kirchhof Jung und Alt. Da bleibt kein Auge trocken", reimte der Dichter Johannes Daniel Falk im Jahr 1799 in seinem Gedicht *Paul. Eine Handzeichnung*. Das war durchaus so spöttisch gemeint, wie es klingt, denn Falk, der später durch sein großes Engagement für Waisenkinder bekannt wurde, verfasste in seiner Jugend eine ganze Reihe von

Die Familie Hoppenstedt erfand der Komiker Vicco von Bülow, genannt Loriot, für seine Sketche-Serie *Loriot*, die 1976 erstmals im Fernsehen lief. Ein Running Gag ist das Jodeldiplom von Frau Hoppenstedt, gespielt von Evelyn Hamann (1942–2002). Frau Hoppenstedt erklärt ständig wortreich, dass sie mit dieser Ausbildung etwas Eigenes habe und als Frau auf eigenen Füßen stehe. Seitdem dient die Bemerkung gern als spöttischer Kommentar für eher nicht so handfeste Fortbildungen.

Da hört sich doch alles auf!

Louis Angely
*1787 †1835

Der empörte Ausruf wurde durch die Komödie *Die Reise auf gemeinschaftliche Kosten* des deutschen Schauspielers Louis Angely populär. Dort heißt es wörtlich: „Da hört allens auf!" Angely schrieb zahlreiche Stücke, vor allem für das Königsstädtische Theater in Berlin, das 1824 als bürgerliche Bühne gegründet worden war und sich im Gegensatz zu den Hofbühnen auf heitere Stücke konzentrieren wollte. Allerdings waren Komödien in Deutschland damals rar. In diese Lücke stieß damals Angely, der nach französischem Vorbild witzige, aber nicht böse Possen über die damalige Gesellschaft und ihre merkwürdigen Vertreter schrieb. Dazu gehörte natürlich auch eine authentische Sprache.

Faust im Studierzimmer

Da steh ich nun, ich armer Tor! Und bin so klug als wie zuvor

Johann Wolfgang von Goethe
*1749 †1832

Mit dieser Klage des Doktor Faustus beginnt Goethes Drama *Faust*. „Habe nun, ach! Philosophie, Juristerei und Medizin und leider auch Theologie durchaus studiert, mit heißem Bemühn", klagt er. Doch sein Wissen erscheint ihm leer und hohl. Zwar fürchtet er nichts mehr, „weder Hölle noch Teufel", dafür ist ihm auch alle Freude entrissen. Er fragt sich, wozu all das Wissen taugt und warum er es jemanden lehren sollte. Darüber hinaus hat ihm die ganze Studiererei auch materiell nichts gebracht. In dieser verzweifelten Stimmung findet das Zusammentreffen mit Mephisto statt.

Da stehen einem die Haare zu Berge

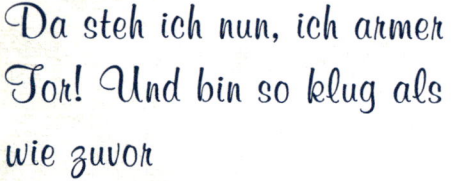

Altes Testament (Buch Hiob)

Jeder weiß, was mit dieser Bemerkung gemeint ist. Aber wer hat je erlebt, dass einem vor Entsetzen oder Unglauben tatsächlich die Haare zu Berge standen? Im alttestamentarischen Buch *Hiob* schildert Hiobs Freund Eliphas eine Begegnung mit dem Übernatürlichen: „Und ein Hauch fuhr an mir vorüber; es standen mir die Haare zu Berge an meinem Leibe." Jedenfalls übersetzte das Martin Luther (1483–1546) so. In neueren Bibelfassungen begnügt man sich hier und bei einer ähnlichen Stelle im Buch *Jesus Sirach* meist mit einem Sträuben der Haare.

Das sagten ... ... Politiker

Der Staatsdienst muss zum Nutzen derer geführt werden, die ihm anvertraut sind, nicht zum Nutzen derer, denen er anvertraut ist.
Cicero (106–43 v. Chr.)

Wir werden wieder lernen müssen, dass, wer ernten will, auch säen muss. Statt dessen neigen wir dazu, das Saatgut zu verbrauchen.
Manfred Rommel (1928–2013)

Bitte nicht um eine leichte Bürde – bitte um einen starken Rücken.
Franklin D. Roosevelt (1882–1945)

Einfach reden, aber kompliziert denken – nicht umgekehrt.
Franz Josef Strauß (1915–1988)

Es ist keine Schande hinzufallen, aber es ist eine Schande, einfach liegenzubleiben.
Theodor Heuss (1884–1963)

Nichts ist mühsam, was man willig tut.
Thomas Jefferson (1743–1826)

Wir leben alle unter dem gleichen Himmel, aber wir haben nicht alle den gleichen Horizont.
Konrad Adenauer (1876–1967)

Ein Kompromiss, das ist die Kunst, einen Kuchen so zu teilen, dass jeder meint, er habe das größte Stück bekommen.
Ludwig Erhard (1897–1977)

Die Zehn Gebote sind deswegen so kurz und logisch, weil sie ohne Mitwirkung von Juristen zustande gekommen sind.
Charles de Gaulle (1890–1970)

Ein kluger Mann macht nicht alle Fehler selbst. Er gibt auch anderen eine Chance.
Winston Churchill (1874–1965)

Das steht in ... ... Märchen

Spieglein, Spieglein an der Wand,
wer ist die Schönste im ganzen Land?
(Jacob und Wilhelm Grimm, Schneewittchen)

Knusper, knusper, knäuschen, wer
knuspert an meinem Häuschen?
(Jacob und Wilhelm Grimm, Hänsel und Gretel)

Rucke di guh, rucke di guh, Blut ist
im Schuh. Der Schuh ist zu klein,
die rechte Braut sitzt noch daheim.
(Jacob und Wilhelm Grimm, Aschenputtel)

Es schadet nichts, in einem Entenhofe geboren zu sein, wenn man nur in einem Schwanenei gelegen hat.
(Hans Christian Andersen, Das hässliche Entlein)

Fahre hin, o Kriegesmann!
Den Tod musst du erleiden!
(Hans Christian Anderesen, Der standhafte Zinnsoldat)

O, wie war es grau und schwer
in der weiten Welt!
(Hans Christian Andersen, Die Schneekönigin)

Stichst du mich, so beiß' ich dich.
Drückst du mir die Kehle ab,
bring' ich dich ins frühe Grab.
(Wilhelm Hauff, Zwerg Nase)

Fee! Fie! Foe! Fum! Ich rieche
Menschenfleisch, sei es am Leben
oder tot, ich zermalm seine
Knochen und mach daraus Brot.
(Benjamin Tabart, Hans und die Bohnenranke)

‚Heinrich, der Wagen bricht.'
‚Nein, Herr, der Wagen nicht,
es ist ein Band von meinem Herzen,
das da lag in großen Schmerzen,
als Ihr in dem Brunnen saßt,
als Ihr ein Frosch wart.'
(Jacob und Wilhelm Grimm, Der Froschkönig)

Dunst ist die Welle, Staub ist die Quelle!
Stumm sind die Wälder, Feuermann tanzet
über die Felder! Nimm dich in acht!
Eh du erwacht, holt dich die Mutter heim
in die Nacht!
(Theodor Storm, Die Regentrude)

Da war der Wunsch Vater des Gedankens

William Shakespeare
*um 1564 †1616

William Shakespeares Drama *Heinrich IV.* ist eine Vater-und-Sohn-Geschichte. Der König, Heinrich IV., hält nicht viel von seinem Sohn Prinz Heinrich und dieser treibt sich aus Trotz in der Gesellschaft des übel beleumdeten Ritters und Trunkenbolds Falstaff herum. Als er erfährt, dass der König im Sterben liegt, kommt er jedoch zurück und findet neben seinem leblosen Vater dessen Krone auf einem Kissen. Er setzt sie auf und sinniert darüber, wie viel Last und Leid sie für seinen Vater bedeutet hat. Als der Vater aufwacht, versteht er die Szene prompt falsch: „Dein Wunsch war Vater zu diesem Gedanken", erwidert er, als sich der Sohn damit entschuldigt, den Vater für tot gehalten zu haben.

Heinrich IV.

Da weiß man, was man hat

unbekannt

Dieser Werbeslogan wurde von Volkswagen und von Persil verwendet. Der Henkelkonzern benutzte ihn seit 1973 für sein Waschmittel. Da aber offenbar noch nicht genug Hausfrauen wussten, was sie an Persil hatten, trat ab 1975 der „Persilmann" Jan-Gert Hagemeyer auf, der in seinen Spots die Hausfrauen über die Vorzüge des Waschmittels aufklärte und stets mit den Worten schloss: „Persil – da weiß man, was man hat. Guten Abend." Noch früher jedoch hatte VW den Slogan benutzt – nämlich erstmals in einer Anzeige im Jahr 1969. Für den VW Golf wurde der Spruch 1993 wieder ausgegraben. Prompt konterte Konkurrent Rover, indem er darauf hinwies, wie außergewöhnlich sein Produkt ist: „Da weiß man, dass ihn keiner hat."

Da werden Sie geholfen!

Verona Pooth *1968

Verona Pooth, damals noch Feldbusch, machte zu Beginn ihrer öffentlichen Karriere zahlreiche sprachliche Schnitzer, die sie jedoch als Markenzeichen kultivierte. Mit ihrem Ausspruch „Da werden Sie geholfen" machte sie bis 2005 für die Telefonauskunft der Firma Telegate Werbung und kokettierte so mit ihrem Image des schönen Dummchens. Inzwischen benutzt Telegate nur noch den Spruch. Man stößt aber auch bei anderen Unternehmen und sogar Behörden auf ihn. Der Satz ist vor allem im Internet zu einem Synonym von „Hier bekommen Sie Auskunft" geworden. Verona Pooth erklärte übrigens einmal, sie könne durchaus richtiges Deutsch, sie verhaspele sich nur leicht.

... dann steh auf und misch dich ein: Sage Nein!

Konstantin Wecker *1947

Konstantin Wecker

Eines von Konstantin Weckers bekanntesten Liedern ist *Sage Nein!*, das er 1993 als Reaktion auf den verstärkten Rechtsradikalismus und seine gesellschaftliche Verharmlosung schrieb. Er fordert darin ganz konkret auf, Faschismus, Sexismus und Rassismus schon im Keim zu ersticken und bei dummen Witzen, Stammtischparolen und anzüglichen Scherzen aufzustehen und dagegenzuhalten. Er hat damit den Tenor späterer Kampagnen wie „Gesicht zeigen" vorweggenommen.

Daran erkenn' ich den gelehrten Herrn

Johann Wolfgang von Goethe *1749 †1832

Schon im ersten Teil des *Faust* macht sich Mephisto gern und oft über Fausts Gelehrsamkeit lustig. Im zweiten Teil, der weit weniger bekannt ist und auch selten auf der Bühne gespielt wird, treffen Faust und Mephisto zu Beginn mit dem Kaiser und seinen Würdenträgern zusammen. Mephistos spöttische Aussage gilt dem Kanzler, dem er weltferne und letztlich dumme Gelehrsamkeit vorwirft: „Was ihr nicht tastet, steht euch meilenfern. Was ihr nicht fasst, das fehlt euch ganz und gar. Was ihr nicht rechnet, glaubt ihr, sei nicht wahr. Was ihr nicht wägt, hat für euch kein Gewicht. Was ihr nicht münzt, das, meint ihr, gelte nicht."

Daran erkenn' ich meine Pappenheimer

Friedrich Schiller *1759 †1805

Wallenstein

Dem Feldherrn Albrecht von Wallenstein (1583–1634), der erst ein Held des Dreißigjährigen Krieges war und später als Verräter getötet wurde, widmete Friedrich Schiller gleich drei Dramen. Im letzten Teil *Wallensteins Tod* treten, als der Feldherr sich schon von allen verlassen glaubt, zehn Kürassiere des Regimentes Pappenheim auf und erklären, dass sie ihm bedingungslos vertrauen. „Daran erkenn ich meine Pappenheimer", entgegnet Wallenstein. Von dem Spott, der in der Bemerkung heute mitschwingt, ist im Original nichts vorhanden. Das Regiment des Grafen Gottfried Heinrich zu Pappenheim (1594–1632) war tatsächlich für seinen Mut und seine Loyalität berühmt.

Darum lasst uns heute leben

Friedrich Schiller
*1759 †1805

Das Siegesfest ist ein Gedicht von Friedrich Schiller, in dem der Triumph der Griechen nach dem Fall Trojas geschildert wird. Darin beschwört der Erzähler die Mischung der Gefühle herauf: Siegestaumel, Erleichterung, davongekommen zu sein, Trauer um die Toten, Freude auf die Heimat, aber auch Angst vor der Zukunft, und schließlich den einfachen Wunsch, im Wein Vergessen zu suchen. „Trink ihn aus, den Trank der Labe, und vergiss den großen Schmerz! Wundervoll ist Bacchus' Gabe, Balsam fürs zerrissne Herz." Das Gedicht endet mit den Zeilen: „Morgen können wir's nicht mehr, darum lasst uns heute leben."

Das also war des Pudels Kern

Johann Wolfgang von Goethe
*1749 †1832

Des Pudels Kern in Goethes *Faust* ist Mephisto. Dieser begegnet Faust nämlich zuerst in der Gestalt eines Pudels und folgt ihm so in seine Wohnung. Dort verwandelt er sich, was Faust mit obigem Satz kommentiert. Er findet die Angelegenheit aber weniger unheimlich, denn erheiternd. „Ein fahrender Scholar", fährt er fort. „Der Casus macht mich lachen." Mit dem Satz von „des Pudels Kern" kommentiert man meist Dinge, die einem zuvor Rätsel aufgegeben haben.

Das begreife ein anderer als ich

Albert Lortzing
*1801 †1851

Der Held von Albert Lortzings bekanntester Oper *Zar und Zimmermann* (1837) ist der russische Zar Peter der Große, der inkognito ein Praktikum auf einer holländischen Schiffswerft macht – was Peter in seiner Jugend übrigens tatsächlich getan hat. In Lortzings Oper freundet sich Peter mit einem russischen Deserteur namens Iwanow an. Der bornierte Bürgermeister des Städtchens erfährt von dem verkleideten Gast, hält aber Iwanow für den Zaren und brüskiert den richtigen. Als sich die Nebel langsam lichten, ruft er verzweifelt aus: „Das begreife ein anderer als ich."

Zar Peter der Große

Das gibt's nur einmal …

Robert Gilbert (Robert David Winterfeld)
*1899 †1978

Lilian Harvey

„… das kommt nicht wieder", so sang Lilian Harvey 1931 als Handschuhmacherin Christel in dem Film *Der Kongress tanzt*. Der Titel, der ebenfalls sprichwörtlich geworden ist, bezieht sich auf den Wiener Kongress, der 1815 nach Napoleons Sturz eine Neuordnung für Europa erstellen sollte, aber für viele junge Diplomaten vor allem ein Grund zum Feiern war. Die Lieder des Films verfasste der Texter Robert Gilbert zusammen mit dem Komponisten Werner Richard Heymann (1896–1961). 1958 drehte Géza von Bolváry (1897–1961) einen Musikfilm mit dem Titel *Das gab's nur einmal*. Auch beim Zitieren wird meist die Vergangenheitsform benutzt.

Das ist der Weisheit letzter Schluss

Johann Wolfgang von Goethe
*1749 †1832

Am Ende von *Faust II* glaubt Faust, den Lebenssinn gefunden zu haben. Er plant kühne Projekte. Er möchte dem Meer Land abgewinnen, es urbar machen und so Grund und Boden für die Armen schaffen. „Das ist der Weisheit letzter Schluss", sagt er. „Nur der verdient die Freiheit wie das Leben, der täglich sie erobern muss." Für Faust ist es tatsächlich der letzte Schluss seiner Weisheit, denn die Befriedigung über sein Werk und die Vorstellung, dass er genügend Spuren auf der Erde hinterlassen hat, um „in Äonen" nicht vergessen zu sein, verleitet ihn, den Augenblick zum Verweilen zu bitten, was seinen Tod zur Folge hat.

Das ist die Berliner Luft

Heinz Bolten-Baeckers
*1871 †1938

Mit ihrem „ganz besondern Duft" wird sie auch heute oft noch gern beschworen und sogar in Dosen an Touristen verkauft. Der Sachse Bolten-Baeckers verfasste den Text 1899. 1904 schrieb Paul Lincke (1866–1946) die Melodie dazu. Später wurde das Bestanteil von Linckes Operette *Frau Luna*, in der Ballonfahrer Steppke in einem Fesselballon mit Berliner Prominenz zum Mond aufsteigt. Dort jedoch ist die Luft so schlecht, dass die Gäste ihre Berliner Luft, aber noch viel mehr den rauen Charme von Berlin und seinen Bewohnern beschwören. Wieder aktuell ist vor allem der Anfang des Liedes: „Berlin! Hör' ich den Namen bloß, da muss vergnügt ich lachen! Wie kann man da für wenig Moos den dicken Wilhelm machen!" Erwähnenswert ist auch die Süßspeise „Berliner Luft", eine schaumige Dessertcrème mit Himbeersaft oder Fruchtmark, die erstmals in Margarete Bennigsens *Deutschem Kochbuch*, erschienen in Leipzig im Jahr 1897, erwähnt wird.

Das ist ein kleiner Schritt für einen Menschen, aber ein riesiger Sprung für die Menschheit

*Neil Armstrong *1930 †2012*

Als der Kommandant der Apollo-11-Mission am 21. Juli 1969 als erster Mensch überhaupt einen Fuß auf den Mond setzte, sagte er: „That's one small step for a man, one giant leap for mankind." Den historischen Satz, den rund 450 Millionen Menschen live an den Rundfunkgeräten mitverfolgten, hatte er sich eigenen Angaben zufolge erst in den sechs Stunden zwischen der Landung auf dem Mond und dem Ausstieg zurechtgelegt. Auf Aufzeichnungen ist allerdings das „a" vor „man" nicht zu hören, sodass der Satz eigentlich seine gemeinte Bedeutung verlieren würde. Ob Armstrong die Silbe aber in der Aufregung verschluckte oder die schlechte Tonqualität des Bandes daran schuld ist, ist strittig.

Die ersten Menschen auf dem Mond

Das ist ein weites Feld

*Theodor Fontane *1819 †1898*

Diesen Ausdruck hat Fontane sicherlich nicht erfunden. Aber den Vater seiner Romanheldin Effi Briest charakterisiert er sehr deutlich durch diesen Spruch. Immer wenn die Sprache auf Dinge kommt, mit denen er sich lieber nicht befassen will, entschuldigt sich Herr von Briest damit, dass dies ein (zu) weites Feld sei.

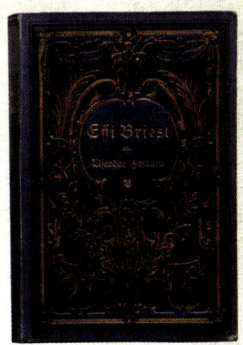

Originalausgabe von Effi Briest

Das gilt namentlich, wenn es um das Schicksal seiner Tochter geht. Wieder populär gemacht hat Günter Grass die Wendung 1995 mit seinem Roman *Ein weites Feld,* in dem er die beiden – ebenfalls sehr weiten – Themen „Fontane" und „deutsche Wiedervereinigung" miteinander verknüpfte.

Das ist Larifari

*Abraham a Santa Clara (Johann Ulrich Megerle) *1644 †1709*

„La re fa re" sind Silben, mit denen Sänger die verschiedenen Tonhöhen üben können. Erfunden hatte das Verfahren der Benediktinermönch Guido von Arezzo (um 992–1050). Abraham a Santa Clara spielte in einem Gedicht auf die sinnlose Silbenfolge an: „Ein Wax ist die Welt", schrieb er, „man truck hinein, was man will, so ists doch nichts als Lari fari und Kinderspiel."

Das ist Zukunftsmusik

Louis Spohr *1784 †1859

Laut Wagner-Biograf Martin Gregor-Dellin (1926–88) war der Begriff „Musik der Zukunft" bereits ab 1847 verbreitet, demnach galten besonders Chopin, Liszt und Berlioz als Zukunftsmusiker. Das Wort „Zukunftsmusik" soll nachweislich zum ersten Mal in einem Brief von Louis Spohr vom 26. November 1854 vorgekommen sein. Der Musikkritiker Ludwig Bischoff (1794–1867) verwendete ihn in einem Aufsatz 1859, in dem er Richard Wagner (1813–83) und andere zeitgenössische Komponisten angriff, deren Stil er als Zumutung empfand. Mit der spöttisch gemeinten Formulierung bezog er sich auf eine Schrift Wagners aus dem Jahr 1850, deren Titel *Das Kunstwerk der Zukunft* lautete. Mit der Zeit verlor die Redewendung sowohl ihren negativen Charakter als auch den Bezug zur Kunst.

Das kann doch einen Seemann nicht erschüttern

Bruno Balz *1902 †1988

Dieses Lied schrieben der Texter Bruno Balz und der Komponist Michael Jary (1906–1988) 1939 für die Filmkomödie *Paradies der Junggesellen.* Es wurde von Heinz Rühmann, Hans Brausewetter und Josef Siebers zusammen gesungen. Später interpretierte es Hans Albers (1891–1960). Balz und Jary schrieben ihre Songs für diesen und andere vom NS-Propagandaministerium geförderten Filme nicht freiwillig. Jary, in Polen als Maximilian Jarzyik geboren, war die Ausreise aus Deutschland verweigert worden.

Balz war 1936 wegen seiner Homosexualität festgenommen worden und hatte mehrere Monate im Gefängnis verbracht. Er wurde freigelassen, musste aber mit der Reichskulturkammer kooperieren und eine Zwangsehe eingehen. Außerdem durfte sein Name nicht in der Öffentlichkeit erscheinen.

Das sieht sehr übersichtlich aus

Loriot (Vicco von Bülow) *1923 †2011

Diesen vernichtenden Kommentar zur französischen Nouvelle Cuisine, die sich durch hübsch arrangierte, aber kleine Portionen auf großen Tellern auszeichnet, gab Loriot in seinem Spielfilm *Ödipussi* ab. Zuvor hatte sein Held Paul Winkelmann – gespielt vom Meister selbst – vergeblich versucht, einem Kellner zu entlocken, was sich eigentlich hinter den französischen Bezeichnungen auf der Speisekarte verbirgt.

Nouvelle Cuisine

Das sind böhmische Dörfer für mich

Georg Rollenhagen
*1542 †1609

Die älteste bekannte Quelle für diese Redensweise ist das Versepos *Froschmeuseler* von Rollenhagen. „Ich sagt ihm, dass, bei meinen Ehren, mir das böhmische Dörfer wären", heißt es dort. Aber so wie Rollenhagen die Wendung gebrauchte, war sie damals wohl längst bekannt. Die Könige von Böhmen hatten im Hochmittelalter viele deutsche Siedler angeworben, die stets ihre eigenen Dörfer gründeten. So existierten in vielen Gegenden Böhmens deutsch- und tschechischsprachige Dörfer nebeneinander, die aber meist wenig miteinander zu tun hatten. Viele Bewohner sprachen die jeweils andere Sprache nicht und konnten sich nicht verständigen, wenn sie in ein „falsches" Dorf gerieten.

Das sind doch nur Peanuts

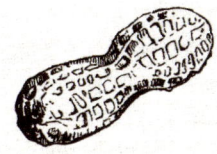

Hilmar Kopper **1935*

Mit dieser Bemerkung tat der damalige Vorstandsvorsitzende der Deutschen Bank Hilmar Kopper im Jahr 1994 offene Handwerkerrechnungen ab, die im Zuge der Pleite des Immobilienunternehmers Jürgen Schneider (*1934) entstanden waren. Er wollte damit zum Ausdruck bringen, dass diese Rechnungen nur einen kleinen Teil (etwa ein Prozent) des entstandenen Schadens ausmachten. Da vielen der betroffenen Handwerker aber die Insolvenz drohte, wurde der Ausspruch als außerordentlich zynisch empfunden und zum „Unwort des Jahres" gewählt. Kopper entschuldigte sich und die Deutsche Bank bezahlte die Rechnungen. „Peanuts" aber wurde zum Ausdruck für die hochmütige Bagatellisierung von höheren Geldbeträgen. Im englischen Sprachraum wird der Begriff „Peanuts" allgemein für Kleingeld verwendet.

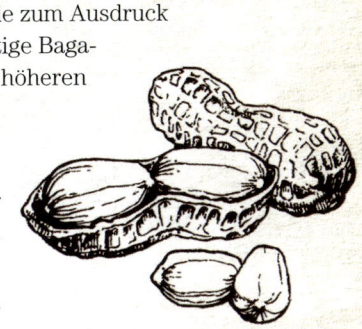

Dasselbe in Grün

Johanna Schopenhauer
*1766 †1838

„Dieselbe Couleur, aber in Grün, forderte, wie eine bekannte Anekdote erzählt, ein Dienstmädchen einst in einem Laden und reichte ein Pröbchen rosenrothes Band dem Kaufmanne hin", schreibt die Mutter des Philosophen Arthur Schopenhauer (1788–1860) in *Jugendleben und Wanderbilder*, als sie über die Erfüllung von Erwartungen spricht. Möglicherweise ist die zitierte Anekdote die Grundlage für die Redewendung „Dasselbe in Grün". Es gibt aber auch die These, dass sie beim Kartenspielen entstanden sei, wenn jemand denselben Kartenwert wie der Vormann abwarf, aber eben in Grün (Pik).

Davon geht die Welt nicht unter

*Bruno Balz *1902 †1988*

Michael Jary

1941 wurde der Liedtexter Balz wegen seiner Homosexualität von der Gestapo verhaftet und gefoltert. Sein Kollege, der Komponist Michael Jary jedoch erklärte Goebbels, er könne die gewünschten Lieder nicht ohne Balz schreiben, sodass dieser wieder freikam. In den ersten 24 Stunden nach seiner Freilassung soll Balz zwei seiner größten Hits geschrieben haben: *Davon geht die Welt nicht unter* und *Ich weiß, es wird einmal ein Wunder geschehen*. Auch sie wurden von Jary vertont und beide 1942 in dem Durchhaltefilm *Die große Liebe* von Zarah Leander (1907–81) gesungen.

De facto
In der Tat

Fachausdruck

Der Ausdruck „de facto" wird gebraucht, um auszudrücken, dass Dinge tatsächlich anders sind, als sie sich rechtlich oder nominell verhalten. Dem steht oft die Formulierung „de iure" (von Rechts wegen) gegenüber. Zwei Partner ohne Trauschein sind etwa de iure ledig, während sie de facto nicht anders leben als ein verheiratetes Paar auch. Beide Begriffe werden oft im Völkerrecht genutzt, zum Beispiel wenn die Macht in einem Land de facto in ganz anderen Händen liegt als de iure. De facto wird heute aber auch gern verwendet, um zu betonen, dass etwas tatsächlich so ist und nicht anders.

Demokratie ist die schlechteste Regierungsform, mit Ausnahme aller anderen

*Winston Churchill *1874 †1965*

Kritik an der Demokratie pflegte der britische Premierminister Churchill zu begegnen, indem er ihre Schwächen zugab. Er erklärte, dass niemand vorgeben würde, die Demokratie wäre perfekt. Oder er scherzte, das gewichtigste Argument gegen die Demokratie sei eine fünfminütige Diskussion mit einem normalen Wähler. Aber er verwies darauf, dass alle anderen Alternativen in der Geschichte mit noch weniger Erfolg ausprobiert worden waren. „Indeed, it has been said that democracy is the worst form of government except all those other forms that have been tried from time to time", erklärte er 1947 in einer Parlamentsrede.

Denk ich an Deutschland in der Nacht...

*Heinrich Heine *1797 †1856*

„.... bin ich um den Schlaf gebracht", beginnt Heines Gedicht *Nachtgedanken*. Die Zeilen werden gern zitiert, wenn es um Missstände in

Heinrich Heine

Deutschland geht. So viel Heine auch an seinem Geburtsland auszusetzen hatte, in den *Nachtgedanken* geht es gar nicht um Deutschland, sondern um Heines Mutter. Er macht sich Sorgen um die kranke Frau, die er seit zwölf Jahren nicht gesehen hat, da er in Paris im Exil lebt. „Nach Deutschland lechzt' ich nicht so sehr, wenn nicht die Mutter dorten wär'; das Vaterland wird nie verderben, jedoch die alte Frau kann sterben."

Denn die innre Stimme spricht: Der Geschichte trau ich nicht!

Wilhelm Busch *1832 †1908

Und daran tun die tierischen Titelhelden in Wilhelm Buschs Bildergeschichte *Plisch und Plum*

Plisch und Plum im sauren Rahm

sehr gut, denn die Hunde sollen ertränkt werden. Natürlich kommt es nicht dazu und die geretteten Welpen können weitere Streiche begehen. Weil die beiden sich zwar nicht wirklich grün sind, aber doch stets gemeinsam agieren, bekamen während der Zeit der Großen Koalition 1966 bis 1969 Finanzminister Franz Joseph Strauß (1915–88) von der CSU und Wirtschaftsminister Karl Schiller (1911–94) von der SPD die Spitznamen Plisch und Plum.

Denn ein Haifisch ist kein Haifisch, wenn man's nicht beweisen kann

Bertolt Brecht *1898 †1956

Dies klingt nach der *Moritat von Mackie Messer* aus Brechts *Dreigroschenoper*, die mit der Zeile beginnt: „Und der Haifisch, der hat Zähne / Und die trägt er im Gesicht…", kommt aber in den meisten Aufführungen nicht vor. Die Zeile gehört aber tatsächlich dazu. 1948, also zwanzig Jahre nach der Uraufführung des Stückes, schrieb Brecht zwei weitere Strophen. Die letzte lautet: „Und er kann sich nicht erinnern und man kann nicht an ihn ran, denn ein Haifisch ist kein Haifisch, wenn man's nicht beweisen kann." Die meisten Regisseure lassen die Moritat aber lieber mit den Worten der 1930 geschriebenen Strophe enden: „Die im Dunkeln sieht man nicht."

Denn nichts ist groß, was nicht wahr ist

Gotthold Ephraim Lessing
*1729 †1781

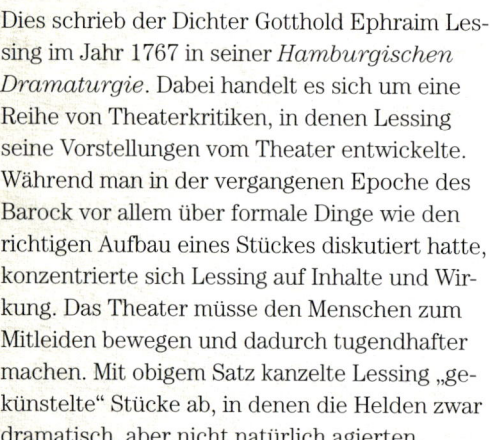

Dies schrieb der Dichter Gotthold Ephraim Lessing im Jahr 1767 in seiner *Hamburgischen Dramaturgie*. Dabei handelt es sich um eine Reihe von Theaterkritiken, in denen Lessing seine Vorstellungen vom Theater entwickelte. Während man in der vergangenen Epoche des Barock vor allem über formale Dinge wie den richtigen Aufbau eines Stückes diskutiert hatte, konzentrierte sich Lessing auf Inhalte und Wirkung. Das Theater müsse den Menschen zum Mitleiden bewegen und dadurch tugendhafter machen. Mit obigem Satz kanzelte Lessing „gekünstelte" Stücke ab, in denen die Helden zwar dramatisch, aber nicht natürlich agierten.

... denn sie wissen nicht, was sie tun

Neues Testament (Lk 23,34)

So heißt der von Nicholas Ray (1911–79) im Jahr 1955 gedrehte Kultfilm *Rebel Without a Cause* in Deutschland. Rays Film mit James Dean (1931–55) als jugendlichem Rebellen auf Identitätssuche basierte auf einer soziologischen Studie und galt als der Film, der zum ersten Mal die Probleme der Nachkriegsgeneration ernst nahm. Dem deutschen Titel liegt ein Zitat aus dem *Lukasevangelium* zugrunde. Lukas berichtet, nachdem Jesus von den Soldaten an das Kreuz genagelt worden sei, habe er gesagt: „Vater, vergib ihnen, denn sie wissen nicht, was sie tun."

Schauspielerin Natalie Wood

Deus ex machina
Gott aus der Maschine

nach Platon
*427 †347 v. Chr.

In Platons Dialog *Kleitophon* meint der Titelheld, dass der Philosoph Sokrates (469–399 v. Chr.) – der Lehrer von Platon – oft wie ein Gott aus einer Theater-Maschine auftrete. Damit spielt er auf die Gewohnheit in griechischen Dramen an, eine verwickelte Handlung am Ende durch eine Gottheit lösen zu lassen, die mithilfe einer kranartigen Bühnenmaschine zu Boden schwebt, so zum Beispiel in den *Eumeniden* des Aischylos oder der *Iphigenie* des Euripides. Deus ex machina steht für ein völlig unerwartetes Auftauchen, aber auch für unlösbare Konflikte („Da müsste schon ein deus ex machina auftauchen").

Platon

Der deutsche Michel

*Sebastian Franck *um 1499 †um 1542*

In der *Sprichwörtersammlung,* die der Verleger Sebastian Franck 1541 herausgab, findet sich zum ersten Mal der „deutsche Michel". Er stand damals aber noch nicht für das ganze deutsche Volk, sondern für einen ungebildeten, einfältigen Tölpel. In der Folge wurde der Begriff von diversen Intellektuellen immer für den Teil des Volkes benutzt, den sie verachteten: für den ungebildeten Bauern, den fortschrittsfeindlichen Dummkopf, den spießigen Biedermann, den obrigkeitshörigen Untertan … Nur zur Zeit der Befreiungskriege gegen Napoleon stilisierten einige Nationalisten den Michel zum braven Deutschen, der sich gegen alles Fremde wehrt.

Deutschland, Deutschland über alles

*August Heinrich Hoffmann von Fallersleben *1798 †1874*

Mit diesen Worten begann der Dichter August Heinrich Hoffmann von Fallersleben sein *Lied der Deutschen,* das er 1841 auf Helgoland dichtete. Ein „Deutschland" gab es damals politisch nicht, sondern nur den Deutschen Bund, einen Zusammenschluss von 38 deutschsprachigen Fürstentümern und Städten. Hoffmann, der einige seiner Gedichte unter dem Titel *Die unpolitischen Lieder* herausgab, war in Wahrheit ein sehr politischer Mensch. Innenpolitisch gesehen war er liberal und wurde wegen seines Einsatzes für bürgerliche Rechte und Freiheiten 1843 aus Preußen ausgewiesen. Den Weg zur Überwindung der Fürstenwillkür sah Hoffmann, der übrigens nicht adelig war, sondern sich nur nach seiner Geburtsstadt nannte, um sich von anderen „Hoffmännern" zu unterscheiden, in einem Staat, der alle deutschsprachigen Gebiete zwischen Maas und Memel, Etsch und Belt umfasste. In

Hoffmann von Fallersleben

zweiter Linie erhoffte er sich allerdings von einem solchen Staat auch eine starke außenpolitische Stellung, vor allem gegen Frankreich, gegen das er eine tiefe Abneigung hegte. Während der Weimarer Republik waren alle Strophen seines *Liedes der Deutschen* Nationalhymne, in der heutigen Bundesrepublik ist es nur die dritte, da „Deutschland über alles" einen faschistischen Beigeschmack bekommen hat.

Dichterische Freiheit

*Lucius Annaeus Seneca *um 4 v. Chr. †65 n. Chr.*

Wie viele andere antike Philosophen war der römische Gelehrte Seneca auch sehr an den Naturwissenschaften interessiert und verfasste mehrere Bände von *Quaestiones naturales* (*Untersuchungen der Natur*). Im zweiten Band schreibt er über Blitze und meint, es gehöre zur dichterischen Freiheit (poeticam istud licentiam decet), zu behaupten, Jupiter wechsle die Kraft seiner Blitze, je nachdem, was er damit treffen wolle.

Die ist es, oder keine sonst auf Erden

Friedrich Schiller
*1759 †1805

Don Cesar in der Schiller-Galerie

Mit diesen Worten beschreibt Don Cesar in Schillers *Braut von Messina* Mutter und Bruder, wie er sich spontan in eine Unbekannte verliebt hat. Die glühende Liebe endet jedoch tragisch. Denn die Auserwählte liebt nicht ihn, sondern seinen Bruder. Als Cesar diesen daraufhin ersticht, wird ihm offenbart, dass die Dame seines Herzens in Wahrheit seine Schwester ist. Daraufhin tötet er sich selbst. Trotz dieses finsteren Endes ist Don Cesars Liebeserklärung wegen ihrer Absolutheit immer noch beliebt.

Dies irae
Tag des Zorns

Thomas von Celano
*1190 †1260

„Dies irae dies illa solvet saeclum in favilla" (Der Tag des Zorns, jener Tag löst die Welt in Asche auf), so beginnt eine Dichtung über den Jüngsten Tag, an dem Gott laut den Prophezeiungen der Bibel ein Weltgericht über die ganze Menschheit abhalten wird. Sie wird meist dem Franziskanermönch Thomas von Celano zugeschrieben, könnte aber auch etwas älter sein. Sie war äußerst populär und wurde von vielen Komponisten vertont. Am bekanntesten ist Mozarts Version, die in seinem *Requiem* vorkommt. Bis 1970 war sie Teil der katholischen Totenmesse, wurde aber vom Zweiten Vatikanischen Konzil gestrichen, da man die Beschreibung des Jüngsten Tages als Schreckensgericht für theologisch fragwürdig hielt. Der deutsche Text beginnt mit „Tag der Rache, Tag der Sünden, wird das Weltall sich entzünden …"

Dieses war der erste Streich, doch der zweite folgt sogleich

Wilhelm Busch
*1832 †1908

Mit solchen Versen werden bei *Max und Moritz* die ersten sechs Kapitel abgeschlossen. Dem siebten können dann keine Streiche mehr folgen, denn Max und Moritz werden geschnappt, in die Mühle geworfen, zu Schrot gemahlen und vom Federvieh des Müllers verspeist. Es folgt nur noch der Prolog, in dem sich die Geschädigten moralisch äußern dürfen. „Kurz, im ganzen Ort herum ging ein freudiges Gebrumm: Gott sei Dank! Nun ist's vorbei mit der Übeltäterei!"

Max und Moritz beim fünften Streich

Die Dinge sind nicht immer so, wie sie scheinen

Phaedrus
*um 20 v. Chr. †um 50 n. Chr.

In einer Vorrede zur *Fabel vom Wiesel und den Mäusen* warnt der römische Dichter Phaedrus den Leser, dass er sorgfältig lesen solle, wolle er Nutzen daraus ziehen. „Die Dinge sind nicht immer so, wie sie scheinen." (Non semper ea sunt quae videntur.) Die Vorderseite täusche viele und selten erkenne der Verstand, was die Sorge im innersten Winkel verberge. So schwer zu verstehen, wie Phaedrus hier andeutet, sind seine Fabeln allerdings in der Regel nicht.

Do ut des
Ich gebe, damit du gibst

Julius Paulus 3. Jh.

In einer Reichstagsrede des Jahres 1878 erklärte der deutsche Kanzler Otto von Bismarck (1815–98): „In allen politischen Verhandlungen ist das do-ut-des eine Sache, die im Hintergrund steht, auch wenn man anstandshalber einstweilen nicht davon spricht." Er meinte also, dass es auch in der Politik immer um Leistung und Gegenleistung gehe. Auf diese Weise gelangen ihm Bündnisse mit den anderen europäischen Großmächten. Kaiser Wilhelm II. (1859–1941) zerstörte später diese Bündnisse, weil er den anderen keine Gegenleistungen anbot, sondern nur Drohungen auffuhr. Erstmals erwähnt ist das Prinzip in den *Digesten* des *Codex Iuris Civilis* des oströmischen Kaisers Justinian I. (um 482–565). Dort wird es auf den Rechtsgelehrten Julius Paulus zurückgeführt. In der römischen Antike stand die Phrase „do ut des" für das Verhältnis der Römer zu ihren Göttern, das von Opfergaben und (erwarteten) Gegenleistungen geprägt war. Heute ist es ein Terminus in der deutschen Rechtsprechung (BGB).

Otto von Bismarck

Don't worry, be happy!

Meher Baba (Merwan Sheriar Irani)
*1894 †1969

Diese Ermahnung gab der indische Guru Meher Baba am 10. Juli 1925 seinen Anhängern und legte danach ein Schweigegelübde ab. 44 Jahre lang verständigte er sich nur mit Buchstabentafeln und Handzeichen, gewann aber prominente Anhänger im Westen, etwa den Musiker Bobby McFerrin (*1950). Dieser machte 1988 aus Meher Babas letzten Worten einen Nummer-1-Hit.

Bobby McFerrin

Donner und Doria!

Friedrich Schiller *1759 †1805

Giovanni Luigi de Fieschi in der Schiller-Galerie

Dies ist der Schlachtruf von Gianettino Doria, dem Neffen des Dogen, in Friedrich Schillers Drama *Die Verschwörung des Fiesco zu Genua* (1783). Doria ist der Gegenspieler des Titelhelden. Die Verschwörung hat es übrigens wirklich gegeben. Graf Giovanni Luigi de Fieschi (um 1523–1547) zettelte am 1. Januar 1547 einen Putsch gegen die regierende Dogenkaste der Doria an, ertrank aber, worauf der Putsch scheiterte. Ob der historische Fiesco die Republik wiederherstellen oder selbst Fürst von Genua werden wollte, ist unklar. Schiller hat zwei Enden zu seinem Stück geschrieben. Das eine Mal entscheidet sich Fiesco nach innerem Ringen für die Republik, das andere Mal wird er von einem Mitverschwörer ertränkt, weil er die Macht für sich will.

Ein Dorn im Auge sein

Altes Testament (4. Buch Mose)

Wenn es um Krieg und Eroberung geht, dann offenbart das Alte Testament oft eine gnadenlose Moral. Im *4. Buch Mose (Numeri)* heißt es, Gott habe den Israeliten befohlen, das Land Kanaan zu erobern und alle seine Bewohner restlos zu vertreiben. Denn: „Wenn ihr aber die Landesbewohner vor eurem Angesicht nicht vertrieben, so wird der von euch übrig gelassene Rest zu Dornen in euren Augen und zu Stacheln in euren Flanken", heißt es.

Dornröschenschlaf

Jacob Grimm *1785 †1863
Wilhelm Grimm *1786 †1859

Im gleichnamigen Märchen der Brüder Grimm muss Dornröschen hundert Jahre lang schlafen, weil eine böse Fee sie verflucht hat. Wenn man heute von einem Dornröschenschlaf spricht, ist meist entweder ein besonders tiefer Schlaf gemeint oder die Schlummernde erscheint besonders schön – wie eine Märchenprinzessin. Die Aufforderung „Erwach mal aus deinem Dornröschenschlaf!" dagegen ist als Vorwurf, weltfremd zu sein, zu verstehen.

Dornröschen im 100-jährigen Schlaf

Dort, wo man Bücher verbrennt, verbrennt man auch Menschen

*Heinrich Heine *1797 †1856*

In dem großen szenischen Gedicht *Almansor*, das Heine 1821 schrieb, kehrt der maurische Ritter Almansor ben Abdullah nach dem Fall Granadas im Jahr 1492 in das Schloss seiner Kindheit zurück, wo er auf den alten Diener Hassan trifft. Gemeinsam beklagen sie den Fall Granadas und die Verfolgung der Muslime durch die Könige Ferdinand und Isabella. Als Almansor daran erinnert, dass der Koran öffentlich verbrannt wurde, erwidert Hassan: „Das war ein Vorspiel nur, dort wo man Bücher verbrennt, verbrennt man auch am Ende Menschen."

Drachensaat

*Bibliothek des Apollodor
1. Jh.*

Von einer Drachensaat, die aufgegangen ist, spricht man vor allem, wenn sich die Folgen gefährlicher Lehren zeigen, zum Beispiel wenn Jugendliche, die rassistischen Parolen ausgesetzt waren, gewalttätig gegen Ausländer und Andersdenkende werden. Die Drachensaat geht auf die Argonautensage (Argonautika) der griechischen Mythologie zurück. Der phönizische Königssohn Kadmos, ein Bruder der von Zeus geraubten Europa, tötet einen Drachen und sät auf Befehl der Göttin Athene dessen Zähne aus. Aus den Drachenzähnen wachsen Männer, die sich gegenseitig töten, bis nur noch fünf übrig bleiben. Mit diesen gründet Kadmos die Stadt Theben. Im Mythos findet sich also in der gewalttätigen „Drachensaat" ein kleiner Rest, der am Ende zu konstruktiven Aufgaben brauchbar ist. Die älteste bekannte Quelle, in der sich diese Geschichte findet, ist die *Bibliothek des Apollodor*, eine Sammlung antiker Mythen.

Drakonische Strafen

*Aristoteles *384 v. Chr. †322 v. Chr.
Plutarch *um 45 †um 125*

Drakon war ein Politiker, der im 7. Jahrhundert v. Chr. in Athen lebte und vor allem als Gesetzesreformer wirkte. Er ließ sämtliche vorhandenen Gesetze aufzeichnen, verbot die Blutrache und traf juristische Unterscheidungen wie die zwischen fahrlässiger und absichtlicher Tötung. Allerdings waren die festgelegten Strafen damals sehr hart. Schon auf kleinere Vergehen stand die Todesstrafe. Aristoteles thematisierte diese Strafe in seinem Werk *Politik*. Der griechische Schriftsteller Plutarch, der 700 Jahre später lebte, schrieb in seinem Geschichtswerk, Drakons Gesetze seien mit Blut und Tinte geschrieben. Außerdem zitierte er den Reformer mit der Bemerkung, die großzügige Verhängung der Todesstrafe wirke abschreckend. Damit trug er wesentlich zu Drakons „drakonischem Ruf" bei.

Die drei Grazien

*Hesiod *8. Jh. v. Chr.*

Der griechische Dichter Hesiod beschreibt in seiner *Theogonie* (Götterentstehung) drei Liebesgöttinnen (Chariten) namens Aglaia (die Glänzende), Euphrosyne (der Frohsinn) und Thalia (die Festfreude). Sie sind Töchter des obersten Gottes Zeus und der Meergöttin Eurynome. In der lateinischen Übersetzung wurden aus den Chariten „Grazien". Schon in der Antike, aber auch in der abendländischen Malerei waren sie ein beliebtes Kunstmotiv und wurden in der Regel nackt dargestellt. Heute gibt es sowohl den ernst gemeinten Kunstbegriff als auch die oft ironische Kommentierung für weibliche Dreiergruppen, gerade auch dann, wenn die Damen alles andere als graziös sind.

Konventionsehen. Eine solche ist seine Heldin *Hedda Gabler* eingegangen, um versorgt zu sein. Ihr korrekter Ehemann langweilt sie jedoch bodenlos und sie sucht Abwechslung. Assessor Brack führt aus, dass er die Rolle eines angenehmen, gern gesehenen Hausfreundes sehr reizvoll fände. Ein Freund in erster Linie der Hausherrin, aber in zweiter auch des Hausherrn. „Eine solche dreieckige Freundschaft – wenn ich das so sagen darf – ist wirklich eine große Annehmlichkeit für alle Parteien."

Die drei Grazien

Ein Dreiecksverhältnis

*Henrik Ibsen *1828 †1906*

Zu den bürgerlichen Missständen, die der norwegische Dramatiker Henrik Ibsen auf die Bühne brachte, gehörten auch die lieblosen

Dreimal umgezogen ist so gut wie einmal abgebrannt

*Benjamin Franklin *1706 †1790*

Der berühmte Politiker und Gelehrte zog im Laufe seines Lebens selbst mehrmals um: Boston, London, Philadelphia, wieder London, Paris und am Ende erneut Philadelphia hießen die Stationen seines Lebens. Trotzdem

Benjamin Franklin

schrieb er in seinem beliebten Jahrbuch *Poor Richard's Almanack*: „Ich sah nie einen oft umgepflanzten Baum noch eine Familie, die oft umgezogen war, die so gut gediehen wie die, die ihren festen Platz hatten. Und noch einmal: Drei Umzüge sind so schlimm wie ein Feuer." Heute drückt man mit der Redensart weniger Entwurzelung aus, sondern vielmehr die Kosten und Verluste, die ein Umzug mit sich bringt.

Drum prüfe, wer sich ewig bindet

Friedrich Schiller *1759 †1805

Im seinem berühmten *Lied von der Glocke* (1799) streift Friedrich Schiller das ganze Leben von der Wiege bis zur Bahre, vom Glockenläuten bei der Taufe bis hin zur Grabesglocke. In einer Strophe vergleicht der Erzähler die richtige Mischung in der Glockenmasse, die allein später einen guten Klang ergibt, mit der richtigen Mischung der beiden Partner in einer Ehe und rät, genau zu prüfen, „wer sich ewig bindet, ob sich das Herz zum Herzen findet!". Denn: „Der Wahn ist kurz, die Reu ist lang."

Du bist, was du isst

Jean-Anthelme Brillat-Savarin *1755 †1826
Ludwig Feuerbach *1804 †1872

„Sage mir, was du isst, und ich sage dir, was du bist", forderte der Feinschmecker Brillat-Savarin seine Leser 1826 in seinem Hauptwerk *La Physiologie du Goût (Physiologie des Geschmackes)* auf. Für Brillat-Savarin waren Essen und Trinken eine Lebenseinstellung. Er unterschied zwischen Schlemmern (frz. gourmand) und Feinschmeckern (frz. gourmet) und behauptete, nur Menschen mit Geist wüssten wirklich zu speisen. Außerdem war er der Meinung, die Entdeckung eines neuen Gerichtes mache die Menschheit glücklicher als die eines neuen Sternes. Der deutsche Philosoph Ludwig Feuerbach verwendete den Spruch „Der Mensch ist, was er isst" 1850 in einem seiner Artikel.

Jean Anthelme Brillat-Savarin

Du gehst zu Frauen? Vergiss die Peitsche nicht!

Friedrich Nietzsche *1844 †1900

Diesen Rat lässt Friedrich Nietzsche seinem Helden Zarathustra von einem alten Weiblein erteilen. Er lebt seitdem als launiger Macho-Spruch weiter. Allerdings hatte Nietzsche zeitlebens Probleme mit Frauen und es gibt Fotos, die ihn vor einen Karren gespannt zeigen, während die von ihm angebetete Lou Salomé (1861–1937) kokett mit einem Peitschchen droht. Manche Interpreten meinen, dass die alte Frau Zarathustra eigentlich sagen wollte, er solle nicht vergessen, dass Frauen über Peitschen verfügen.

Du musst ein Schwein sein

Die Prinzen
1995

Dieser Hit der Gruppe *Die Prinzen* wurde 1995 weit über ihren Fankreis hinaus bekannt, persiflierte er doch damit das fast jedem bekannte Phänomen, dass oft nicht die Netten und Anständigen, sondern die Skrupellosen Erfolg haben. „Du musst ein Schwein sein in dieser Welt. Du musst gemein sein in dieser Welt. Denn willst du ehrlich durchs Leben geh'n, kriegst du 'nen Arschtritt als Dankeschön", lautet der Refrain. Hauptverantwortlich für den Text ist der Sänger und Produzent Lukas Hilbert (*1972), die Musik komponierten Annette Humpe (*1950) und Udo Lindenberg (*1946).

Szene aus Iphigenie auf Tauris

Du sprichst ein großes Wort gelassen aus

Johann Wolfgang von Goethe
*1749 †1832

Diese bewundernden Worte richtet Thomas, der König von Tauris, in Goethes Stück *Iphigenie auf Tauris* an die Titelheldin. Diese offenbarte ihm nämlich gerade, dass sie aus dem Geschlecht des Tantalus stamme. Das aber war von den Göttern mit einem fünf Generationen währenden Fluch überzogen worden, weil Ahnherr Tantalus nicht nur Nektar und Ambrosia von der Tafel der Götter gestohlen, sondern die Götter zudem auf die Probe gestellt hatte, indem er seinen eigenen Sohn schlachtete und ihnen zum Essen vorsetzte. Die tragischen Leben seiner Nachkommen versorgten die antiken Tragödiendichter mit reichlich Stoff. Iphigenie selbst ist von ihrem eigenen Vater Agamemnon der Artemis geopfert, von dieser Göttin aber im letzten Moment gerettet und nach Tauris gebracht worden. Später tötete ihre Mutter Klytämnestra deswegen den Vater und der Bruder Orest wiederum die Mutter. Es gehörte also tatsächlich einiges dazu, sich ohne mit der Wimper zu zucken zu solcher Verwandtschaft zu bekennen.

Der Duft der großen, weiten Welt

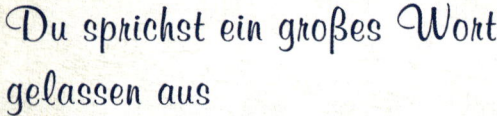

Fritz Bühler
*1903 †1969

Diesen Slogan kreierte der Schweizer Werbegrafiker Fritz Bühler im Jahr 1959 für eine neue Zigarette des Reemtsma-Konzerns: „Peter Stuyvesant". Die Einführung dieser Zigarette war eine der ersten deutschen Werbekampagnen, die auf Weltläufigkeit setzten, und kam enorm gut an. Die Überlegung dahinter im Konzern war: „Der Mensch raucht immer seine Träume." Der Namenspate der Zigarette, der Niederländer Peter Stuyvesant (1612–72), hat tatsächlich einiges von der großen, weiten Welt gesehen. Er war Gouverneur der Antilleninseln Ariba, Bonaire und Curaçao und wurde dann Verwalter der amerikanischen Kolonie Neu-Niederlande und gründete in dieser Funktion 1652 New York.

Durch Abwesenheit glänzen

Publius Cornelius Tacitus
*um 55 †nach 115

Publius Cornelius Tacitus

Das tut man, wenn die Nichtanwesenheit bei einem Ereignis auffällt, im Extremfall sogar das Ereignis selbst in den Schatten stellt. So etwas passierte im Jahr 22 beim Begräbnis der Junia Tertia, der Schwester von Marcus Junius Brutus (85–42 v. Chr.) und Ehefrau des Gaius Cassius Longinus (vor 85–42 v. Chr.), von dem der römische Historiker Tacitus in seinen *Annalen* berichtet. Ihrem Leichenzug werden, wie es römische Sitte war, die Büsten von rund 20 verstorbenen Verwandten vorangetragen. Nicht dabei waren allerdings die von Cassius und Brutus, den beiden Caesarmördern. Doch wie Tacitus schreibt, überstrahlen sie gerade durch ihre Abwesenheit alle anderen.

Ecce homo!
Seht den Menschen!

Neues Testament
(Joh 19,5)

Alle vier Evangelien der Bibel berichten, dass Jesus bei seiner Verurteilung von den römischen Soldaten geschlagen und verspottet wurde. Der Evangelist Johannes erzählt darüber hinaus, dass der römische Statthalter Pilatus, der die Geißelung anordnete, danach den misshandelten Jesus wieder vor seine Ankläger führte und sagte: „Seht den Menschen!" (Ecce homo!) Die Szene ist ein beliebtes Motiv der Kunst.

Edel sei der Mensch, hilfreich und gut

Johann Wolfgang von Goethe
*1749 †1832

So beginnt ein Gedicht mit dem Titel *Das Göttliche,* das Goethe um 1783 schrieb. Diese Eigenschaften allein, so das Gedicht weiter, würden den Menschen von allen anderen Wesen unterscheiden und als Menschen auszeichnen. „Denn unfühlend ist die Natur", heißt es weiter. „Es leuchtet die Sonne über Bös' und Gute und dem Verbrecher glänzen wie dem Besten der Mond und die Sterne." Nur der Mensch dagegen könne wählen und richten, heilen und retten sowie Dinge nützlich verbinden. Dieser Eingangsvers des Liedes gehört zu den beliebtesten Poesiealbum-Sprüchen.

Egal, was es ist, ich bin dagegen

Groucho (Julius Henry) Marx
*1890 †1977

Groucho Marx

So beginnt eines der Lieder, die Groucho Marx in *Blühender Blödsinn* (im Original: *Horse Feathers*, 1932), dem vierten Film der Marx Brothers, sang. Groucho Marx spielte darin den Präsidenten eines fiktiven Colleges und stellte sich mit folgenden Zeilen vor: „I don't know what they have to say. It makes no difference anyway. Whatever it is, I'm against it!" (Ich weiß nicht, was sie zu sagen haben. Es spielt auch keine Rolle. Was immer es ist: Ich bin dagegen.)

Eher geht ein Kamel durch ein Nadelöhr ...

Neues Testament (Mk 10,25)

„... als ein Reicher in das Himmelreich", warnte Jesus, als ein reicher Jüngling seinen Besitz nicht verlassen wollte, um ihm nachzufolgen. Auch im Koran ist das Gleichnis aufgenommen. Das Bild steht heute für etwas völlig Unmögliches. Ob Jesus wirklich sagen wollte, dass Reiche unmöglich in das Himmelreich gelangen können, ist strittig. Eine Interpretation lautet, dass „Nadelöhr" eine Bezeichnung für enge

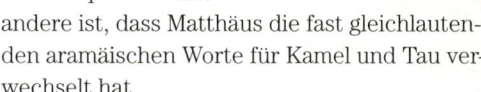

Durchlässe in Jerusalem war, durch die ein Kamel nur mit Mühe und Not und auf jeden Fall nicht beladen passte. Eine andere ist, dass Matthäus die fast gleichlautenden aramäischen Worte für Kamel und Tau verwechselt hat.

Ehre, wem Ehre gebührt!

Paulus von Tarsus †um 64

Paulus von Tarsus

Im einem Brief an die Christen in Rom rief der Apostel Paulus zum Gehorsam gegenüber der Obrigkeit auf. Er schreibt: „So gebt nun jedermann, was ihr schuldig seid: Steuern, wem Steuern gebühren, Zoll dem, wem Zoll gebührt, Ehre, wem Ehre gebührt." So weit, so gut. Allerdings hatte Paulus zuvor erklärt, dass jede Obrigkeit von Gott komme und deshalb Anerkennung verdiene. Damit führte er seine Argumentation, jeder solle nur das bekommen, was ihm gebühre, teilweise ad absurdum. In der Folge beriefen sich jedenfalls viele Regenten, denen nach moralischen Maßstäben kein Pfennig und schon gar keine Ehre gebührte, auf ihr „Gottesgnadentum".

Eifersucht ist eine Leidenschaft, die mit Eifer sucht, was Leiden schafft

Friedrich Schleiermacher
*1768 †1834

Friedrich Schleiermacher

Diese scharfsinnige Beobachtung soll von dem deutschen Theologen Friedrich Schleiermacher stammen, doch lässt sich nicht mehr nachvollziehen, wann und wo er sie getroffen hat. Deshalb wird sie manchmal auch dem spanischen Dichter Miguel Cervantes de Saavedra (1547–1616) zugeschrieben. In dessen Kurzstück *Der wachsame Posten (La guarda cuydadosa)* stößt ein verliebter Soldat diese Klage aus. Doch der Satz stammt von Cervantes' deutschem Übersetzer Hermann Kurz (1813–73), der jünger als Schleiermacher war und dessen Zitat entlehnt haben dürfte. Im spanischen Original dagegen heißt es: „O zelos, zelos! Quan mejores llamaran duelos, duelos!" (Oh, Eifersüchte, Eifersüchte! Wie viel besser sollte man euch Schmerzen, Schmerzen nennen!)

Eile mit Weile

Augustus (Gaius Octavius)
*63 v. Chr. †14 n. Chr.

Der römische Historiker Sueton (um 70–140) berichtet in seiner Biografie von Kaiser Augustus, dass dieser eine ausgeprägte Abneigung gegen Hast und Übereile gehabt habe. Seine Lieblingssprüche seien „Eile mit Weile" (festina lente), „Besser ein sicherer Anführer als ein tapferer" oder „Das ist schnell genug getan, das gut genug getan ist" gewesen. Allerdings zitiert Sueton „Festina lente" auf Griechisch, was wohl bedeutet, dass Augustus dieses eigentlich paradox klingende Motto nicht selbst erfand. Stattdessen dürfte es ein gängiges griechisches Sprichwort gewesen sein.

Der eingebildete Kranke

Molière (Jean-Baptiste Poquelin)
*um 1622 †1673

Le Malade imaginaire – so nannte der französische Dramatiker, Satiriker und Schauspieler Molière sein Theaterstück, das 1673 im Pariser Palais Royal uraufgeführt wurde und seither zu den bekanntesten und meistgespielten Stücken überhaupt gehört. Die Hauptfigur ist der kauzige Argan, der sich von früh bis spät alle möglichen Krankheiten einbildet und damit sein Dienstmädchen und seine Tochter terrorisiert – nur die Ärzte freuen sich über den Hypochonder, können sie ihm doch reichlich Geld aus der Tasche ziehen. Heute nimmt man mit der Wendung vom eingebildeten Kranken spöttisch Bezug auf jemanden, der sich beim kleinsten Schnupfen furchtbar krank fühlt oder an sich jedes Symptom bemerkt, von dem er gehört oder gelesen hat. Tragisch: Molière selbst starb 1673, wenige Stunden nachdem er in der Rolle des Argan auf der Bühne zusammengebrochen war.

Eins, zwei, drei! Im Sauseschritt

Wilhelm Busch *1832 †1908

Eine Bildergeschichte von Wilhelm Busch ist die Trilogie über den angejahrten, wohlbeleibten Junggesellen Tobias Knopp, der schließlich doch noch Ehemann und Vater wird. Der letzte Teil der Geschichte ist dem Heranwachsen seiner Tochter Julchen gewidmet. Der Vers „Eins zwei drei! Im Sauseschritt läuft die Zeit; wir laufen mit" verbindet die einzelnen Kapitel, in denen Julchen vom kugelrunden Säugling zum heiratsfähigen Backfisch heranwächst.

Der einzige Unterschied zwischen einer Laune und der ewigen Liebe besteht darin, dass die Laune etwas länger dauert

Oscar Wilde *1854 †1900

Mit solchen geschliffenen Bosheiten verwirrt der amoralische Lord Henry in Oscar Wildes berühmtem Roman *Das Bildnis des Dorian Gray* den jungen Titelhelden. Er bittet ihn, das Wort „immer" zu vergessen. „Die Frauen gebrauchen es so gern. Sie zerstören jeden Roman mit ihrem Versuch, ihn ewig währen zu lassen." Dabei sei der einzige Unterschied zwischen einer Laune und einer lebenslänglichen Leidenschaft („life-long passion"), dass erstere länger dauere. Zitiert wird der Ausspruch jedoch meist mit „ewiger Liebe" statt „lebenslanger Leidenschaft". Lord Henry jedoch zielte nicht nur auf die Liebe ab, sondern auf alles, woran man – zeitweise – sein Herz hängt.

Oscar Wilde

Eiserner Vorhang

Wassilij Rosanow *1856 †1919

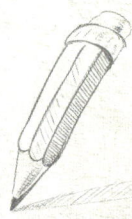

1918 verwendete der russische Schriftsteller Wassilij Rosanow diesen Begriff, um die Isolation des bolschewistischen Russlands gegenüber dem Rest Europas zu beschreiben. In seinem Buch *Die Apokalypse unserer Zeit* schrieb er: „Unter Rasseln, Knarren und Kreischen senkt sich ein eiserner Vorhang auf die russische Geschichte." Er spielte damit auf die eisernen Vorhänge an, die in Theatern bei einem Feuer Bühne und Zuschauerraum trennen sollten. Etwa um dieselbe Zeit gebrauchte auch die aus Bayern stammende belgische Königin Elisabeth (1876–1965) den Vergleich, um die Kluft zwischen Deutschland und Belgien zu beschreiben. Im März 1945 prophezeite dann der britische Premierminister Winston Churchill (1874–1965) in einem Telegramm an den US-Präsidenten Harry Truman (1884–1972), dass sich bald ein eiserner Vorhang über Europa senken werde.

Elf Freunde müsst ihr sein

Richard Girulatis *1878 †1963

Diese Forderung stellte der deutsche Fußballtrainer Richard Girulatis in seinem 1920 erschienenen Buch *Tore, Technik, Taktik* auf. Ob er auch der Erfinder ist, ist aber nicht gesichert. Auch die Trophäe „Victoria", eine Vorgängerin der Meisterschale, die von 1903 bis 1944 an den jeweiligen deutschen Fußballmeister verliehen wurde, hatte den Spruch „Elf Freunde müsst ihr sein, wenn ihr Siege erringen wollt" im Sockel eingraviert. Da dieser Sockel jedoch irgendwann umgestaltet wurde, ist nicht sicher, seit wann er dieses Motto trug. Auf jeden Fall wurde es vom Deutschen Fußballbund (DFB) schon vor den Zeiten von Sepp Herberger (1897–1977), dem der Spruch gelegentlich zugeschrieben wird, kultiviert. *Elf Freunde müsst ihr sein* ist auch der Titel des 1955 erstmals erschienenen Jugendbuchs des Sportreporters Sammy Drechsel (1925–86).

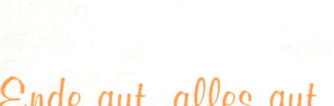

Ende gut, alles gut

William Shakespeare *um 1564 †1616

All's well, that ends well nannte der britische Dichter William Shakespeares eine Komödie, die er um das Jahr 1603 schrieb. Zunächst jedoch erscheint in diesem Stück so manches recht verfahren. Der jungen Helena gelingt es, den König von Frankreich zu heilen, und zur Belohnung darf sie sich an seinem Hof einen Ehemann wählen. Doch Bertram von Roussillon erwidert ihre Liebe nicht. Er verlässt sie und erklärt dabei höhnisch, erst wenn sie sein Kind und seinen Ring trage, werde sie seine Gattin werden. Helena gelingt es, die Bedingung zu erfüllen, indem sie sich als eine andere ausgibt und so eine Nacht mit ihm verbringt. Am Ende suggeriert das Stück gemäß seinem Titel eine Läuterung Bertrams, was aber scheinbar nicht alle Zuschauer glaubhaft finden, weshalb das Stück zu seinen weniger populären gehört.

Enfant terrible

Paul Gavarni (Sulpice-Guillaume Chevalier) *1804 †1866

„Schreckliches Kind" bedeutet der französische Ausdruck auf Deutsch. *Les enfants terribles* nannte der französische Karikaturist Gavarni eine seiner Bildergeschichten. Der Ausdruck steht seitdem in Deutschland, aber auch im englischen Sprachraum für Menschen, die sich provokant und aufmüpfig wie Kinder benehmen, es

Paul Gavarni

aber doch durch Charme oder Können verstehen, die sonst nur Kindern geltende Nachsicht der anderen für sich in Anspruch zu nehmen. Sie tauchen meistens in einer bestimmten, relativ geschlossenen Szene auf, zum Beispiel das „enfant terrible der Modebranche, des deutschen Films, der Kunstszene …" Gavarni schuf übrigens auch eine Lithografie namens *Les parents terribles* (Die schrecklichen Eltern).

Entscheidend ist, was hinten rauskommt

Helmut Kohl

Helmut Kohl *1930

Befragt zu Problemen bei der Gestaltung seiner Politik, erklärte der damalige Bundeskanzler Helmut Kohl am 31. August 1984 auf einer Pressekonferenz: „Ich habe keine Probleme. Entscheidend ist, was hinten rauskommt." Die doppeldeutige Formulierung machte daraufhin sehr schnell die Runde und sorgte für einigen Spott.

Entweder bist du Teil des Problems oder Teil der Lösung

Sydney J. Harris *1917 †1986

„Wenn du nicht Teil der Lösung bist, dann bist du Teil des Problems, aber das ständige menschliche Dilemma ist, dass die Antwort schon ein Problem ist", schrieb der US-amerikanische Journalist Sydney Harris in einer seiner Kolumnen und ist damit wahrscheinlich der Erste, der obigen Gedanken in diese Worte fasste. 1968 ist der Spruch auch in einer Rede des Black-Panther-Aktivisten Eldrige Cleaver (1935–2002) und in einem Album der Rockband MC5 zu finden. Von Harris stammen auch Sätze wie: „Die wirkliche Gefahr ist nicht, dass Computer beginnen, wie Menschen zu denken, sondern dass Menschen beginnen, wie Computer zu denken."

Oder: „Ein guter Mensch liebt Menschen und benutzt Dinge, während ein schlechter Mensch Dinge liebt und Menschen benutzt".

Er kann mich im Arsche lecken!

Johann Wolfgang von Goethe *1749 †1832

So das berühmte „Götzzitat" aus Goethes erstem großen Drama, dem *Götz von Berlichingen* (1773). Goethe hat die Beleidigung sicher nicht erfunden, war aber der Erste, der es wagte, dererlei literarisch zu verwenden. Die Leserschaft war so geschockt, dass man lange Zeit nur „A ..." zu schreiben wagte. Der Ritter Götz verwendet diese Worte gegenüber einem kaiserlichen Hauptmann, der ihn auffordert, sich zu ergeben. Der Grund: Götz führt eine Fehde gegen den Bischof von Bamberg. Im Mittelalter war dies ein Recht, das jedem zustand, der glaubte, ungerecht behandelt worden zu sein. Zu Lebzeiten des Götz von Berlichingen (um 1480–1562) versuchte Kaiser Maximilian (1459–1519), dem ein Ende zu machen. Im Drama sorgen zwielichtige Gestalten dafür, dass der Kaiser gegen Götz und für den Bamberger Bischof Partei ergreift. Das Drama gehört zu den wichtigsten Stücken des

Götz von Berlichingen mit dem berühmten Zitat

Sturm und Drang, einer Epoche, in der Widerstand gegen die Obrigkeit eines der zentralen Themen war.

Er läuft und läuft und läuft ...

Charles Wilp *1932 †2005

Ist das nicht der Slogan eines Batterieherstellers, der in seinen Spots mit aufgezogenen rosa Plüschhasen wirbt, die laufen und laufen und laufen? Falsch: Der Satz war 1962 Bestandteil einer Anzeigenkampagne für den VW-Käfer, die der Fotograf und Werbefachmann Charles Wilp gestaltet hatte. Von den vielen Gründen, warum so viele Volkswagen gekauft würden, sei dies der wichtigste, hieß es im Text. Allerdings warb auch der Batteriehersteller Energizer seit 1989 mit einem rosa Plüschhasen und dem Spruch: „It keeps going and going and going ..." Der Energizer-Hase tauchte allerdings nur in Nordamerika auf, während in Europa die rosa Hasen vom Konkurrenten Duracell unterwegs sind. Die erschienen erstmals 1973 in einem Werbespot und trommelten und trommelten und trommelten ...

Der einmillionste VW-Käfer

Ergo bibamus!
Also lasst uns trinken!

Martin IV. (Simon de Brie)
*um 1210 †1285

Der Spruch wurde bestimmt schon früher oft verwendet, doch Papst Martin IV. soll die beiden Worte zu einer Art Kampfruf gemacht haben und jedes Mal nach einer Sitzung mit seinen Kardinälen erklärt haben: „Wie viel haben wir für die heilige Kirche Gottes gelitten! Darum lasst uns jetzt trinken!" Das behauptet jedenfalls der italienische Gelehrte Francesco da Buti (1315–1406) in seiner Interpretation von Dantes *Göttlicher Komödie*. Dort lässt Dante Alighieri (1265–1321) den Papst nämlich wegen seiner Leidenschaft für Wein und Aale im Fegefeuer schmoren. In Deutschland jedoch wird mit „Ergo bibamus" vor allem ein Trinklied verbunden, dessen Text von Goethe (1759–32) stammt.

Erkenne dich selbst!

evtl. Solon *um 640 †um 560 v. Chr.

Dieser Spruch stand in der Antike über dem berühmten Orakel von Delphi und wurde von antiken Autoren gelegentlich dem griechischen Gesetzesreformer Solon zugeschrieben. Wirkliche Anhaltspunkte für diese Behauptung gab es allerdings nicht. Andere Sprüche, die ihm zugeschrieben worden sind, sind „Nicht im Übermaß!" oder „Rate deinen Mitbürgern nicht das Angenehmste, sondern das Beste". Allerdings nennen manche Quellen auch Solons „Mitweise" Chilon von Sparta (6. Jahrhundert v. Chr.) oder Thales von Milet (um 624–um 546 v. Chr.) als Urheber von „Erkenne dich selbst!"

Erlaubt ist, was gefällt

Johann Wolfgang von Goethe
*1749 †1832

Mit dieser Maxime und Erzählungen von einem paradiesischen Urzustand, in dem es keine moralischen Schranken gibt, möchte der Dichter Torquato Tasso in Goethes gleichnamigem Schauspiel die Prinzessin von Ferrara zu einer Liebesbeziehung überreden. Die Prinzessin jedoch wahrt die Konvention und erwidert: „Erlaubt ist, was sich ziemt." Und: „Willst du genau erfahren, was sich ziemt, so frage nur bei edlen Frauen an." Am Ende verzweifelt Tasso daran, dass weder seine Gefühle noch seine Dichtkunst wirklich geschätzt werden, und verstummt.

Szene aus Torquato Tasso

Ernst ist das Leben, heiter ist die Kunst

Friedrich Schiller *1759 †1805

Der erste Teil von Schillers Wallenstein-Trilogie *Wallensteins Lager* wurde im Oktober 1798 zur Wiedereröffnung der Schaubühne in Weimar uraufgeführt. Aus diesem Grund dichtete Schiller einen Prolog, in dem er sowohl das Theater würdigt als auch sein Stück vorstellt. Darin bittet er um Nachsicht, dass er zu dem eher altmodischen Mittel des Reimes gegriffen habe. Gerade damit aber werde betont, dass sein Stück trotz des ernsten historischen Themas eben Kunst und keine Abbildung der wahren Begebenheiten aus dem Dreißigjährigen Krieg sei. Mit obigem Aufruf schließt der Prolog.

Errare humanum est!
Irren ist menschlich!

Sophronius Eusebius Hieronymus
*347 †420

Mit dem locker-flockigen Einwand „Irren ist menschlich" lässt sich so mancher Lapsus beiseiteschieben. Der heilige Hieronymus meinte es allerdings nicht ganz so locker-flockig, als er diesen Ausspruch in einem seiner Briefe tat. Bei ihm heißt es: „Irren ist menschlich, aber auf Irrtümern zu bestehen ist teuflisch." („Errare/Errasse humanum est, sed in errare/errore perseverare diabolicum.") Ihm ging es also vor allem um die Klugheit, Fehler gleich einzugestehen, anstatt sie aus falscher – und dummer – Scham zu verschweigen. Im Übrigen unterliefen auch ihm bei seiner Bibelübersetzung so einige Fehler. Aber da man in Rom lange Zeit der Meinung war, dass zwar Menschen, nicht aber katholische Heilige irren können, wurden diese teilweise erst im 20. Jahrhundert entdeckt.

Die Ersten werden die Letzten sein ...

Erst kommt das Fressen, dann kommt die Moral

*Bertolt Brecht *1898 †1956*

Dieser Satz stammt aus der *Dreigroschenoper*. Mackie Messer und die Hure Jenny singen gegen Ende der Oper das sogenannte Zweite Dreigroschenfinale, das Lied *Denn wovon lebt der Mensch?*. Darin beschwören sie den real existierenden Egoismus, mit dem sich ein Großteil der Menschen sein Leben erkämpft. Im Refrain erklären sie jedes Mal, dass die Moral erst nach dem Fressen kommen könne, also nur etwas für Menschen sei, deren Lebensgrundlagen gesichert sind.

Erstdruck der Dreigroschenoper

Die erste Million ist immer die schwerste

*Jean-Jacques Rousseau *1712 †1778*

„Geld ist immer die Saat für Geld", schrieb der Genfer Philosoph Jean-Jacques Rousseau 1754 in seiner *Abhandlung über den Ursprung und die Grundlage der Ungleichheit unter den Menschen*, „und die erste Guinee ist oft schwerer zu erlangen als die zweite Million." In dieser Schrift kritisierte Rousseau den Kapitalismus und die wachsende Ungleichheit unter den Menschen, die dieser nach sich zieht. Entgegen der landläufigen Meinung wollte er aber das Privateigentum nicht abschaffen, sondern der materiellen Ungleichheit nur so strenge gesetzliche Riegel vorschieben, dass niemand einen anderen Menschen kaufen kann und niemand sich aus der Not herauskaufen lassen muss.

Jean-Jacques Rousseau

Die Ersten werden die Letzten sein ...

Neues Testament (Mt 19,30)

„... und die Letzten die Ersten." Auf solche Art macht Jesus oftmals deutlich, dass im Himmelreich nicht mit menschlichem Maß gemessen wird – etwa in einem Gleichnis im *Matthäusevangelium*. Der Besitzer eines Weinbergs zahlt den Arbeitern, die er morgens angeworben hat, genauso viel wie denen, die erst seit dem Nachmittag arbeiten. Als sich die Ersteren beschweren, hält er ihnen ihren Neid vor. Sie hätten bekommen, was vereinbart war, und wie er die anderen behandle, das sei seine Sache. Von diesem Gleichnis stammt auch die Bezeichnung „Arbeiter im Weinberg des Herrn" für christlich engagierte Menschen.

Es geschah am helllichten Tag

*Ladislao Vajda *1906 †1965*

Das wird oft betont, wenn ein Verbrechen in der Öffentlichkeit stattfindet, ohne dass jemand damit gerechnet hat. 1958 drehte der ungarische Regisseur Ladislao Vajda unter diesem Titel einen Film, dessen Drehbuch er zusammen mit dem Schweizer Schriftsteller Friedrich Dürrenmatt geschrieben hatte. Ein kleines Mädchen wird am helllichten Tag ermordet und die Stimmung ist so aufgeheizt, dass die Polizei einen verdächtigen Hausierer festnimmt und unter Druck setzt. Dieser hält dem nicht stand und erhängt sich. Oberleutnant Matthäi (Heinz Rühmann), der als Einziger an die Unschuld des Hausierers glaubt, macht sich daran, den wahren Täter zu finden. Er spielt jedoch ein riskantes Spiel und benutzt ein kleines Mädchen als Lockvogel. Unter dem Titel *Das Versprechen* schrieb Dürrenmatt die Geschichte später noch einmal mit einem anderen Ende neu.

Friedrich Dürrenmatt

Es geschehen noch Zeichen und Wunder

Altes Testament (2. Buch Mose)

Es gehört zu den sprachlichen Stilmitteln der Bibel, dass Dinge oft bekräftigt werden, indem sie mit anderen Worten noch einmal wiederholt werden oder zwei sehr ähnliche Dinge stets zusammen genannt werden. So werden auch die „Zeichen und Wunder" Gottes sehr oft zusammen erwähnt. Im Grunde aber meinen beide Begriffe das Gleiche: Wunder, die dem Volk ein Zeichen für Gottes Macht sein sollen bzw. Zeichen, die auf Wundern beruhen. Sagt man „Es geschehen noch Zeichen und Wunder", geschehen in der Regel auch nicht mehrere Dinge, sondern ein Ereignis kommt so unerwartet, dass es fast einem Wunder gleicht.

Es gibt ein Leben vor dem Tod

*Wolf Biermann *1936*

Diesen Titel tragen ein Lied und das dazugehörende Album, das der Musiker Wolf Biermann im Jahr 1976 veröffentlichte. Im Text stellt Biermann fest, dass es ein Leben nach dem Tod geben soll – im christlichen Glauben, durch den Nachruhm in der Kunst, in der Erinnerung der Kinder. Zum Schluss jedoch meint er: „Und doch, da bleibt uns noch die kleine – die große – die Frage (das wüssten wir gern noch daneben!), ob's so was gibt – wir hättens gern: – auch v o r unserm Tode ein Leben." In einem Interview zu seinem 70. Geburtstag erklärte Biermann, an ein Leben nach dem Tod glaube er überhaupt nicht, ihm würde es reichen, wenn es ein Leben vor dem Tod gäbe.

Es gibt mehr Ding' im Himmel und auf Erden, als Eure Schulweisheit sich träumt

William Shakespeare *um 1564 †1616

So übersetzte der deutsche Dichter August Wilhelm von Schlegel (1767–1845) eine Bemerkung des Hamlet aus William Shakespeares gleichnamigem Stück. Im Original dagegen steht statt „Schulweisheit" „philosophy". Hamlet sagt diesen Satz zu seinem Freund Horatio, nachdem Hamlets toter Vater als Geist aufgetaucht ist und seinen Sohn aufgefordert hat, ihn zu rächen. Oft wird auch „zwischen Himmel und Erde" zitiert.

Erich Kästner

Hamlet

Es gibt nichts Gutes außer: Man tut es

Erich Kästner *1899 †1974

Dies ist schon der ganze Inhalt von Erich Kästners Gedicht *Moral*. Es dürfte sein kürzestes sein. Er schrieb aber auch zahlreiche andere Epigramme, die nur zwei oder vier Zeilen lang sind. Kästner bezeichnete sich selbst als „Gebrauchslyriker", der in seiner „kleinen Versfabrik" Gedichte schreibe, die „seelisch verwendbar" sind. Lyriker mit „lockig im Winde flatterndem Verstand" waren ihm ein Gräuel.

Es gibt nichts Neues unter der Sonne

Altes Testament (Buch Kohelet, auch Buch Prediger Salomo)

Der alttestamentliche Prediger fragte sich in dem nach ihm benannten Buch, was dem Menschen von all seiner Mühe bleibe. Alles vergehe, aber komme auch wieder. Aufgang und Untergang der Sonne, die Winde, das ewige Fließen der Flüsse zum Meer, aber auch die Hast der Menschen und ihre Geschäftigkeit. „Was war, wird wieder sein", schreibt er, „was geschah, wird wieder geschehen, und nichts Neues gibt es unter der Sonne."

Es gibt viel zu tun. Packen wir es an.

Werbeagentur McCann Erickson

Entwicklung des Logos von Esso

Tanken ist keine sonderlich anspruchsvolle Tätigkeit, weshalb dieser Slogan eigentlich besser zu einem Heimwerkermarkt als zu einem Ölkonzern zu passen scheint. Doch der Spruch wurde 1974 von der Hamburger Filiale der Werbeagentur McCann Erickson für die Firma Esso kreiert. Vorausgegangen war die schwere Ölkrise von 1973. Eine Publicity-Kampagne sollte das geschwundene Vertrauen der Bevölkerung zurückgewinnen. Deshalb wurden Anzeigen mit dem Konterfei des deutschen Vorstandsvorsitzenden geschaltet, der im Text erklärte, dass sein Unternehmen mit Mut, Entschlossenheit und den nötigen materiellen Ressourcen die Energiequellen der Zukunft erschließen werde. Der Text endete mit der Aufforderung: „Es gibt viel zu tun. Packen wir es an." Diese zwei Sätze verselbstständigten sich bald darauf.

Es hat nicht sollen sein

Joseph Victor von Scheffel
*1826 †1886

Die ausgefallene Wortstellung, die der Aussage heute ihren lakonischen Klang gibt, war ursprünglich einfach dem Rhythmus eines Gedichtes geschuldet. Es steht im *Trompeter von Säckingen*, einem Versepos, das der Dichter Joseph Victor von Scheffel schrieb, von dem auch Lieder wie *Als die Römer frech geworden* oder *Wohlauf, die Luft geht frisch und rein* stammen. In dem Epos

Joseph Victor von Scheffel

verliebt sich der Titelheld Werner in die adelige Margareta, wird aber von deren Vater abgewiesen. Zum Abschied der beiden dichtete Scheffel ein Lied, dessen Refrain lautet: „Behüt dich Gott, es wär zu schön gewesen. Behüt dich Gott, es hat nicht sollen sein." Am Ende kommen Werner und Margarete natürlich doch zusammen, weil Werner inzwischen päpstlicher Kapellmeister geworden ist.

Es irrt der Mensch, solang er strebt

Johann Wolfgang von Goethe
*1749 †1832

Ähnlich wie im alttestamentarischen Buch *Hiob* schließt auch in Goethes *Faust (Prolog im Himmel)* der Teufel einen Pakt mit Gott. Mephisto wettet mit Gott, dass es ihm gelingen werde, Faust für das Böse zu gewinnen, wenn Gott ihm nur freie Hand ließe. Dieser erwidert: „Solang er auf der Erde lebt, solange sei dir's nicht verboten. Es irrt der Mensch, solang er strebt." Gott äußert aber auch die Zuversicht, dass Mephisto Faust zwar zu Irrtümern verleiten, ihn aber nicht wirklich vom Guten abbringen könne: „Ein guter Mensch, in seinem dunklen Drange, ist sich des rechten Weges wohl bewusst."

Es ist allerhöchste Eisenbahn

*Adolf Glaßbrenner *1810 †1876*

Adolf Glaßbrenner

Mit diesen Worten drängt man nicht nur zur Eile, wenn einem der Zug wegzufahren droht. In dem Sketch *Ein Heiratsantrag in der Niederwallstraße* des Berliner Satirikers Adolf Glaßbrenner ist der Held ein zerstreuter Postbote namens Börnicke, der stets Worte verwechselt. So mahnt er sich selbst mit dem Satz „Es ist die allerhöchste Eisenbahn, die Zeit is schon vor drei Stunden anjekommen", endlich mit dem Austragen der Briefe zu beginnen, die der Zug gebracht hat. Natürlich geht ihm auch der Heiratsantrag daneben. Er sagt: „Diese Tochter is janz hinreißend, ich heirate Ihre Mitgift."

Es ist ein Brauch von alters her: Wer Sorgen hat, hat auch Likör!

*Wilhelm Busch *1832 †1908*

Diejenige, die ihre Sorgen mit Likör ertränkt, ist *Die fromme Helene*, Titelheldin von Wilhelm Buschs gleichnamiger Bildergeschichte. Nachdem ihr Geliebter, der Vetter Franz, sie erst mit der Köchin betrogen hat und danach vom eifersüchtigen Diener erschlagen wurde, greift sie zur Flasche, stößt im Suff die Petroleumlampe um und verbrennt in gewohnt drastischer Busch-Manier. Aber ihre Sorgen sind daraufhin nicht zu Ende, denn da Helene nicht so fromm war, wie sie stets tat, kommt sie in die Hölle. Dort findet sie immerhin Vetter Franz wieder.

Es ist eine alte Geschichte

*Heinrich Heine *1797 †1856*

Mit seinem Gedicht *Ein Jüngling liebt ein Mädchen* brachte Heine das Kunststück fertig, in nur zwölf Zeilen – und ganz ohne Ironie! – eine tragische Liebesgeschichte mit fünf Beteiligten zu erzählen. Der Jüngling aus dem Titel muss mit ansehen, wie das Mädchen, das er liebt, denjenigen, den sie liebt, nicht bekommen kann und den „Erstbesten" heiratet. „Es ist eine alte Geschichte", schließt Heine, „doch bleibt sie immer neu. Und wem sie just passieret, dem bricht das Herz entzwei."

Es ist nicht alles Gold, was glänzt

William Shakespeare *um 1564 †1616

In William Shakespeares Stück *Der Kaufmann von Venedig* (1596) hat der Vater der schönen Portia in seinem Testament festgelegt, dass seine Tochter nur den Freier erhören darf, der von drei verschiedenen Kästchen, die mit Rätselsprüchen versehen sind, das richtige wählt. Der erste Bewerber, ein Prinz von Marokko, greift zum goldenen Kästchen, findet darin aber einen Vers, der mit den Worten beginnt: „All that glisters is not gold, often have you heard that told …" (Nicht alles, was glänzt, ist Gold, das hast du oft sagen gehört). Antonio, der Titelheld, wählt jedoch das richtige Kästchen, eines aus Blei. Unglücklicherweise hat er sich für seine Werbung hoch verschuldet. Doch die gewitzte Portia kann ihm helfen.

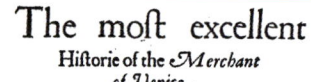

Seite aus der Originalausgabe
Der Kaufmann von Venedig

Es ist nicht wahr, dass die kürzeste Linie immer die Gerade ist

Gotthold Ephraim Lessing *1729 †1781

Dies jedenfalls behauptet Lessing in seiner *Erziehung des Menschengeschlechts*. Mathematisch gesehen ist es natürlich Unsinn. Im menschlichen Leben allerdings, so Lessing, führe einen die Vorsehung oft auf Wege, die gewunden sind und scheinbar zurückführen, am Ende jedoch schneller zum Ziel führen können als ein vermeintlich gerader Lebensweg.

Es ist noch nicht aller Tage Abend

Titus Livius
*um 59 v. Chr.
†um 17 n. Chr.*

„Nondum omnium dievum solem ocidisse" (Noch sei nicht die Sonne aller Tage untergegangen), soll laut dem römischen Historiker Livius der Makedonenkönig Philipp V. (230–179 v. Chr.) gesagt haben, der zwei verlustreiche Kriege gegen Rom führte. Doch für sein Reich ging die „Sonne aller Tage" schließlich doch noch unter. Am 22. Juni 168 v. Chr. verlor sein Sohn Perseus bei Pydna die entscheidende Schlacht und Makedonien wurde römische Provinz.

Das sagten ... ... Philosophen

Steuern sind ein erlaubter Fall von Raub.
Thomas von Aquin (1225–1274)

Das Volk ist derjenige Teil des Staates, der nicht weiß, was er will.
Georg Wilhelm Friedrich Hegel (1770–1831)

Wer sich zum Wurm macht, soll nicht klagen, wenn er getreten wird.
Immanuel Kant (1724–1804)

Die Grenzen der Sprache sind die Grenzen der Welt.
Ludwig Wittgenstein (1889–1951)

Das Verlangen nach Gegenliebe ist nicht das Verlangen der Liebe, sondern der Eitelkeit.
Friedrich Nietzsche (1844–1900)

Verstehen kann man das Leben rückwärts, leben muss man es aber vorwärts.
Sören Kierkegaard (1813–1855)

Kunst ist Magie, befreit von der Lüge, Wahrheit zu sein.
Theodor W. Adorno (1903–1969)

Alles, was lediglich wahrscheinlich ist, ist wahrscheinlich falsch.
René Descartes (1596–1650)

Wir denken selten an das, was wir haben, aber immer an das, was uns fehlt.
Arthur Schopenhauer (1788–1860)

Wenn zwei Philosophen zusammentreffen, ist es am vernünftigsten, wenn sie zueinander bloß ‚Guten Morgen' sagen.
Jean Paul Sartre (1905–1980)

Das sagten ... ... starke Frauen

Wenn Sie in der Politik etwas gesagt haben wollen, wenden Sie sich an einen Mann. Wenn Sie etwas getan haben wollen, wenden Sie sich an eine Frau.
Margaret Thatcher (1925–2013)

Wenn ich mein Leben noch einmal leben könnte, würde ich die gleichen Fehler machen. Aber ein bisschen früher, damit ich mehr davon habe.
Marlene Dietrich (1901–1992)

Man merkt nie, was getan wurde. Man sieht immer nur, was noch getan werden muss.
Marie Curie (1867–1934)

Keinem vernünftigen Menschen wird es einfallen, Tintenflecken mit Tinte, Ölflecken mit Öl wegwaschen zu wollen. Nur Blut soll immer wieder mit Blut abgewaschen werden.
Bertha von Suttner (1843–1914)

Glaubt mir, die Welt wird euch nichts schenken. Wenn ihr ein Leben wollt, so stehlt es.
Lou Andreas-Salomé (1861–1937)

Das Gesetz ändert sich, das Gewissen nicht.
Sophie Scholl (1921–1943)

Niemand kann dir ein Minderwertigkeitsgefühl aufzwingen ohne deine Bereitschaft dazu.
Eleanor Roosevelt (1884–1962)

Politik ist das Gegenteil von Musik; sie verspricht alles und hält nichts.
Maria Callas (1923–1977)

Das Glück besteht darin, zu leben wie alle Welt und doch wie kein anderer zu sein.
Simone de Beauvoir (1908–1986)

Wenn man mit Flügeln geboren wird, sollte man alles dazu tun, sie zum Fliegen zu benutzen.
Florence Nightingale (1820–1910)

Es kann der Frömmste nicht in Frieden leben, wenn es dem bösen Nachbarn nicht gefällt

*Friedrich Schiller *1759 †1805*

Bevor er den Landvogt Gessler erschießt, rechtfertigt sich Wilhelm Tell im gleichnamigen Drama von Friedrich Schiller noch einmal für seine Tat. Er erinnert sich daran, dass er als friedlicher Mensch gelebt hat, dem jeder Gedanke an Mord völlig ferngelegen habe. Das änderte sich, als Gessler ihn zwang, einen Apfel vom Kopf seines Sohnes zu schießen. „In gärend Drachengift hast du die Milch der frommen Denkart mir verwandelt, zum Ungeheuren hast du mich gewöhnt", sagt er. Um Weib und Kinder zu schützen, bleibe ihm nichts anderes übrig, als Gessler umzubringen.

Es lebe der kleine Unterschied!

*Erich Kästner *1899 †1974*

„Der kleine Unterschied" ist heute eine äußerst geläufige Umschreibung für die Verschiedenheit zwischen Männern und Frauen und wird gern verwendet – gerade auch in Debatten, ob er denn nun wirklich so klein sei. Wer den Begriff erfunden hat, lässt sich nicht mehr nachvollziehen. Literarisch findet er sich jedenfalls zuerst in Erich Kästners Roman *Fabian*. In dieser Geschichte, die im Berlin der Weimarer Republik spielt, wo alles möglich, aber nichts sicher war, sagt sich eine betrunkene junge Frau von ihrer dominanten lesbischen Lebenspartnerin los und schnappt sich mit dem Ruf „Es lebe der kleine Unterschied" den nächstbesten Mann. Richtig bekannt gemacht hat den Begriff die Feministin Alice Schwarzer (*1942) mit Büchern wie *Der kleine Unterschied und seine großen Folgen*.

Alice Schwarzer

Es löst der Mensch nicht, was der Himmel bindet

*Friedrich Schiller *1759 †1805*

„Das ist der Liebe heil'ger Götterstrahl, der die Seele schlägt und trifft und zündet", schwärmt Don Manuel in Schillers *Braut von Messina*, „wenn sich Verwandtes zum Verwandten findet, da ist kein Widerstand und keine Wahl, es löst der Mensch nicht, was der Himmel bindet." Er beschreibt damit das Wunder, dass er und sein Bruder Don Cesar, mit dem er bislang verfeindet war, gleichzeitig von einer „Liebe auf den ersten Blick" getroffen wurden und infolgedessen versöhnungsbereit sind. Noch ahnt er nicht, dass sie sich auch in die gleiche Frau verliebt haben und diese zudem noch ihre Schwester ist. Trotz dieses tragischen Ausgangs aber werden seine Worte gern als Hochzeitsverse verwendet.

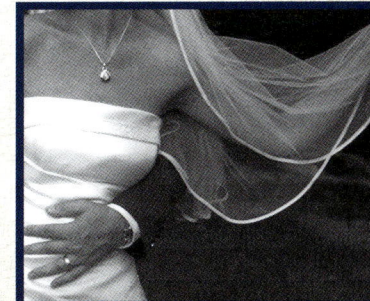

Es muss nicht immer Kaviar sein

*Johannes Mario Simmel *1924 †2009*

Unter diesem Titel erschien 1960 der erste große und wohl auch bekannteste Roman des österreichischen Schriftstellers Johannes Mario Simmel – zunächst als Serie in einer Zeitschrift. Der Held ist ein deutscher Bankier namens Thomas Lieven, der eigentlich nur seinen Luxus, gutes Essen und schöne Frauen haben möchte und zudem Pazifist ist, aber von verschiedenen Geheimdiensten in Beschlag genommen wird. Seine Lieblingsrezepte – die, auch wenn sie keinen Kaviar enthalten, recht edel sind – sind im Buch abgedruckt.

Es sind nicht alle frei, die ihrer Ketten spotten

*Gotthold Ephraim Lessing *1729 †1781*

In Lessings Stück *Nathan der Weise* (1779) hat ein junger Tempelritter Nathans Tochter Recha aus dem Feuer gerettet und sich in sie verliebt. Er zweifelt jedoch daran, dass Nathan ihm, trotz all seiner weithin bekannten Toleranz, Recha zur Frau geben wird. „Der Aberglaub, in dem wir aufgewachsen", meint er, „verliert, auch wenn wir ihn erkennen, darum doch seine Macht nicht über uns. Es sind nicht alle frei, die ihrer Ketten spotten."

Es wächst der Mensch mit seinen größern Zwecken

*Friedrich Schiller *1759 †1805*

Dieser Satz stammt aus dem Prolog, den Friedrich Schiller zu seinem Stück *Wallensteins Lager* schrieb. Schiller rechtfertigte sich damit, dass er mit dem *Wallenstein* „kühn die alte Bahn" verlassen habe und seine Zuschauer aus des „Bürgerlebens engem Kreis" herausführe. Doch ein enger Kreis verenge auch den Sinn und gerade jetzt, da die bürgerliche Gesellschaft nach Freiheit ringe, müsse auch die Kunst „höheren Flug" versuchen.

Friedrich Schiller

Es war die Nachtigall und nicht die Lerche

*William Shakespeare *um 1564 †1616*

„… die eben jetzt dein banges Ohr durchdrang." So lautet das wohl bekannteste Zitat aus Shakespeares berühmtestem Stück *Romeo und Julia* (1595). Julia, die nicht glauben mag, dass die erste Liebesnacht mit ihrem Romeo schon vorbei ist, versucht, sich und ihm einzureden, dass es noch tief in der Nacht ist. Romeo jedoch widerspricht. Es ist der Gesang einer Lerche, der den beginnenden Tag ankündigt, weshalb es für ihn allerhöchste Zeit ist, zu gehen.

nem Abgang ein unmündiges Volk hinterlassen zu haben, das gewohnt sei, dass der große Staatsmann an der Spitze die Politik besorge.

Auf der Jagd

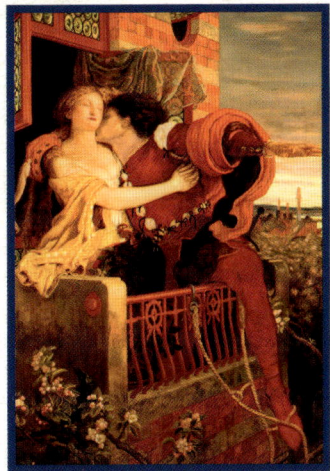

Romeo und Julia

Es wird niemals so viel gelogen wie vor der Wahl, während des Krieges und nach der Jagd

*Otto von Bismarck *1815 †1898*

Bismarck musste es wissen, denn von Transparenz in der Politik hielt er selbst auch wenig. Er war stets bemüht, alle Fäden in der Hand zu behalten. Ein anderer seiner Sprüche lautete: „Je weniger die Leute davon wissen, wie Würste und Gesetze gemacht werden, desto besser schlafen sie." Der Dichter Theodor Fontane (1819–98) bescheinigte Bismarck einen beständigen „Hang, die Menschen zu betrügen" und „vollendetes Schlaubergertum". Der Soziologe Max Weber (1864–1920) warf ihm vor, nach sei-

Et cetera p. p.
Und übriges, fahre fort, fahre fort

Fachausdruck

Die Abkürzung etc. für den lateinischen Ausdruck „et cetera" (und übriges) kennt wohl jeder. Aber was steckt hinter der meist nur mündlich – und in der Regel besonders ungeduldig geäußerten – Ergänzung „p. p."? Die Buchstaben stehen für „perge" (fahre fort). Es kann einerseits als Andeutung verstanden werden, dass man jetzt noch sehr lange mit der Aufzählung ähnlicher Dinge fortfahren könnte, wie es auch die deutsche Redewendung „und so weiter und so fort" beinhaltet. Andererseits ist es auch als Aufforderung zu lesen, sich nicht weiter mit der Aufzählung alles Übrigen aufzuhalten, sondern mit den wesentlichen Dingen fortzufahren. Weitere gebräuchliche lateinische Abkürzungen sind beispielsweise „et al." (et allii – und andere), wenn mehrere Autoren ein Werk verfasst haben und nur der wichtigste genannt wird, und „i. e." (id est) als Synonym zum Deutschen „d. h." (das heißt).

Etwas Besseres als den Tod findest du überall!

Jacob Grimm *1785 †1863
Wilhelm Grimm *1786 †1859

Die Bremer Stadtmusikanten

Das ist der Wahlspruch der *Bremer Stadtmusikanten*. Im Märchen laufen vier alte, nutzlos gewordene Tiere, ein Esel, ein Hund, eine Katze und ein Hahn, ihren Herren weg, weil sie befürchten, totgeschlagen zu werden. Der Esel hat die Idee, nach Bremen zu gehen und dort Stadtmusikant zu werden, und überzeugt seine Kameraden mit obigem Argument, mitzukommen. Am Ende gelangen die vier jedoch gar nicht nach Bremen und werden auch keine Musikanten, weil sie einer Bande von Räubern ein gemütliches Häuschen abjagen können.

Etwas ist faul im Staate Dänemark!

William Shakespeare *um 1564 †1616

Diese Feststellung – im Original „Something is rotten in the state of Denmark" – treffen Marcellus und Horatio, zwei Freunde Hamlets, dem Prinzen von Dänemark. Die beiden sind gerade dem Geist von Hamlets ermordetem Vater begegnet. Doch auch die Eile, mit der die Witwe des toten Königs dessen Bruder geheiratet hat, kam ihnen schon äußerst seltsam vor. Die Bemerkung wird gern gebraucht, wenn man nur ein Gefühl, aber keine konkreten Anhaltspunkte besitzt, dass irgendetwas nicht stimmt.

Etwas niedriger hängen

Friedrich II. (Friedrich der Große) *1712 †1786

Friedrich der Große

Dieser Begriff soll auf eine Anekdote über Friedrich den Großen, auch der „Alte Fritz" genannt, zurückgehen. Demnach entdeckte der preußische König eines Tages bei einem Ausritt ein Plakat mit einer Karikatur von sich. Anstatt eine Untersuchung wegen Majestätsbeleidigung einzuleiten und eine Staatsaffäre aus der Sache zu machen, habe er angeblich befohlen: „Hängt sie doch niedriger, damit die Leute sie besser sehen können!"

Eulen nach Athen tragen

Aristophanes *um 448 †um 385 v. Chr.

In seinem Werk *Die Vögel* zog der griechische Komödiendichter Aristophanes, der nie ein Blatt vor den Mund zu nehmen pflegte, schonungslos über die Missstände in seiner Heimatstadt Athen her. Unter anderem fragt Euelpides, einer der zwei Helden des Stückes, wer denn eine Eule nach Athen trage. Damit wollte Aristophanes wohl ausdrücken, dass der Vogel, der bei den Griechen für Weisheit stand, dort dringend benötigt werde. Da die Eule aber Athens Wappentier war und es dort reichlich davon gab – in natura sowie auf Münzen und anderen Abbildungen –, wurde die Redewendung in der Folge das Synonym für eine überflüssige Tätigkeit.

Die ewig Gestrigen

Friedrich Schiller *1759 †1805

Dieser Ausdruck für Menschen, die sich immer und aus Prinzip an die Vergangenheit klammern – egal wie schlecht diese im Einzelnen gewesen ist –, kommt wohl von „dem ewig Gestrigen", und das findet sich in Friedrich Schillers Tragödie *Wallensteins Tod* (1799). Wallenstein hat Pläne gesponnen, eventuell den Kaiser, von dem er sich schlecht behandelt fühlt, zu verraten. Zu Beginn des Stückes erfährt er, dass ein Vertrauensmann in die Hände des Kaisers gefallen ist. Da seine Pläne nun bekannt sind, sieht er sich gezwungen, den Verrat, mit dem er bisher nur gespielt hat, auch durchzuführen. In einem Selbstgespräch erklärt er, was ihm dabei am meisten Angst macht: „Das ganz Gemeine ist's, das ewig Gestrige, was immer war und immer wiederkehrt und morgen gilt, weil's heute hat gegolten!" Nicht die Kraftprobe scheut er also, sondern den Nimbus, der das Wort „Verrat" umgibt.

Friedrich Schiller und Johann Wolfgang von Goethe

Das Ewig-Weibliche

Johann Wolfgang von Goethe *1749 †1832

Am Ende von *Faust II* kommt es dazu, dass Faust zufrieden ist und den Augenblick bittet, zu verweilen. Wegen eines Paktes mit Mephisto, in dem er seine Seele gegen einen Moment der Zufriedenheit eingesetzt hatte, wäre er nun eigentlich dem Teufel verfallen. Doch Gott schickt Engel, die Mephistopheles ablenken, und nimmt ihm Fausts Seele weg. Die letzten Verse des Dramas lauten: „Alles Vergängliche ist nur ein Gleichnis. Das Unzulängliche, hier wird's Ereignis. Das Unbeschreibliche, hier ist es getan. Das Ewig-Weibliche zieht uns hinan." Über diese Verse und vor allem das „Ewig-Weibliche" ist seitdem viel gerätselt worden. Es wird eine Anspielung auf Fausts ehemalige Geliebte Gretchen darin gesehen, aber auch auf die grammatikalisch weiblichen Dinge wie Liebe, Hoffnung, Gnade, die Faust letztendlich gerettet haben. Wird das „Ewig-Weibliche" zitiert, dann schwingt meist das Element des Geheimnisvollen und letztendlich nicht Verstehbaren mit.

Fac simile
Mach ähnlich

Fachausdruck

Als Faksimile bezeichnet man eine originalgetreue Kopie einer Vorlage: Sie ist gleich groß, hat dieselbe Farbe und spiegelt auch den altersbedingten Zustand des Originals wider. Meistens wird der Ausdruck nur für Schriftstücke oder Bücher verwendet, gelegentlich aber auch für Gegenstände, die kopiert wurden. Die Verfahren zur Herstellung von Faksimiles haben sich mit der Zeit natürlich verändert, aber der Begriff wird auch heute noch für Duplikate verwendet, zum Beispiel für wertvolle Dokumente, die kopiert werden. Die moderne Bezeichnung Fax ist beispielsweise eine Abkürzung von Telefaksimile.

Facit
Das macht

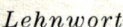

Lehnwort

„Facit …", schrieb man früher an das Ende einer Rechnung und fügte das ausgerechnete Ergebnis dazu. Dies führte dazu, dass der Begriff „Fazit" im Deutschen zum allgemeinen Ausdruck für ein Ergebnis wurde. Heute gebraucht man ihn kaum noch für Rechenergebnisse, sondern etwa für die Zusammenfassung von Verhandlungsergebnissen, für die Schlussfolgerungen am Ende eines Vortrags oder die Zusammenfassung einer Auswertung. Das Fazit enthält – im Gegensatz zum nüchternen Rechenergebnis – meist eine Beurteilung und kann auch eine persönliche Wertung transportieren.

Fakten, Fakten, Fakten

Samuel Goldwyn (Schmuel Gelbfisz)
*1879 †1974

Samuel Goldwyn

Die dreimalige energische Wiederholung des Wortes „Fakten" ist heute als Motto des Magazins *Focus* bekannt, das den Spruch lange als Werbeslogan nutzte. Sie findet sich aber schon in der Biografie *The man behind the myth* über Samuel Goldwyn, den Mitbegründer der Filmstudios „United Artists" und „Metro-Goldwyn-Meyer". Demnach sagte Goldwyn einmal: „That's the kind of ad (advertisement/Werbung) I like, facts, facts, facts." In den USA wird diese sprachliche Verbindung von Werbung und Fakten eher komisch gesehen. Goldwyn, der aus armen Verhältnissen in Polen stammte und zeitlebens Probleme mit der englischen Sprache hatte, gilt dort als Schöpfer einer ganzen Reihe von Bonmots wie „Keep a stiff upper chin" (Haltet das Oberkinn steif) oder „That's our strongest weak point" (Das ist unser stärkster Schwachpunkt).

Die feine englische Art

Werbeagentur JWT

Den Ausdruck gab es bestimmt schon früher, doch richtig populär wurde er 1972 durch eine Werbekampagne der britischen Firma Rowntree & Co. für ihr Produkt *After Eight.* Die New Yorker Werbeagentur JWT, 1864 als erste derartige Agentur der Welt gegründet, stilisierte die dünnen Minz-Schokoladen-Plättchen für den internationalen Markt zum Inbegriff britischer Lebensart und ließ in den zugehörigen Spots auch kein Klischee über die englische Upperclass aus – vom formvollendeten Butler bis hin zum schrulligen Lord.

Fiat lux
Es werde Licht

Altes Testament (1. Buch Mose)

Mit der Aufforderung Gottes „Es werde Licht" beginnt im alttestamentlichen Buch *Genesis* die Schöpfung der Welt. Die Worte sind als Wahlspruch äußerst beliebt, gerade auch bei Schulen und Universitäten. Gelegentlich werden sie auch als scherzhafte Aufforderung benutzt.

Die Schöpfungsgeschichte (Ulmer Münster)

Fette Jahre

Altes Testament (1. Buch Mose)

Sieben fette Jahre, gefolgt von sieben Hungerjahren prophezeit der biblische Josef dem ägyptischen Pharao im Buch *Genesis*. Dank seines Rates wird der Überfluss der fetten Jahre auch nicht verprasst, sondern als Vorrat angelegt, sodass Ägypten die folgenden Hungerjahre gut übersteht. In den meisten modernen Bibeln ist allerdings von „guten Jahren" die Rede, nicht von „fetten" wie Martin Luther (1483–1546) übersetzte. Wenn der Begriff heute verwendet wird, dann steht er meist für besonders erfolgreiche Zeiten.

Frage nicht, was morgen sein wird

*Horaz (Quintus Horatius Flaccus) *65 †8 v. Chr.*

„Was morgen sein wird, das versuche nicht zu ergründen", warnte Horaz einen Jüngling namens Thaliarchus in der 9. Ode seines ersten Gedichtbandes. Stattdessen solle Thaliarchus jeden Tag, den ihm sein Schicksal gönne, als Gewinn ansehen. Im Grunde bekräftigt Horaz hier noch einmal sein Motto: „Carpe diem!"

Fragt nicht, was euer Land für euch tun kann – fragt, was ihr für euer Land tun könnt

*John F. Kennedy *1917 †1963*

„And so, my fellow Americans: ask not what your country can do for you – ask what you can do for your country", forderte US-Präsident John F. Kennedy seine Landsleute in seiner Antrittsrede als 35. Präsident der USA im Januar 1961 auf. Der Satz wird oft zitiert, der Gedanke war allerdings nicht ganz neu. So forderte zum Beispiel auch der österreichische Psychotherapeut Alfred Adler (1870–1937) schon: „Frag nicht, was das Leben dir gibt, frag, was du gibst." Der Freud-Schüler beschäftigte sich vor allem mit Machtansprüchen und Minderwertigkeitskomplexen, unter anderem auch mit Strategien, wie Hilflosigkeit gegenüber anderen instrumentalisiert wird.

Rosa Luxemburg

noch so zahlreich sein – ist keine Freiheit", schrieb die kommunistische Politikerin Rosa Luxemburg im Jahr ihres Todes in ihrem Werk *Die russische Revolution. Eine kritische Würdigung.* Rosa Luxemburg war zwar eine äußerst konsequente, aber nie dogmatische Marxistin. Sie schrieb auch: „Marxismus ist eine revolutionäre Weltanschauung, die stets nach neuen Erkenntnissen ringen muss, die nichts so verabscheut wie das Erstarren in einmal gültigen Formen." Allerdings ist umstritten, ob sie die „Freiheit für die Andersdenkenden" nur beschränkt innerhalb der sozialistischen Bewegung forderte oder wirklich für jeden Andersdenkenden.

John F. Kennedy (l.) und Willy Brandt

Freiheit ist immer Freiheit der Andersdenkenden

*Rosa Luxemburg *1871 †1919*

„Freiheit nur für die Anhänger der Regierung, nur für die Mitglieder einer Partei – mögen sie

Fremd ist der Fremde nur in der Fremde

*Karl Valentin (Valentin Ludwig Fey) *1882 †1948*

So philosophierte der Münchner Komiker Karl Valentin im Jahr 1940 in dem Sketch *Die Fremden*. Seine Partnerin Liesl Karlstadt (1892–1960) spielte darin einen Lehrer, der dem Schüler (Valentin) eine Definition des Fremden abnötigt. Der Lehrer fragt den Schüler, warum sich ein Fremder fremd fühlt, und dieser antwortet: „Weil jeder Fremde, der sich fremd fühlt, ein Fremder ist, und zwar so lange, bis er sich nicht mehr fremd fühlt, dann ist er kein Fremder mehr." Valentin war selbst ein Mensch, der sich leicht fremd fühlte. Als er diesen Sketch schrieb, lebte er im „Exil" in Planegg, einem Dorf unmittelbar südlich von München.

Karl Valentin

Ein Freund, ein guter Freund

Robert Gilbert (Robert David Winterfeld)
*1899 †1978

Das berühmte Loblied auf die Freundschaft aus dem Film *Die Drei von der Tankstelle* stammt von Gilbert und dem Komponisten Werner Richard Heymann – so auch *Liebling, mein Herz lässt dich grüßen* und alle anderen Stücke des Films, der 1930 das Genre des Musikfilms populär machte. Zwei Jahre später mussten sowohl Gilbert als auch Heymann, die beide Juden waren, aus Deutschland emigrieren. Beide kehrten jedoch zurück. Nachkriegsschlager von Gilbert sind unter anderem *Am Sonntag will mein Süßer mit mir Segeln gehen* und *Oh mein Papa*.

Freut euch des Lebens …

Johann Martin Usteri
*1763 †1827

„… weil noch das Lämpchen glüht; pflücket die Rose, eh' sie verblüht!", lautet der Refrain des bekannten Liedes *Aufmunterung zur Freude*, das der Schriftsteller und Maler Johann Martin Usteri im Januar 1793 für ein privates Künstlerfest in Zürich dichtete. Es ist nicht ganz sicher, wer von den anderen Gästen dort eine Melodie dazu komponierte. Wahrscheinlich war es der Züricher Musiker Isaac Hirzel (1756–1833). Gelegentlich wird auch der Pfarrer und Komponist Hans Georg Nägeli (1773–1836) genannt, der aber wahrscheinlich nur der Verleger des Liedes war. Das Lied wurde äußerst schnell in ganz Europa populär und nicht nur übersetzt, sondern auch umgedichtet. Zur Revolution 1848 in Straßburg zum Beispiel sang man: „Freut euch des Lebens, weil jetzt die Freiheit blüht. Weil die Cocarde dreifarbig glüht." Heute sind eher Nonsensversionen bekannt wie „… Großmutter wird mit der Sense rasiert. Aber vergebens: Sie war nicht eingeschmiert."

Johann Martin Usteri

Friede den Hütten! Krieg den Palästen!

*Georg Büchner *1813 †1837*

Georg Büchner

Diesen Titel trägt das achtseitige Flugblatt *Der Hessische Landbote*, das der Schriftsteller Büchner im Sommer 1834 zusammen mit dem Lehrer Friedrich Ludwig Weidig (1791–1837) verfasste. Darin prangerte er die Missstände im Großherzogtum Hessen an und rief die Landbevölkerung zur Revolution gegen den Fürsten auf. Nach dem Erscheinen des *Landboten* musste Büchner nach Straßburg fliehen. Der *Landbote* gilt als bedeutendes Schriftstück des Vormärz, also der Zeit vor den Märzrevolutionen im Jahr 1848.

Frisch gewagt ist halb gewonnen

*Horaz (Quintus Horatius Flaccus) *65 †8 v. Chr.*

Mit „Wer begonnen hat, hat schon zur Hälfte gehandelt!" ermunterte Horaz Maximus Lollius in einem Brief, sein Leben sofort in die Hand zu nehmen und nicht zu zögern. Er lässt einen drastischen Vergleich folgen: Wer sich nicht ans Werk mache, der gleiche einem Bauern, der am Fluss steht und wartet, dass das Wasser abfließt, damit er ihn überqueren kann. Allerdings schrieb auch schon Aristoteles: „Der Anfang ist die Hälfte des Ganzen."

Frisch, fromm, fröhlich, frei

*Friedrich Ludwig Jahn *1778 †1852*

Friedrich Ludwig Jahn

„Frisch, frei, fröhlich, fromm: Das ist des Turners Reichtum!", schrieb 1816 „Turnvater" Friedrich Ludwig Jahn in seinem Buch *Die deutsche Turnkunst*. Dabei benutzte er allerdings einen Studentenspruch aus dem 16. Jahrhundert als Vorlage. Später stellten seine Schüler den Spruch um, obwohl sich Jahn das in seinem Buch ausdrücklich verbeten und ihn zum Slogan der Turnerbewegung gemacht hatte. Im Übrigen erfand Jahn auch das Wort „turnen", nach einem mittelalterlichen Wort für „bewegen", das auch in „Turnier" steckt. Da er ein fanatischer Anhänger einer „reindeutschen" Sprache war, widmete er ein ganzes Kapitel der *Turnkunst* der Erörterung, dass es sich um ein ursprünglich deutsches Wort handle und das französische „tourner" davon abstamme und nicht etwa umgekehrt.

Friss, Vogel, oder stirb!

Johann Nikolaus Weislinger
*1691 †1755

Diesen Titel trägt eine Schmähschrift, die der Jesuit Johann Nikolaus Weislinger im Jahr 1722 verfasste. Sie war gegen alle Nichtkatholiken gerichtet, die Weislingers Argumente, warum die katholische die unzweifelhaft wahre Kirche sei, entweder einsehen oder eben sterben sollten. Unter anderem enthält sie gehässige Lebensbeschreibungen von Luther (1483–1546) und Melanchthon (1497–1560). Das Pamphlet hatte großen Erfolg und wurde oft nachgedruckt und rief natürlich auch heftigen Widerstand in der evangelischen Kirche hervor. Weislinger schob deshalb später noch eine Schrift mit dem Titel *Höchst-billig- und gründliche Antwort auff die unbillig- und grundlosen Klagen der un-catholischen Herren Prediger, Lehrer und Scribenten* nach.

Philipp Melanchthon

Frommer Betrug

Ovid (Publius Ovidius Naso)
*43 v. Chr. †um 18 n. Chr.

Metamorphosen (Verwandlungen) heißt das bekannteste Werk des römischen Dichters Ovid. In jeder der Erzählungen geht es um irgendeine Verwandlung, so auch in der Geschichte von Iphis, die Ovid im neunten Buch erzählt. Das Mädchen Iphis wächst als Junge auf, da der Vater der Mutter angedroht hat, ein Mädchen zu töten. Das Versteckspiel der verzweifelten Mutter bezeichnet Ovid als „pia fraus", als „frommen Betrug". Am Ende der Geschichte verwandeln diverse Göttinnen die verzweifelte Iphis vor ihrer Hochzeit mit Ianthe, in die sie sich auch noch unsterblich verliebt hat, in einen Mann.

Früh übt sich, was ein Meister werden will

Friedrich Schiller *1759 †1805

Mit diesem Satz rechtfertigt Friedrich Schillers Held Wilhelm Tell vor seiner Frau, dass er seinen beiden kleinen Söhne Wilhelm und Walter frühzeitig das Schießen beibringt. Seiner Frau ist das gar nicht recht und sie erwidert: „Ich wünschte, sie lernten's nie." Im Verlaufe des Dramas rettet Tell seinem Sohn das Leben, als er, vom Landvogt Gessler dazu gezwungen, den Apfel auf dem Kopf des Sohnes trifft. Andererseits wäre Gessler wohl nie auf die Idee gekommen, so eine Probe zu fordern, wenn Tell nicht als Meisterschütze bekannt gewesen wäre.

Der Apfelschuss

Früh zu Bett und früh heraus

Benjamin Franklin
*1706 †1790

Benjamin Franklin

„Early to bed and early to rise makes a man healthy, wealthy and wise" (Früh zu Bett gehen und früh aufstehen macht einen Mann reich, gesund und weise), legte der US-amerikanische Erfinder und Politiker Franklin den Lesern seines Jahrbuches *Poor Richard's Almanac* 1735 ans Herz. Der Spruch brachte es auch in den Essay *Wege zum Reichtum*, in dem Franklin 1757 aus den besten Zitaten aus 25 Jahren seines Almanachs eine Rede für einen fiktiven Vater Abraham konstruierte.

Fünftes Rad am Wagen

Freidank *um 1200 †um 1240

Im Kapitel „Von Gut und Übel" im Gedicht *Bescheidenheit* des mittelalterlichen Barden Freidank findet sich bereits ein Hinweis auf das fünfte Rad am Wagen. Er schreibt: „Der wagen hât deheine stat dâ wot stê daz fünfte rat." Er weist also darauf hin, dass es am Wagen einfach keine Stelle für ein fünftes Rad gibt. Heute bedeutet „sich wie das fünfte Rad am Wagen fühlen", sich zum Beispiel in Anwesenheit einer Gruppe überflüssig oder unerwünscht zu fühlen.

Für das Beste im Mann

Agentur BBDO

Nimmt man die Werbung des Konzerns Gillette wörtlich, dann müssten das Beste im Mann seine Bartstoppeln sein, denn immerhin ist von Rasierapparaten die Rede. Doch wenn es ums Rasieren geht, verstehen viele Männer offenbar keinen Spaß und so kommt der Slogan seit 1990 gut an. Dabei hieß das englische Original, das die New Yorker Agentur BBDO (Batten, Barton, Durstine & Osborn) erfand: „The best a man can get" (Das Beste, was ein Mann bekommen kann) – ein Satz, der also ganz anders lautet, aus weiblicher Sicht allerdings eine genauso zweifelhafte Botschaft vermittelt.

Für jemanden die Kastanien aus dem Feuer holen

*Jean de La Fontaine *1621 †1695*

Jean de La Fontaine

Der Affe Bertram und die Katze Raton gehen in der Fabel *Der Affe und die Katze* von La Fontaine gemeinsam auf Beutezug und entdecken geröstete Kastanien in einem Feuer. Durch Schmeicheleien bewegt Bertram die Katze, ihr Geschick zu beweisen und die Kastanien aus dem Feuer zu angeln. Unterdessen verspeist er die Beute. Bevor die Katze ihren Anteil einklagen kann, jagt ein Dienstmädchen die beiden davon.

Furor teutonicus
Teutonische Raserei

*Lukan (Marcus Annaeus Lucanus) *39 †65*

Im Jahr 113 v. Chr. verließen die drei germanischen Volksstämme Kimbern, Teutonen und Ambronen ihre Heimat in Jütland und suchten neues Siedlungsland weiter südlich. Dabei stießen sie letztendlich auf die Römer, denen sie anfangs ein paar herbe Niederlagen beibrachten, bevor sie vernichtet wurden. Der römische Dichter Lukan bezeichnete die unorthodoxe Kriegsführung der Germanen in seinem Werk *Bellum civile* als „Furor teutonicus". „Mit der Schnelligkeit und Gewalt eines Feuersturms griffen sie an: tollkühn und unerschrocken, mit tierischen Stimmen und furchtbaren Schreien", schrieb er. Seitdem wurden die Deutschen von ihren europäischen Nachbarn immer mal wieder als „wilde Teutonen" bezeichnet.

Marcus Annaeus Lucanus

Galgenhumor beweisen

*François Villon *1431 †nach 1463*

Wer den Begriff erfunden hat, weiß man nicht. Von dem französischen Dichter François Villon ist jedoch ein Dokument von wahrhaftem Galgenhumor erhalten. 1462 wurde Villon, der ein teils kriminelles Abenteuer- und Wanderleben führte, in Paris wegen eines Einbruchs zum Tode verurteilt und schrieb im Gefängnis folgende Verse: „Je suis François, dont il me poise, né de Paris emprès Pontoise, et de la corde d'une toise: sçaura mon col que mon cul poise." (Ich bin François, was mir Kummer macht, geboren in Paris bei Pontoise, und durch einen Strick von einer Elle wird mein Hals erfahren, was mein Hintern wiegt.) Allerdings wurde Villon noch begnadigt und nur aus Paris verbannt. Wie er gestorben ist, ist unbekannt.

Das Ganze ist mehr als die Summe seiner Teile

wohl Aristoteles *384 †322 v. Chr.

Aristoteles

Diese Erkenntnis wird heute besonders gern von Menschen beschworen, die an der Spitze komplexer Organisationen oder Unternehmen stehen. Der Satz soll von dem griechischen Philosophen Aristoteles stammen, aber ganz genau nachvollziehen lässt sich das nicht mehr. Viel vom gigantischen Werk des Aristoteles ist verloren gegangen und nur aus den Schriften jüngerer antiker Autoren vage bekannt. Auf jeden Fall gebührt Aristoteles das Verdienst, die einzelnen Teilbereiche der damaligen Naturwissenschaft und Philosophien zusammengefasst und systematisiert zu haben. Damit machte er im Grunde aus einzelnen Disziplinen erst die Philosophie.

Die ganze Welt ist eine Bühne ...

William Shakespeare *um 1564 †1616

„... und alle Frauen und Männer bloß Spieler", heißt es in William Shakespeares Komödie *Wie es euch gefällt* (um 1599). „Sie treten auf und gehen wieder ab. Sein Leben lang spielt einer manche Rollen durch sieben Akte hin." Daraufhin führt der Sprecher, Jacques, aus, wie manche Menschen von der Kindheit bis ins Alter einem Klischee nach dem anderen entsprächen. Im Gegensatz dazu spielt Rosalind, die Tochter von Jacques' Herrn, ein Doppelspiel. Orlando gegenüber, der sie wie rasend liebt, gibt sie sich als junger Mann aus, fordert ihn aber auf, so zu tun, als wäre sie Rosalind, damit sie ihn von seiner Besessenheit heilen könne. In Wahrheit jedoch will sie nur herausfinden, ob hinter seinem Überschwang echte Liebe oder nur eine theatralische Laune steckt.

Geben ist seliger denn Nehmen

Neues Testament (Apg 20,35)

Im 20. Kapitel der *Apostelgeschichte* berichtet der Erzähler, wie der Apostel Paulus sich von den Kirchenältesten der Gemeinde von Ephesus verabschiedet. Dabei ermahnt er sie, sich um die Schwachen zu

Der Evangelist Lukas

kümmern, eingedenk dessen, was auch Jesus gesagt habe: „Geben ist seliger als Nehmen." Die Stelle ist in der Ich-Form geschrieben und Historiker sind sich heute sicher, dass der Verfasser der *Apostelgeschichte* derselbe ist, der das *Lukasevangelium* geschrieben hat.

Die Gedanken sind frei

Dietmar von Aist 12. Jh.

Dietmar von Aist

Heute verbindet man den Satz meist mit dem Anfang eines Volksliedes, das Achim von Arnim und Clemens Brentano 1808 in ihre Sammlung *Des Knaben Wunderhorn* aufnahmen: „Die Gedanken sind frei. Wer kann sie erraten? Sie fliegen vorbei wie nächtliche Schatten." Entstanden ist das Lied vermutlich zur Zeit der Französischen Revolution in Frankreich. Doch die Titelaussage findet sich schon in den Texten mittelalterlicher Minnesänger. Dietmar von Aist schrieb: „Die Gedanken, die sind ledig", Walther von der Vogelweide (um 1170–1230): „Sind doch Gedanken frei", und Freidank (um 1200–1240): „Das Band kann niemand finden, das meine Gedanken kann binden."

Gedöns machen

*nach Hans Sachs *1494 †1576*

Vielen fällt hierzu wahrscheinlich Alt-Bundeskanzler Gerhard Schröder (*1944) ein, der bei der Vereidigung des Bundeskabinetts 1998 das Familienministerium als Ministerium für „Frauenpolitik und so Gedöns" abtat. Aber erfunden hat er das Wort nicht. Es existiert bereits im Mittelhochdeutschen als „gedense" und meint dort „hin- und herziehen", „rennen" oder „zerren". Im 16. Jahrhundert

Hans Sachs

schrieb der Dichter Hans Sachs, die Kraniche würden „ein lang gedens" machen, wenn sie aus ihren Winterquartieren kommen. Er spricht aber auch von „solchem gedens", wenn in einem Haushalt alles drunter und drüber geht und viel Trubel ist, oder von „Hühner und Gäns, Rebhühner, Vögel, dergleich gedens", wenn große Mengen an Geflügel aufgetischt werden. Vermutlich fand in diesem Umfeld die Umdeutung von Hin- und Herbewegen zu übertriebenem, sinnlosem Getue statt.

Gefahr im Verzug

Titus Livius
um 59 v. Chr. †um 17 n. Chr.

Im 38. Buch seiner römischen Geschichte *Ab urbe condita* erzählt der römische Historiker Livius von der Auseinandersetzung des Königs Attalos I. von Pergamon (259–197 v. Chr.) gegen die keltischen Galater, die in sein Reich in der heutigen Türkei eingewandert waren. Dabei verwendet Livius die Wendung „periculum in mora" (Gefahr in Verzug). Vom Sieg des Königs über die Galater kündet übrigens die berühmte Statue des *Sterbenden Galliers*, die heute in den Kapitolinischen Museen in Rom zu bewundern ist.

Geflügelte Worte

*Georg Büchmann *1822 †1884*

Georg Büchmann

„Ein geflügeltes Wort ist ein in weiteren Kreisen dauernd angeführter Ausspruch, Ausdruck oder Name, gleichviel welcher Sprache, dessen historischer Urheber oder dessen literarischer Ursprung nachweisbar ist", erklärte der Sprachwissenschaftler Büchmann den Titel seiner berühmt gewordenen Zitatensammlung, die er 1864 veröffentlichte. Zwar hatte schon Homer von geflügelten Worten gesprochen, aber damit lediglich gemeint, dass jedes Wort wie auf Flügeln vom Sprechenden zum Hörenden fliegt. Heute gilt als geflügeltes Wort in der Regel ein eher kurzer Ausspruch, der „Flügel" bekommen hat und allgemein verwendet und dabei manchmal auch variiert wird. Ein Zitat dagegen hat immer eine schriftliche Quelle. Es braucht nicht allgemein bekannt zu sein, sollte aber nur korrekt verwendet werden.

Geht nicht, gibt's nicht

*Wolfgang Denz
unbekannt*

So brachte im Jahr 2000 die Hamburger Agentur Springer & Jacoby den in der Psychologie beliebten Gedanken „Du kannst alles erreichen, wenn du es nur willst" für die die Praktiker Bau- und Heimwerkermärkte AG auf ein knackiges, hemdsärmliges Niveau. Dagegen legte allerdings der Hagener Unternehmensberater Wolfgang Denz Protest ein, der den Spruch schon seit den 1980er-Jahren verwendete und 1995 auch schützen ließ. Letztendlich verzichtete Denz aber darauf, einen Rechtsstreit um den Slogan auszufechten, und meinte in einer Stellungnahme, der seit 2006 verwendete Spruch „Hier spricht der Preis" passe viel besser zu Praktiker.

Der Geist ist willig, aber das Fleisch ist schwach

Neues Testament (Mt 26,41)

Vor seiner Verhaftung, so erzählen die Evangelien, bittet Jesus drei seiner Jünger, mit ihm in den Garten Gethsemane zu kommen, wo er beten will. „Meine Seele ist betrübt bis in den Tod; bleibt hier und wachet mit mir!", bittet er sie. Doch jedes Mal, wenn er nach ihnen sieht, sind sie eingeschlafen. Daraufhin schärft er ihnen ein,

Jesus betend im Garten Gethsemane kurz vor seiner Verhaftung

zu wachen und zu beten, damit sie nicht in Versuchung fallen würden. Denn der Geist sei willig, das Fleisch aber schwach.

Der Geist, der stets verneint

Johann Wolfgang von Goethe
*1749 †1832

So stellt sich Mephisto, die Teufelsfigur in Goethes *Faust,* vor: „Ich bin der Geist, der stets verneint! Und das mit Recht; denn alles, was entsteht, ist wert, dass es zugrunde geht. Drum besser wär's, dass nichts entstünde. So ist denn alles, was ihr Sünde, Zerstörung, kurz das Böse nennt, mein eigentliches Element." Goethe stellt den Teufel hier als Nihilisten vor, der weniger böse Dinge tut, als alles in den Dreck zu ziehen. Er verführt Faust dazu, Menschen und Dinge sowie Ideen und Gesetze gering zu achten. Andererseits erklärt Mephisto vorher, er sei „ein Teil von jener Kraft, die stets das Böse will und stets das Gute schafft". Am Ende ist schließlich auch Faust die stete „Verneinung" durch Mephisto leid und findet etwas, das ihn zufriedenstellt, sodass seine Geschichte gut ausgeht.

Die Geister, die ich rief

Johann Wolfgang von Goethe
*1749 †1832

Im Gedicht *Der Zauberlehrling* von Goethe verwandelt der Lehrling, während sein Meister außer Haus ist, dessen Besen in einen Diener, der ihm Wasser für ein Bad bringt. Doch da er vergessen hat, wie er den Geist stoppt, wird bald das ganze Haus überflutet. Der Versuch, den

Der Zauberlehrling

Besen zu zerstören, endet damit, dass statt einem zwei Besengeister Wasser schleppen. Die Geister des Zauberlehrlings werden immer noch gern beschworen, wenn Dinge sich verselbstständigen und nicht mehr zu kontrollieren sind.

Geiz ist geil!

Constantin Kaloff
unbekannt

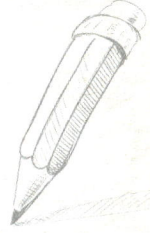

Mit diesem Motto warb die Elektrohandelskette Saturn von 2002 bis 2011 für ihre Produkte. Der Slogan von Constantin Kaloff von der Hamburger Werbeagentur Jung von Matt wurde binnen kürzester Zeit zum Synonym für eine bestimmte Kaufmentalität. So wird etwa bei jedem Lebensmittelskandal die „Geiz-ist-geil-Haltung" der Käufer angeprangert, die nur nach dem Preis schauen, aber nicht nach Qualität, Tier- und Umweltschutz, fairen Produktionsbedingungen etc. fragen.

Geld regiert die Welt

Publilius Syrus
1. Jh.

Von den Theaterstücken des beliebten römischen Dichters Publilius Syrus ist kein einziges erhalten geblieben, wohl aber seine Sammlung von zeitgenössischen Sprichwörtern, die *Sententiae*, unter denen sich auch der Satz „Pecunia una regimen est rerum omnium" (Geld allein ist der Regent aller Dinge) findet. Diese Sammlung des Syrus war nicht nur in der Antike, sondern auch im Mittelalter und in der frühen Neuzeit äußerst beliebt.

Geld stinkt nicht

Titus Flavius Vespasian
*9 †79

Als der römische Kaiser Vespasian (9–79) seine Herrschaft antrat, sah er sich auch einem Berg von Schulden gegenüber, die sein Vorgänger Nero (37–68) hinterlassen hatte. Sein Erfindungsreichtum bei der Erschließung neuer Geldquellen wurde in der Folge legendär. So erfand er zum Beispiel auch eine Latrinensteuer. Vermutlich wurde diese jedoch nicht aufs öffentliche Pinkeln erhoben, sondern auf den Verkauf von Urin aus öffentlich aufgestellten Latrinen an Walker und Gerber. Seinem Sohn Titus (39–81), dem das zu anstößig war, hielt er eine Münze unter die Nase und fragte ihn, ob sie stinke. Als Titus das verneinte, sagte er: „Und doch stammt sie aus Urin." Aus der Episode entwickelte sich die Redewendung „Pecunia non olet" (Geld stinkt nicht), die heute verwendet wird, wenn Geld aus einer fragwürdigen Einnahmequelle stammt. Übrigens heißen öffentliche Toiletten in Paris heute Vespasienne.

Vespasian

Geld wie Heu haben

Gotthold Ephraim Lessing
*1729 †1781

In Lessings Komödie *Minna von Barnhelm* (1763) ist Major Tellheim so abgebrannt, dass er sogar seinen Verlobungsring versetzt. Ein Regimentskamerad reagiert erstaunt, als er das erfährt, und meint, der Major habe Geld wie Heu. Seinen Ring habe er wahrscheinlich nur versetzt, um unangenehme Erinnerungen loszuwerden. Dies zu hören trifft Tellheims Verlobte Minna natürlich schwer. Doch es stellt sich heraus, dass Tellheim unter seiner unehrenhaften Entlassung aus der Armee leidet und all sein Geld verliehen hat, weil er sich nicht mehr für die Dinge des Lebens interessiert.

Die Gelegenheit beim Schopf packen

Lysippos 4. Jh. v. Chr.
oder
Pittakos von Mytilene
*651/650 v. Chr. †um 570 v. Chr.

Im antiken Griechenland hieß die günstige Gelegenheit bzw. der rechte Augenblick „Kairos". Spätestens ab dem 5. Jahrhundert war auch ein Gott dieses Namens bekannt. Der Bildhauer und Erzgießer Lysippos, der als einer der bedeutendsten Künstler des 4. Jahrhunderts v. Chr. gilt, stellte ihn als jungen Mann mit kahlem Schädel dar. Nur auf seiner Stirn hatte er ein dickes Haarbüschel. Ob Lysippos damit die Redensart „Kairos beim Schopf packen" prägte oder ob er ein damals schon bekanntes Sprichwort umsetzte, weiß man jedoch nicht. Die Metapher „Zahn der Zeit" wurde auch schon ab der Antike von verschiedensten Verfassern verwendet.

Gelegenheit macht Diebe

Francis Bacon *1561 †1626

Francis Bacon

„Opportunity makes a thief" (Gelegenheit macht einen Dieb), schrieb der britische Staatsmann Francis Bacon einmal in einem Brief an seinen Freund und Klienten Robert Devereux, den Grafen von Essex und Liebhaber von Königin Elizabeth I. Er hielt sich auch selbst daran: Als Devereux 1601 bei der Königin in Ungnade fiel, ließ sich Bacon von der mächtigen Frau im Prozess gegen seinen einstigen Freund und Förderer benutzen. Elizabeth verzieh ihm darauf, dass er als Mitglied im House of Commons dafür gesorgt hatte, dass ihrer Regierung Gelder nicht bewilligt worden waren.

Gelobt sei, was hart macht

Friedrich Nietzsche
*1844 †1900

Zarathustras Leben

Dieser Spruch stammt aus Nietzsches Werk *Also sprach Zarathustra* (1885). Nachdem Zarathustra einen Gipfel bestiegen hat, erklärt er: „Wer sich stets viel geschont hat, der kränkelt zuletzt an der vielen Schonung." Nietzsche selbst kränkelte schon früh an vielerlei Beschwerden. 1879 musste er sein Amt als außerordentlicher Professor für Philologie in Basel aufgeben und sich pensionieren lassen, weil er starke Anfälle von Migräne, Augenbeschwerden und Magenprobleme hatte. 1889 erlitt er einen Zusammenbruch und verbrachte den Rest seines Lebens in geistiger Umnachtung.

Genie und Wahnsinn liegen dicht beieinander

nach Aristoteles
*384 †322 v. Chr.

Der römische Philosoph Seneca (um 4 v. Chr. bis 65 n. Chr.) schreibt in seiner Abhandlung *De tranquillitate animi* (*Über die Ruhe des Gemütes*): „Ob wir mit den griechischen Dichtern glauben, dass es ‚manchmal ein Vergnügen ist, zu rasen', oder mit Plato, dass ‚der gesunde Geist vergeblich an die Tür der Poesie klopft', oder mit Aristoteles, dass ‚kein großer Geist je ohne eine Beimischung von Wahnsinn existiert hat', sei es wie es will, erhabene Äußerungen, die die Versuche anderer überragen, sind unmöglich, ohne dass der Geist erregt ist." Eigentlich ist Seneca ein Stoiker, der Vernunft und Gemütsruhe über alles stellt. An dieser Stelle jedoch räumt er ein, dass wirklich außergewöhnliche Dinge eine göttliche Inspiration voraussetzen, die nichts mit ruhiger Vernunft zu tun hat und an Wahnsinn grenzen kann.

Einem geschenkten Gaul schaut man nicht ins Maul!

Sophronius Eusebius Hieronymus
*347 †420

Jeder, der ein Pferd kauft, wird ihm auch ins Maul schauen. Denn anhand der Zähne kann der Fachmann sehen, ob das Tier wirklich so jung ist, wie der Käufer behauptet, oder sein feuriges Auftreten vielleicht nur geschicktem Doping zu verdanken ist. Bei einem geschenkten Pferd ist das natürlich grob unhöflich. Den Spruch „Noli equi dentes inspicere donati!" (Inspiziere die Zähne eines geschenkten Pferdes nicht) benutzte Kirchenlehrer Hieronymus in einem Kommentar zu seiner Bibelübersetzung, der *Vulgata*. Er rechtfertigte sich gegen Vorwürfe, seine Übersetzung sei nicht geschliffen genug. Ihm sei es wichtiger, mit seiner Übersetzung voranzukommen. Tatsächlich aber sollte die Übersetzung gerade deshalb so erfolgreich werden, weil sie in vulgärem, das heißt allgemeinverständlichem Latein verfasst war. Den Spruch mit dem geschenkten Gaul hat Hieronymus aber vermutlich nicht selbst erfunden, sondern ein altes römische Sprichwort bemüht, das auf diese Weise erhalten geblieben ist.

Geschichtsklitterung

Johann Fischart
*um 1546 †1590

Johann Fischart

Als Geschichtsklitterung bezeichnet man es heute, wenn jemand einseitig bestimmte Fakten aus einem Ereignis herauspickt und damit das große Ganze verfälscht. Der

Begriff stammt aus dem Titel von Fischarts 1775 erschienenem Hauptwerk *Affentheurlich Naupengeheurliche Geschichtsklitterung*. „Naupen" sind Grillen oder Schrullen und „klittern" bedeutet klecksen. Als Vorlage benutzte Fischart das ebenfalls schon satirische Werk *Gargantua und Pantagruel* des französischen Dichters François Rabelais (um 1494–1553), das er auf recht anarchische oder – um es mit seinen Worten zu sagen – affentheuerliche und naupengeheuerliche Weise verfremdete.

Geschüttelt, nicht gerührt

Ian Fleming
*1908 †1964

Ian Fleming

„A martini. Shaken, not stirred", fordert Geheimagent 007 bereits in Flemings erstem Bond-Roman *Casino Royale* (1953), als er den CIA-Mann Felix Leiter im Casino an der Bar trifft. Der klassische Martini besteht aus vier Teilen Gin, einem Teil trockenem Wermut sowie einer Olive und wird gerührt, da das Schütteln das Getränk trübe macht. Fleming allerdings liefert in seinen Büchern das Rezept: drei Teile Gin, ein Teil Wodka, ein halber Teil Wermut plus Zitronenschnitz. Damit müsste Bond beim Bestellen eigentlich genauere Angaben machen. Daneben gibt es aber noch viele weitere Martinirezepte. Im Film taucht Bonds Forderung erstmals 1964 in *Goldfinger* auf.

Das Gesetz des Dschungels

Rudyard Kipling
*1865 †1936

Das Gesetz des Dschungels wird vor allem in *Mowglis Brüder*, der ersten Geschichte in Rudyard Kiplings berühmtem *Dschungelbuch*, ständig beschworen. Dabei geht es aber nicht nur um „fressen und gefressen werden", wie man die Redensart heute oft versteht, sondern sogar noch mehr um die Verhaltensregeln innerhalb des Wolfsrudels, in dem Mowgli aufwächst. Vieles davon mutet sehr menschlich an und hat wenig mit dem Dschungel zu tun. *Das Dschungelbuch* ist übrigens kein Roman über Mowgli und seine tierischen Freunde, sondern eine zweibändige Sammlung von Kurzgeschichten, in denen Mowgli nur teilweise vorkommt. Es ist im Original auch viel düsterer als in den Verfilmungen, da das Gesetz des Dschungels nun einmal hart ist.

Rudyard Kipling

Geteiltes Leid ist halbes Leid

*Christoph August Tiedge *1752 †1841*

In seiner Dichtung *Urania*, die nach der antiken Muse der Astrologie benannt wurde, schrieb der pietistisch-romantische Dichter Christoph August Tiedge: „Sei hoch beseligt oder leide; das Herz bedarf ein zweites Herz. Geteilte Freude ist doppelt Freude, geteilter Schmerz ist halber Schmerz." Das Gedicht entstand um 1800. Einige Jahre später lernte Tiedge seine große Liebe, die Dichterin Elisa von der Recke (1754–1833), kennen und gründete mit ihr in Dresden einen literarischen Zirkel. Nach Elisas Tod sollen sich die Mitglieder des Zirkels sehr um Tiedge gekümmert haben, ob dies jedoch sein Leid halbierte, ist nicht bekannt.

Getretner Quark wird breit, nicht stark

*Johann Wolfgang von Goethe *1749 †1832*

Kein Spruch, der nach einem großen Dichter klingt, aber er stammt tatsächlich von Goethe. In seiner Gedichtsammlung *West-östlicher Divan* beschreibt er die Herstellung von Ziegeln und bezeichnet dabei den Stampflehm als Quark. „Schlägst du ihn aber mit Gewalt in feste Form, er nimmt Gestalt", heißt es weiter. Wird diese Weisheit heute zitiert, meint man meist, dass aus etwas, das im übertragenen Sinne „Quark" ist, auch durch viel Getue nichts Besseres wird. Gelegentlich wird auch gewitzelt: „Getretener Quark macht breit, nicht stark."

Gewissensbisse haben

*Martin Luther *1483 †1546*

Das alttestamentarische Buch *Hiob* erzählt die Geschichte des frommen Hiob, der vom Teufel – mit Gottes Erlaubnis – mit Not und Krankheit geschlagen wird, da der Teufel argumentiert, es wäre leicht, fromm zu sein, wenn einer reich, gesund und glücklich wäre. Während seine Freunde meinen, Hiobs Unglück müsse die Strafe für seine Sünden sein, beharrt Hiob darauf, dass ihn sein Herz wegen nichts in seinem Leben tadle. Martin Luther übersetzte das damit, dass Hiob wegen nichts Gewissensbisse habe.

Gewogen und für zu leicht befunden (Menetekel)

Altes Testament (Buch Daniel)

Unter den Nachfolgern des babylonischen Königs Nebukadnezar II. (reg. 605–562 v. Chr.) wurde das Reich immer schwächer. 539 v. Chr. stürzte der Perserkönig Kyros II. (601–530 v. Chr.) den Kronprinzen Belsazar und übernahm

Belsazar

die Macht. Im alttestamentarischen Buch *Daniel* heißt es, dass Belsazar in der Nacht vor der Eroberung bei einem Gelage eine Schrift an der Wand gesehen habe: „Mene tekel upharsim." Der Prophet Daniel übersetzt diese mit „Gezählt, gewogen, geteilt" und erklärt Belsazar, Gott habe die Tage seines Königtums gezählt, ihn gewogen und für zu leicht befunden. Deswegen werde sein Königreich unter den Medern und Persern geteilt. Ein Menetekel ist deshalb eine Drohbotschaft oder ein drohendes Untergangsszenario, das sich abzeichnet.

Der Glaube versetzt Berge

Paulus von Tarsus †um 64

Eine der bekanntesten Textstellen aus den Briefen des Apostel Paulus ist sein Loblied auf die Liebe aus dem ersten Brief an die Gemeinde in Korinth. Dort schrieb er: „… und wenn ich allen Glauben habe, dass ich Berge versetze, doch die Liebe nicht, so bin ich nichts." Er spielte damit auf eine Stelle im *Matthäusevangelium* an, in der Jesus sagt, mit dem rechten Glauben sei nichts unmöglich, nicht einmal einem Berg zu befehlen, sich zu versetzen.

Gleiches mit Gleichem vergelten

Titus Maccius Plautus *um 254 †um 184 v. Chr.

In dem Stück *Mercator (Der Kaufmann)* des römischen Dichters Plautus werben Vater und Sohn um die gleiche Frau. Dabei gibt es natürlich zahlreiche Verwicklungen. In deren Verlauf erfährt Charinus, der Sohn, von seinem Freund Eutychus, dass die Geliebte als Sklavin verkauft worden ist. Eutychus kann aber nicht viel über den Käufer sagen, was ihm natürlich Vorwürfe des Freundes einträgt. Er beschwert sich, worauf Charinus ankündigt, ihm „Gleiches mit Gleichem zu vergelten" (ut par pari respondeas).

Das Glück dieser Erde liegt auf dem Rücken der Pferde

Friedrich von Bodenstedt *1819 †1892

So heißt es in einem der *Gedichte des Mirza Schaffy*, die der deutsche Dichter Friedrich von Bodenstedt 1851 veröffentlichte, auch wenn dort genau genommen nicht Glück, sondern „Paradies der Erde" steht. Das Gedicht geht aber noch weiter. Das Paradies liege auch noch „in der Gesundheit des Leibes und am Herzen des Weibes". Umstritten ist übrigens, wer die Gedichte schrieb. Denn Bodenstedt hatte während seines Aufenthalts in Tiflis tatsächlich einen Bekannten namens Mirza Shaffy Vazeh (1794–1852) gehabt, den Sohn eines berühmten aserbaidschanischen Architekten. Während die Aserbaidschaner mehrheitlich meinen, Bodenstedt habe dessen Gedichte nur aufgeschrieben, übersetzt und dann als seine eigenen ausgegeben, ist man hierzulande eher der Meinung, dass Bodenstedt eigenen Dichtungen mit dem Namen des Freundes einen pseudoorientalischen Anstrich geben wollte.

Friedrich von Bodenstedt

103

Das Glück ist mit dem Tüchtigen

Simonides von Keos
*um 556 †um 467 v. Chr.

Das Werk des griechischen Dichters Simonides von Keos ist nur äußerst fragmentarisch überliefert. Doch diverse antike Autoren, darunter Terenz (um 195–159 v. Chr.) und Cicero (106–43 v. Chr.), schreiben, dass der gern zitierte Spruch „Fortes fortuna adiuvat" (Den Tapferen/Tüchtigen hilft das Glück) ursprünglich von Simonides stammen soll. In einem der Original-Fragmente dagegen gab sich Simonides eher fatalistisch. Er schrieb: „Die flügelschwingende Mücke verändert so schnell sich nicht wie der Menschen Glück." Interessanterweise ist „Fortes fortuna adiuvat" der Leitsatz verschiedener Einsatzkräfte, etwa der Bundespolizei-Fliegergruppe oder des Allied Rapid Reaction Corps. Auch Kompanien der Bundeswehr und des österreichischen Bundesheeres verwendeten das Zitat schon als Wahlspruch.

Das Glück ist eine leichte Dirne

Heinrich Heine *1757 †1856

Mit diesen Worten begann Heinrich Heine eines seiner Gedichte im Zyklus *Romanzero,* den er 1851 veröffentlichte. Er griff damit ein altes Motiv von der launischen Glücksfee auf, die nie lange an einem Ort weilt und ihre Gaben wahllos verteilt. „Frau Unglück", dichtete Heine weiter, „hat im Gegenteile dich liebefest ans Herz gedrückt. Sie sagt, sie habe keine Eile, setzt sich zur dir ans Bett und strickt."

Glücklich ist, wer vergisst, was nicht mehr zu ändern ist

Johann Strauss (Sohn)
*1825 †1899

Johann Strauss (Sohn)

Im Zentrum von Johann Strauss' Operette *Die Fledermaus* (1874) steht der Wunsch von Dr. Falke, sich an seinem Freund Baron von Eisenstein zu rächen, der ihn vor einiger Zeit nach einem Maskenball volltrunken und als Fledermaus verkleidet in der Öffentlichkeit lächerlich gemacht hat. Während er seine Rachepläne schmiedet, singt ein früherer Liebhaber von Eisensteins Frau Rosalinde zusammen mit dieser und dem Stubenmädchen Adele ein Trinklied, dessen Refrain lautet „Glücklich ist, wer vergisst …".

Dem Glücklichen schlägt keine Stunde

Friedrich Schiller *1759 †1805

Eigentlich spricht Max Piccolomini in Friedrich Schillers Drama *Die Piccolomini*, dem zweiten Teil der Wallenstein-Trilogie, von der Uhr, nicht der Stunde. Vermutlich wurde das Zitat später mit „Wem die Stunde schlägt" vermengt. Max Piccolomini erinnert sich bei Schiller an das Zusammensein mit seiner angebeteten Thekla,

Eine goldene Brücke bauen

*Johann Fischart *1546 †1590*

In seinem Hauptwerk, der *Geschichtsklitterung*, gibt Fischart den Rat, man solle „dem Feind Tür und Tor auftun und ihm eine goldene Brücke machen, dass er davonziehen kann". Er sagt also, man solle alles tun, um einen Feind loszuwerden. Heute wird der Ausdruck meist gebraucht, um auszudrücken, dass man es jemandem leicht macht, sich für etwas zu entschuldigen und einen Fehler wiedergutzumachen.

Wallensteins Tochter: „Da rann kein Sand, und keine Glocke schlug. Es schien die Zeit dem Überselign in ihrem ew'gen Laufe stillzustehen. Oh! der ist aus dem Himmel schon gefallen, der an der Stunden Wechsel denken muss! Die Uhr schlägt keinem Glücklichen."

Die Gnade der späten Geburt

*Günter Gaus *1929 †2004*

Am 24. Januar 1984 sprach Helmut Kohl (*1930) als erster Kanzler nach dem Zweiten Weltkrieg vor dem israelischen Parlament, der Knesset, und begann seine Rede mit den Worten: „Ich rede vor Ihnen als einer, der in der Nazizeit nicht in Schuld geraten konnte, weil er die Gnade der späten Geburt … gehabt hat." Die Bemerkung wurde als taktlos angesehen und als Versuch, die allgemeine deutsche Verantwortung für die NS-Verbrechen und ihre Folgen zu leugnen. Gaus, 1973 Staatssekretär im Bundeskanzleramt und ein Jahr später der erste Leiter der Ständigen Vertretung der Bundesrepublik in der DDR, enthüllte 2004 in seiner Biografie *Widersprüche*, dass Kohls Redenschreiber die Wendung von ihm übernommen hätten. Er erwähnte in dem Buch auch, dass er als Junge Marineoffizier werden wollte und nur durch das Kriegsende daran gehindert wurde.

Die goldene Mitte

*Horaz (Quintus Horatius Flaccus) *65 †8 v. Chr.*

Ein gutes Leben, so malt es Horaz im 10. Lied seines zweiten Gedichtbandes aus, bestehe weder darin, immer auf hoher See zu segeln, noch aus Angst vor einem Sturm immer nur am Ufer entlangzufahren, es suche weder die morsche Hütte noch die mäßig beneidenswerte Pracht eines Palastes. Stattdessen wähle es den goldenen Mittelweg. Die Vorstellung, dass der richtige Weg immer in der Mitte liege, ist eine zentrale Vorstellung der antiken Philosophie. So stellt Aristoteles zum Beispiel in seiner *Ethik* nicht Gut und Böse gegenüber, sondern sieht das richtige Handeln irgendwo zwischen „zu wenig lieb" und „zu lieb". Dabei heißt „Mitte" nicht mathematische Mitte, sondern jeder muss in jeder Situation selbst herausfinden, wo zwischen den Extremen der richtige Weg verläuft.

Goldenes Zeitalter

Hesiod ca. 8. Jh. v. Chr.

Hesiod erzählt in *Werke und Tage* die Geschichte von den Weltaltern. Er berichtet, es habe fünf Zeitalter gegeben, von denen das erste das goldene Zeitalter mit goldenen Menschen war, in dem alles wunderbar gewesen sei. Nach dem Tod der goldenen Menschen folgten silberne und erzene Menschen, die jeweils schlechter als die vorangegangenen und sehr gewalttätig waren. Danach folgte mit den Heroen, die die Götter mit Menschenfrauen zeugten, noch einmal ein besseres Geschlecht, nach dem das jetzige, das eiserne kam: Ein Geschlecht sehr hinfälliger Menschen, in denen sich viel Böses mit einigem Guten mische. Die Entwicklung wird also nicht immer schlechter, wie manchmal behauptet wird, aber die glänzenden Zeiten, vor allem das Goldene Zeitalter, sind ein für alle Mal vergangen.

Hesiod und Muse

Gott ist tot

Friedrich Nietzsche
*1844 †1900

Den Tod Gottes erklärte Friedrich Nietzsche zum ersten Mal in seinem Buch *Die Fröhliche Wissenschaft*, das 1882 erschien. Er erzählt darin von einem „tollen Menschen", der am Vormittag mit einer Lampe auf dem Marktplatz herumläuft und ständig ausruft: „Ich suche Gott!" Als die Leute über ihn lachen, verkündet er plötzlich: „Gott ist tot! Gott bleibt tot! Und wir haben ihn getötet." Zur Sühne, erklärt er, müssten die Menschen selbst Götter werden. Als ihn seine Zuhörer daraufhin betreten ansehen, meint er, er sei wohl zu früh gekommen. Den geistigen Prozess, Gott in seinen Vorstellungen zu töten, bezeichnet Nietzsche als die größte Tat überhaupt, verlangt aber auch, das Format zu haben, selbst zu Gott zu werden.

Gottes Mühlen mahlen langsam

Friedrich von Logau
*1605 †1655

Eines von den Gedichten des deutschen Barock-Lyrikers Friedrich von Logau beginnt mit dem Satz: „Gottes Mühlen mahlen langsam, mahlen aber trefflich klein." Er spricht darin die Gewissheit aus, dass letztendlich niemand der göttlichen Gerechtigkeit entgehen wird, auch wenn es manchmal anders aussieht.

Das Gras wachsen hören

Snorri Sturluson
*1179 †1241

Das sagt man heute von jemandem, der besonders misstrauisch ist und überall gleich Arges wittert. In der *Edda*, einer Sammlung germanischer Mythen, die der isländische Politiker Snorri Sturluson verfasste, ist dies jedoch eine positive Fähigkeit, über die der Gott Heimdall verfügt. Er braucht fast keinen Schlaf, kann unglaublich weit sehen und neben dem Gras auch die Wolle der Schafe wachsen hören. Dies alles braucht er auch, denn er ist der Wächter von Asgard, dem Wohnsitz der Götter. Doch am Ende, wenn die Götterdämmerung hereinbricht, hilft auch seine Wachsamkeit den Göttern nicht mehr. Aber nicht nur in der Sage, auch in verschiedenen Märchen treten Menschen auf, die das Gras wachsen hören können.

Snorri Sturluson

Gratis
Gegen Danksagungen

Lehnwort

In unserer Alltagssprache heißt gratis „umsonst". Das Wort leitet sich von dem lateinischen „gratia" ab, was vor allem Dank und Dankbarkeit, aber auch Gefälligkeit, Gunst und Ansehen bedeutet. Etwas gratis zu bekommen heißt also ursprünglich, es gegen Dank zu bekommen, genau genommen sogar gegen mehrere Danksagungen, denn „gratis" ist eine Pluralform.

Die Gretchenfrage stellen

Johann Wolfgang von Goethe
*1749 †1832

Von einer Gretchenfrage hat Goethe nicht gesprochen, aber er hat jene Frage erfunden, die unter diesem Begriff bekannt wurde. Da Mephisto versprochen hat, Faust alle Freuden dieser Welt zu erfüllen, macht er ihn mit dem hübschen Gretchen bekannt. Die ist auch sehr beeindruckt von dem gelehrten Doktor, doch manches an ihm ist ihr unheimlich. Eines Tages fragt sie ihn: „Nun sag, wie hast du's mit der Religion?" Faust gibt daraufhin eine recht ausweichende Antwort, in der er erklärt, dass ihm Gott so etwas Ähnliches wie Liebe oder Glück sei: „Gefühl ist alles, Name ist Schall und Rauch." Als Gretchenfrage bezeichnet man aber nicht nur die Frage, ob jemand an Gott glaubt, sondern allgemein Gewissensfragen, die einen heiklen Punkt treffen, beispielsweise auch Fragen zur Sexualität.

Johann Wolfgang von Goethe

Große Ereignisse werfen ihre Schatten voraus

Thomas Campbell
*1777 †1844

In seinem Gedicht *Lochiel's Warnung* über den schottischen Clanführer Donald Cameron of Lochiel, das er im Jahr 1800 nach einer Deutschlandreise verfasste, schrieb der schottische Dichter Campbell: „And coming events cast their shadows before." Damit wollte er seine Überzeugung ausdrücken, dass man am Ende seines Lebens eine Vorahnung von zukünftigem Geschehen bekommen könne. Später wurden aus den „kommenden" „große" Ereignisse, und zwar nicht solche, die man ahnt, sondern die meist sehr konkret bevorstehen und vieler Vorbereitungen bedürfen.

Der große Zampano

Federico Fellini *1920 †1993

Federico Fellini

Das ist einer der Helden von Federico Fellinis Film *La Strada*, gespielt von Anthony Quinn (1915–2001): ein Schausteller, der als Kraftmensch auftritt und dabei stets viel Tamtam veranstaltet, aber im Grunde ein kleines Licht ist. Heute wird der Ausdruck oft weniger negativ gebraucht. Ein großer Zampano ist jemand, der die Dinge mit großem Getue organisiert, aber oft durchaus Macht und Einfluss hat. Vielleicht noch bekannter wurde eine zweite Fellini-Figur aus dem Film *La dolce vita*. Der junge Fotograf Paparazzi brachte es zum Namensgeber für aufdringliche Boulevard-Fotografen, die Prominente regelrecht jagen.

Gut gebrüllt, Löwe!

William Shakespeare
*um 1564 †1616

Diese scherzhafte Anerkennung für eine lautstarke und entschiedene Äußerung stammt aus William Shakespeares *Sommernachtstraum* (um 1596) und ist auch dort ironisch gemeint. Dem königlichen Hofstaat wird in dem Stück eine derart schlechte Theatervorstellung geboten, dass die Zuschauer es nicht lassen können, ständig Zwischenbemerkungen zu machen. „Gut gebrüllt, Löwe" gehört dazu. Aber auch der Darsteller einer Wand, die zwei Liebende trennt, erhält „Lob": „Kann man verlangen, dass Lehm und Haar besser reden sollten?", witzelt König Theseus von Athen.

Szene aus Ein Sommernachtstraum

Das Gute – dieser Satz steht fest – ist stets das Böse, was man lässt

*Wilhelm Busch *1832 †1908*

Wie die bösen Buben Max und Moritz ist auch Wilhelm Buschs andere Heldin, die „fromme Helene", nicht wirklich fromm, sondern ein ziemlich scheinheiliges Luder. Am Ende geht es natürlich auch mit ihr böse aus. Sie verfällt dem Likör, hat Schreckensvisionen und verbrennt, als sie ihre Nachttischkerze umwirft. Als das ihr Onkel Nolte hört, bei dem sie aufgewachsen ist, tut er obigen Ausspruch und fügt – ganz in der Tradition Busch'scher Biedermänner hinzu: „Ei, ja! – Da bin ich wirklich froh! Denn, Gott sei Dank! Ich bin nicht so!!"

Guten Morgen, liebe Sorgen

*Jürgen von der Lippe (Hans-Jürgen Dohrenkamp) *1948*

„… seid ihr auch schon alle da? Habt ihr auch so gut geschlafen? Na dann ist ja alles klar!" So beginnt der größte Hit, den der Moderator Jürgen von der Lippe in seiner Musikerkarriere landen konnte. Er beginnt mit rutschenden Bettvor-

Jürgen von der Lippe

legern und fehlendem Klopapier und endet mit einem tödlichen Autounfall, behält aber durchgehend das heitere, positive Verhältnis zu den Katastrophen des eigenen Alltags bei.

Hab Sonne im Herzen

*Cäsar Flaischlen *1864 †1920*

Cäsar Flaischlen war ein zu Beginn des 20. Jahrhunderts sehr beliebter schwäbischer Dichter, von dessen Werk jedoch vor allem ein Gedicht überlebt hat. Es beginnt: „Hab Sonne im Herzen, ob's stürmt oder schneit, ob der Himmel voll

Cäsar Flaischlen

Wolken, die Erde voll Streit! Hab Sonne im Herzen, dann komme, was mag! Das leuchtet voll Licht dir den dunkelsten Tag!" Alfred Döblin (1878–1957) behauptet in seinem Roman *Berlin Alexanderplatz*, Flaischlen habe eines Tages einen fliegenden Buchhändler, der über das Wetter und die mageren Einnahmen schimpfte, mit den Worten getröstet: „Lass das Gewettere, hab Sonne im Herzen." Aus diesem spontanen Satz sei das Gedicht entstanden. Heute begegnen einem die Zeilen meist in ironischer Umdichtung. Reinhard Mey (*1942) etwa sang zu Beginn seiner Karriere *Hab Erdöl im Garten*.

Habemus papam
Wir haben einen Papst

Agostino Patrizi Piccolomini (Patricius) *um 1435 †um 1495

„Annuntio vobis magnum gaudium: papam habemus." (Ich verkünde euch eine große Freude: Wir haben einen Papst.) Mit diesen Worten wird der erfolgreiche Abschluss einer Papstwahl traditionell auf dem Petersplatz verkündet. Das Ritual wurde zum ersten Mal in dem Buch *Rituum ecclesiasticorum sive sacrarum cerimoniarum S. S. Romanae ecclesiae* (*Die kirchlichen Riten oder die heiligen Zeremonien der heiligsten römischen Kirche*) des päpstlichen Zeremonienmeisters Patricius erwähnt, das 1488 veröffentlicht und 1516 in Venedig erstmals gedruckt wurde.

Haben oder Nichthaben

Ernest Hemingway *1899 †1961

Ernest Hemingway

Eigentlich trägt Hemingways 1937 erschienener Roman den Titel *Haben und Nichthaben*. Doch wird er gern gemäß dem Ausspruch „Sein oder Nichtsein" verfremdet, um den Kontrast zwischen beiden Alternativen noch stärker herauszuarbeiten. Im Roman versucht der arme Bootsverleiher Harry Morgan, mit den Mitteln der Reichen Erfolg zu haben, und scheitert schließlich. In der US-Verfilmung von 1944 dagegen steht eine Liebesgeschichte zwischen Morgan und der Widerstandskämpferin Marie Browning im Mittelpunkt. Während der Dreharbeiten verliebten sich die beiden Hauptdarsteller Humphrey Bogart und Lauren Bacall.

Halb zog sie ihn, halb sank er hin

Johann Wolfgang von Goethe *1749 †1832

In seiner Ballade *Der Fischer* verarbeitete Goethe 1778 den Mythos von der Nixe, die Männer verzaubert und in die Tiefe lockt. Diesen Mythos gibt es im Märchen- und Sagengut vieler europäischer Kulturen. Manchmal sind es auch Frauen, die von Wassermännern in ihr feuchtes Reich

Der Fischer und die Sirene

gelockt und dort festgehalten werden. Bei Goethe betört die Nixe einen Fischer. Das Gedicht endet mit den Zeilen: „Sie sprach zu ihm, sie sang zu ihm; da war's um ihn geschehn: Halb zog sie ihn, halb sank er hin und ward nicht mehr gesehn." Die Zeile wird gern zitiert, um das halb freiwillige Nachgeben in einer verführerischen Situation zu umschreiben.

Ein Hansdampf in allen Gassen

Eine Hand wäscht die andere

Epicharmos von Kos
um 540 †um 460 v. Chr.

Vom schriftstellerischen Werk des griechischen Arztes und Philosophen Epicharmos von Kos sind nur Fragmente erhalten. In einem davon findet sich die Aufforderung: „Die Hand wäscht die Hand. Gib etwas und du wirst etwas bekommen." Im antiken Rom war „Manus manum lavat" dann ein geläufiges Sprichwort. Man findet es zum Beispiel im *Gastmahl des Trimalchio* von Petronius (um 13–66) oder in den Schriften Senecas (4 v. Chr.–65 n. Chr.).

Hannibal ante portas
Hannibal vor den Toren

Marcus Tullius Cicero
106 †43 v. Chr.

Im Winter 219/218 v. Chr. überschritt der karthagische Feldherr Hannibal mit seinen Kriegselefanten die Alpen und begann, Italien zu erobern. Im Jahr 211 v. Chr. war er Rom gefährlich nahe gekommen und unternahm sogar einen Scheinangriff auf die Stadt. Über 150 Jahre später benutzte Cicero mehrfach die damalige Schreckensmeldung „Hannibal ad portas" (Hannibal bei den Toren), um den mit Ägypten verbündeten Marcus Antonius als ebenso gefährlichen Feind darzustellen. Später wurde aus „ad" „ante" und die Warnung eher auf lästige denn gefährliche Invasoren gemünzt wie in Loriots Filmkomödie *Pappa ante Portas* (1991).

Hannibal bei der Überquerung der Alpen

Ein Hansdampf in allen Gassen

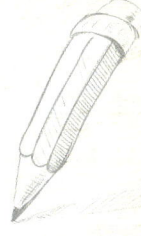

Johann Heinrich Zschokke
1771 †1848

Heinrich Zschokke

Hans Dampf in allen Gassen lautet der Titel einer Satire, die der deutsch-schweizerische Schriftsteller Johann Heinrich Zschokke 1814 verfasste. Ihr Held ist Hans, ein äußerst umtriebiger und von sich eingenommener junger Mann. Er kehrt in seine Heimatstadt zurück und versetzt diese in höchste Aufregung. Unverdrossen schildert der Erzähler jeden banalen oder sogar dummen Aktionismus seines Helden in den glühendsten Farben. Allerdings war der „Hans in allen Gassen" genauso wie der englische „Jack in all trades" schon vor Zschokkes Roman sprichwörtlich.

Hans im Glück

*Jacob Grimm *1785 †1863*
*Wilhelm Grimm *1786 †1859*

Hans im Glück erzählt von Hans, der am Ende seiner Dienstzeit von seinem Meister als Lohn einen Klumpen Gold bekommt, unterwegs die schwere Last aber gegen ein Pferd eintauscht. So tauscht er, in dem Glauben, ein gutes Geschäft zu machen, immer einfachere Dinge ein, bis er schließlich nur noch zwei Wetzsteine hat, die er an einem Brunnen verliert. Hans aber dankt Gott, von seiner Last befreit zu sein, und kehrt glücklich nach Hause zurück. Die Bezeichnung „Hans im Glück" wird deshalb sowohl für zweifelhaftes Glück wie die im Grunde dummen Tauschgeschäfte des Märchens benutzt als auch für wahres inneres Glück, wie es Hans zum Schluss empfindet.

Hans im Glück

Haribo macht Kinder froh und Erwachsene ebenso

Unbekannter Werbetexter

Die Süßwarenfabrik aus Bonn wirbt seit 1935 mit dem Slogan für ihre Produkte. Angeblich kaufte Firmengründer Hans Riegel (1893–1945) den Slogan einem Werbetexter auf Durchreise für 20 Mark ab. 1962 kam dann die zweite Hälfte dazu. Aber der eingängige Spruch wird auch gern für andere Dinge benutzt, die Kinder und Erwachsene gleichermaßen erfreuen.

Hässliches Entlein

*Hans Christian Andersen *1805 †1875*

In einem seiner bekanntesten Märchen erzählt der dänische Schriftsteller Andersen von einem Küken, das unter Enten aufwächst und wegen seiner hässlichen grauen Farbe überall Außenseiter ist, bis es plötzlich zur eigenen Überraschung im Spiegelbild des Teiches entdeckt, dass es zu einem Schwan geworden ist. Seitdem wurden viele nicht ganz so hübsche Mädchen damit getröstet, dass aus hässlichen Entlein immer noch schöne Schwäne werden können. Im Gegensatz zu Märchensammlern wie den Brüdern Grimm schrieb Andersen seine Märchen selbst, weshalb sie weniger irrationale als traditionelle Elemente enthalten.

Hasta la vista, baby

*Jody Watley *1959*

Ursprünglich stammt der Satz aus dem Song „Locking for a new love" (1987) von der Singer-Songwriterin Jody Watley. Bekannt gemacht hat ihn aber der Regisseur James Cameron (*1951): Mit dieser lässigen Mischung aus Spanisch und

Arnold Schwarzenegger

Das sagten ... ... Schauspieler

Diktatur ist ein Staat, in dem das Halten von Papageien lebensgefährlich sein kann.
Jack Lemmon (1925–2001)

Pessimist ist jemand, der unter mehreren Übeln keines missen möchte.
Maximilian Schell (1930–2014)

Viele Menschen sind gut erzogen, um nicht mit vollem Mund zu sprechen, aber sie haben keine Bedenken, es mit leerem Kopf zu tun.
Orson Welles (1915–1985)

Ein Optimist ist ein Mann, der ohne einen Pfennig Geld Austern bestellt in der Hoffnung, eine Perle zu finden, mit der er bezahlen kann.
Hans Albers (1891–1960)

Die Jugend wäre eine schönere Zeit, wenn sie erst später im Leben käme.
Charlie Chaplin (1889–1977)

Wer laut nachdenkt, dem stiehlt man seine Gedanken.
Gustaf Gründgens (1899–1963)

Kein Mensch kann wunschlos glücklich sein, denn das Glück besteht ja gerade im Wünschen.
Attila Hörbiger (1896–1987)

Früher war Rauchen ungesund, heute ist Rauchen gesund. Man ist draußen.
Otto Sander (1941–2013)

In Hollywood zahlt man dir tausend Dollar für einen Kuss und fünfzig Cents für deine Seele.
Marilyn Monroe (1926–1962)

Die Schauspielkunst ist die geringste aller Begabungen und auch nicht gerade die feinste Art, seinen Lebensunterhalt zu verdienen. Shirley Temple konnte das schon mit vier.
Katharine Hepburn (1907–2003)

Das sagten ... ... Religionsgelehrte

Das Freisein von etwas erfährt seine Erfüllung erst in dem Freisein für etwas. Freisein allein um des Freiseins willen aber führt zur Anarchie.
Dietrich Bonhoeffer (1906–1945)

Es ist die Wahrheit, die eine neue Gesellschaft hervorbringen wird, nicht die Kommunisten, die Christen, die Hindus, die Buddhisten oder die Muslime.
Jiddu Krishnamurti (1895–1986)

Es wird keinen Frieden zwischen den Völkern geben, wenn es keinen Frieden gibt zwischen den Religionen.
*Hans Küng (*1928)*

Alle Reisen haben eine heimliche Bestimmung, die der Reisende nicht ahnt.
Martin Buber (1878–1965)

Die Wissenschaft ist wie eine Leiter, mit der wir die Weisheit der Tora erklimmen.
Judah Löw (um 1512–1609)

Das, was wir aus Liebe tun, tun wir im höchsten Grad freiwillig.
Thomas von Aquin (1225–1274)

Das innerste Wesen der Liebe ist Hingabe.
Edith Stein (1891–1942)

Niemand ist weiter von der wahren Religion entfernt, als wer sich selbst für sehr religiös hält.
Erasmus von Rotterdam (um 1466–1536)

Es ist besser, wenn jeder Mensch seiner eigenen Tradition folgt. Sie im Westen haben einen jüdisch-christlichen Hintergrund, es ist besser, wenn Sie bei Ihren Wurzeln bleiben.
*Tendzin Gyatsho (14. Dalai Lama; *1935)*

Allah lässt den gerechten Staat, auch wenn er ungläubig ist, überleben, aber den ungerechten Staat, auch wenn er gläubig ist, nicht überleben.
Taqi ad-Din Ahmad ibn Taymiyya (1263–1328)

Amerikanisch erledigt Maschinenmensch Terminator-800 (Arnold Schwarzenegger) in Camerons Film *Terminator 2: Tag der Abrechnung* (1991) seinen Kollegen und Gegenspieler Terminator-1000 (Robert Patrick). Beigebracht hat ihm den Spruch der Zehnjährige, den er beschützen soll. Ein weiteres Zusammentreffen (Hasta la vista = Bis zum nächsten Mal) gibt es übrigens tatsächlich, obwohl T-1000 in Stickstoff tiefgefroren und dann in Stücke geschossen wurde. Da die Redewendung in der spanischen Fassung nicht exotisch genug erschien, wurde „Hasta la vista" dort durch das japanische „Sayonara" ersetzt.

später einmal, die Anwesenheit von Hechten würde einen davor bewahren, zum Karpfen zu werden. Er spielte damit auf das prekäre europäische Kräftegleichgewicht an, das tatsächlich erst nach seinem erzwungenen Abgang zum Problem wurde.

Heinrich Leo

Haste was, dann biste was

Friedrich Schiller *1759 †1805

Dieser Satz ist eine spöttische Verballhornung eines Zweizeilers namens *Das Werthe und das Würdige* von Schiller. Er lautet: „Hast du etwas, so theile mir's mit, und ich zahle, was recht ist; bist du etwas, o dann tauschen die Seelen wir aus." Schiller wollte also keineswegs ausdrücken, dass man etwas ist, wenn man etwas besitzt, sondern dass „etwas sein" viel mehr wert ist als „etwas haben".

Hecht im Karpfenteich

Heinrich Leo *1799 †1878

So bezeichnet der konservative deutsche Historiker Heinrich Leo Napoleon III. (1808–73), den er als einen Raubfisch im friedlichen Karpfenteich Europa ansah. Bismarck (1815–98), der Napoleon besiegte und Europa mit der deutschen Einigung gründlich veränderte, erklärte

Das Heimchen am Herd

Charles Dickens *1812 †1870

Der englische Originaltitel lautet *The Cricket on the hearth.* Das war zunächst der Buchtitel einer Weihnachtsgeschichte von Charles Dickens und drehte sich um ein wirkliches Heimchen, eine Grillenart, die zum Leben eine Wärme von 25 bis 30 Grad Celsius braucht und deshalb in Europa tatsächlich bevorzugt in der Nähe menschlicher Heizungen oder Herde lebt. In Dickens Geschichte ist das Heimchen ein Glücksbringer und hält die Menschen mit seinem warnenden Zirpen von falschen Taten ab. Die Grille ist jedoch ziemlich unscheinbar und so wurde der Begriff im Laufe der Zeit zur Bezeichnung für Frauen, die still und unauffällig sind und vor allem häuslichen Tätigkeiten nachgehen.

Figuren aus den Werken von Charles Dickens

Die heiße Schlacht am kalten Buffet

*Reinhard Mey *1942*

Reinhard Mey

Unter diesem Titel stilisierte Liedermacher Reinhard Mey das häufig anzutreffende Gerangel um die besten Happen zu einer unerbittlichen Schlacht mit gezückter Gabel und bis aufs Messer, „Auge um Auge, Aspik um Gelee". Es kommen Veteranen mit Narben im Gesicht vor und Damen, die zwischen Kaviar und Sekt vom Heldentod träumen. Das Ganze gipfelt in der sarkastischen Bemerkung, dass zehn Prozent der Einnahmen dieser unappetitlichen Völlerei an „Brot für die Welt" gehen.

Das Hemd ist ihm näher als der Rock

*Titus Maccius Plautus
um 254 †um 184 v. Chr.

Im Stück *Trinummus (Das Dreidrachmenstück)* heißt es „Tunica propior palliost", was „Das Untergewand ist einem näher als das Obergewand" bedeutet. Im Deutschen wurde daraus „Hemd" und „Rock" und man meint damit, dass jemand die eigenen Interessen am wichtigsten nimmt.

Der Herr hat gegeben, der Herr hat genommen ...

Altes Testament (Buch Hiob)

„... gepriesen sei der Name des Herrn." Der Spruch ist heutzutage aus der Mode gekommen, genauso wie die gottergebene Haltung, die dahintersteckt. In der Liturgie, zum Beispiel bei Beerdigungen, wird er aber immer noch regelmäßig verwendet. Im Buch *Hiob* im Alten Testament reagiert der Titelheld mit diesem Satz auf seine Frau, die ihn auffordert, Gott zu lästern und zu verfluchen, weil dieser so viel Unglück über die Familie gebracht habe. Im Verlauf des Buches beginnt Hiob aber doch, mit Gott zu „rechten", das heißt, er will wenigstens wissen, warum ihn all das Unglück trifft.

Ein Herz und eine Seele sein

Neues Testament (Apg 4,32)

Das sagt man heute nur von wirklich außergewöhnlich engen und harmonischen Zweierbeziehungen. In seiner *Apostelgeschichte* schrieb der Evangelist Lukas jedoch über die frühe christliche Gemeinde wenige Jahre nach Jesu Tod: „Die Gesamtheit der Gläubigen war ein Herz und eine Seele und nicht ein Einziger nannte etwas von dem, was er besaß, sein Eigen, sondern sie hatten alles gemeinsam." Dass es in Wahrheit jedoch nicht ganz so idyllisch zuging, offenbart der Erzähler schon wenige Zeilen später. Er berichtet, dass ein Ehepaar namens Hananias und Saphira ein Grundstück verkaufte, aber nicht den ganzen Erlös in die Gemeindekasse gab, sondern nur einen Teil davon. Auf Nachfragen leugneten sie die Unterschlagung und wurden angeblich von Gott gestraft, indem sie auf der Stelle tot umfielen.

Heureka!

*Archimedes *um 287 †212 v. Chr.*

Archimedes

„Ich habe (es) gefunden", lautet dieses altgriechische Wort ins Deutsche übersetzt. Der griechische Schriftsteller Plutarch (um 45–125) berichtet, mit diesem Jubelruf auf den Lippen sei der Erfinder Archimedes nackt auf den Straßen von Syrakus herumgerannt, nachdem er das Auftriebsprinzip entdeckt hatte. Der Hintergrund: Archimedes sollte herausfinden, ob die Krone des Königs aus reinem Gold hergestellt war, durfte diese aber nicht zerstören. In der Badewanne kam ihm die Lösung des Problems: Jeder Körper hat einen bestimmten Auftrieb, der von seinem Volumen abhängt. Archimedes tauchte also die Krone und einen gleich schweren Goldbarren ins Wasser und stellte fest, dass die Krone mehr Wasser verdrängte, also ein größeres Volumen hatte und demzufolge leichteres Material enthalten musste als pures Gold.

Heute hier, morgen dort

*Hannes Wader *1942*

Das wohl bekannteste Lied des Sängers Hannes Wader umschreibt das Lebensgefühl eines Menschen, der kein wirkliches Zuhause hat, ständig unterwegs ist und nicht nach dem „Gestern und Morgen" fragt. Obwohl er nicht wirklich mit seinem Schicksal hadert, hat er manchmal schlimme Träume und fragt sich, ob es nicht doch an der Zeit sei, einmal irgendwo zu bleiben und „etwas ganz anderes zu tun". Waders Text ist eine Übersetzung des Liedes *Indian Summer* von einem amerikanischen Musiker namens Gary Bolstad.

Hannes Wader

Heutzutage kennen die Leute von allem den Preis und von nichts den Wert

*Oscar Wilde *1854 †1900*

Diese Feststellung findet sich gleich mehrmals in Oscar Wildes Werk. In seinem Roman *Das Bildnis des Dorian Gray* erklärt Dorians Verführer, Lord Henry: „Nowadays people know the price of everything and the value of nothing." Menschenfeind und Kunstfreund, der er ist, redet er aber lediglich von einem schönen Stück Brokat. In der Komödie *Lady Windermeres Fächer* definiert Lord Darlington, ebenfalls ein ausgewachsener Zyniker, das Wesen eines Zynikers mit den Worten: „A man who knows the price of everything and the value of nothing."

Heutzutage machen drei Pointen und eine Lüge einen Schriftsteller

Georg Christoph Lichtenberg
*1742 †1799

Lichtenberg war ein bedeutender Mathematiker und Physiker. Nebenbei füllte er aber auch Dutzende von Heften, seine sogenannten Sudelbücher, mit Aphorismen. Folglich war seine Verachtung für Schreiberlinge, die es nur auf wenige Pointen brachten, groß. Auch meinte er: „Ich bin mehrmals wegen begangener Fehler getadelt worden, die mein Tadler nicht Kraft und Witz genug hatte, zu begehen."

Georg Christoph Lichtenberg

Äsop

Hic Rhodus, hic salta!
Hier ist Rhodos, hier springe!

Äsop um 600 v. Chr.

In der Fabel *Der Fünfkämpfer als Prahlhans*, die Äsop zugeschrieben wird, kehrt ein Reisender in seine Heimat zurück und erzählt von den unglaublichen Erlebnissen in der Fremde. So sei er in Rhodos – und dafür gäbe es Zeugen – weiter gesprungen als je ein Mensch vor ihm. Daraufhin meint einer der Zuhörer, wenn dies die Wahrheit sei, wäre es nicht nötig, in Rhodos nach Zeugen zu suchen. Mit den Worten „Hic Rhodos, hic salta!" fordert er den Beweis. Wer heute diese Wendung gebraucht, meint: „Zeige, was du kannst!" Oder auch: „Beweise, was du behauptest!"

Hier bin ich Mensch, hier darf ich's sein!

Johann Wolfgang von Goethe
*1749 †1832

Nach seinem abgebrochenen Selbstmordversuch unternimmt Faust mit seinem Gehilfen Wagner einen Spaziergang durch das feierliche Ostertreiben und betrachtet es wohlgefällig. „Hier ist des Volkes wahrer Himmel", erklärt er, „zufrieden jauchzet groß und klein: Hier bin ich Mensch, hier darf ich's sein." Allerdings gelingt es Faust nicht lange, sich als normaler Mensch unter Menschen zufrieden zu fühlen. Zurückgekehrt vom Spaziergang schließt er seinen Pakt mit Mephisto. Gebraucht wird das Zitat meistens, um zu erklären, dass man sich in einer Situation äußerst wohlfühlt.

Hier steh ich und kann nicht anders

Martin Luther *1483 †1546

1521 musste sich Martin Luther auf dem Reichstag in Worms für seine Lehren verantworten. Er forderte die versammelte politische und theologische Prominenz heraus und sagte, er werde sich nur Argumenten beugen, die aus der Heiligen Schrift stammten, keinen Einwänden, die nur auf kirchlicher Tradition beruhten. Seine Rede beendete er laut Protokoll mit dem Satz: „Deshalb kann und will ich nichts widerrufen, weil wider das Gewissen zu handeln, beschwerlich und nicht ratsam und gefährlich ist. Gott helfe mir, Amen." Augenzeugen berichteten später, er habe gesagt: „Hier steh ich und kann nicht anders."

Martin Luther auf dem Reichstag zu Worms

Hilf dir selbst, so hilft dir Gott

Benjamin Franklin *1706 †1790

Das Sprichwort „God helps them that help themselves" (Gott hilft denen, die sich selbst helfen) bekamen die Leser in *Poor Richard's Almanack* von 1736 serviert, ein Jahrbuch, das der Politiker Benjamin Franklin herausgab. Der Gedanke dahinter, nämlich die Dinge in die eigene Hand zu nehmen, ist allerdings alt und findet sich auch schon bei antiken Autoren. Überhaupt ist nicht ganz klar, welche von seinen Sprüchen Franklin selbst verfasste und welche er aus anderen Quellen übernahm. In den USA jedoch wurden viele Zitate aus *Poor Richard* sehr populär.

Der Himmel auf Erden

John Milton *1608 †1674

John Milton

Diese Vorstellung galt lange Zeit als blasphemisch. In der *Offenbarung des Johannes* kommt selbst nach dem Weltgericht nur eine Heilige Stadt (Neues Jerusalem) vom Himmel auf die Erde herunter, um Gottes Wohnsitz unter den Menschen zu sein. Himmel und Erde aber bleiben getrennte Sphären. Auch der englische Dichter John Milton wagte in seinem berühmten Versepos *Paradise Lost* (1667) nur, das verlorene Paradies als Himmel auf Erden zu bezeichnen. Erst im 18. Jahrhundert ging man dazu über, besondere irdische Freuden „himmlisch" zu nennen.

Himmel und Hölle in Bewegung setzen

Vergil (Publius Vergilius Maro)
*70 †19 v. Chr.

Vergil

Äneas, der angebliche Stammvater Roms, soll ein Sohn der Liebesgöttin Venus gewesen sein. Das bringt ihm den himmlischen Beistand seiner Mutter, aber auch den Hass der Göttin Juno, der Gattin des Jupiter, ein. Der römische Dichter Vergil erzählt in seinem Epos *Aeneis*, dass Juno, als ihr Äneas wieder einmal entwischt ist, schwört, mit allen Mitteln Rache zu nehmen: „Flectere si nequeo superos, Acheronta movebo", erklärt sie. „Wenn ich die Himmlischen nicht rühren kann, werde ich die Unterwelt (genauer den Unterweltsfluss Acheron) bewegen." Himmel und Erde dagegen werden im Alten Testament im Buch des Propheten Haggai (Aggäus) samt dem Meer von Gott in Bewegung versetzt, um die Mächtigen zu stürzen.

Himmelhoch jauchzend, zu Tode betrübt

Johann Wolfgang von Goethe
*1749 †1832

Diese Wirrnis der Gefühle macht Klärchen durch, die Heldin von Goethes Drama *Egmont*. Sie ist in den Grafen Egmont verliebt, doch der ist unterwegs zum neuen Statthalter der Spanischen Niederlande, dem berüchtigten Herzog von Alba (1507–82). Klärchen singt: „Freudvoll und leidvoll, gedankenvoll sein; langen und bangen in schwebender Pein; himmelhoch jauchzend, zum Tode betrübt; glücklich allein ist die Seele, die liebt." Tatsächlich wird ihr Geliebter, dessen Vorbild der flämische Graf Lamoral von Egmont (1522–68) ist, von Alba umgebracht.

Egmont und Klärchen

Himmelschreiendes Unrecht

Altes Testament (1. Buch Mose)

Dieser Ausdruck geht auf die biblische Geschichte von Kain und Abel zurück. Nachdem Kain seinen Bruder erschlagen hat, wird er von Gott nach Abels Verbleib gefragt. Kain erwidert, er wisse nicht, wo er sei. „Bin ich denn meines Bruders Hüter?" Daraufhin erklärt Gott, er wisse, was passiert sei: „Die Stimme des Blutes deines Bruders schreit zu mir aus der Erde empor."

Hinaus ins feindliche Leben

Friedrich Schiller
*1759 †1805

Friedrich Schillers *Lied von der Glocke* (1799) war früher auch wegen der strengen Rollenverteilung zwischen Mann und Frau, die darin getroffen wird, so beliebt. Der Mann muss „hinaus ins feindliche Leben, muss wirken und streben und pflanzen und schaffen, erlisten, erraffen, muss wetten und wagen, das Glück zu erjagen". Derweil waltet seine „züchtige Hausfrau" in den eigenen vier Wänden „und reget ohn Ende die fleißigen Hände, und mehrt den Gewinn mit ordnendem Sinn". Heute verweist man mehr augenzwinkernd aufs „feindliche" Leben.

Hochmut kommt vor dem Fall

Altes Testament
(Buch der Sprichwörter)

„Stolz kommt vor dem Sturz und Hochmut vor dem Fall", lautet eine der Ermahnungen aus dem biblischem *Buch der Sprüche*. Vor Hochmut wird in der ganzen Bibel immer wieder gewarnt. In der traditionellen christlichen Morallehre galt er als eines der sieben Laster, die zu Todsünden führen. Dabei geht es nicht um schlichte Arroganz, sondern um Selbstüberhebung (lat. superbia). Einen ähnlichen Stellenwert nahm die Hybris in der Gedankenwelt der griechischen Antike ein.

Das höchste der Gefühle

Wolfgang Amadeus Mozart
*1756 †1791

Wolfgang Amadeus Mozart

Die populärste Gestalt in der *Zauberflöte*, der letzten Oper von Wolfgang Amadeus Mozart, ist der Vogelhändler Papageno. Er ist auf der Suche nach „einem Mädchen oder Weibchen". Als er endlich Papagena gefunden hat, malen sich die beiden in einem Duett aus, wie sie Eltern einer großen Kinderschar werden, und bezeichnen es als höchstes der Gefühle, wenn viele kleine Papagenos bzw. Papagenas „der Eltern Segen werden sein". Den Papageno spielte bei der Uraufführung des Stückes der Theaterbesitzer Emanuel Schikaneder (1751–1812), der auch das Libretto für die Oper verfasst und sich damit die Rolle auf den Leib geschrieben hatte.

Das höchste Recht ist oft das höchste Übel

Terenz (Publius Terentius Afer)
*um 195 †159 v. Chr.

Cicero

Eine besonders akribische Gesetzesauslegung hat oft mit Gerechtigkeit nicht mehr viel zu tun. „Ius summum saepe summast malitia", beklagt sich denn auch der Sklave Syrus in dem Stück *Der Selbstquäler (Heautontimorumenus)*, das der römische Komödiendichter Terenz im Jahr 163 v. Chr. schrieb. Cicero (106–43 v. Chr.) verkürzte den Spruch später in seiner Schrift *Vom rechten Handeln (De officiis)* zu „Summum ius, summa inuria", womit er das höchste Recht generell mit höchstem Unrecht gleichsetzte.

Höflichkeit ist doch die sicherste Form der Verachtung

Heinrich Böll *1917 †1985

Dieses Resümee zieht Schrella, ein Verfolgter des NS-Regimes, der in Bölls Erzählung *Billard um halb zehn* im Jahr 1958 wieder nach Deutschland zurückkehrt und dort auf einstige Gegner trifft. „Er blickte Nettlinger lange an", schreibt Böll, „und wartete, wartete immer noch vergebens auf das, wonach er sich seit mehr als zwanzig Jahren sehnte: Hass; nach dem Handgreiflichen, den er sich immer gewünscht hatte, jemand ins Gesicht schlagen oder in den Hintern treten, dabei rufen: ‚Du Schwein, du elendes Schwein', er hatte immer die Menschen beneidet, die zu solch einfachen Gefühlen fähig waren, aber er konnte in dieses runde, verlegen lächelnde Gesicht nicht hineinschlagen." Eine sinnlose Auseinandersetzung, bei der er selbst den Kürzeren ziehen würde, aber will er seinen Gegnern auch nicht gewähren. Also bleibt er eisern höflich.

Heinrich Böll

Hol' mir mal 'ne Flasche Bier ...

Gerhard Schröder *1944

„... sonst streik ich hier und schreibe nicht weiter!" Diesen unpassenden Spruch brachte Ex-Kanzler Schröder während einer Autogrammstunde im Sommer 2000 an. Ein Satz mit Potenzial, fand Moderator Stefan Raab (*1966) und machte einen Hit daraus.

Gerhard Schröder

Honigsüße Worte

Homer um 8. Jh. v. Chr.

Eine besondere Rolle unter den griechischen Fürsten vor Troja nimmt Nestor, der Herrscher von Pylos, ein. Er ist der älteste unter den Fürsten und gilt als klug, integer und außerordentlich beredt. Er versucht auch, den Streit zwischen Achilles und Agamemnon zu schlichten. Im 1. Gesang der *Ilias* schreibt Homer: „Jetzt erhub sich Nestor mit holdem Gespräch, der tönende Redner von Pylos, dem von der Zung' ein Laut wie des Honigs Süße daherfloss." Während Homer das positiv meinte, werden honigsüße Worte heute in der Regel zumindest als Schmeichelei, wenn nicht als Heuchelei abgetan. Der Name „Nestor" wird gelegentlich als Begriff für den Ältesten in einer Gruppe gebraucht.

Houston, wir haben ein Problem

*John Leonard Swigert *1931 †1982*

Während der US-amerikanischen Apollo-13-Mission im April 1970 explodierte an Bord des Raumschiffes ein Sauerstofftank, was der Astronaut John Leonard Swigert mit den Worten „Okay, Houston, we've had a problem here" an die Bodenkontrolle im texanischen Houston meldete. Das „Problem" hätte sich aber leicht zur Katastrophe auswachsen können, da von der Explosion die Versorgungsinfrastruktur an Bord betroffen war. Die drei Astronauten mussten in der dafür eigentlich nicht geeigneten Mondlandefähre zur Erde zurückkehren, was nur dank abenteuerlicher technischer Improvisationen gelang. Eine Verfilmung mit Tom Hanks (*1956) in der Hauptrolle bekam 1996 zwei Oscars.

John Leonard Swigert

Humor ist, wenn man trotzdem lacht

*Otto Julius Bierbaum *1865 †1910*

Otto Julius Bierbaum

Diesen Wahlspruch stellte Bierbaum 1909 seinem letzten Roman *Yankeedoodle-Fahrt* voran. Darin wird in grotesker Übertreibung von einer Reise erzählt, die der Autor mit seiner Frau auf dem „Doppelschraubenkreuzer Yankeedoodle" von Genua in den Orient gemacht haben will. Dabei stoßen ihnen am laufenden Band Dinge zu, für die der Ausspruch genau passt.

121

Hunger ist der beste Koch

*Freidank *um 1200 †um 1240*

„Der Hunger ist der beste Koch, den es je gab und geben wird" (Der hunger ist der beste koch der ie wart oder wirdet noch), dichtete der Sänger Freidank in seiner *Bescheidenheit*. Doch er führt den klugen Spruch gleich selbst ad absurdum, indem er hinzufügt: „Aber er hat nichts zu essen." Wenn man hungert, würde einem also alles gut schmecken, doch hätte man etwas zu essen, würde man nicht hungern. Heute bedeutet das Zitat: Wenn man sich mit (gutem) Hunger an den Tisch setzt, schmeckt es umso besser.

I did it my way

*Paul Anka *1941*

Frank Sinatra

„Ich hab's auf meine Weise gemacht", beginnt der Refrain von Frank Sinatras populärstem Song *My Way* auf Deutsch. Die englische Wendung wird gern gebraucht, um den eigentlich simplen Sachverhalt, der dahintersteckt, etwas eleganter zu formulieren. Sie ist so populär, dass 1989 der Sprecher des sowjetischen Staatschefs Michail Gorbatschow, Gennadi Gerassimow (*1930) erklärte, die Sowjetunion habe nun die „Frank-Sinatra-Doktrin". Jeder der Warschauer-Pakt-Staaten solle selbst entscheiden, welchen Weg er in Zukunft gehen wolle.

Geschrieben hat den Text des Liedes allerdings nicht Sinatra, sondern der kanadische Sänger Paul Anka.

Ich bin ein Berliner

*John F. Kennedy *1917 †1963*

Als US-Präsident John F. Kennedy sich am 26. Juni 1963 selbst zum Berliner erklärte, erntete er Jubelstürme der vor dem Rathaus Schöneberg versammelten Menge. Vorher hatte er das Durchhalten der eingemauerten Westberliner gelobt und gesagt: „Alle freien Menschen, wo immer sie leben mögen, sind Bürger Berlins, und deshalb bin ich als freier Mann stolz darauf, sagen zu können: Ich bin ein Berliner."

Ich bin ein Mensch und nichts Menschliches ist mir fremd

*Menandros *um 341 †um 293 v. Chr.*

Dieser Spruch soll von dem griechischen Komödiendichter Menandros stammen. Er ist aber nur aus den Überlieferungen jüngerer Autoren wie Terenz (um 195–159 v. Chr.) oder Seneca (4 v. Chr.–65 n. Chr.) bekannt. Korrekt zitiert heißt

Menandros

er: „Ich bin ein Mensch und meine, dass mir nichts fremd ist, was Menschen betrifft." Diese Aussage traf auf die Stücke des Menandros, die sich hauptsächlich mit menschlichen Schwächen beschäftigten, auf jeden Fall zu.

Ich bin heute nicht in Geberlaune

*William Shakespeare *um 1564 †1616*

Diesen Satz sagt William Shakespeares Schurke Richard III. Er eröffnet seinem Cousin, dem Herzog von Buckingham, dass er seinen Neffen Eduard beseitigen möchte, den legitimen Erben auf den englischen Thron. Doch Buckingham reagiert zögerlich. Richard findet einen anderen Meuchelmörder. Als Buckingham wieder zu ihm kommt und für seine Beihilfe zum Mord die schon einmal versprochene Grafschaft Hereford fordert, lässt Richard ihn mit diesen Worten abblitzen. Warum der historische Henry Stafford, Herzog von Buckingham (1454–83), mit Richard III. (1454–85) brach, weiß man nicht genau. Auf jeden Fall führte er eine Rebellion gegen ihn an und wurde daraufhin geköpft.

Henry Stafford

Ich bin so satt, ich mag kein Blatt

*Jacob Grimm *1785 †1863*
*Wilhelm Grimm *1786 †1859*

Der Spruch stammt aus dem Märchen *Tischlein deck dich*. Es beginnt damit, dass drei Brüder abwechselnd die sprechende Ziege des Vaters hüten müssen. Die Brüder fragen jeden Abend vor dem Heimgehen, ob die Ziege auch satt sei. Die antwortet daraufhin: „Ich bin so satt, ich mag kein Blatt, meh, meh!" Kaum ist sie aber zu Hause und wird vom Vater gefragt, behauptet sie: „Wovon sollt ich satt sein? Ich sprang nur über Gräbelein und fand kein einzig Blättelein, meh, meh!" Der Vater jagt daraufhin voller Zorn seine Söhne aus dem Haus.

Ich bin von Kopf bis Fuß auf Liebe eingestellt

*Friedrich Hollaender *1896 †1976*

Dieses Lied, gesungen in dem Film *Der Blaue Engel*, machte Marlene Dietrich im Jahr 1930 schlagartig berühmt. Sie spielte in dem Film die Nachtklubtänzerin Lola Lola, die einen verknöcherten und intoleranten alten Professor in den Ruin treibt. Sehr bekannt ist auch die erste Zeile des Refrains „Männer umschwirr'n mich wie Motten das Licht". Der Revue- und Tonfilmkomponist Hollaender, der während des Naziregimes emigrieren musste, ist übrigens jener Kapellmeister, der in Billy Wilders *Eins, Zwei, Drei …* so engagiert das Lied *Ausgerechnet Bananen* dirigiert.

Ich brech die Herzen der stolzesten Frau'n ...

Bruno Balz *1902 †1988

Heinz Rühmann

„... weil ich so stürmisch und so leidenschaftlich bin", sang ausgerechnet der kleine Heinz Rühmann 1938 in dem Film *Fünf Millionen suchen einen Erben*. Rühmann trieb die Komik zwischen seiner Erscheinung und dem Text des Liedes so auf die Spitze, dass die Szene zum Höhepunkt des Filmes wurde. Den Hit verfasste Bruno Balz zusammen mit dem Komponisten Lothar Brühne. 1985 coverte Udo Lindenberg (*1946) das Lied und erzielte mit dem Gegensatz zwischen Liedtext und seiner bekannten schnoddrigen Art einen ähnlichen Effekt.

Ich glaube keiner Statistik, die ich nicht selbst gefälscht habe

wohl Joseph Goebbels *1897 †1945

Dieser Spruch wurde lange Zeit dem britischen Premierminister Winston Churchill (1874–1965) zugeschrieben. Allerdings gab es keine Quelle, die ihn belegen konnte. Außerdem stand er im krassen Widerspruch zu der Tatsache, dass Churchill Statistiken sehr ernst nahm. Dafür gab es eine intensive Propagandakampagne von Joseph Goebbels, der als Reichsminister für Volksaufklärung und Propaganda Chef-Agitator des NS-Regimes war. Die Kampagne sollte Churchill in der deutschen Presse als notorischen Lügner darstellen, wie Werner Bake vom Statistischen Landesamt Baden-Württemberg herausfand. Auch wenn obige Aussage bislang noch nicht wörtlich in Goebbels Presseanweisungen gefunden wurde, dürfte der Spruch wohl Teil oder zumindest Resultat dieser Kampagne gewesen sein.

Joseph Goebbels

Ich habe das Meinige getan ...

Friedrich Schiller *1759 †1805

„... Tun Sie das Ihre." Mit diesen Worten von König Philipp von Spanien endet Schillers Drama *Don Carlos* (1787). Philipp ist zunächst der Bösewicht des Stückes, der seinen Sohn Carlos unterdrückt, aber auch die nach Freiheit strebenden Niederlande. Carlos Freund Marquis Posa versucht, den Kronprinzen für den Kampf der Niederlande zu gewinnen, und spricht auch gegenüber dem König eine offene Sprache: „Geben Sie Gedankenfreiheit!" Am Ende jedoch wird Philipp vom spanischen Großinquisitor aufgesucht und es wird deutlich, dass der König unter dessen Fuchtel steht. Der Inquisitor bringt den zaudernden Philipp dazu, ihm seinen rebellischen Sohn auszuliefern.

Ich habe einen ganz einfachen Geschmack. Ich bin immer mit dem Besten zufrieden

wahrscheinlich Oscar Wilde
*1854 †1900

Diese Bemerkung wird dem englisch-irischen Schriftsteller Oscar Wilde zugeschrieben. Wann und wo er sie traf, ist jedoch unbekannt. Sie steht in keinem seiner Werke, sondern ist wohl mündlich gefallen. Auf jeden Fall passt sie zu Wilde, der sein ganzes Leben lang ein enthusiastischer Anbeter des Schönen und Exquisiten war.

Ich habe fertig

Giovanni Trapattoni *1939

Giovanni Trapattoni

Mit dieser missglückten deutschen Übersetzung des italienischen „Ho finito" beendete der Fußballtrainer Giovanni Trapattoni seine berühmt gewordene Rede vom 10. März 1998. Trapattoni war im Jahr zuvor mit Bayern München Deutscher Meister geworden. Im Frühjahr 1998 schwächelte die Mannschaft jedoch und zwei Tage nach einer 0:1-Niederlage in Schalke platzte Trapattoni während einer Pressekonferenz der Kragen. Er ließ eine höchst emotionale und nicht leicht verständliche Rede vom Stapel, in der er mehrere Spieler beschuldigte, wie „Flasche leer" zu spielen. Nach dreieinhalb Minuten schloss er – sichtlich erschöpft – mit den berühmt gewordenen Worten: „Ich habe fertig!"

Ich kann allem widerstehen, nur nicht der Versuchung

Oscar Wilde *1854 †1900

Dies erklärt Lord Darlington in Oscar Wildes Gesellschaftskomödie *Lady Windermeres Fächer* der Titelheldin. Diese ist eine ernste, junge Frau, die nicht wünscht, mit Komplimenten belästigt zu werden. Darlington bezeichnet sie daraufhin als „ganz bezaubernde Puritanerin". Am Ende des Stückes ist Lady Windermere erwachsener und toleranter. Der amüsante Lord Darlington jedoch spielt keine Rolle mehr, nachdem er sie nicht weiter in Verwirrung stürzen kann.

Blick über Windermere

Ich kann gar nicht so viel fressen, wie ich kotzen möchte

Max Liebermann *1847 †1935

Als Adolf Hitler am 30. Januar 1933 seine Ernennung zum Reichskanzler mit einem großen Fackelzug der Hitlerjugend feiern ließ, soll der 86-jährige Maler Max Liebermann, der das Geschehen von seiner Wohnung am Brandenburger Tor aus beobachtete, diese Worte tiefsten Abscheus gebraucht haben: „Ach, wissen Se, ick kann jar nich so ville fressen, wie ich kotzen möchte." Um seiner Entlassung zuvorzukommen, legte der jüdische Künstler selbst sein Amt als Ehrenpräsident der Preußischen Akademie der Künste nieder.

Max Liebermann

Ich kann nicht mit dir und nicht ohne dich leben

Ovid (Publius Ovidius Naso) *43 v. Chr. †um 18 n. Chr.

In einem Zyklus von 49 Liebesgedichten *(Amores)* besang der römische Dichter Ovid seine Liebe zu einer gewissen Corinna. Ob diese real war, ist nicht bekannt. Jedenfalls erzählen die Gedichte in einem dramatischen Bogen die ganze Beziehungsgeschichte vom Anfang bis zum Ende. In einem der späten Gedichte, als sich der Ich-Erzähler längst sicher ist, dass Corinna ihn betrügt, klagt er: „Sic ego nec sine te nec tecum vivere possum." (So kann ich nicht ohne dich und nicht mit dir leben.) Die gleiche Klage findet sich in einem etwas jüngeren Epigramm des Martial (um 40–104) mit der Einleitung: „Schwierig und umgänglich, eigensinnig und angenehm bist du stets zugleich."

Ich kombiniere

Drehbuchautoren der Filme mit Sherlock Holmes

Oder auch: „Kombiniere, mein lieber Watson." Dieser Spruch ist das Markenzeichen von Sherlock Holmes, mit dem der berühmte Detektiv stets seine messerscharfen Schlussfolgerungen einzuleiten pflegt. Doch der Spruch stammt nicht vom Sherlock-Holmes-Schöpfer Sir Arthur Conan Doyle. Natürlich ist das Kombinieren, die streng logische geistige Schlussfolgerung, auch in den vier Romanen und 56 Kurzgeschichten, die der britische Arzt über Holmes schrieb, typisch für den Detektiv. Doch der Standardspruch hat sich erst in den Holmes-Filmen eingebürgert.

Sherlock Holmes

Ich liebe Männer mit Zukunft und Frauen mit Vergangenheit

*Oscar Wilde *1854 †1900*

Dies erklärt der charmante Schurke Lord Henry aus Oscar Wildes Roman *Das Bildnis des Dorian Gray* (1890) seiner Bekannten Lady Narborough, als sie ihn fragt, welche Menschen er gern auf ihrer Gesellschaft treffen möchte. Lady Narborough selbst wird als „sehr gescheite Frau mit sehr ansehnlichen Resten einer wirklich bedeutenden Hässlichkeit" geschildert, die in ihrer eigenen Vergangenheit mit außerordentlich langweiligen Diplomaten verheiratet war und sich nun im Alter am geistvollen Zynismus von Lord Henry und Dorian Gray ergötzt.

Ich mag keinem Club angehören, der mich als Mitglied aufnimmt

*Groucho (Julius Henry) Marx *1890 †1977*

Mit diesem Satz soll der Schauspieler und Entertainer Groucho Marx sich telegrafisch aus einem New Yorker Club abgemeldet haben. 1977 begann Woody Allen (*1935) damit seinen Film *Der Stadtneurotiker* und erklärte, genauso gehe es ihm in Bezug auf Frauen. Allen bezeichnete Groucho Marx einmal als besten Komiker, den es in den USA je gab. Und Marx hatte über Allen gesagt: „Dieser Junge ist so smart. Er könnte der fünfte Marx-Brother sein."

Ich seh dir in die Augen, Kleines

Deutsche Übersetzer des Films Casablanca

Urheber dieses Satzes sind eigentlich die deutschen Übersetzer des Films *Casablanca*. Im amerikanischen Original sagt Humphrey Bogart (1899–1957) zu Ingrid Bergman (1915–82) „Here's looking at you, kid", was ungefähr heißt: „Du stehst unter Beobachtung, Kleines." Aber auch diese etwas merkwürdige Bemerkung stand nicht im Skript. Eigentlich sollte Bogart sagen: „Here's good luck for you!" (Viel Glück!) – doch er improvisierte beim Dreh. Auch die deutsche Fassung wird beim Zitieren oft nochmals verändert, nämlich hin zu: „Schau mir in die Augen, Kleines!"

Woody Allen

Humphrey Bogart und Ingrid Bergmann

Ich sei, gewährt mir die Bitte, in eurem Bunde der Dritte

*Friedrich Schiller *1759 †1805*

Friedrich Schillers wahrscheinlich bekannteste Ballade ist *Die Bürgschaft* (1798), die mit den dramatischen Versen beginnt: „Zu Dionys, dem Tyrannen, schlich Damon, den Dolch im Gewande." Damon wird gefasst und zum Tod am Kreuz verurteilt. Der Tyrann gewährt ihm jedoch drei Tage Aufschub, um seine Schwester zu verheiraten. Dafür muss er seinen Freund als Bürgen hinterlassen. Den Großteil des Gedichtes machen die Widrigkeiten aus, die Damon überwinden muss, um rechtzeitig zurückzukommen, damit der Freund nicht stirbt. Zum Happy End bekehrt sich sogar der Tyrann und möchte in den Freundschaftsbund der beiden aufgenommen werden. Schiller hat sich die Geschichte allerdings nicht ausgedacht. Es handelt sich um eine alte griechische Legende namens *Damon und Phytias*.

Ich suche nicht, ich finde

Pablo Picasso

*Pablo Picasso *1881 †1973*

Dies antwortete der berühmte spanische Maler Pablo Picasso, als er nach dem Geheimnis seines Erfolges befragt wurde. Es gelang ihm mit dieser künstlerischen Maxime, neuartige Kunstwerke zu erstellen, von denen man sich bis dahin noch gar keine Vorstellung gemacht hatte – wie zum Beispiel seine kubistischen Bilder, auf denen er Menschen und Dinge in geometrische Formen zerlegte. Der Satz wird gern verwendet, wenn es um die berühmte künstlerische Inspiration geht.

Ich weiß es nicht, ich bin kein Huhn

*Loriot (Vicco von Bülow) *1923 †2011*

Seit dem Zeichentricksketch *Das Frühstücksei* des Komikers Loriot über die Probleme des richtigen Eierkochens ist es kaum noch möglich, die harmlose Frage „Ist das Ei schon weich?" zu stellen. Die Erwiderung lautet dann meistens – wie bei Loriot – „Ich weiß es nicht, ich bin kein Huhn". Weitere gern zitierte Sätze aus dem Sketch sind „Vielleicht stimmt mit deinem Gefühl etwas nicht" oder „Gott, sind Männer primitiv". *Das Frühstücksei* ist Teil einer Miniserie namens *Szenen einer Ehe*. Im zweiten Teil kann die Ehefrau nicht verstehen, dass ihr Mann nur im Sessel sitzen und nichts tun möchte, aus diesem Sketch ist der Satz „Ich will einfach nur hier sitzen" zum Allgemeingut geworden. Im dritten sitzen die beiden vor ihrem kaputten Fernseher und streiten sich, ob sie auf die leere Mattscheibe oder „nur zufällig in diese Richtung" schauen.

Ich weiß nicht, was soll es bedeuten ...

Heinrich Heine *1797 †1856

„... dass ich so traurig bin. Ein Märchen aus alten Zeiten, das kommt mir nicht aus dem Sinn." So beginnt Heines Gedicht von der Loreley. Es ist eines der romantischen Gedichte von Heine. Er erzählt darin die Sage der Jungfrau Loreley nach, die auf einem Felsen am Rhein ihre goldenen Haare kämmt und auf diese Weise die vorbeifahrenden Schiffer so betört, dass sie die Kontrolle über ihr Boot verlieren und in den Wassern untergehen. Für eine ironische Version sorgte Erich Kästner (1899–1974) mit seinem Gedicht *Handstand auf der Loreley*.

Ich weiß, dass ich nichts weiß

Sokrates *469 †399 v. Chr.

Sokrates

Der griechische Philosoph Sokrates erfand vermutlich das Wort „Philosophie". Im Gegensatz zu einigen seiner Zeitgenossen, die sich „Sophisten" (Weise) nannten, bezeichnete er sich als „Philosophen" (Freund der Weisheit) und erklärte, er sei schon deshalb weiser als alle Sophisten, weil er wenigstens wisse, dass er nichts wisse – nachzulesen bei seinem Schüler Platon (427–347 v. Chr.) in der *Apologie des Sokrates*. In der Tat hielt Sokrates keine Vorträge wie die Sophisten, sondern verwickelte die Leute in Diskussionen. Dabei erschütterte er erst einmal ihr angebliches Wissen und gelangte danach zusammen mit ihnen zu neuen Erkenntnissen.

Im Anfang war das Wort ...

Neues Testament (Joh 1,1)

Der Evangelist Johannes

„... und das Wort war bei Gott und Gott war das Wort", so beginnt das *Johannesevangelium*. Während die anderen drei Evangelien recht nüchtern erzählen, hat der vierte Evangelist seinem Text einen ebenso poetischen wie rätselhaften Prolog vorgeschaltet, in dem er Jesus als fleischgewordenen „logos" Gottes bezeichnet. Doch das griechische Wort „logos" bedeutet noch mehr als „Wort". Goethe (1749–32) lässt seinen Faust über die beste Lösung sinnieren und schlägt dabei Sinn, Kraft und Tat vor.

Im Brustton tiefster Überzeugung

Heinrich von Treitschke
*1834 †1896

Diesen Ausdruck verwendete der deutschnationale Historiker Heinrich von Treitschke in einem Aufsatz mit dem Namen *Fichte und die nationale Idee*. Treitschke war unter anderem auch deshalb in konservativen Kreisen seiner Zeit so beliebt, weil er ein eindrucksvoller Redner war, der seine Vorstellungen selbst „im Brustton der Überzeugung" vortragen konnte und sie zudem auch noch polemisch zuzuspitzen wusste. Allerdings dürfte auch seine eigene Schwerhörigkeit zu der donnernden Lautstärke beigetragen haben, mit der er seine Vorlesungen hielt.

Heinrich von Treitschke im Hörsaal

Im Dunkeln ist gut munkeln

Johann Michael Moscherosch
*1601 †1669

Eigentlich war Johann Michael Moscherosch Pädagoge, Beamter und Rechtsberater verschiedener Grafen, Herzoge und Fürsten. Sein Leben war maßgeblich vom Dreißigjährigen Krieg (1618–1648) geprägt. Unter dem Pseudonym Philander von Sittewald veröffentlichte er satirische Schriften, Gedichte und Erzählungen auf Deutsch und Latein – darunter sein bekanntestes Werk, den Sammelband *Wunderliche und Wahrhafftige Gesichte Philanders von Sittewald*. In der Erzählung *Venus-Narren* heißt es dort: „Im duncklen ist gut muncklen." Der eingängige Reim ist sprichwörtlich geworden und stellt heute eine Art Lebensversicherung für das Verb „munkeln" (tuscheln, flüstern) dar – es ist ansonsten nur noch in der Wendung „Man munkelt, dass …" gängig.

Im Elfenbeinturm sitzen

Charles-Augustin Sainte-Beuve
*1804 †1869

Dieser Satz wird heute meistens kritisch gesehen. Ein Wissenschaftler im Elfenbeinturm befasst sich nur mit seinen Studien und hat darüber den Bezug zur Realität völlig verloren. Das erste Mal tauchte dieser Vorwurf in einem Gedicht des französischen Literaturkritikers Charles-Augustin Sainte-Beuve auf. Er beschuldigt den romantischen Lyriker Alfred de Vigny (1797–1863), sich in „sa tour d'ivoire" (seinen Elfenbeinturm) zurückgezogen zu haben, während sich beispielsweise ein

Charles-Augustin Sainte-Beuve

Victor Hugo (1802–85) – ein enger Freund Sainte-Beuves – als Literat den sozialen Problemen der Zeit stellte. Vignys „Elfenbeinturm" war übrigens ein ererbtes Landgut bei Angoulême.

Im Krieg ist die Wahrheit das erste Opfer

Aischylos *525 v. Chr. †456 v. Chr.

Manipulation bei der Kriegsberichterstattung und gezielte Fehlinformation seitens der Militärs sind mindestens so alt wie der Beruf des Kriegsreporters. Bereits in der Antike erkannte man, dass die Objektivität bei kriegerischen Auseinandersetzungen schnell auf der Strecke bleibt. So soll der Dichter Aischylos der Erste gewesen sein, der feststellte, dass „die Wahrheit das erste Opfer des Krieges" ist. Im Jahr 1917 griff der US-Politiker Hiram Warren Johnson (1866–1945) bei einer Rede diese Worte auf, weshalb er auch mitunter als Urheber genannt wird. Der britische Schriftsteller Rudyard Kipling (1865–1938) traf in seinem Gedicht *Epithaphs of war* eine ähnliche Aussage: „If any question why we died, tell them, because our fathers lied." (Wenn jemand fragt, warum wir starben, sagt ihnen: Weil unsere Väter logen.)

Im Schlaraffenland leben

Sebastian Brant *um 1457 †1521

Der Humanist Sebastian Brant beschreibt das „Land der faulen Affen" im 108. Kapitel seines *Narrenschiffs* (1494) als Parodie auf allzu weltliche Paradiesschilderungen seiner Zeit. Ganz neu war die Idee allerdings nicht. Bereits in der griechischen Antike gab es Erzählungen von Orten, an denen den Bewohnern gebratene Vögel in den Mund fliegen. Die bekannteste Schilderung des Schlaraffenlandes findet sich aber in Ludwig Bechsteins (1801–60) *Märchen vom Schlaraffenland*.

Sebastian Brant

Im siebten Himmel sein

nach Aristoteles *384 †322 v. Chr.

Der griechische Philosoph Aristoteles geht in seiner Kosmologie davon aus, dass der Himmel aus sieben durchsichtigen Schalen besteht. Jenseits davon befindet sich angeblich das Nichts. Möglicherweise greift Aristoteles dabei auf ältere Vorstellungen zurück. Die Lehre von den sieben Himmeln wird sowohl in jüdischen, christlichen wie islamischen Schriften aufgenommen. Vor allem der jüdische *Talmud* feiert den siebten Himmel als die höchste Seligkeit. Dort befänden sich „Gerechtigkeit, Reichtum und Heil, die Schätze des Lebens, die Schätze des Friedens und die Schätze des Segens, die Seelen der Gerechten, die Geister, die Seelen derer, die einst geboren werden, und der Tau, der einst die Toten beleben wird."

Im Westen nichts Neues

Erich Maria Remarque
(Erich Paul Remark)
*1898 †1970

Das ist der Titel des Buches, das Erich Maria Remarque 1929 schlagartig berühmt machte. Er schilderte darin den ganz normalen Alltag eines gewöhnlichen Soldaten, die unglaubliche Brutalität der Materialschlachten des Ersten Weltkrieges, den Verlust der Illusionen der jungen Kriegsfreiwilligen und das Unverständnis ihrer Angehörigen in der Heimat. Der Titel bezieht sich auf Kriegsmeldungen, die sehr häufig von der Westfront nichts Neues melden konnten, weil während der ganzen vier Kriegsjahre dort im Stellungskrieg meist nur wenige Meter Boden gewonnen oder verloren wurden.

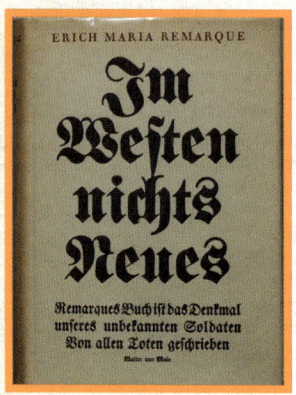

Originalausgabe von 1929

Das Imperium schlägt zurück

Irvin Kershner *1923 †2010

Ein Filmtitel, der gern zitiert wird, wenn eine große Organisation auf eine Herausforderung mit aller Härte reagiert. *The empire strikes back* ist der fünfte Teil der Star-Wars-Serie. Der Film wurde 1980 von Irvin Kershner gedreht. Das „Imperium" sind die Bösen der Saga, ein durch Putsch an die Macht gekommenes diktatorisches System. Nachdem es den aufrechten Rebellen in Episode IV gelungen war, den Todesstern, eine Art Superbombe des Imperiums, zu vernichten, folgt in diesem Film die Rache der Finsterlinge.

Regisseur George Lucas

In der Kürze liegt die Würze

William Shakespeare
*1564 †1616

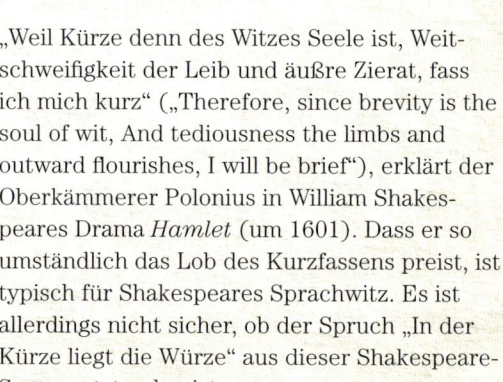

„Weil Kürze denn des Witzes Seele ist, Weitschweifigkeit der Leib und äußre Zierat, fass ich mich kurz" („Therefore, since brevity is the soul of wit, And tediousness the limbs and outward flourishes, I will be brief"), erklärt der Oberkämmerer Polonius in William Shakespeares Drama *Hamlet* (um 1601). Dass er so umständlich das Lob des Kurzfassens preist, ist typisch für Shakespeares Sprachwitz. Es ist allerdings nicht sicher, ob der Spruch „In der Kürze liegt die Würze" aus dieser Shakespeare-Szene entstanden ist.

In der Stadt lebt man zu seiner Unterhaltung, auf dem Land zur Unterhaltung der anderen

Oscar Wilde *1854 †1900

Der Ansicht ist jedenfalls Jack Worthing in Wildes bekanntestem Stück *The Importance of Being Ernest (Ernst sein ist alles)*. Um sich ab und zu in der Stadt amüsieren zu können, erfindet Jack deshalb einen Bruder namens Ernst, den er besuchen muss. Sein Freund Algernon Moncrieff dagegen will gelegentlich der Stadt entfliehen und behauptet, einen kranken Freund namens Bunbury auf dem Land besuchen zu müssen. Das ganze Arrangement gerät ins Wanken, als sich die beiden Freunde in junge Damen verlieben, die sich beide – wegen des schönen Vornamens – vor allem für Jacks erfundenen Bruder Ernst interessieren.

Statue von Oscar Wilde

Justinian I. (um 482–565) ein Gesetzbuch namens *Corpus iuris civilis* zusammen. In den sogenannten *Digesten*, einem Teil des *Corpus*, in denen er altes römisches Recht sammelte, notierte Tribonianus: „In re dubio benigniorum interpretationem sequi, non minus iustius quam tutius est." (In einer zweifelhaften Sache der milderen Interpretation folgen ist so gerecht wie sicher.)

Kaiser Justinian I.

In dubio pro reo

Flavius Tribonianus †542

Das Prinzip „Im Zweifelsfall für den Angeklagten" ist keine Errungenschaft der Neuzeit. Im 6. Jahrhundert stellte der byzantinische Rechtsgelehrte Tribonianus im Auftrag des Kaisers

In einen Teufelskreis geraten

nach Aristoteles *384 †322 v. Chr.

In seinem Buch *Erste Analytik* beschäftigte sich Aristoteles mit der Logik und wies auf einen Fehler hin, den er „hysteron proteron" (das Spätere vor dem Früheren) nannte. Er meinte damit den Versuch, eine Aussage zu beweisen, indem man die Aussage selbst als Voraussetzung nimmt. Weil man zum Beispiel – ohne einen Beweis zu haben – glaubt, alle Bewohner von B wären dumm, folgert man, auch A aus B müsse dumm sein, worauf A wiederum zum Beweis wird, dass Leute aus B dumm sind. Im Lateinischen nannte man diese Art von logischem Fehler „circulus vitiosus" (fehlerhafter Kreis), woraus im Deutschen Teufelskreis wurde. Inzwischen benutzt man Teufelskreis aber vorwiegend für ausweglos erscheinende reale Situationen, während der von Aristoteles beschriebene Denkfehler meist Zirkelschluss genannt wird.

In einer Hierarchie neigt jeder Beschäftigte dazu, bis zur Stufe seiner Inkompetenz aufzusteigen

In einer Hierarchie neigt jeder Beschäftigte dazu, bis zur Stufe seiner Inkompetenz aufzusteigen

*Laurence J. Peter *1919 †1990*

So lautet das „Peter-Prinzip", das nach seinem Entdecker, dem US-amerikanischen Erziehungswissenschaftler Laurence J. Peter, benannt ist. Peter beschrieb es in seinem gleichnamigen Buch im Jahr 1969. Er belegte seine Behauptung mit zahlreichen Beispielen aus der Praxis, wo erfolgreiche Mitarbeiter mit höherrangigen Positionen „belohnt" worden waren, ohne dass man sich vorher gefragt hatte, ob die Anforderungen der Position noch den Fähigkeiten dieses Mitarbeiters entsprachen. Am Ende könne eine ganze Hierarchie inklusive der Chefs aus überforderten und deshalb unfähigen Mitarbeitern bestehen, warnte er.

In flagranti

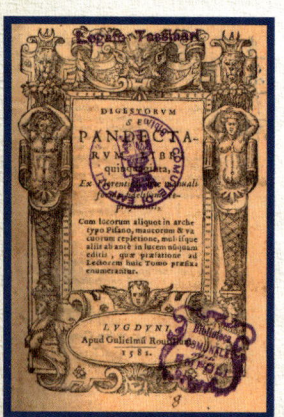

Flavius Tribonianus †542

Im *Codex Iustinianeus*, einer Sammlung von Erlassen des oströmischen Kaisers Justinian I. (um 482–565), findet sich die Formulierung „adhuc flagranti crimine comprehensi" (bei noch brennendem Verbrechen Ertappte). Gemeint war dasselbe wie heute: Der Übeltäter wird, noch während er die Tat begeht, geschnappt. Der Codex ist Teil des berühmten *Corpus iuris civilis,* eines Gesetzbuches, das der byzantinische Rechtsgelehrte Tribonianus im Auftrag des Kaisers zusammengestellt hat.

In Gefahr und großer Not bringt der Mittelweg den Tod

*Friedrich von Logau *1604 †1655*

So lautet eines von mehreren Tausend Sinngedichten, die der Barockdichter Friedrich von Logau verfasste. Logau lebte tatsächlich in Zeiten großer Gefahr und Not, nämlich während des Dreißigjährigen Krieges (1618–48). In solchen Situationen kann es fatal sein, Kompromisse einzugehen. Alexander Kluge (*1932) und Edgar Reitz (*1932) verwendeten das Zitat leicht abgewandelt für einen Film über Deutschland in den 1970er-Jahren.

Gräuel im Dreißigjährigen Krieg

Die Digesten, *Zusammenstellung aus Werken römischer Rechtsgelehrter*

In medias res
Mitten in die Sache hinein

Horaz (Quintus Horatius Flaccus)
*65 †8 v. Chr.

So sagt man gern, wenn jemand ohne Umschweife zur Sache kommt. Horaz spendet dieses Lob in seiner *Dichtkunst* dem großen Homer. Er gehe mitten in das Geschehen hinein und langweile seine Leser nicht mit einer weitschweifigen Einführung oder allen Details der Vorgeschichte.

In Memoriam
In Erinnerung

Marcus Tullius Cicero
*106 †43 v. Chr.

Cicero

Der Ausdruck wird vor allem dann gebraucht, wenn es um das Totengedenken geht. Er war auch schon in der römischen Republik gebräuchlich. Cicero stilisierte sich selbst in seiner Rede gegen Caesars skrupellosen Helfer Publius Vatinius zu einem eher unangenehmen Zeitgenossen ohne persönliche Freunde, der nur wegen seiner politischen Verdienste geliebt wird. Er fragt jedoch, was wünschenswerter sein könne, als dass die Erinnerung an seinen Namen immer mit seinen Verdiensten um die Republik verbunden sei: „… in memoriam mei nominis sempiternam."

In Sack und Asche gehen

Altes Testament (Buch Esther)

Esther, die Titelheldin des Buches des Alten Testamentes, das von einer Judenverfolgung im Perserreich berichtet, wird die neue Favoritin des persischen Königs Ahasveros, nachdem dieser seine Frau verbannt hat. Nach einem Attentat auf den König befiehlt dessen Minister Haman, alle Juden im Reich vernichten zu lassen, obwohl es Esthers Onkel Mordechai war, der die Verschwörung aufgedeckt hatte. Als Mordechai davon hört, so heißt es, „zerriss er seine Kleider, kleidete sich in Sack und Asche, ging mitten in die Stadt hinein und erhob ein lautes und bitteres Wehgeschrei". Danach bearbeitet er Esther, damit sie den König aufsucht und bei ihm Fürbitte einlegt, obwohl auf eigenständiges Ansprechen des Herrschers die Todesstrafe steht. Am Ende wird Haman zum Tode verurteilt und die Juden werden unter königlichen Schutz gestellt. Dieses Happy Ends gedenken die Juden bei ihrem Purim-Fest.

Königin Esther

In vino veritas
Im Wein ist Wahrheit

Alkaios von Mytilene/von Lesbos
*um 630 †um 580 v. Chr.

So lautet die wohlwollende Beschreibung dafür, dass so mancher im betrunkenen Zustand Dinge verrät, die er nüchtern nicht aussprechen würde. Der griechische Autor Alkaios drückt sich in einem Gedicht, das leider nur als Fragment erhalten ist (Nr. 57), noch zurückhaltender aus. „Wein ist auch Wahrheit", sagt er. Die trinkfreudigen Römer haben das Ganze dann pauschalisiert und den Alkoholgenuss rundum zur Quelle der Wahrheit erklärt. Alkaios dagegen feiert in einem anderen seiner Gedichte Wein als Mittel, alle Pein zu ertränken.

In vitro
Im Glas

Fachausdruck

Mit dem Begriff „in vitro" bezeichnet man in der Biologie Vorgänge, die normalerweise in einem lebendigen Organismus (in vivo) ablaufen, in diesem Fall aber im Reagenzglas durchgeführt werden. Am bekanntesten ist die In-vitro-Fertilisation (IVF), die künstliche Befruchtung einer Eizelle im Reagenzglas. Das erste Kind, das 1978 in England nach einer solchen Zeugung zur Welt gekommen ist, wurde auch als Retortenbaby bezeichnet.

Dem Ingeniör ist nichts zu schwör

Erika Fuchs
*1906 †2005

So überschrieb die Disney-Übersetzerin Erika Fuchs im Jahr 1958 einen Comic über den schrulligen Erfinder Daniel Düsentrieb aus Entenhausen, der im Original schlicht *Inventor of Anything* (Erfinder von allem Möglichen) hieß. Als Quelle diente ihr dafür ein Gedicht von 1889. In dem Ingenieurlied von Heinrich Seidel (1842–1906), der unter anderem in Berlin die damals aufsehenerregende Halle des Anhalter Bahnhofs konstruierte, heißt es: „Dem Ingenieur ist nichts zu schwere. Er lacht und spricht: Wenn dieses nicht, so geht doch das!" Die Anregung soll von Erika Fuchs' Mann Günther gekommen sein, der selbst Erfinder war. Auch sonst baute Erika Fuchs in ihre Übersetzungen eine Menge Anspielungen und Zitate ein, die es im amerikanischen Original so nicht gab. Sie erfand auch die heute vor allem in der digitalen Welt gebräuchlichen Inflektive wie „stöhn", „schluck" und „grübel".

Gedenktafel für Erika Fuchs

Irrungen, Wirrungen

Theodor Fontane *1819 †1898

Irrungen, Wirrungen ist der Titel eines Fontane-Romans, der 1888 erschien. Es geht darin um die Liebe zwischen dem adeligen Leutnant Botho von Rienäcker und der armen Näherin Lene Nimptsch. Die beiden trennen sich nach einem Sommer und heiraten jeweils standesgemäße Partner. Allerdings braucht es Jahre, bis sich ihre aufgewühlten und verwirrten Gefühle allmählich beruhigen.

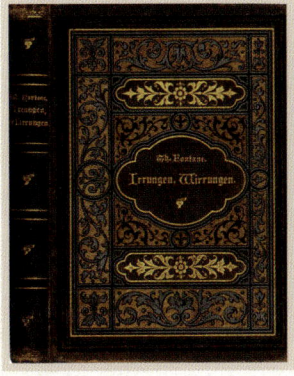

Einband der Erstausgabe

Ist der Ruf erst ruiniert, lebt sich's gänzlich ungeniert

Werner Kroll *1914 †1982

Diesen Spruch soll der Berliner Kabarettist Werner Kroll bei einer Vorstellung in Leipzig in der Nachkriegszeit gerissen haben. Ob es stimmt, ist nicht nachzuweisen, denn es gibt keine schriftlichen Aufzeichnungen. Gelegentlich werden auch Wilhelm Busch und Bertolt Brecht als Urheber genannt, aber auch dafür gibt es keine Quellen.

Ist die Katze aus dem Haus, tanzen die Mäuse auf dem Tisch

Georg Rollenhagen *1542 †1609

Im satirischen Versepos *Froschmeuseler* des Magdeburger Pädagogen Georg Rollenhagen findet sich der Spruch: „Wenn die Katz' nicht ist im Haus, so hat frei Umlaufen die Maus." Wegen seiner vielen moralischen Sprüche und Volksweisheiten wurde der *Froschmeuseler* im 17. Jahrhundert zu einem beliebten Kinderbuch in protestantischen Familien.

J'accuse

Émile Zola *1840 †1902

„Ich klage an!" So lautete die Überschrift des berühmten Artikels, mit dem der französische Schriftsteller und Journalist Émile Zola am 13. Januar 1898 Partei für den jüdischen Offizier Alfred Dreyfus (1859–1935) ergriff, der 1894 wegen angeblicher Spionage für Deutschland verurteilt und auf die berüchtigte Teufelsinsel deportiert worden war. Obwohl im Laufe der Zeit immer deutlicher wurde, dass Dreyfus unschuldig war, tat die französische Justiz nichts, um diesen Irrtum zu korrigieren. Zolas Artikel entfachte einen öffentlichen Aufruhr und führte ein Jahr später zu Dreyfus' Begnadigung. Die Worte „J'accuse" stehen seitdem für eine Anklage politisch skandalöser Zustände.

Ja und Amen zu etwas sagen

Altes Testament (Offb 22,20)

Evangelist Johannes

Mit dieser Bekräftigung endet die *Offenbarung des Johannes*. Dort heißt es: „Der dies bezeugt, spricht: Ja, ich komme bald! Amen!" Das hebräische Wort „Amen" bedeutet eine Bekräftigung: „So soll es sein!" Oder auch: „So soll es geschehen!" Es wird schon im Alten Testament benutzt, dort aber meist übersetzt, sodass es nicht gut erkennbar ist. „Ja und Amen sagen" bedeutet, einer Sache kritiklos zuzustimmen.

Jedem das Seine

Simonides von Keos
*um 556 †um 467 v. Chr.

In seinem Werk *Politeia (Der Staat)* lässt der griechische Philosoph Platon (427–347 v. Chr.) seinen Lehrer Sokrates den Dichter Simonides von Keos zitieren, der angeblich gesagt haben soll, dass Gerechtigkeit darin bestehe, dass jeder bekomme, was ihm gebührt. Der Gedanke machte später in der Antike als kurzes, lateinisches Schlagwort „Suum cuique" die Runde. Später fiel die Gerechtigkeit oft unter den Tisch und „Jedem das Seine" wurde im eher egoistischen Sinne verstanden. Im Konzentrationslager Buchenwald war der Spruch auf einem der Tore zu lesen, weswegen gegen seine Verwendung heute – vor allem in diversen Werbekampagnen – oft protestiert wird.

Jedem Tierchen sein Pläsierchen

Edwin Bormann *1851 †1912

Adolf Oberländer

1887 veröffentlichte der sächsische Verleger Edwin Bormann zusammen mit dem Karikaturisten Adolf Oberländer (1845–1923) eine humoristische Gedichtsammlung mit dem Titel *Ein jedes Tierchen hat sein Pläsierchen. Zoologischer Liedergarten*. Benutzt wird das Zitat vor allem, wenn es um die Macken und Vorlieben anderer Leute geht, auf die man Rücksicht nehmen muss, die man aber sehr seltsam, wenn nicht gar lächerlich findet.

Jeder ist seines Glückes Schmied

Appius Claudius Caecus
*um 340 †273 v. Chr.

Der römische Geschichtsschreiber Sallust (86–35 v. Chr.) berichtet in seinen Briefen an Caesar von einem Gedicht des Politikers Claudius Caecus, in dem gestanden habe: „Fabrum esse suae

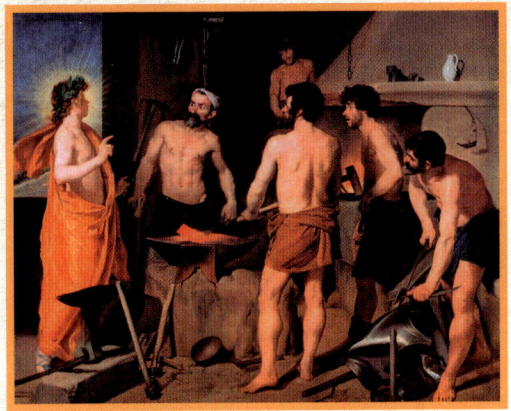

willigt aber dann doch in eine Verlobung ein, um Zeit zu gewinnen. Als Charinus dies hört, glaubt er sich betrogen und klagt über die Leute, die Versprechen geben, hinterher aber nichts davon wissen wollen, und beschließt für die Zukunft: „Ich bin mir selbst der Nächste." (Proximus sum egomet mihi.)

quemque fortunae." (Der Schmied sei jeder seines eigenen Glückes.) Seitdem wird dieser Spruch gern zitiert, um die Eigenverantwortlichkeit jedes Einzelnen zu betonen. Der Konsul war zwar blind (Caecus = Der Blinde), „sah" aber die sozialen Realitäten. Als Politiker setzte er sich sehr für die Rechte der Unterschicht ein und sorgte dafür, dass Freigelassene wählen und Ämter bekleiden durften. Berühmt ist er aber vor allem für den Bau der Via Appia, der ersten gepflasterten Straße der Welt.

Jeder ist sich selbst der Nächste

Terenz (Publius Terentius Afer)
***um 195 †159 v. Chr.**

In *Andria* oder *Das Mädchen von Andros*, einem Stück des römischen Komödiendichters Terenz, ist der junge Pamphilus in Glycerium verliebt, soll aber nach dem Willen seines Vaters Philumena heiraten, die wiederum von Charinus geliebt wird. Pamphilus versichert Charinus, er werde Philumena nicht heiraten,

Ein jeder kehre vor seiner Türe

Georg Rollenhagen
**1542 †1609*

In *Froschmeuseler*, einer epischen Fabel über den Krieg der Mäuse gegen die Frösche, schreibt Rollenhagen: „Für seiner Tür kehr jeder fein, so wird's in der ganzen Stadt rein." Das Kehren vor der eigenen Türe wird also als Anteil an einem gemeinsamen Reinemachen (nach dem Krieg) verstanden und positiv bewertet. Später wurde eine Ermahnung daraus, sich im übertragenen Sinne nur um den eigenen Kram zu kümmern und nicht um die Belange anderer Menschen.

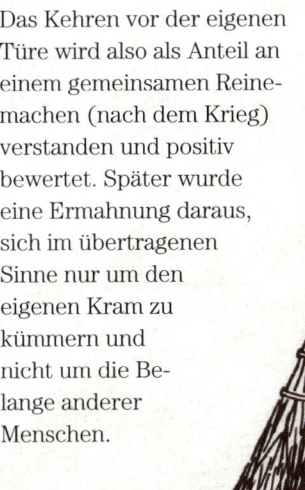

Ein jeder Mensch hat seinen Preis

Robert Walpole *1676 †1745

Robert Walpole

Dies will heißen: Jeder Mensch ist bestechlich. Der eine schneller, der andere erst zu einem hohen Preis. Diese Erfahrung machte auch der erste britische Premierminister Robert Walpole. „Alle diese Leute haben ihren Preis", soll er laut seinem Biografen über Menschen gesagt haben, die beständig patriotische Floskeln im Munde führten und sich idealistisch gaben.

Jeder muss nach seiner Fasson glücklich werden

Friedrich II. (Friedrich der Große) *1712 †1786

Als sich 1740 ein Minister beim preußischen König über die katholischen Schulen beschwerte und vorschlug, sie lieber abzuschaffen, schrieb Friedrich „Jeder muss nach seiner Façon selig werden" an den Rand des Schriftstücks. Um dieselbe Zeit erklärte er in einem Brief: „Alle Religionen seindt gleich und guht, wan nuhr die Leute … erliche Leute seindt, und wen Türken und Heiden kähmen … so wollen wir ihnen Mosqueen und Kirchen bauen." Friedrichs Toleranz endete allerdings dort, wo er einen Schaden für den Staat sah.

Jeder nach seinem Geschmack

Johann Strauss (Sohn) *1825 †1899

Eine der Nebenfiguren von Johann Strauss' Operette *Die Fledermaus* (1874) ist der hochmütige russische Prinz Orlowsky, auf dessen Ball ein Großteil der verwirrenden Handlung vor sich geht. Sein Wahlspruch lautet: „'s ist mal bei mir so Sitte: Chacun à son gout." Mit dieser Begründung – „Jeder nach seinem Geschmack" – pflegt er mögliche Diskussionen und drohende Kritik abzublocken. Dieses Libretto schrieb Strauss jedoch nicht selbst. Es stammt von dem deutschen Dramatiker Karl Haffner (1805–76) und dem österreichischen Librettisten Richard Genée (1823–95).

Johann-Strauss-Denkmal

Jeder Zoll ein König

William Shakespeare *um 1564 †1616

Oft passiert es, dass Zitate ursprünglich ernst gemeint sind, später aber als geflügelte Worte vor allem ironisch gebraucht werden. Hier ist es umgekehrt. Die Bemerkung „Jeder Zoll ein …" ist gewöhnlich eine echte Anerkennung für standesgemäßes Auftreten. William Shakespeares Titelheld König Lear ist jedoch ein alter, verstoßener und halb irr gewordener Bettler. Als ihn jemand erkennt und fragt „Ist's nicht der König?", erwidert Lear darauf mit bitterem Spott: „Ja, jeder Zoll ein König."

Jedes Volk hat die Regierung, die es verdient

Joseph Marie de Maistre *1753 †1821

„Toute nation a le gouvernement qu'elle mérite", schrieb der konservative savoyardische Politiker Joseph Marie de Maistre in einem Brief. Seiner Meinung entsprachen die Volksherrschaft, die die Französische Revolution propagierte, und der Rationalismus, der die Vernunft betonte und irrationale Gefühle ablehnte, nicht dem menschlichen Wesen und konnten deshalb nur Chaos wie zum Beispiel die Ausschreitungen während der Revolution erzeugen. Deshalb trat er vehement für eine Wiederherstellung der Monarchie und der Autorität der christlichen Kirche ein.

Joseph Marie de Maistre

Jemanden bezirzen

Homer wohl 8. Jh. v. Chr.

Homers zweites Werk, die *Odyssee*, erzählt von der schwierigen Heimreise des Helden Odysseus nach dem Ende des Trojanischen Krieges. Auf seinen Irrfahrten gelangt er auch nach Aia, wo die Zauberin Circe wohnt, eine Tochter des Sonnengottes. Odysseus' Gefährten finden sie am Webstuhl vor, sind begeistert von ihrer Schönheit und ihrem lieblichen Gesang und lassen sich arglos zum Essen einladen. Circe jedoch mischt ihnen „betörende Säfte in das Gericht, damit sie der Heimat gänzlich vergäßen" und verwandelt sie in Schweine. Odysseus jedoch bekommt vom Götterboten Hermes ein Kraut, das ihn davor schützt, „bezirzt" zu werden.

Circe

Jemanden mit Gold aufwiegen

Titus Maccius Plautus
*um 254 †um 184 v. Chr.

Der Held des Stückes *Bacchides (Die Zwillingsschwestern)* des römischen Dichters Plautus ist der Sklave Chrysalus, der mit einer ganzen Serie von Betrügereien für seinen Herrn große Geldbeträge von dessen Vater ergaunert. Im vierten Akt rühmt Chrysalus sich selbst: „Dieser Mensch sollte mit Gold aufgewogen werden, es gebührt ihm, dass eine Statue aus Gold für ihn errichtet wird." (Hunc hominem decet auro expendi, huic decet statuam statui ex auro.)

Wenn es jedoch nicht um die eigene Person geht, gebrauchen die meisten Menschen lieber die vorsichtigere Formulierung: „Diesen Menschen kann man nicht mit Gold aufwiegen."

Jemanden zum Sündenbock machen

Altes Testament
(3. Buch Mose)

Das heißt, jemandem für die Sünden und Fehler anderer die Verantwortung aufzubürden. In der Bibel nahm man dazu einen richtigen Bock. Im Buch *Leviticus*, wo religiöse Vorschriften gesammelt sind, die Gott dem Volk Israel während seines Zuges durch die Wüste gegeben haben soll, heißt es, am Versöhnungstag Jom Kippur solle das Los über zwei Böcke geworfen werden. Einer soll als Sündopfer dargebracht werden. Dem anderen Bock aber soll der Hohepriester die Hände auf den Kopf legen und ihm alle Verfehlungen des Volkes Israel bekennen. Dann solle man den Bock zu dem Dämon Asasel in die Wüste treiben. „Der Bock soll alle ihre Verfehlungen mit sich hinwegtragen in eine abgelegene Gegend", heißt es.

Jenseits von Gut und Böse

Friedrich Nietzsche
*1844 †1900

Dies ist der Titel eines Buches, das Friedrich Nietzsche 1886 veröffentlichte. In diesem Werk führt er seine Vorstellungen von dienender Sklavenmoral und schöpferischer Herrenmoral weiter aus. Beide bemühen sich um das Gute, meint er. Doch für die Sklavenmoral wäre „gut" das Gegenteil von „böse", während es für die Herrenmoral das Gegenteil von „schlecht" sei.

Friedrich Nietzsche

Jetzt wächst zusammen, was zusammengehört

Willy Brandt

Willy Brandt (Herbert Frahm)
*1913 †1992

„Dies ist eine schöne Bestätigung bisherigen Bemühens, aber auch eine Aufforderung an uns alle, nun noch eine Menge zusätzlich zu tun, damit das wieder zusammengefügt wird, was zusammengehört", sagte Ex-Bundeskanzler Willy Brandt am 10. November 1989, dem Tag nach der Maueröffnung. Angeblich hatte Brandt erst um 5 Uhr morgens im Radio gehört, dass in der Nacht die Berliner Mauer geöffnet worden war. Er flog daraufhin sofort nach Berlin und hielt am Abend vor dem Schöneberger Rathaus eine Rede. In dieser sagte er dann, dass nicht nur Deutschland, sondern auch Europa jetzt wieder zusammenwachse. Im Gegensatz zu vielen anderen SPD-Mitgliedern, die einer Wiedervereinigung der beiden Staaten eher skeptisch gegenüberstanden, setzte sich Brandt für das Zusammenwachsen ein, zum Beispiel indem er für Berlin als Hauptstadt plädierte.

Junger Wein in alten Schläuchen

Neues Testament (Mt 9,17)

„Niemand füllt jungen Wein in alte Schläuche, sonst zerreißen die Schläuche", warnt Jesus im Matthäusevangelium. Dieser Spruch wird gern zitiert, wenn es um Reformen geht. Alles soll neu gemacht werden, weil das Alte wenig taugt! Doch das wollte Jesus keineswegs sagen. Vorher wurde er von den Pharisäern gefragt, warum seine Jünger nicht fasten. Er erklärte ihnen, sie würden dann fasten und trauern, wenn es passend sei, nämlich nach seinem Tod. Genauso unpassend sei es, jungen Wein in alte Schläuche zu füllen, weil Wein erst alt werden muss, um wirklich gut zu sein, alte Schläuche aber kaputtgehen könnten, bevor der junge Wein so weit ist.

Der Kalte Krieg

George Orwell (Eric Arthur Blair)
*1903 †1950

Der britische Schriftsteller George Orwell verwendete diesen Begriff 1945 in seinem Essay *Du und die Atombombe*. Er warnte darin, dass die atomare Rüstung eine schreckliche Stabilität bringen könne, die einen permanenten Zustand des „Kalten Krieges" mit den Nachbarn bringe. Im April 1947 begann der amerikanische Bankier und Regierungsberater Bernard Baruch (1870–1965), den Terminus auf den Zustand zwischen USA und Sowjetunion bzw. West- und Ostblock anzuwenden. Allgemein bekannt wurde er dann im September des gleichen Jahres durch Veröffentlichungen des Politjournalisten Walter Lippmann (1889–1974).

Bernard Baruch

Kann denn Liebe Sünde sein?

*Bruno Balz *1902 †1988*

Das vielleicht berühmteste Zarah-Leander-Lied schrieben Balz und der Komponist Lothar Brühne. Sie verfassten es 1938 für den Film *Der Blaufuchs*, in dem Leander als Ilona Paulus zwischen ihrem Gatten und einem attraktiven Flieger, der von Willy Birgel (1891–1973) gespielt wurde, hin- und hergerissen ist.

Zarah Leander

Weissagung. Als Kassandra ihn aber abweist, schickt er den Fluch hinterher, dass ihr niemand glauben solle. Die Trojaner halten in der Folge die stets Unheil verkündende Kassandra für verrückt. Kassandrarufe stehen deshalb sowohl für vergebliche Warnungen als auch für Unheilsprophezeiungen. Die tragische Figur der Kassandra, die alles weiß, aber nichts verhindern kann, ist bis heute genauso faszinierend geblieben wie das Paradoxon, dass sich die Zukunft auch nicht geändert hätte, wenn die Trojaner Kassandra geglaubt hätten. In der Psychologie kennt man sogar ein Kassandra-Syndrom.

Kassandra

Kassandraruf

Homer wohl 8. Jh. v. Chr.

In der Person der Kassandra verarbeitete Homer in der *Odyssee* die Erfahrung, dass Warnungen und Vorhersagen im politischen Leben oft kein Gehör finden. Kassandra ist die Tochter des trojanischen Königs Priamos. Der Gott Apollo verliebt sich in sie und verleiht ihr die Gabe der

Kategorischer Imperativ

*Immanuel Kant *1724 †1804*

Diesen Ausdruck schuf der Philosoph Immanuel Kant in seiner *Grundlegung zur Metaphysik der Sitten* für die seiner Meinung nach zentrale Forderung der menschlichen Ethik. Diese Forderung lautet: „Handle nur nach derjenigen Maxime, durch die du zugleich wollen kannst, dass sie ein allgemeines Gesetz werde." Dabei soll man dem Sittengesetz folgen, da man nur so selbstbestimmt handelt. Sehr vereinfacht gesagt soll man nichts tun, was man anderen nicht auch zugestehen möchte.

Das steht im ... ... Faust

Der ganze Strudel strebt nach oben; du glaubst zu schieben, und du wirst geschoben.
(Vers 4116 f.)

Denn was man schwarz auf weiß besitzt, kann man getrost nach Hause tragen.
(Vers 1966 f.)

Die Träne quillt, die Erde hat mich wieder.
(Vers 784)

Wer vieles bringt, wird manchem etwas bringen.
(Vers 97)

Gefühl ist alles; Name ist Schall und Rauch.
(Vers 3456 f.)

Die Kunst ist lang! Und kurz ist unser Leben.
(Vers 558 f.)

Grau, teurer Freund, ist alle Theorie und grün des Lebens goldner Baum.
(Vers 2038 f.)

Dem Hunde, wenn er gut gezogen, wird selbst ein weiser Mann gewogen.
(Vers 1174 f.)

Du kannst! So wolle nur!
(Vers 4544)

Allein der Vortrag macht des Redners Glück.
(Vers 546)

Das sagten ... ... Komiker

> Wenn irgendwer auf meiner Beerdigung ein langes Gesicht zieht, rede ich nie wieder mit ihm.
>
> *Stan Laurel (1890–1965)*

> Ruhm hat nichts mit Popularität zu tun. Popularität hält manchmal nur von einem Klatsch zum nächsten.
>
> *Charlie Chaplin (1889–1977)*

> Die Torte im menschlichen Antlitz ist einer der bedeutendsten Einfälle des internationalen Humors.
>
> *Loriot (1923–2011)*

> Mir ist wichtiger, dass meine Kinder keine Arschlöcher werden, als dass sie wissen, wie groß die Fläche unter der Parabel ist.
>
> *Diether Krebs (1947–2000)*

> In keiner Lebenslage denkt der Mensch so sehr ans Vorwärtskommen wie vor einem Stoppschild.
>
> *Theo Lingen (1903–1978)*

> Liebschaften sind wie Pilzgerichte, ob sie ungefährlich waren, weiß man erst später.
>
> *Heinz Erhardt (1909–1979)*

> Menschen sind die einzigen Lebewesen, die es ihren Kindern erlauben, nach Hause zurückzukehren.
>
> *Bill Cosby (*1937)*

> Bigamie bedeutet, eine Frau zu viel zu haben. Monogamie ist dasselbe.
>
> *Rowan Atkinson (*1955)*

> Verdunkelung ist ein wunderbares Mittel gegen Geschwätzigkeit. Es wirkt bei Papageien; man sollte es auch bei Menschen anwenden.
>
> *Louis de Funès (1914–1983)*

> Das meiste, was der Mensch so tut, ist nun mal ziemlich lächerlich, wenn man genau hinguckt. Das lässt dem Humor viele Möglichkeiten.
>
> *John Cleese (*1939)*

Kein Aber

Gotthold Ephraim Lessing
*1729 †1781

Eine der Nebenfiguren in Lessings Drama *Emilia Galotti* (1772) ist die Gräfin Orsina, die ehemalige Mätresse des Prinzen. Als dieser nur noch Augen für Emilia hat und sie mit absoluter Gleichgültigkeit behandelt, ist sie aufs Äußerste empört: „Wer über gewisse Dinge den Verstand nicht verlieret, der hat keinen", giftet sie. Als der Kammerdiener des Prinzen sie mit einem „Aber gnädige Gräfin …" beschwichtigen will, entgegnet sie unwirsch: „Still mit dem Aber!"

Kein Mensch muss müssen

Gotthold Ephraim Lessing
*1729 †1781

Ein Freund des Titelhelden in Lessings Stück *Nathan der Weise* (1779) ist der Derwisch Al-Hafi. Dieser wird von Sultan Saladin zum Schatzmeister ernannt. Nathan wundert sich, dass der Freund, der als Derwisch weltlichen Würden eigentlich abgeschworen hat, dies

Gotthold Ephraim Lessing

akzeptiert. Daraufhin erklärt Al-Hafi: „Wenn man muss …" Nathan fällt ihm ins Wort: „Kein Mensch muss müssen und ein Derwisch müsste?" Er ist jedoch wieder versöhnt, als ihm Al-Hafi erklärt, dass er keineswegs dem äußeren Zwang nachgegeben habe, sondern es als gut und richtig erkannt habe, das Amt anzunehmen.

Keine Macht für niemand

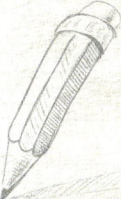

Rio Reiser (Ralph Christian Möbius)
*1950 †1996

Diesen Titel trugen einer der bekanntesten Songs und das zweite Album der Rockband Ton Steine Scherben, das 1972 erschien. Der Frontmann der Band Rio Reiser erklärte darin, dass niemand das Recht habe, andere Menschen zu regieren. Stattdessen forderte

Rio Reiser

er mehr Solidarität unter den Menschen. Erfunden hat er den Slogan nicht. Er habe ihn in einer Anarcho-Kiffer-Zeitung namens *Germania* gelesen, sagte er einmal. Allerdings machte Reiser ihn populär. Seine Forderung im Lied „In jeder Stadt und in jedem Land schreibt die Parole an jede Wand" wurde eifrig befolgt.

Dieser Kelch möge an mir vorübergehen

Neues Testament (Mk 14,36)

Die Hoffnung spricht man aus, wenn Übel droht, das man nicht aus eigener Kraft abwenden kann. Die Bibel berichtet, dass Jesus nach dem letzten Mahl mit seinen Jüngern vor seiner bevorstehenden Verhaftung auf den Ölberg ging und dort im Garten Gethsemane betete. Dabei flehte er Gott an: „Wenn es möglich ist, so gehe dieser Kelch an mir vorüber." Wenn es jedoch nicht möglich sei, dass der Kelch an ihm vorübergehe, ohne dass er ihn trinke, so fügt er hinzu, so solle Gottes Wille geschehen.

auch den Armen einen Zugang zum Rechtssystems sicherte. Seine Soldaten jedoch hatten wenig zu lachen. Er machte Preußen ohne Rücksicht auf Verluste zur Weltmacht. Allerdings rechneten es ihm seine Soldaten an, dass er die Strapazen und Gefahren der Kriegszüge auch persönlich auf sich nahm. Obigen rüden Anschnauzer bekamen seine Soldaten zu hören, als sie am 18. Juni 1757 in der Schlacht von Kolin (Böhmen) vor den weit stärkeren Truppen der Österreicher flohen. Daran knüpft der Titel des Stalingrad-Films *Hunde, wollt ihr ewig leben?* an, der 1959 lief.

Friedrich der Große in der Schlacht bei Kolin

Das Abendmahl

Kerls, wollt ihr denn ewig leben?

Friedrich II. (Friedrich der Große) *1712 †1786

Innenpolitisch machte Friedrich der Große seinen Untertanen das Leben leichter, indem er die Folter abschaffte, mit der Aufhebung der Leibeigenschaft begann, die Bildung verbesserte und

Das Kind im Manne

Friedrich Nietzsche *1844 †1900

Unter anderem ließ Friedrich Nietzsche seinen Helden Zarathustra auch über das Verhältnis von Männern und Frauen philosophieren. Dabei erklärt er: „Im echten Manne ist ein Kind versteckt: Das will spielen." Er fordert deshalb die Frauen auf, das Kind im Manne zu entdecken und sich selbst zum Spielzeug für dieses zu machen. An anderer Stelle nennt er Frauen das gefährlichste Spielzeug. Außerdem erklärt er, wer zum Übermenschen werden wolle, müsse zuerst zum Kamel werden, um alles zu ertragen, dann zum Löwen, um alles zu wagen, und schließlich zum Kind, um die volle Kreativität zu erlangen.

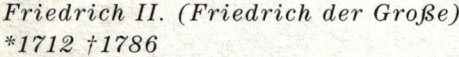

Klassiker: Ein Buch, das die Leute loben, aber nicht lesen

Mark Twain (Samuel Longhorne Clemens) *1835 †1910

Diese scharfsinnige, aber deprimierende Feststellung machte Mark Twain im Jahr 1897 in seinem Reisebericht *Following the Equator*. Ähnlich äußerte er sich in einer Rede über das Verschwinden der Literatur vor dem „Nineteenth Century Club" in New York am 20. November 1900. Darin bezeichnete er einen Klassiker als ein Buch, das jeder gelesen haben möchte, aber keiner wirklich lesen möchte. Kinderbuch-Klassiker wie sein eigener *Tom Sawyer* stellen allerdings meist eine Ausnahme von dieser Regel dar.

Kleider machen Leute

Gottfried Keller *1819 †1890

Gottfried Keller

Der saloppe Ausspruch ist der Titel einer Novelle, die der Schweizer Schriftsteller Gottfried Keller im Jahr 1874 schrieb. Ihr Held ist der Schneidergeselle Wenzel Strapinski, der wegen der Insolvenz seines Meisters seine Arbeit verloren hat. Ihm bleiben nur einige schicke Kleider, die er genäht hat. In dem Ort Goldach wird er deshalb irrtümlich für einen Grafen gehalten und von allen Seiten hofiert. Er macht das Spiel mit, vor allem weil er sich in Nettchen, die Tochter des Amtsrates, verliebt hat. Als der Schwindel auffliegt, schlägt die Stimmung seiner neuen Freunde radikal um. Keller lässt die Sache jedoch gut ausgehen. Nettchen hält zu ihm und besitzt zudem eigenes Geld für eine neue Existenz. Berühmt wurde die Geschichte durch die Verfilmung von 1940 mit Heinz Rühmann (1902–94) in der Hauptrolle.

Kleiner Mann – was nun?

Hans Fallada (Rudolf Ditzen) *1893 †1947

Hans Fallada

Diesen Titel trägt Hans Falladas wahrscheinlich bekanntestes Buch. Er schildert darin den Kampf des schüchternen jungen Verkäufers Johannes Pinneberg um Arbeit und ein halbwegs existenzsicherndes Einkommen in den Jahren 1930 bis 1932. Trotz aller Anstrengungen rutscht Johannes auf der sozialen Leiter immer weiter ab. Wie so viele andere hat er keine Ahnung, wie es weitergehen soll. Immerhin lässt Fallada seinem Helden als Trost noch „Lämmchen", eine warmherzige, pragmatische, tatkräftige und ganz und gar nicht schäfchenhafte Frau.

Das kleinere Übel

Platon um *427 †347 v. Chr.

Die Karriere des berühmten griechischen Philosophen Platon begann damit, dass er die Lehren seines Meisters Sokrates (469–399 v. Chr.) aufschrieb. Da Sokrates keine Vorträge gehalten hatte, sondern seine Gedanken immer in lebhaften und spitzfindigen Diskussionen mit seinen Schülern oder Leuten auf der Straße entwickelt hat, schrieb Platon sie auch in Dialogform auf. In dem Dialog *Protagoras* schilderte er ein Zusammentreffen der beiden Philosophen Sokrates und Protagoras (490–411 v. Chr.). In einer Diskussion über schlechte und gute Lüste sagt Sokrates: „Von zwei Übeln wird niemand das größere wählen, wenn er das kleinere wählen kann."

Der kluge Mann baut vor

Friedrich Schiller *1759 †1805

Friedrich Schillers letztes vollendetes Drama *Wilhelm Tell* schildert den Kampf der Schweizer gegen den neuen Reichsvogt Wilhelm Gessler. Zu Beginn des Stückes berät sich der Sprecher der Schwyzer Bauern Werner Stauffacher mit seiner Frau Gertrud über die Lage. Diese erklärt, dass Gessler im Grunde neidisch auf die freien Bauern der Schweiz sei, da er keinen eigenen Besitz habe und nur Beamter sei. „Dir hat er längst den Untergang geschworen", sagt sie. „Noch stehst du unversehrt. Willst du erwarten, bis er die böse Lust an dir gebüßt? Der kluge Mann baut vor." Schließend rät sie ihm, sich mit den anderen Bauern in Uri und Unterwalden zusammenzutun.

Wilhelm-Tell-Denkmal

Komme, was kommen mag

William Shakespeare *um 1564 †1616

Das Unheil von William Shakespeares Helden *Macbeth* beginnt, als er auf der Heide drei Hexen begegnet. Sie grüßen ihn als Than von Glamis, Than von Cawdor und künftigen König Schottlands. Wenig später wird er tatsächlich zum Than von Glamis und Cawdor erhoben. Noch beschließt er, nicht aktiv zu werden, um auch die Königskrone zu erringen, und sagt: „Komme, was kommen mag … Will das Schicksal mich als König, nun, mag mich das Schicksal krönen." Doch als der König bei ihm übernachtet, lässt er sich von seiner Frau überreden, ihn zu ermorden.

Macbeth und Banquo treffen die Hexen in der Heide

Königin der Herzen

Diana, Prinzessin von Wales
*1961 †1997

Lady Di

„Ich möchte eine Königin in den Herzen der Menschen sein", sagte Diana einmal, die von 1981 bis 1992 mit dem britischen Thronfolger Charles verheiratet war und sich für zahlreiche Wohltätigkeitsorganisationen einsetzte. Ihre Anhänger taten ihr den Gefallen. Nach ihrem Unfalltod erklärte die Boulevardpresse sie zur „Königin der Herzen" – in bewusster Abgrenzung zur wahren Königin Elisabeth (* 1926), deren kühle Reaktion beim Tod der Ex-Schwiegertochter für Unmut gesorgt hatte. Allerdings ist der Titel nicht neu. Auch die aus England stammende Elisabeth von der Pfalz (1596–1662), für einen Winter Königin von Böhmen, und die preußische Königin Luise (1776–1810) waren schon mit diesem Titel versehen worden. Im Gegensatz zu Diana waren beide tatsächlich Königinnen gewesen. Mit Diana aber setzte die Mode ein, dass der Zusatz „... der Herzen" denen gilt, denen der echte Titel fehlt, etwa „Weltmeister der Herzen". Im Übrigen wird die Bezeichnung in Großbritannien fast gar nicht verwendet, denn die „Queen of Hearts" ist dort auch die „Herzkönigin" aus dem Kartenspiel und gleichzeitig eine äußerst unsympathische Figur aus dem Kinderbuch *Alice im Wunderland*.

Eine Krähe hackt der anderen kein Auge aus

Ambrosius Theodosius Macrobius
*um 370 †um 422

Die *Saturnalia* des römischen Gelehrten Macrobius sind eine Sammlung von gelehrten Diskussionen, die eine fiktive Gruppe bei einem Festessen während der römischen Saturnalien führt. Dabei werden die verschiedensten Themen behandelt, zum Beispiel auch die Frage, was zuerst da gewesen sei: Die Henne oder das Ei? Irgendwann beschwert sich ein gewisser Euangelus, dass die Römer der raffinierten Rhetorik der Griechen einfach nicht gewachsen seien. Er schlägt vor, dass für seine Partei nun der Grieche Eusthatios sprechen solle, damit ein Grieche dem Griechen den Beifall entreiße, gleichsam als ob eine Krähe der anderen die Augen aushacke. („Tamquam cornix cornici oculos effodiat.") Ob das Sprichwort schon vorher in Rom bekannt war und wann der Satz ins Gegenteil verkehrt wurde, ist nicht bekannt. Heute wird es verwendet, wenn Kollegen oder anderweitig gleichgesinnte Menschen zusammenhalten, auch wenn es im Sinne der Wahrheit wäre, den anderen bloßzustellen.

Krethi und Plethi

*Martin Luther *1483 †1546*

Mit diesen Worten werden im Alten Testament Teile der Leibwache von König David bezeichnet. Martin Luther verstand die hebräischen Worte jedoch nicht und ließ den Begriff Krethi und Plethi stehen. Früher nahm man an, dass vielleicht von Kretern und Philistern, also ausländischen Truppen, die Rede sein könne. Modernere Thesen gehen eher davon aus, dass die hebräischen Worte für Meuchelmörder und Eilboten stehen. Auf jeden Fall haben sich „Krethi und Plethi" zum Synonym für allerlei obskures Volk entwickelt.

Krieg aller gegen alle

*Thomas Hobbes *1588 †1679*

Thomas Hobbes

In seinem Buch *Leviathan*, das nach einem alttestamentlichen Meeresungeheuer benannt ist, malte Staatstheoretiker und Philosoph Hobbes sich einen Naturzustand ohne Staaten und Regierungen aus und kam zu dem Schluss: „Es ist aber offenkundig, dass, solange Menschen ohne eine gemeinsame Regierung leben, die sie alle in Bann hält, sie sich in dem Zustand befinden, den man Krieg nennt; und dabei handelt es sich um einen Krieg von jedem Menschen gegen jeden Menschen." Hobbes wollte damit jedoch nicht die Natur des Menschen verteufeln, sondern sah es als völlig natürlich an, dass jeder sich und das Seine verteidigt, solange es der Staat nicht für ihn tut.

Der Krieg ist der Vater aller Dinge

*Heraklit *um 540 †um 480 v. Chr.*

Mit diesem Satz wird der griechische Philosoph Heraklit seit Jahrhunderten zum Kriegsbefürworter gemacht. Doch damit tut man ihm Unrecht. Heraklit verwendete das griechische Wort „polemos", das nicht notwendigerweise „Krieg" heißen muss, sondern auch ganz einfach „Auseinandersetzung" bedeuten kann. Dieser „polemos", sagt er, „ist aller Dinge Vater, aller König, die einen macht er zu Göttern, die anderen zu Menschen, die einen zu Sklaven, die anderen zu Freien". Das muss aber nicht unbedingt heißen, dass der Sklave und der Freie miteinander Krieg geführt haben, sondern nur, dass der eine die Auseinandersetzung mit seiner Umwelt besser bewältigt hat als der andere.

Der Kurs bleibt der alte, und nun Volldampf voraus

*Wilhelm II. *1859 †1941*

So rechtfertigte Kaiser Wilhelm II. die Entlassung Otto von Bismarcks im Jahr 1890. Doch in der Folge hatte die deutsche Außenpolitik überhaupt keinen erkennbaren Kurs mehr und der impulsive Wilhelm rauschte mit Volldampf in

L'art pour l'art

Karikatur zur Entlassung Bismarcks

jedes erreichbare Fettnäpfchen. So zum Beispiel 1894, als auf einem seiner geliebten Kriegsschiffe ein Dampfrohr platzte und 44 Menschen starben. Da schrieb Wilhelm den Hinterbliebenen: „Wir stehen alle in Gottes Hand – Ich werde den Gefallenen zur Erinnerung eine Gedächtnistafel in die Garnisonskirche zu Kiel stiften, und im Übrigen: Volldampf voraus."

Ein Küsschen in Ehren ...

Albert Lortzing *1801 †1851

„... kann niemand verwehren." Mit diesem Satz versucht die zickige Erzieherin Irmentraut in Albert Lortzings Oper *Waffenschmied* (1846), den Geliebten ihrer Schutzbefohlenen Marie dazu zu bringen, sie zu küssen. Erfunden hat Lortzing die Redewendung nicht, aber durch seine Oper populär gemacht. Inzwischen wurde noch einiges andere gefunden, was sich nicht gut verwehren lässt, etwa: „ein Gläschen in Ehren".

L'art pour l'art

Benjamin Constant *1767 †1830
Victor Cousin *1792 †1867

„Kunst für Kunst" bzw. „Kunst um der Kunst willen", bedeutet dieser französische Ausdruck übersetzt. Er kam im 19. Jahrhundert in Frankreich in Mode und wurde zum Schlagwort für eine Kunst, die keinen moralischen oder zweckmäßigen Zusatznutzen erfüllen muss. Der Begriff taucht schon im Werk des Schweizer Schriftstellers und Politikers Benjamin Constant auf, zum Slogan erhoben wurde er aber 1835 von dem französischen Schriftsteller Théophile Gautier (1811–72) im Vorwort seines Briefromans *Mademoiselle Maupin*. Als typische Vertreter dieser Kunstauffassung gelten zum Beispiel Stefan George, Oscar Wilde oder Gustave Flaubert. Auch Victor Cousin werden diese Worte zugeschrieben. Der französische Philosoph und Kulturtheoretiker machte die Philosophie Hegels in Frankreich einem größeren Publikum zugänglich und brachte Werke des Neuplatonikers Proklos und von Descartes heraus.

Benjamin Constant

La dolce vita

Federico Fellini
*1920 †1993

Das „süße Leben" in Italien wurde 1960 legendär. In diesem Jahr drehte Federico Fellini seinen Film *La dolce vita* über die allnächtlichen Feste und Streifzüge der römischen High Society in der „ewigen Stadt". Ironischerweise war ein derart freizügiges Nachtleben in Rom noch einige Jahre vorher völlig unbekannt gewesen, da es strenge Reglementierungen gegeben hatte. So sahen sich auch viele konservative Römer und vor allem kirchliche Kreise durch die Darstellung ihrer Stadt als nächtliche Partymeile grob verunglimpft. Das Ausland dagegen reagierte begeistert. Fellini erhielt unter anderem die Goldene Palme in Cannes.

Das Land der unbegrenzten Möglichkeiten

Ludwig Max Goldberger
*1848 †1913

Goldberger, Deutscher Bankier und Präsident des Vereins der Berliner Kaufleute und Industriellen, unternahm 1902 eine Studienreise in die USA und organisierte dort unter anderem ein Treffen von Prinz Heinrich (1862–1929), dem Bruder von Kaiser Wilhelm II., mit führenden amerikanischen Geschäftsleuten und Erfindern. Während dieser Reise sagte er einem Journalisten der Nachrichtenagentur AP (Associated Press) in einem Interview: „Europa muss wach bleiben. Die Vereinigten Staaten sind das Land der unbegrenzten Möglichkeiten." Diesen Titel gab er auch seinem ein Jahr später erschienenen Buch über die USA.

Ein Land, in dem Milch und Honig fließen

Altes Testament
(2. Buch Mose)

In ein solches Land wolle er es führen, verspricht Gott dem Volk Israel nach seinem Auszug aus Ägypten im Buch *Exodus*. Gemeint ist das Land Kanaan, das heutige Israel und Palästina. Ende des 2. Jahrtausends v. Chr., als der Auszug aus Ägypten stattgefunden haben muss, falls es ihn historisch überhaupt gab, hielt man dort allerdings weder Kühe noch Bienen. Bei den versprochenen Köstlichkeiten handelte es sich wohl um Ziegenmilch und Dattelsirup. Heute wird die Redewendung eher ironisch gebraucht, um auf eine unrealistische Vorstellung hinzuweisen.

Der lange Arm des Gesetzes

*Herodot *um 484 †425 v. Chr.*

„Die Macht eines Königs ist größer als die der Menschen, und sein Arm ist sehr lang." Diese Botschaft lässt der persische König Xerxes I. (um 519–465 v. Chr.) im 8. Band der *Historien* des griechischen Autors Herodot den Athenern mitteilen, die es wagen, gegen ihn Krieg zu führen. In den heutigen Demokratien ist die Redewendung auf die modernen Gesetzeshüter, sprich Polizei und Justiz, übergegangen. Im Übrigen gelang es den Griechen, sich – wenn auch zu einem hohen Preis – gegen die Perser zu behaupten. 333 v. Chr. zerstörte dann Alexander der Große das Perserreich.

Langeweile ist die einzige Sünde, für die es keine Vergebung gibt

*Oscar Wilde *1854 †1900*

Diese Feststellung trifft der zynische Lord Henry in Oscar Wildes Roman *Das Bildnis des Dorian Gray*. Er versucht damit, seinen Freund Dorian auf bessere Gedanken zu bringen. Aber Dorian, der festgestellt hat, dass sein Bild altert, während er trotz aller Ausschweifungen jung und schön bleibt, wird von dunklen Vorahnungen geplagt. Lord Henrys amoralische, aber gut klingenden Lebensweisheiten, die zu Beginn des Romans noch witzig sind, werden in diesem Kontext zunehmend hohler. Letztendlich entpuppt sich Lord Henry im Gegensatz zu Dorians Tragik mit seinen ewigen Sprüchen selbst als langweilig.

Lapsus
Straucheln

Lehnwort

Ein „Lapsus" ist im Lateinischen ein Fehltritt, ein Ausgleiten oder Straucheln – oder ein geringfügiger Fehler. In letzterer Bedeutung wurde das Wort auch in die deutsche Sprache aufgenommen. Manchmal wird es auch mit lateinischen Spezifikationen verwendet, etwa der „Lapsus Linguae" (Straucheln der Zunge), der Versprecher, der „Lapsus Memoriae", die fehlerhafte Erinnerung, oder der Schreibfehler („Lapsus Calami"). Man spricht aber auch von „Freud'schen Fehlern", da laut dem Psychoanalytiker Sigmund Freud (1856–1939) störende Gedanken aus dem Unterbewussten für dieses Straucheln beim Reden, Schreiben und Denken verantwortlich sind.

Sigmund Freud

Lasset uns essen und fröhlich sein!

**Neues Testament
(Lk 15,23)**

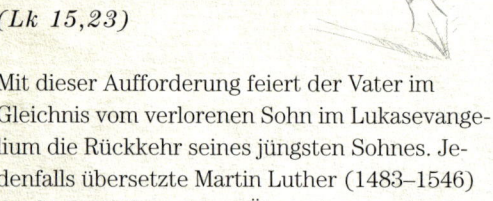

Mit dieser Aufforderung feiert der Vater im Gleichnis vom verlorenen Sohn im Lukasevangelium die Rückkehr seines jüngsten Sohnes. Jedenfalls übersetzte Martin Luther (1483–1546) die Stelle so. In anderen Übersetzungen heißt es: „Wir wollen essen und ein Freudenfest feiern."

Lasst alle Hoffnung fahren

Dante Alighieri *1265 †1321

Statue von Dante Alighieri

„Lasciate ogni speranza, voi ch'entrate!" (Lasst alle Hoffnung fahren, die ihr hier eintretet) ist der letzte Satz eines längeren Gedichtes, das in Dantes *Commedia* über den Pforten der Hölle geschrieben steht. Dante schildert darin eine Reise mit dem lateinischen Dichter Vergil als Führer durch das Jenseits – Fegefeuer, Himmel und vor allem die verschiedenen Kreise der Hölle. Das Werk gilt oft als die Höllenfantasie schlechthin. Dantes Hölle ist ein tiefer, bis zum Erdmittelpunkt reichender Trichter, in dessen neun Kreisen die verschiedensten Sünden gebüßt werden.

In diese Kreise versetzte Dante nicht nur Berühmtheiten aus Mythologie und Geschichte, sondern auch missliebige Zeitgenossen, und malte sich ihre Strafen aus.

Last, (but) not least

**William Shakespeare
*um 1564 †1616**

Zu Beginn von William Shakespeares Drama *König Lear* (um 1605) fordert der König seine drei Töchter auf, ihm zu sagen, wie sehr sie ihn lieben. Der, die ihm am meisten Zuneigung entgegenbringt, will er sein Reich vererben. Nachdem die beiden älteren schon gesprochen haben, fordert er Cordelia, die jüngste, mit den Worten auf: „Nun du, unsere Freude, nicht die Geringste, obgleich die Letzte." (Now, our joy, although the last, not least.) So wie Lear es für nötig hält, zu betonen, dass die Reihenfolge nichts über seine eigene Zuneigung zu seinen Töchtern aussagt, so wird auch das Zitat – so gut wie immer auf Englisch – gebraucht, um den Hinweis zu geben, dass die Reihenfolge keinerlei Wertung enthält.

König Lear und Cordelia

Ein Lästermaul sein

Martin Luther *1483 †1546

Unter den sogenannten Weisheitsbüchern im Alten Testament, findet sich auch das *Buch der Sprüche,* manchmal auch *Sprüche Salomons* genannt, obwohl diese Sprichwörter und Ermahnungen wohl kaum von dem großen König stammen. Einer der Sprüche lautet: „Des Mundes Falschheit weise von dir und herabsetzende Lippen mögen fern von dir sein." Martin Luther machte aus den herabsetzenden Lippen ein Lästermaul.

Lebe, wie du, wenn du stirbst, wünschen wirst, gelebt zu haben

Christian Fürchtegott Gellert
*1715 †1769

Diese Maxime gab der Theologe Christian Fürchtegott Gellert in seinem Kirchenlied *Vom Tode* aus. Darin mahnt er, recht zu leben und Gott zu vertrauen, dann brauche man den Tod nicht zu fürchten. Gellert beschäftigte sich sehr viel mit dem Tod, weil er zeitlebens kränkelte und Verheerungen wie den Siebenjährigen Krieg (1756–63) erlebte. Er traf mit seinen *Geistlichen Liedern und Oden*

Christian Fürchtegott Gellert

sowie seinen Predigten den Nerv der Zeit. Er war damals einer der am meisten gelesenen Autoren und wurde zum Beispiel auch von Goethe (1749–1832) gelobt.

Leben ist das, was passiert, während du eifrig dabei bist, andere Pläne zu machen

John Lennon *1940 †1980

John Lennon und Yoko Ono

„Life is what happens to you while you are busy making other plans" ist eine Zeile aus dem Lied *Beautiful Boy,* das Beatle John Lennon für seinen Sohn Sean (*1975) schrieb. Er erzählt darin, dass er es kaum erwarten kann, seinen Sohn heranwachsen zu sehen. Aber bis dahin solle Sean seine Hand nehmen, wenn er die Straße überquere, da das Leben eben alle Pläne durchkreuzen könne. Kurze Zeit später wurde Lennon erschossen. Lennon soll das Zitat von Henry Miller (1891–1980) geklaut haben, der schrieb: „Leben ist das, was uns zustößt, während wir uns gerade etwas ganz anderes vorgenommen haben."

Das Leben ist der Güter höchstes nicht

Friedrich Schiller *1759 †1805

Eine der weniger bekannten Tragödien von Friedrich Schiller ist *Die Braut von Messina*. Darin knüpft er an antike Schicksalstragödien an. Der Fürst von Messina erhält eine Prophezeiung, dass die neugeborene Tochter für den Untergang des ganzen Geschlechts verantwortlich sein wird, und will sie töten lassen. Die Fürstin jedoch versteckt sie in einem Kloster. Jahre später verlieben sich ihre beiden Söhne in die unbekannte Schwester. Cesare ersticht Manuel aus Eifersucht und tötet sich anschließend aus Reue. Dieses Ende kommentiert der Chor mit: „Das Leben ist der Güter höchstes nicht. Der Übel größtes aber ist die Schuld."

Das Leben ist ein Kampf

Lucius Annaeus Seneca *um 4 v. Chr. †65 n. Chr.

Seneca

Wie viele andere antike Philosophen auch formulierte der römische Gelehrte Seneca viele seiner Gedanken in Briefen. Es gibt allein 124 *Epistulae morales (Moralische Briefe)*, in denen er seinem Freund Lucilius das Wesen der stoischen Philosophie zu erklären versuchte. In einem davon schrieb er: „Vivere militare est." (Leben heißt kämpfen.) Zwar war es ein Grundprinzip der stoischen Philosophie, dem Leben, also auch schweren Schicksalsschlägen, gleichmütig (stoisch) gegenüberzustehen und sich nicht wegen vergänglicher Dinge abzumühen. Aber Seneca sah durchaus, dass es auch ein Kampf war, eine solche Haltung erst einmal zu erlangen.

Das Leben ist ein Traum

Pedro Calderón de la Barca *1600 †1681

Statue von Pedro Calderón de la Barca

Diesen Titel trägt ein Theaterstück des spanischen Dichters Calderón aus dem Jahr 1632. Darin lässt ein König seinen Sohn Sigismund aus Angst vor einem unheilvollen Orakelspruch fernab des Hofes aufziehen. Um ihn auf die Probe zu stellen, wird Sigismund eines Tages betäubt, auf das Schloss gebracht und als Herrscher behandelt, kommt aber mit dem plötzlichen Rollenwechsel nicht zurecht. Seine Diener erklären ihm hinterher, alles sei nur ein Traum gewesen. Am Ende jedoch wird er tatsächlich König und behandelt – entgegen dem Orakelspruch – alles in seinem Leben, als wäre es ein kostbarer Traum, der durch die kleinste Unachtsamkeit zerstört werden kann.

Der letzte Mohikaner

James Fenimore Cooper
*1789 †1851

James Fenimore Cooper

Dies ist der Titel des zweiten Bandes von Coopers berühmter *Lederstrumpf*-Serie. Held der Handlung ist eigentlich der „vorletzte" Mohikaner Uncas, der zwei entführte weiße Mädchen aus den Händen der Huronen befreit, aber letztendlich stirbt. Zurück bleiben sein Vater Chingachgook, der nunmehr der letzte Überlebende seines Stammes ist, und dessen alter Freund, der weiße Trapper Lederstrumpf. Tatsächlich gab es nie einen Indianerstamm namens Mohikaner, sondern nur Mohawks, Mahican und Mohegan, von denen keiner ganz ausgestorben ist.

Eine Leuchte der Wissenschaft sein

Gaius Plinius der Ältere *um 23 †79

So bezeichnet der römische Gelehrte Plinius der Ältere den berühmten Redner Cicero (106–43 v. Chr.), den er im 17. Band seiner *Naturgeschichte* zitiert. Plinius befasst sich in diesem Buch mit der Pflege von Obstbäumen und geht auch auf die große Bedeutung der richtigen Erde ein. Dabei beruft er sich auf Cicero, der einmal gesagt haben soll, eine Salbe, die nach Erde rieche, sei besser als eine, die nach Parfum rieche. Während Plinius die Bemerkung zweifellos ernst meinte, wird die „Leuchte der Wissenschaft" heute meist eher spöttisch verwendet.

Die Leviten lesen

Chrodegang von Metz
*um 715 †766

Bischof Chrodegang soll die Gewohnheit gehabt haben, den Geistlichen von Metz jeden Morgen einige Stellen aus dem alttestamentarischen Buch *Leviticus (3. Buch Mose)* vorzulesen, das vor allem religiöse und rechtliche Vorschriften enthält. Das Ganze verband er dann wohl mit allgemeinen und speziellen Ermahnungen.

Chrodegang

Ein Licht aufgehen

Altes Testament (Buch Jesaja)

Das Buch *Jesaja* aus dem Alten Testament wird in den christlichen Gottesdiensten vor allem in der Adventszeit gelesen, weil der Prophet die Geburt eines Kindes vorhersagte, das ein immerwährendes Friedensreich errichten wird. Das wird auf Jesus gemünzt. Jesaja leitet seine Prophezeiung mit den Worten ein: „Das Volk, das in der Finsternis wandelt, erschaut ein gewaltiges Licht, und denen, die da sitzen im Finstern, geht ein strahlendes Licht auf." Er bezog die Worte also auf ein glanzvolles Ereignis und nicht – wie heute – darauf, dass jemand etwas versteht, also der Verstand plötzlich erleuchtet wird.

Jesaja

Adolphe Thiers

ein Ruf wie Donnerhall, wie Schwertgeklirr und Wogenprall" oder „Reich wie an Wasser deine Flut, ist Deutschland ja an Heldenblut". Schneckenburger verfasste das Gedicht 1840 als Kampfansage an die Franzosen, deren Ministerpräsident Adolphe Thiers (1797–1877) das gesamte Ostufer des Rheines für Frankreich gefordert hatte. Das Gedicht wurde 1854 vertont und war sowohl während des Kaiserreiches als auch in der Nazizeit äußerst beliebt. Aber Teile werden auch nach dem Krieg noch zitiert. So gab der Schriftsteller Johannes Mario Simmel (* 1924–2009) 1965 einem seiner Romane den Titel *Lieb Vaterland, magst ruhig sein*.

Lieb Vaterland, magst ruhig sein ...

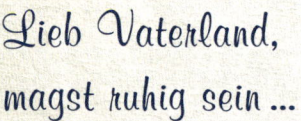

Maximilian Schneckenburger
1819 †1849

„.... Fest steht und treu die Wacht, die Wacht am Rhein!", so lautet der Refrain des Propagandaliedes *Die Wacht am Rhein*, das der Unternehmer Max Schneckenburger schrieb. Dazwischen finden sich martialische Aussagen wie „Es braust

Liebe ist die Lebensgeschichte der Frauen, aber nur eine Episode im Leben der Männer

Madame de Staël (Germaine de Staël)
1766 †1817

„L'amour est l'histoire de la vie des femmes, c'est un épisode dans celle des hommes", heißt es im Original in Madame de Staëls Betrachtung über den *Einfluss der Leidenschaften auf das Glück der Individuen und der Nationen*. Allerdings war Germaine de Staël für ihre Zeit erstaunlich emanzipiert. Sie hatte diverse Liebesbeziehungen und ihre fünf Kinder stammten vermutlich von vier verschiedenen Vätern. Trotzdem litt sie sehr, wenn wieder einmal eine Beziehung in die Brüche ging. Aber deswegen Selbstverleugnung zu betreiben kam für sie auch nicht infrage.

Liebe ist nur ein Wort

Johannes Mario Simmel *1924 †2009

Diese Behauptung provoziert Reaktionen! In seinem Roman von 1963 erzählte der Österreicher Johannes Mario Simmel die Liebesgeschichte eines 21-jährigen Schülers zu einer älteren, verheirateten Frau, der er diese Worte in den Mund legte. Seitdem ist viel darüber diskutiert worden, ob Liebe nur ein Wort ist. Zehn Jahre später zum Beispiel schrieb Eckart Bücken ein religiöses Lied, das beginnt „Liebe ist nicht nur ein Wort, Liebe das sind Worte und Taten". *Ist Liebe nur ein Wort?* ist der deutsche Titel eines Films von Mimmo Calopresti von 1999. Unabhängig von Simmel schrieb Bob Dylan 1963 den Song *Love is just a four letter word* (Liebe ist nur ein schmutziges Wort) für seine Kollegin Joan Baez (* 1941).

Joan Baez und Bob Dylan

Liebe macht blind

Platon *427 †347 v. Chr.

In Platons Werk *Nómoi* (Die Gesetze, um 350 v. Chr.) unterhalten sich drei Männer über eine Stadt, die in Kreta gegründet werden soll, und diskutieren über die bestmöglichen Gesetze für die neue Stadt. Im Verlauf der Debatte mahnt einer der drei: „Der Liebende wird blind gegenüber dem Gegenstand seiner Liebe." Allerdings geht es ihm dabei um die Selbstliebe, die blind für eigene Schwächen macht – ein Aspekt, der heute bei Verwendung des Ausspruchs eher übersehen wird.

Liebe, und tue, was du willst

Augustinus von Hippo *354 †430

Diesen Satz schrieb Kirchenvater Augustinus in einer Auslegung des ersten *Johannesbriefes* in der Bibel. Johannes fordert in diesem Brief die Gemeinde eindringlich auf, einander gegenseitig zu lieben, denn Gott sei die Liebe, und wer nicht liebe, habe Gott nicht erkannt. Augustinus schreibt in seinen Erläuterungen dazu, so wie die Rose auch Stacheln habe, komme auch die Liebe nicht immer in gütiger Erscheinung daher. Auch ein Vater beispielsweise, der aus Liebe strafe, handle richtig. Jede Handlung, betont Augustinus, sei gut, wenn ihre Wurzel Liebe sei.

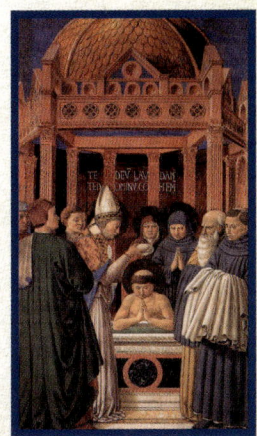

Die Taufe des Augustinus

Lieber ein Ende mit Schrecken als ein Schrecken ohne Ende

Ferdinand von Schill *1776 †1809

Ferdinand von Schill

Diese Losung gab der preußische Offizier Ferdinand von Schill am 12. Mai 1809 bei einer Ansprache auf dem Marktplatz von Arneburg an der Elbe aus. Schill hatte im Auftrag der preußischen Krone Freikorps gegen Napoleon organisiert, dann aber am 28. April eigenmächtig mit seinen „Schill'schen Jägern" Berlin verlassen. Zunächst schien sein eigenmächtiges Vorpreschen durchaus erfolgreich, doch dann musste er vor den mit Napoleon verbündeten Holländern und Dänen nach Norden ausweichen und sich in Stralsund verschanzen. Dieses wurde am 31. Mai von Napoleons Verbündeten erstürmt und Schill und seine Truppen erlebten ihr Ende mit Schrecken.

Lieber einen guten Freund verloren als einen Witz unterdrückt

Horaz (Quintus Horatius Flaccus) *65 †8 v. Chr.

In einer seiner *Sermones* (Predigten) lässt sich der römische Dichter Horaz über andere Literaten aus, die zwar witzig, aber schnell und schlampig arbeiten, „harte Verse" schmieden und auf keinen Freund Rücksicht nehmen, wenn sie nur ihr Publikum zum Lachen bringen. Nur einige Jahrzehnte später führt der römische Rhetoriklehrer Quintilian (35–um 96) den Satz „Potius amici, quam dictum perdendi" (Lieber einen

Quintilian

Freund als einen guten Spruch verlieren) in seinen Schriften über die Redekunst als geflügeltes Wort an.

Lieber spät als nie

Titus Livius *um 59 v. Chr. †um 17 n. Chr.

Im vierten Buch seines umfangreichen Geschichtswerkes über den römischen Staat, beginnend mit der „Gründung der Stadt" (Ab urbe condita) 753 v. Chr., berichtet der römische Historiker Livius von den Ständekonflikten zwischen Patriziern und Plebejern im 5. vorchristlichen Jahrhundert. Darin beklagen zwei Konsuln, dass die Vertreter der Plebejer, die Volkstribunen, die schwierige außenpolitische Lage Roms nutzen, um sich scheibchenweise immer mehr Rechte zu erkämpfen. Diesem Treiben müsse man ein Ende machen. „Lieber spät als nie" (Potiusque sero quam nunquam) – sonst würden die unteren Stände bald die ganze Macht an sich reißen.

Liebeskummer lohnt sich nicht

*Georg Buschor *1923 †2005*

Mit diesem Lied landete die schwedische Schlagersängerin Siw Malmkvist (*1936) im Jahr 1964 ihren größten Erfolg. Der Titel stand zehn Wochen lang an der Spitze der Hitparade und brachte ihr die Goldene Schallplatte ein. Liebeskummer wird darin pauschal abgetan, da die „Tränen in der Nacht" sich nicht lohnen und schon am nächsten Tag „dein Herz darüber lacht". Trotzdem wird der Satz auch oft zitiert, wenn von ernsthaftem Liebeskummer die Rede ist. Geschaffen haben das Lied der Komponist Christian Bruhn (*1934) und der Texter Georg Buschor, von dem auch Hits wie *Zwei kleine Italiener* oder *Schuld war nur der Bossa Nova* stammen.

Timothy Dalton

ne Gegner, wenn nötig, auch zu töten. Für den Film *Lizenz zum Töten (Licence to kill)* von 1989 mit Timothy Dalton (*1944) als James Bond gibt es allerdings keine Romanvorlage von Fleming. Die Geschichte schrieb John Gardner. In dieser Folge wird Bond wegen seiner Alleingänge von seinen Vorgesetzten die Lizenz zum Töten entzogen.

Siw Malmkvist

Lizenz zum Töten

*John Gardner *1926 †2007*

Als Topspion mit einer doppelten Null in der Nummer hat James Bond in Flemings Romanen von der britischen Regierung die Erlaubnis, sei-

Locker vom Hocker

Unbekannt

So lautete der Titel einer deutschen Comedy-Serie, die erstmals von 1983 bis 1985 ausgestrahlt wurde. Der Schauspieler und Komiker Walter Giller (1927–2011) präsentierte in jeder Folge Sketche, in denen die absurden Seiten eines bestimmten Themas aus dem Alltagsleben genüsslich ausgewalzt wurden. Mitwirkende waren unter anderem Nadja Tiller, Brigitte Mira, Gudrun Landgrebe, Elisabeth Volkmann, Jochen Busse und Otto Tausig.

Walter Giller

Den Löwenanteil bekommen

Äsop um 600 v. Chr.

Es gibt gleich zwei Fabeln des griechischen Dichters Äsop, in denen sich der Löwe den größten Anteil sichert. In der ersten geht er gemeinsam mit Esel und Fuchs auf die Jagd. Nach der Jagd fordert er den Esel auf, die Beute zu teilen. Der Esel macht drei gerechte Portionen daraus, woraufhin der Löwe ihn tötet. Als Nächstes fordert er den Fuchs zum Teilen auf. Dieser schiebt nahezu alles, samt dem toten Esel, dem Löwen zu. Auf die Frage des Löwen, was ihn so schön teilen gelehrt habe, erwidert er: „Das Schicksal des Esels." In der zweiten Fabel jagt der Löwe ebenfalls mit anderen Tieren. Nach der Jagd teilt er die Beute in vier Teile. Der erste, sagt er, sei für ihn, weil er der Löwe sei, der zweite, weil er der Mutigste sei, der dritte, weil er der Stärkste sei, und der vierte, weil er jeden erwürgen werde, der ihm das letzte Viertel streitig machen werde.

Ein Lückenbüßer sein

*Martin Luther *1483 †1546*

Ein Lückenbüßer ist einer, der eigentlich nicht erwünscht ist, aber eine leere Stelle ausfüllen muss, weil es sonst niemanden dafür gibt. Entstanden ist die Bezeichnung auf kuriose Weise. Im alttestamentarischen Buch *Nehemia* wird berichtet, wie Lücken in der Stadtmauer von Jerusalem ausgebessert werden. Für „flicken" oder „bessern" verwendete Martin Luther bei seiner Bibelübersetzung das Wort „buezen", das irgendwann nicht mehr verstanden wurde, sodass aus dem Ausbesserer der Lücken ein Lückenbüßer wurde.

Macht doch euren Dreck alleine!

*Friedrich August III. *1865 †1932*

Dies – bzw. in moderatem Sächsisch „Macht doch eiern Dreck alleene" – soll der sächsische König Friedrich August gesagt haben, als er vier Tage nach der Proklamation der Deutschen Republik, am 13. November 1918, seine Abdankung erklärte. 1919 erntete er dafür höchstes Lob von dem Satiriker Kurt Tucholsky (1890–1935), der ihm ein Gedicht namens *Das Königswort* widmete. Darin stellte er Friedrich August als Vorbild für „Kleber, Wichtigmacher, Ämterstreber" hin. „Oh, wie ich sein Wort ersehne: Macht euch euren Dreck alleene", schrieb Tucholsky. „Edler König! Du warst weise! Du verschwandest still und leise in das nahrhafte Zivil. Das hat Charme und das hat Stil."

Friedrich August III. von Sachsen

Macht kaputt, was euch kaputt macht

Norbert Krause unbekannt

Die linkspolitische Rockband Ton Steine Scherben war aus einem alternativen Wandertheater namens „Hoffmanns Comic Teater" hervorgegangen. Den **Song** *Macht kaputt, was euch kaputt macht* schrieben Rio Reiser und der Texter Norbert Krause 1969 für ein Theaterstück der Truppe. Ob Krause den Spruch erfunden oder innerhalb der Studentenbewegung gehört hatte, ist unsicher. Auf jeden Fall wurde das Lied ein großer Erfolg, erst als Single und 1970 auf der ersten LP von Ton Steine Scherben. Der Slogan wurde einer der bekanntesten, aber auch umstrittensten der damaligen Oppositionsbewegung und teilweise auch als Rechtfertigung für Gewalttaten herangezogen.

verurteilte das Dogma derart, dass er noch Jahre später – im April 1887 – in einem Brief an einen britischen Bischof nicht nur diesen Satz schrieb, sondern auch ausführte: „Große Männer sind fast immer schlechte Männer."

Papst Pius IX.

Die Band Ton Steine Scherben

Macht macht schlecht. Absolute Macht macht absolut schlecht

*(John Emerich Edward Dalberg-Acton, Baron Acton) *1834 †1902*

So lautet – etwas zugespitzt – die Übersetzung des „Acton's dictum", wie es in Großbritannien genannt wird. Wörtlich schrieb Baron John E. Acton, ein englischer Historiker: „Power tends to corrupt, and absolute power corrupts absolutely." Die harschen Worte galten Papst Pius IX. (1792–1878), der im Jahr 1870 das Dogma von der päpstlichen Unfehlbarkeit verkündet hatte. Acton, ein Wortführer der liberalen Katholiken,

Dem Mammon dienen

Neues Testament (Mt 6,24)

„Ihr könnt nicht Gott dienen und dem Mammon", warnte Jesus seine Anhänger in den Evangelien und forderte sie auf, statt weltlicher Schätze geistige zu sammeln, die nicht von „Motte und Rost" verzehrt werden können. Mammon war ein aramäisches Wort für Vermögen oder Besitz, das die Evangelisten Matthäus und Lukas als Fremdwort in ihre griechisch geschriebenen Evangelien aufnahmen und das auch später nie übersetzt wurde.

„Ihr könnt nicht Gott dienen und dem Mammon."

Man gönnt sich ja sonst nichts

Werbeagentur FCB Wilkens

Diesen Slogan kreierte die Hamburger Werbeagentur FCB Wilkens 1985 für den Schnaps Malteserkreuz Aquavit. In den Mund gelegt wurde er dem Schauspieler Günter Strack (1929–99), der sich auf Plakaten und in Fernsehspots die Kümmel-Spirituosen „gönnte". „Malteserkreuz" wurde 1924 von der „A/S Danske Spritfabrikker" in Berlin gegründet, weil es damals schwierig war, Hochprozentiges aus Dänemark nach Deutschland zu importieren.

Man hat Arbeitskräfte gerufen und es kommen Menschen

*Max Frisch *1911 †1991*

Mit dieser Feststellung des Schriftstellers Max Frisch wurde 1965 ein Film über italienische Gastarbeiter in der Schweiz eingeleitet. Frisch hatte zuvor selbst lange in Italien gelebt und nahm die Ängste seiner Landsleute vor einer „Überfremdung" mit beträchtlicher Verwunderung wahr.

Max Frisch

Man hat es oder man hat es nicht

*Theodor Fontane *1819 †1898*

Diesen Satz findet man gleich mehrmals im Werk des Dichters Theodor Fontane. Zum einen schrieb er ein Gedicht mit diesem Titel, in dem es heißt, dass Talente und sogar das Talent zum Glücklichsein angeboren seien. Die letzte Strophe, die allen Glaubenssätzen moderner

Theodor Fontane

Motivationstrainer widerspricht, lautet: „Glaub nicht, du könnt'st es doch erklimmen und Woll'n sei höchste Kraft und Pflicht: Was ist, ist durch Vorherbestimmen. Man hat es oder hat es nicht." Außerdem lässt er in seinem Roman *Cécile* über die Heldin sagen: „Ein feines Gefühl lässt sich so wenig lernen wie ein echtes. Man hat es oder man hat es nicht!"

Man isst, um zu leben, und lebt nicht, um zu essen

*Molière (Jean-Baptiste Poquelin) *um 1622 †1673*

„Wollt Ihr's denn darauf anlegen, dass sich alle Gäste zu Tode essen sollen? Hat denn der gnädige Herr seine Freunde eingeladen, um sie durch eine solche Abfütterung umzubringen?", weist in Molières Komödie *Der Geizige* der Diener

Valère den Koch Jacques zurecht. „Begreift doch […], dass man nach dem Ausspruch eines alten Weltweisen isst, um zu leben, und nicht lebt, um zu essen." Freilich geht es dabei nicht um Gesundheit oder Lebensqualität, wie es der Weise wohl gemeint hat – es soll übrigens der griechische Philosoph Sokrates (469–399 v. Chr.) gewesen sein, der diesen Spruch als Erster tat –, sondern lediglich um Sparsamkeit. Valères geiziger Herr Harpagon ist auch prompt entzückt: „Ei wie schön war das ausgedrückt!", freut er sich. „Komm her, Valère, für den Spruch muss ich dich umarmen. Das ist die geistreichste Sentenz, die ich in meinem Leben gehört habe."

Molière

Man muss die Feste feiern, wie sie fallen

Hermann Salingré *1833 †1879

Das ist das Motto der Komödie *Der Graupenmüller*, die der Berliner Schauspieler und Schriftsteller Hermann Salingré im Jahr 1865 schrieb. Gottlieb Müller, genannt Graupenmüller, ist ein reicher Kolonialwarenhändler, der sich zusammen mit verschiedenen anderen Personen um das Erbe eines längst verstorbenen Müllers streitet, das sich mittlerweile dank Zins und Zinseszins auf 32.000 Taler beläuft. Der Aufruf zum Feiern wird mehrmals von dem Diener Nusspicker zitiert, der den Satz ein altes Sprichwort nennt. Doch das muss nicht stimmen, denn der einfältige Nusspicker hat eine Vorliebe dafür, „alte Sprichwörter" unfreiwillig zu verfremden, wie etwa „Jung gefreit hat noch nie erfreut" oder „Freude schöner Götterfunken, Töchter aus dem Klinikum". Salingré schrieb über 100 Possen, meist mit typischem Berliner Lokalkolorit. Aus einer soll auch die Weisheit stammen: „Et jibt sonne und et jibt solche. Denn jibts ooch noch andre – und det sind de Schlimmsten."

Man sieht nur mit dem Herzen gut

Antoine de Saint-Exupéry *1900 †1944

Antoine de Saint-Exupéry

Dieser Satz ist die Kernaussage von Antoine de Saint-Exupérys Kultbuch *Der Kleine Prinz* (1943). In der Erzählung trifft der Prinz auf einen Fuchs, von dem er viel über das Leben und die Liebe erfährt. Als sich die beiden verabschieden, vertraut der Fuchs dem Kleinen Prinzen sein wichtigstes Geheimnis an. Es lautet: „Man sieht nur mit dem Herzen gut. Das Wesentliche ist für die Augen unsichtbar."

Manche mögen's heiß

Billy (Samuel) Wilder
*1906 †2002

1959 produzierte Billy Wilder die Komödie *Some like it hot*, einen seiner größten Erfolge, mit Marilyn Monroe in der Hauptrolle. Seinen Titel bekam der Film nach einem englischen Abzählreim namens „Pease Porridge hot" (Heißes Erbsenpüree). Darin heißt es „Pease porridge in the pot, nine days old; some like it hot, some like it cold." (Erbsenpüree im Topf, neun Tage alt, manche mögen's heiß, manche mögen's kalt.) Die Idee kam Wilder erst während der Dreharbeiten, als ein griffigerer Titel gesucht wurde. Ursprünglich sollte der Film „Not tonight, Josephine" heißen.

Ein Mann in den besten Jahren

Heinrich Heine *1797 †1856

In seinem Gedicht *Ich rief den Teufel und er kam* malt sich der Erzähler eine sehr distinguierte Begegnung mit dem Teufel aus und berichtet, wie er mit diesem über Kirche, Staat und verschiedene Philosophen geplaudert habe. Dabei schildert er den Teufel auf folgende Weise: „Er ist nicht hässlich und ist nicht lahm, er ist ein lieber charmanter Mann, ein Mann in seinen besten Jahren." Meist werden die „besten Jahre" – mit leicht tröstendem Unterton – ungefähr auf das Lebensalter gemünzt, in dem man im Fußball schon in der Altherrenmannschaft spielen muss, beruflich aber noch nicht durch die fortgeschrittenen Jahre gebremst wird.

Märchen aus Tausendundundeiner Nacht

Tausendundeinenacht
8. bis 15. Jh.

Viele der Märchen aus der orientalischen Sammlung *Alf laila wa-laila*, zu Deutsch *Tausendundeine Nacht*, spielen an den Höfen orientalischer Sultane, indischer Großmoguln oder persischer Schahs. Die Pracht und der Reichtum dieser Herrscher werden in den Märchen ausgiebig geschildert. Schätze haben eine große Bedeutung. Deshalb werden besonders prachtvolle Dinge gern mit einem „Märchen aus Tausendundeiner Nacht" verglichen. Die Redewendung steht aber auch für besonders märchenhafte Begebenheiten. Sie ist praktisch eine Steigerung von „wie aus dem Märchen".

Scheherazade, die Erzählerin aus Tausendundeine Nacht

Marmor, Stein und Eisen bricht ...

*Günter Loose *1927 †2013*

„… aber unsere Liebe nicht." Dieses Lied war Drafi Deutschers (1946–2006) größter Hit. „Marmor, Stein und Eisen" wurden zum Symbol für unzerbrechliche Liebe und werden auch oft zitiert, wenn es um die Probleme

Drafi Deutscher

dieser Liebe geht. Allerdings stammt nur das musikalische Motiv „dam dam, dam dam" von Deutscher selbst. Darauf aufbauend schufen der Komponist Christian Bruhn (*1934) und der Textdichter Günter Loose den Erfolgsschlager von 1965. Die beiden kreierten zusammen auch viele andere Hits wie zum Beispiel *Ein bisschen Spaß muss sein* für Roberto Blanco (*1937).

Matthäi am Letzten

*Martin Luther *1483 †1546*

Martin Luther schrieb auch einen Katechismus, eine Erläuterung von Glaubensinhalten. Darin nahm er mit folgenden Worten Bezug auf das *Matthäusevangelium:* „Da unser Herr Jesus Christus spricht Matthäi am Letzten …" Luther meinte damit schlicht und einfach den letzten Absatz des Evangeliums, in dem der auferstandene Jesus seine Jünger ausschickt, um alle Völker zu missionieren. Im Alltagsgebrauch dagegen ist „Matthäi am Letzten" zum Synonym dafür geworden, dass jemand völlig am Ende ist, vor allem auch finanziell pleite. Möglicherweise liegt das daran, dass sich die letzten Worte des Evangeliums auf den Weltuntergang beziehen. Jesus verspricht seinen Jüngern: „Seht, ich bin bei euch alle Tage bis an das Ende der Welt."

Der Evangelist Matthäus

Mea culpa
Meine Schuld

Gebetsformel

Der Ausdruck wird heute als eher lässige Entschuldigung bei nicht so gravierenden Problemen gebraucht – es sei denn, man nimmt an einem lateinischsprachigen Gottesdienst teil. Zu dessen Liturgie gehört traditionell auch das katholische Schuldbekenntnis „Confiteor", das mit den Worten „Confiteor deo omnipotenti" (Ich bekenne Gott dem Allmächtigen) beginnt und die dreifache Anklage „mea culpa, mea culpa, mea maxima culpa" (durch meine Schuld, durch meine Schuld, durch meine allergrößte Schuld) enthält.

Mehr Licht!

Johann Wolfgang von Goethe
*1749 †1832

Über Goethes letzte Worte ist schon viel geredet worden – von tiefsinnigen Interpretationen bis hin zu Scherzen, dass der gebürtige Frankfurter eigentlich habe sagen wollen: „Mer lischt de Kisse schief!" Dabei findet sich in den Schriften des Weimarer Staatskanzlers Friedrich von Müller (1779–1849) eine vollständige Fassung von Goethes letzter Aussage. Sie lautet: „Macht doch den zweiten Fensterladen auf, damit mehr Licht hereinkomme."

Goethe mit Schwiegertochter Ottilie im Sterbezimmer

Mehr Schulden als Haare auf dem Kopf

Altes Testament (Buch der Psalmen)

Der Ausdruck dürfte auf den Psalm 40 zurückgehen. Darin rühmt der Verfasser den Beistand und das Erbarmen Gottes. Auf diesen könne er vertrauen, obwohl er ein sündiger Mensch sei. „Meine Sünden haben mich überfallen und ich kann sie nicht überblicken. Sie sind zahlreicher als die Haare auf meinem Kopf", gibt er zu. Als Verfasser wird König David genannt, aber das dürfte nicht der Wahrheit entsprechen, obwohl der, wie im Alten Testament nachzulesen, eine Menge Sünden auf sich geladen hatte. Aus den Sünden sind im Laufe der Zeit wohl Schulden geworden.

König David

Mein lieber Schwan

Richard Wagner *1813 †1883

Richard Wagner verarbeitete den mittelalterlichen Lohengrin-Mythos zu einer Oper, die 1850 uraufgeführt wurde. Lohengrin ist der Sohn des Gralsritters Parzival und benutzt zur Fortbewegung ein Boot, das von einem Schwan gezogen wird. Bei diesem verabschiedet er sich in der Oper nach dem Aussteigen ganz artig mit den Worten: „Nun sei bedankt, mein lieber Schwan!" Insgesamt aber ist Lohengrins Erscheinen und Verschwinden im Schwanenboot bei Lichte betrachtet so seltsam, dass aus Wagners gänzlich ironiefreien Worten ein Ausruf für Situationen wurde, in denen man nicht genau weiß, ob man lieber lachen oder empört sein soll.

Richard Wagner

Mein Name ist Bond. James Bond

*Ian Fleming *1908 †1964*

Sean Connery

Mit dem knappen „Bond. James Bond" stellt sich „007" in dem Roman *Casino Royale* dem CIA-Mann Felix Leiter vor. Den Namen hatte Fleming von dem britischen Vogelkundler James Bond (1900–89). Sein Bond ist allerdings nicht der Erste, der diese Wendung gebraucht. In dem Roman *Maestro Guarnerio* von Honoré de Balzac (1799–1850) führt sich der Erzähler genauso ein: „Mein Name ist Fox. Sir Vincent Fox." In den Bond-Filmen wurde die Art der Vorstellung vom ersten Auftreten des Geheimagenten in *James Bond jagt Dr. No* an übernommen. In diesem Film von 1962 spielte der schottische Schauspieler Sean Connery (*1930) die Hauptrolle. Der erste „Bond" war jedoch Barry Nelson (1917–2007) in einer Fernsehverfilmung von *Casino Royale*. Er wurde jedoch nicht James, sondern Jimmy Bond genannt.

Mein Name ist Hase ...

*Viktor von Hase *1834 †unbekannt*

In seiner Studentenzeit tötete einer von Hases Kommilitonen in einem Duell seinen Gegner. Hase gab ihm seinen Studentenausweis und verhalf ihm so zur Flucht nach Frankreich. Die Sache kam jedoch heraus und Hase wurde 1854 oder 1855 vor dem Heidelberger Universitätsgericht angeklagt. Der spätere Jurist erklärte: „Mein Name ist Hase; ich verneine alle Generalfragen; ich weiß von nichts." Dabei blieb er. „Mein Name ist Hase, ich weiß von nichts" wurde daraufhin sehr schnell in deutschen, aber auch niederländischen Studentenkreisen zum geflügelten Wort.

Mein schönes Fräulein, darf ich wagen ...

*Johann Wolfgang von Goethe *1749 †1832*

„... meinen Arm und Geleit ihr anzutragen?" Mit diesem sehr bekannt gewordenen Satz macht sich Faust an Gretchen heran. Diese jedoch ist keine leichte Beute, obwohl sie kein wohlhabendes Fräulein von Stand ist. „Bin weder Fräulein, weder schön, kann ungeleitet nach Hause gehen", erklärt sie und lässt ihn stehen. Doch Faust ist erst recht angetan. „Sie ist so sitt- und tugendreich und etwas schnippisch doch zugleich", schwärmt er. Während das Ansprechen auf der Straße auch heute noch als nicht allzu Erfolg versprechender Weg der Kontaktaufnahme gilt, verrät die Verwendung des Goethezitats immerhin literarische Bildung und einen gewissen Humor. Schließlich liegt die Ablehnung schon fast auf der Zunge.

Meine bessere Hälfte

Philip Sydney *1554 †1586

Philip Sidney

Diese Bezeichnung für die eigene Ehefrau führte der englische Dichter Philip Sydney in seinem Hauptwerk *Arcadia* ein. Dieser Roman, der seiner Schwester Mary, der Gräfin von Pembroke, gewidmet war und deshalb mit vollem Titel *The Countess of Pembroke's Arcadia* heißt, war nach dem Vorbild antiker Schäferromane geschrieben. Er war zu seiner Zeit äußerst populär und übte einen großen Einfluss auf die englische Literatur aus. Auch der Frauenname Pamela, den Sydney für seine Heldin erfand, kam schnell in Mode.

Meine Wenigkeit

Valerius Maximus 1. Jh.

Diese Wendung – im Original „Mea parvitas" – gebrauchte der römische Autor Valerius Maximus im Vorwort seines Werkes *Factorum et dictorum memorabilium libri novem* (Neun Bücher denkwürdiger Taten und Aussprüche). Sie ist – wie überhaupt der Stil des Maximus – exemplarisch für die sogenannte Silberne Epoche der lateinischen Literatur, die im 1. Jahrhundert begann und sich durch kunstvolle, geschraubte und oft auch schwülstige Wort- und Satzbildungen auszeichnete.

Memento mori
Bedenke, dass du sterben musst

Aus dem mittelalterlichen Mönchslatein

Der Begriff ist wahrscheinlich eine Abkürzung von „Memento moriendum esse". Man drückt damit seit dem Mittelalter den Vanitas-Gedanken, also die Vergänglichkeit aus, während zur Zeit der Römer damit eher vor Überheblichkeit gewarnt wurde. Im Gegensatz zum Vanitas-Gedanken steht die Redewendung „Carpe diem – ergreife den Tag", die ausdrücken soll, jeden Tag zu nutzen, anstatt nur über den Tod nachzudenken. Gegenstände wie Schädel, die an Tod und Vergänglichkeit erinnern, wurden im Barock von vielen Menschen bei sich getragen und ebenfalls als „Memento mori" bezeichnet.

Darstellung des Memento-mori-Motivs

Mens sana in corpore sano
Ein gesunder Geist in einem gesunden Körper

Juvenal (Decimus Junius Juvenalis)
*um 60 †um 127

Achilles vor den Mauern Trojas

Diesen Satz schrieb der römische Schriftsteller Juvenal in seiner zehnten Satire. Doch der bekannte Spötter wollte damit keineswegs sagen, dass sich die körperliche Fitness auch positiv auf den Geist auswirke. Im Gegenteil: Der Ausspruch war eher ein Stoßseufzer. Angesichts der vielen hirnlosen Muskelprotze im alten Rom wünschte sich Juvenal, deren Intellekt wäre genauso gut entwickelt wie die Körper, und rät: „Aber damit du was hast, worum du betest, weshalb du vor dem Schreine die Kutteln und göttlichen Weißwürste opferst, sollst um gesunden Geist in gesundem Körper du beten."

dessen Vater versprochen hat, den Sohn wieder heil heimzubringen: „Aber der Mensch plant und Zeus vollendet es anders", muss er feststellen.

Der Mensch ist das Maß aller Dinge

Protagoras
vermutlich *490 †411 v. Chr.

Der griechische Philosoph Protagoras war der Meinung, dass der Mensch eine natürliche Veranlagung hätte, Gemeinschaften zu bilden und einer Religion anzugehören. Doch wie beides aussehen solle, das könne nur der Mensch selbst bestimmen. Denn was die Götter angehe, so meinte Protagoras, so könne er unmöglich feststellen, ob es welche gäbe und was sie wollten. In Platons Schrift *Theaitetos* wird Protagoras mit dem Satz zitiert, dass der Mensch das Maß aller Dinge sei.

Demokrit und Protagoras (r.)

Der Mensch denkt, Gott lenkt

Altes Testament
(Sprüche Salomos)

In den Sprüchen Salomos heißt es: „Das Herz des Menschen denkt sich seinen Weg aus, aber es ist Sache des Herrn, seinen Schritt zu lenken." Und in Homers *Ilias* nimmt der stärkste Held der Griechen, Achilles, anfangs nicht am Kampf teil, weil Agamemnon, der Anführer, ihn beleidigt hat. Statt seiner kämpft sein Freund Patroklos gegen den trojanischen Helden Hector und wird getötet. Am Scheiterhaufen für den toten Freund erinnert sich Achilles, dass er

Der Mensch ist dem Menschen ein Wolf

nach Titus Maccius Plautus
*um 254 †um 184 v. Chr.

In Plautus' Stück *Asinaria* (*Eselskomödie*) erklärt ein Eselhändler, der einem Unbekannten Geld anvertrauen soll: „Lupus est homo homini, non homo, quom qualis sit non novit." (Ein Wolf ist der Mensch dem Menschen, nicht ein Mensch, wenn man sich nicht kennt.) Er meint also, um Vertrauen zu haben, müsse man sich erst kennenlernen. Der englische Philosoph Thomas Hobbes (1588–1679) sah die menschliche Natur noch negativer. Er glaubte, dass ein Mensch dem anderen grundsätzlich als Wolf, also amoralisch und grausam, begegne, solange keine höhere Macht für Ordnung und Sicherheit sorge. Deshalb hielt Hobbes eine starke, autoritäre Staatsgewalt für notwendig. Hobbes gebrauchte die lateinische Wendung in der Widmung, die seinem Werk *De Cive* (*Über den Bürger*) vorangestellt ist.

Der Mensch lebt nicht vom Brot allein

Altes Testament (5. Buch Mose)

Im 5. Buch Mose, das auch den Namen *Deuteronomium* (Zweites Gesetz) trägt, werden die Gesetze, die Gott dem Volk Israel während seines 40-jährigen Zuges über die Halbinsel Sinai gegeben haben soll, noch einmal bekräftigt. In einer Rede erinnert Moses daran, dass Gott während dieser Zeit Not und Hunger gesandt habe, um zu zeigen, „dass der Mensch nicht allein vom Brot lebt, sondern dass er von allem lebt, was aus dem Munde des Herrn kommt". In den neutestamentarischen Evangelien zitiert Jesus diese Worte, als der Teufel ihn in der Wüste auffordert, Steine in Brot zu verwandeln, um zu beweisen, dass er Gottes Sohn sei.

Die Menschheit muss dem Krieg ein Ende setzen, oder der Krieg setzt der Menschheit ein Ende

John F. Kennedy
*1917 †1963

„Mankind must put an end to war, or war will put an end to mankind", warnte US-Präsident John F. Kennedy am 25. September 1961 in einer Rede vor den Vereinten Nationen. Ein Jahr später wäre aus dieser Prophezeiung fast Wirklichkeit geworden. Die Kubakrise führte die beiden hochgerüsteten Atommächte USA und Sowjetunion an den Rand eines Krieges, der fatal geendet hätte – möglicherweise mit der Vernichtung der Menschheit. Kennedy erreichte damals in geheimen Verhandlungen und durch Zugeständnisse einen Stopp der sowjetischen Aufrüstung auf Kuba, während viele seiner Landsleute auf eine Invasion drängten.

Die menschliche Dummheit ist international

*Kurt Tucholsky *1890 †1935*

Diese erbitterte Feststellung traf Tucholsky in den *Schnipseln*, kleinen Aphorismen und Gedankensplittern, die er zu Beginn der 1930er-Jahre in der Zeitschrift *Weltbühne* veröffentlichte. Die menschliche Dummheit und Ignoranz war eines der Themen, gegen die er erbittert ankämpfte. „Die Grausamkeit der meisten Menschen ist Phantasielosigkeit und ihre Brutalität Ignoranz", schrieb er etwa 1925 in einem Artikel der *Weltbühne*. Eine ähnliche Aussage traf er 1931: „Der Mensch hat neben dem Trieb der Fortpflanzung und dem, zu essen und zu trinken, zwei Leidenschaften: Krach zu machen und nicht zuzuhören."

Kurt Tucholsky

Menschliches, Allzumenschliches

*Friedrich Nietzsche *1844 †1900*

Dies ist der Titel eines Nietzsche-Werkes, das 1880 erschien. Es ist eine Sammlung von kurzen Texten, teils auch nur Aphorismen (Sinnsprüchen) zu verschiedenen philosophischen und gesellschaftlichen Themen. Dabei ist manches durchaus widersprüchlich. Beispielsweise äußert

Friedrich Nietzsche

sich Nietzsche überaus negativ, aber auch sehr positiv über Frauen. Ob er das allerdings mit dem nachsichtigen Augenzwinkern tat, das man heute mit „Allzumenschlichem" verbindet, darf angesichts seiner sonstigen Radikalität bezweifelt werden.

Mit 66 Jahren, da fängt das Leben an

*Wolfgang Hofer *1950*

Sein Leben werde mit der Rente erst richtig losgehen, verkündete der damals 43-jährige Udo Jürgens 1977 mit diesem Hit. Er werde sich das restliche Haar föhnen, ein Motorrad kaufen, wilde Musik machen und nach San Francisco trampen, um das Rheuma auszukurieren. Ausgedacht hat sich das der österreichische Liedtexter Wolfgang Hofer, der sehr viele Texte für Jürgens schrieb, zum Beispiel auch den der deutschen WM-Hymne von 1978 *Buenos dias, Argentina*.

Udo Jürgens

Mit Argusaugen beobachten

Aischylos *525 †456 v. Chr.

Aischylos

In mehreren seiner Stücke wie *Die Schutzflehenden* oder *Der gefesselte Prometheus* machte der griechische Dramatiker Aischylos Anspielungen auf den Mythos von Io. Diese soll eine Geliebte des Zeus gewesen sein. Um sie vor seiner eifersüchtigen Gattin Hera zu verstecken, verwandelte er sie in eine Kuh. Hera jedoch kam dahinter und ließ die Kuh von Argos, einem Riesen mit hundert Augen, bewachen. Doch dem listenreichen Gott Hermes gelang es, die scharfen Augen des Argos mithilfe von Flötenmusik einzuschläfern.

Mit den Waffen einer Frau

Unbekannt

Diesen Titel bekam der 1958 von dem französischen Regisseur Claude Autan-Lara (1901–2000) gedrehte Film *En cas de malheur*, der nach einem Buch des belgischen Autors Georges Simenon (1903–89) entstand, in Deutschland. Brigitte Bardot (*1934) spielte darin eine kleine Diebin, die ihren verheirateten Anwalt (Jean Gabin, 1904–76) verführt und ausnutzt. Seitdem werden Hinterlist und der Einsatz körperlicher Reize gern als Waffen der Frauen bezeichnet. Aber die Redewendung wird manchmal auch für positive weibliche Fähigkeiten benutzt.

Mit der Dummheit kämpfen Götter selbst vergebens

Friedrich Schiller *1759 †1805

Diesen Stoßseufzer tut der sterbende englische Feldherr Talbot in Schillers Drama *Die Jungfrau von Orléans* (1801). Für ihn sind das Auftreten von Jeanne d'Arc und die Begeisterung, die sie entfacht, nichts als ein grobes Gaukelspiel, das mit Vernunft nichts zu tun hat. Er beklagt, dass er nicht als Tapferer durch einen tapferen Feind sterbe und so ein würdiges Ende gefunden habe, sondern Opfer eines Spektakels geworden ist, das er nicht versteht und dem er nichts entgegenzusetzen hat.

Die Jungfrau von Orléans

Mit der Muttermilch aufgesogen

Augustinus von Hippo *354 †430

Neben seinen theologischen Schriften schrieb Augustinus von Hippo auch eine der ersten und eindrucksvollsten Autobiografien der Weltliteratur. Sie trägt den Titel *Confessiones* (Bekenntnisse). Darin heißt es, sein Herz habe den Namen des Erlösers zugleich mit der Muttermilch getrunken. Doch das bedeutet nicht, dass Augustinus von Jugend an fromm war. Im Gegenteil: Trotz der christlichen Erziehung schlug er in seiner Jugend sehr über die Stränge, lebte in wilder Ehe und gehörte zeitweise der radikalen Sekte der Manichäer an.

Jonathan Swift

Mit gleicher Münze zurückzahlen

Jonathan Swift *1667 †1745

Diese Redewendung stammt aus den *Polite Conversations*, die der irische Schriftsteller Jonathan Swift im Jahr 1731 verfasste. Swift, der im Vorwort behauptete, mehr auf Besuchen und Versammlungen gewesen zu sein als jeder seiner Zeitgenossen, gibt vor, mit den *Conversations* eine Anregung zur „freundlichen und freimütigen" Unterhaltung in gehobenen Kreisen zu geben. In Wahrheit macht er sich eher darüber lustig. Denn in drei Szenen begleitet er eine Gruppe Adeliger durch den Tag, die jedes Stichwort nutzen, um sich in den Vordergrund zu spielen und mehr oder weniger verdeckte Bosheiten anzubringen. Manches nimmt Dialoge von Oscar Wilde vorweg, etwa: „Es ist besser, aus der Welt zu sein als aus der Mode." Beim Tee unterhalten sich die Damen dann über einen bekannten Casanova und seine Gattin. Lady Answerall („Beantwortet alles") versichert, dass diese sich zu wehren wisse: „She pays him with his own coin."

Mit einem lachenden und einem weinenden Auge

William Shakespeare *um 1564 †1616

Diese Redewendung stammt von Claudius, dem mörderischen König aus William Shakespeares Drama *Hamlet*. Nachdem er seinen Bruder ermordet, dessen Witwe geheiratet hat und an seiner statt König von Dänemark geworden ist, hält er eine heuchlerische Antrittsrede. Darin erklärt er: „Wir haben also Unsre weiland Schwester, jetzt Unsre Königin, die hohe Witwe und Erbin dieses kriegerischen Staats, mit unterdrückter Freude sozusagen, mit einem heitern, einem nassen Auge, mit Leichenjubel und mit Hochzeitklage, in gleichen Schalen wägend Leid und Lust, zur Eh genommen."

Mit eisernem Zepter regieren

**Altes Testament
(Buch der Psalmen)**

Die Auseinandersetzung mit persönlichen und religiösen Feinden spielt in den Psalmen des Alten Testaments eine große Rolle. Der *Psalm 2* stellt eine Warnung an alle Heiden dar. Gott, so heißt es darin, habe seinem König alle Völker der Erde als Erbe gegeben. „Mit eisernem Zepter magst du sie leiten, sie zerschlagen wie Töpfergeschirr." Das Zepter, also ein Stab als Insignie der Macht, spielte auch schon in der alttestamentlichen Gesellschaft eine bedeutende Rolle.

Ein Engel tröstet Jesus

Mit Engelszungen reden

Neues Testament (1. Kor 13,1)

Diese Redewendung geht auf das Loblied der Liebe im *1. Korintherbrief* des Apostels Paulus zurück. Dort heißt es: „Wenn ich mit Menschen- und mit Engelszungen redete und hätte die Liebe nicht, so wäre ich ein tönendes Erz oder eine klingende Schelle." Wie sich Paulus das Reden mit „Engelszungen" vorstellte, weiß man allerdings nicht so genau. Im Alten Testament tauchen zwar häufig Engel als Boten Gottes auf, doch werden sie oft gar nicht erkannt, weil sie äußerlich Menschen ähnlich sind – also auch keine Flügel besitzen. Heute bedeutet „mit Engelszungen" reden meist, jemandem besonders geduldig und eindringlich, dabei aber auch liebevoll zuzureden.

Mit Frauen soll man sich nie unterstehn zu scherzen

**Johann Wolfgang von Goethe
*1749 †1832**

In Goethes *Faust* nehmen der Titelheld und Mephisto, um Gretchen doch zu gewinnen, den Umweg über deren Vertraute, die Nachbarin Marthe, laut Mephisto „ein Weib wie auserlesen zum Kuppler- und Zigeunerwesen". Diese lässt sich auch gleich auf ein Geschäker mit Mephisto ein. Als sie neckend wissen will, ob es ihm niemals ernst mit einer Frau gewesen sei, rettet er sich mit der Ausflucht, mit Frauen solle man nie scherzen. Marthe wirft ihm vor, sie nicht zu verstehen, ahnt aber wohl, dass er sie nur missverstehen will.

Das sagten ... ... Fußballer

> Das Geheimnis des Fußballs ist ja der Ball.
> — *Uwe Seeler (*1936)*

> Die Ehefrau ist das beste Trainingslager.
> — *Otto Rehhagel (*1938)*

> Kompliment an meine Mannschaft und meinen Dank an die Mediziner. Sie haben Unmenschliches geleistet.
> — *Berti Vogts (*1946)*

> Die Brasilianer sind ja auch alle technisch serviert.
> — *Andreas Brehme (*1960)*

> Damals hat die halbe Nation hinter dem Fernseher gestanden.
> — *Franz Beckenbauer (*1945)*

> Es ist wichtig, dass man 90 Minuten mit voller Konzentration an das nächste Spiel denkt.
> — *Lothar Matthäus (*1961)*

> Ich bin körperlich und physisch topfit.
> — *Thomas Häßler (*1966)*

> Das wird alles von den Medien hochsterilisiert.
> — *Bruno Labbadia (*1966)*

> In erster Linie stehe ich voll hinter dem Trainer, in zweiter Linie hat er Recht.
> — *Olaf Thon (*1966)*

> Mein Problem ist, dass ich immer sehr selbstkritisch bin, auch mir selbst gegenüber.
> — *Andreas Möller (*1967)*

> Das ist Schnee von morgen.
> — *Jens Jeremies (*1974)*

Das sangen ... ... Liedermacher

Du, lass dich nicht verhärten in dieser harten Zeit. Die all zu hart sind, brechen. Die all zu spitz sind, stechen. Und brechen ab sogleich.
*Wolf Biermann (*1936)*, Ermutigung

Es sind nicht immer die Lauten stark, nur weil sie lautstark sind. Es gibt so viele, denen das Leben ganz leise viel echter gelingt.
*Konstantin Wecker (*1947)*, Es sind nicht immer die Lauten stark

Hab keinen Himmel über mir und unter mir kein Bett. Kaum leben wir, schon sterben wir und warn doch nie komplett.
*Bettina Wegner (*1947)*, Liebeslied

Drum schlaf schön ein und gute Nacht, wir werden alle überwacht. Kein Grund, dass man sich Sorgen macht, wir werden alle überwacht.
Georg Danzer (1946–2007), Wir werden alle überwacht

Gott erschuf die Kühe und das Gras, und danach ? Das Mittelmaß.
*Rainald Grebe (*1971)*, Mittelmäßiger Klaus

Selig, die Abgebrochenen, die Verwirrten, die in sich Verkrochenen. Die Ausgegrenzten, die Gebückten, die an die Wand Gedrückten, selig sind die Verrückten!
*Reinhard Mey (*1942)*, Selig sind die Verrückten

Freiheit, Gleichheit, Brüderlichkeit – alle haben nichts dagegen. Freiheit, Gleichheit, Brüderlichkeit – von wegen!
Hanns Dieter Hüsch (1925–2005), Freiheit, Gleichheit, Brüderlichkeit

Was gehn mich eure Götter an, ich sieg nicht eure Siege. Ich teil nicht euren Größenwahn der kleinkarierten Kriege.
*Klaus Hoffmann (*1951)*, Was gehn mich eure Götter an

Lass uns fest die Daumen halten, dass die Welt nicht untergeht. Dass sie sich, die kugelrunde, kunterbunte, weiterdreht.
Ludwig Hirsch (1946–2011), Ich liebe dich

Schau, die Sonne ist warm und die Lüfte sind lau. Gehn wir Tauben vergiften im Park! Die Bäume sind grün und der Himmel ist blau. Gehn wir Tauben vergiften im Park!
Georg Kreisler (1922–2011), Tauben vergiften

Mit siebzehn hat man noch Träume ...

Heinz Korn *1923 †1993

Peggy March

„ ... da wachsen noch alle Bäume in den Himmel der Liebe." Mit diesem Titel des Komponisten und Liedtexters Korn (Spitzname „Doppelkorn") gewann die US-amerikanische Schlagersängerin Peggy March 1965 die Deutschen Schlagerfestspiele in Baden-Baden und schaffte damit den internationalen Durchbruch.

Mit Verlaub, ich bin so frei!

Wilhelm Busch *1832 †1908

Mit diesen Worten greift in Wilhelms Busch Bildergeschichte *Tobias Knopp* ein Eremit nach Knopps Wanderflasche und trinkt sie aus. Weiter fühlt er sich so frei, Frauen und die Liebe verachten zu dürfen, sich niemals zu waschen usw. Allerdings wurde die Wendung früher auch durchaus ernsthaft benutzt, wenn man etwas tat, was nicht hundertprozentig der Etikette entsprach, man aber davon ausging, dass die Anwesenden nichts dagegen haben würden.

Wilhelm Busch

Mit Worten lässt sich trefflich streiten

Johann Wolfgang von Goethe *1749 †1832

Dies erklärt Mephisto in *Faust* dem Schüler, der zu Faust gekommen ist, um von ihm Unterweisung zu erbitten. Anstatt ihm Klarheit zu geben, macht Mephisto ihm jedoch den Unwert von Worten und Begriffen deutlich, indem er diese scheinbar lobt: „Mit Worten lässt sich trefflich streiten, mit Worten ein System bereiten, an Worte lässt sich trefflich glauben, von einem Wort lässt sich kein Jota rauben." Das Zitat wird meistens gebraucht, um auszudrücken, dass eine gut klingende Argumentation noch kein Beweis für den Wahrheitsgehalt einer Sache ist bzw. dass ein Streit um die richtigen Begriffe in der Sache oft nicht weiterhilft.

Mittendrin statt nur dabei

Ralf Maier unbekannt

Mit diesem Slogan trat 1993 das Deutsche Sportfernsehen (DSF) an. Entworfen hat den Satz Ralf Maier, ein Mitarbeiter der Düsseldorfer Werbeagentur Grey. Dazu gab es damals eine Anzeigenserie, in der jeweils ein bestimmtes Sportereignis präsentiert wurde, über das das DSF berichten würde. Übertitelt waren die Anzeigen alle mit Versprechen, die nach ähnlichem Muster aufgebaut waren wie „Statt leeres Gewäsch: Volles Rohr".

Das Logo des DSF bis April 2010

Modus operandi
Art des Vorgehens

*Pietro Pomponazzi *1462 †1525*

Dieser Ausdruck, der sich auch schon im *Tractatus de immortalitate animae* (*Abhandlung über die Unsterblichkeit der Seele*) des italienischen Philosophen Pomponazzi findet, wird vor allem in der Soziologie, der Kriminalistik und im Wirtschaftsleben verwendet. Er kommt einerseits zum Einsatz, wenn es gilt, ein künftiges Vorgehen zu planen und ein Schema zu erstellen, an das sich alle Beteiligten halten. Andererseits wird er benutzt, um nachträglich ein Muster im Verhalten eines Menschen zu erkennen, etwa wenn ein Serientäter immer nach einem ähnlichen Schema vorgeht. Ebenfalls ein gängiger Begriff ist der „Modus vivendi" (Art des Lebens), der vor allem benutzt wird, wenn es darum geht, in einer Gruppe, einer Nachbarschaft oder in einem anderen sozialen Zusammenhang einen „Modus vivendi" untereinander zu finden, also einen Weg, erträglich zusammenzuleben.

Pietro Pomponazzi

Mögen hätt' ich schon wollen, aber dürfen habe ich mich nicht getraut

Karl Valentin (Valentin Ludwig Fey)
**1882 †1948*

Diese Antwort gab der Münchner Komiker Karl Valentin (1882–1948) seiner Partnerin Liesl Karlstadt in dem Sketch *Das Oktoberfest*. Karlstadt mimte darin eine empörte Ehefrau, die sich über die

Karl Valentin

"halb nackerten" Artistinnen im Hippodrom aufregt. Sie wettert: „I bin ganz rot wordn. Mein Mann hat auch nicht hinschaun mögen." Gebraucht wird das Zitat in der Regel in ganz ähnlichen Situationen.

Mögen sie mich hassen, wenn sie mich nur fürchten

Lucius Accius
*um 170 †um 90 v. Chr.

Diesen Spruch – auf Lateinisch „Oderint, dum metuant" – soll Accius in seiner Tragödie *Atreus* verwendet haben. Jedenfalls berichtet das der römische Politiker Cicero, der den Dichter noch persönlich kennengelernt hat. Später machte der gewalttätige, zynische römische Kaiser Caligula (12–41) den Satz zu seinem Wahlspruch. Auch Bismarck verwendete ihn und spielte damit auf sein Verhältnis zu Frankreich an.

Caligula

Der Mohr hat seine Schuldigkeit getan, der Mohr kann gehen

Friedrich Schiller
*1759 †1805

In Friedrich Schillers zweitem Drama *Die Verschwörung des Fiesco zu Genua* (1783) soll der Titelheld durch einen Mauren, Muley Hassan, ermordet werden. Es gelingt ihm aber, Hassan auf seine Seite zu ziehen. Dieser leistet ihm unschätzbare Dienste bei der Vorbereitung seiner Verschwörung. Trotzdem behandelt Fiesco ihn wie einen Dienstboten und meint, dass er für seine Durchtriebenheit einen besonderen Galgen verdiene. Hassan kommentiert das mit obigem Satz, sagt aber „Arbeit" nicht „Schuldigkeit".

Der Mörder ist immer der Gärtner

Reinhard Mey *1942

Diese Krimi-Weisheit brachte der Sänger Reinhard Mey im Jahr 1971 mit dem gleichnamigen Lied unters Volk. Er parodiert damit die vielen Klischees der in den 1960er-Jahren beliebten Edgar-Wallace- und Agatha-Christie-Krimis. Der Liedtitel wird immer noch gern zitiert, obwohl es zunehmend weniger Krimis gibt, auf die der Satz zutrifft. Selbst in Meys Lied stellt sich die Behauptung letztendlich als ein Vorurteil heraus: „Der Mörder war nämlich der Butler, und der schlug erbarmungslos zu. Der Mörder ist immer der Butler – man lernt eben täglich dazu."

Morgen, Kinder, wird's was geben...

Karl Friedrich Splittegarb
*1753 †1802

„... morgen werden wir uns freun." Die Eingangszeile dieses Weihnachtsliedes wird gern für Ankündigungen aller Art herangezogen, oft auch in der Verneinung. Der Text des Liedes war 1795 in den *Liedern zur Bildung des Herzens* von Karl Friedrich Splittegarb veröffentlicht worden, Karl Gottlieb Hering (1766–1853) schrieb später die Melodie dazu. Von dem sächsischen Komponisten stammen auch zahlreiche andere Kinderlieder wie zum Beispiel *Hoppe, hoppe, Reiter*. Einem Trend der Zeit folgend, enthält das Weihnachtslied keine religiösen Motive. Die Zeile wurde auch ironisch verwendet: Erich Kästners Gedicht *Weihnachtslied, chemisch gereinigt* von 1928 beginnt beispielsweise mit den Versen „Morgen, Kinder, wird's nichts geben. Nur wer hat, kriegt noch geschenkt. Mutter schenkte euch das Leben. Das genügt, wenn man's bedenkt".

Morgen, morgen, nur nicht heute

Christian Felix Weiße *1726 †1804

1766 veröffentlichte der Pädagoge Christian Felix Weiße die Sammlung *Kleine Lieder für Kinder*. Darin ist das Lied *Der Aufschub* enthalten, das mit den Worten beginnt: „Morgen, morgen, nur nicht heute! Sprechen immer träge Leute." Das Gedicht geht weiter: „Morgen! Heute will ich ruhn, morgen jene Lehre fassen, morgen jenen Fehler lassen, morgen dies und jenes tun!" Weiße gilt als einer der Begründer der deutschen Kinderliteratur und gab unter anderem eine Zeitschrift für Kinder heraus.

Christian Felix Weiße

Müde bin ich, geh zur Ruh...

Luise Hensel *1798 †1876

„... schließe beide Augen zu." Die Anfangszeile dieses Abendgebets kennt wohl jeder, vielleicht auch noch die erste Strophe. Alle vier Strophen des Liedes, das die Dichterin Luise Hensel im Jahr 1817 schrieb, dürften kaum jemandem bekannt sein. Luise Hensel wurde in ihrer Jugend von mehreren berühmten Künstlern, darunter Clemens Brentano (1778–1842), heftig umworben, entschloss sich aber, für ihre religiösen Überzeugungen zu leben, und widmete sich karitativen Aufgaben und der Erziehung von jungen Mädchen. Gleich drei ihrer Schülerinnen gründeten später karitative Orden.

Luise Hensel

Musik wird oft nicht schön empfunden, weil sie stets mit Geräusch verbunden

Wilhelm Busch *1832 †1908

Und Geräusche, in diesem Fall die Musik eines Bettelmusikantenchores, stören den Gärtner Knoll in Wilhelm Buschs Bildergeschichte *Der Maulwurf* bei der Jagd nach dem titelgebenden Getier. Am Ende ist Knoll aber doch erfolgreich: „Da liegt der schwarze Bösewicht und wühlte gern und kann doch nicht, denn hinderlich, wie überall, ist hier der eigne Todesfall."

My home is my castle

Edward Coke *1552 †1634

Edward Coke

Um das traditionelle britische Recht vor einer Aushöhlung zu bewahren, sammelte und interpretierte der englische Generalstaatsanwalt und Oppositionspolitiker Coke alte englische Gesetze und Gerichtsbeschlüsse. In diesen *Institutes* schrieb er, es müsse jedem Hausherrn – wie einem Ritter – gestattet sein, seinen Besitz mit Waffengewalt gegen Angreifer zu verteidigen, „denn das Haus eines Mannes ist seine Burg" (for a man's home is his castle). Heute geht es meist weniger um Selbstverteidigung, wenn dieser Spruch zitiert wird, sondern um die Privatsphäre, die die eigenen vier Wände bieten (sollen).

Nach Canossa gehen wir nicht

Otto von Bismarck *1815 †1898

Von 1871 bis 1878 führte der deutsche Kanzler Bismarck einen harten „Kulturkampf" gegen die katholische Kirche in Deutschland, deren Rechte er drastisch beschnitt. 1872 bekräftigte er mit dem Canossa-Spruch seinen Willen, nicht nachzugeben. Er spielte damit auf den Gang Kaiser Heinrichs IV. nach Canossa im Jahr 1077 an. Heinrich erschien dort als Büßer vor der Burg des Papstes und nötigte ihn so, den gegen ihn verhängten Kirchenbann aufzuheben. Während dies vielfach als geschickter Schachzug des Kaisers angesehen wurde, bedeutete Canossa für Bismarck eine Niederlage der weltlichen Macht vor der Kirche. In der Folge wurde ein „Gang nach Canossa" zur Umschreibung für einen besonders schweren Gang.

Die Ruinen von Canossa

Nach drei Tagen wird jeder Gast zur Last

Titus Maccius Plautus
*um 254 †um 184 v. Chr.

In der Komödie *Miles Gloriosus* (Der ruhmreiche Soldat) des römischen Dichters Plautus entführt der Titelheld, der in Wahrheit ein ausgemachter Schurke ist, Philocomasium, die Geliebte des jungen Atheners Pleusicles. Pleusicles sucht in Ephessos nach ihr und wohnt im Haus seines alten Freundes Periplecomenus. Er will das jedoch trotz seiner eigenen Notlage nicht über Gebühr ausnützen und erklärt, kein Gast sei so willkommen im Hause seines Freundes, dass er nicht nach drei Tagen zur Last und nach zehn zur Plage werde. Selbst wenn der Hausherr nichts dagegen habe, würden die Sklaven murren. Sein Freund jedoch entgegnet: „Ich habe meine Sklaven so erzogen, dass sie mich bedienen, mein Gast, nicht dass sie mich beherrschen."

Johann Wolfgang von Goethe

als wirklich schön angesehen wird und nur „halb aus Erbarmen" Komplimente erhält. Und diese wären dann auch alles, was eine wie sie erwarten dürfte.

Nach Golde drängt, am Golde hängt doch alles

Johann Wolfgang von Goethe
*1749 †1832

Um Gretchen zu gewinnen, befiehlt Faust im gleichnamigen Drama von Goethe Mephisto, dieser ein Schatzkästchen mit kostbarem Schmuck zu verschaffen. Gretchen ist auch tatsächlich überwältigt, als sie das Kästchen findet, und wünscht sich, solche Dinge zu besitzen. Denn sie ist sich sicher, dass ein armes Mädchen ohne Schmuck und schöne Kleider wie sie nie

Nach uns die Sintflut!

Jeanne-Antoinette Poisson,
Madame de Pompadour
*1721 †1764

„Après nous le déluge!", soll Jeanne-Antoinette Poisson, die berüchtigte Madame de Pompadour, gesagt haben – die einen Quellen behaupten, nach der verlorenen Schlacht von Roßbach gegen die Preußen 1757, andere sagen, als das französische Finanzsystem kollabiert ist. Ob das Gerücht überhaupt stimmt, ist nicht sicher, denn der Pompadour war das Wohl Frankreichs nicht egal. Allerdings verstand sie mehr von Kunst, die sie großzügig förderte, als von Politik, in der sie sich auch versuchte. Ihre Zeitgenossen jedoch nahmen der Mätresse von König Ludwig XV. (1710–74) sowohl ihre luxuriöse Lebensführung übel wie auch die Tatsache, dass sie dem König geraten hatte, sich im Siebenjährigen Krieg mit Österreich zu verbünden. Sicher ist, dass sich ein gewisser Abbé de Mably 1758 beschwerte, dass das französische Parlament nach dem Motto „Nach uns die Sintflut" agiere.

Madame de Pompadour

Der nächste Winter kommt bestimmt

Rheinische Braunkohlenbrikett-Verkauf Gmbh

Eigentlich eine Binsenweisheit, doch die Rheinische Braunkohlenbrikett-Verkauf GmbH machte 1960 mit Zusätzen wie „Jetzt Briketts einkellern" oder „Wer Briketts im Sommer nimmt, sorgt vor" eine erfolgreiche Werbekampagne daraus. Man wollte erreichen, dass die Kunden sich bereits im Sommer mit dem Heizmaterial eindecken. Denn in einer Zeit, in der Briketts eine immer geringere Rolle zu spielen begannen, stellte es die Produzenten vor ernsthafte Probleme, wenn sie im Sommer so gut wie gar keinen Absatz hatten und im späten Herbst die Nachfrage kaum bewältigen konnten. Damit das ja nicht vergessen wurde, bekamen Kunden zum Beispiel Schlüsselanhänger mit dem Aufdruck „Der nächste Winter kommt bestimmt" geschenkt. Obwohl der Spruch patentrechtlich geschützt wurde, wirbt heute so ziemlich jeder damit, der Winterprodukte verkauft.

Das nächste Spiel ist immer das schwerste

*Sepp Herberger *1897 †1977*

Diese Weisheit teilte Bundestrainer Sepp Herberger seinen Nationalspielern in einem Rundbrief vom 20. August 1954 mit. Wann und wo er die zahlreichen anderen Sprüche machte, die ihm Kultstatus einbrachten, etwa „Der Ball ist rund und das Spiel dauert 90 Minuten", „Nach dem Spiel ist vor dem Spiel" oder „Das Runde muss ins Eckige", lässt sich nicht mehr belegen.

Die nackte Wahrheit

Horaz (Quintus Horatius Flaccus)
*65 †8 v. Chr.

„Nuda veritas", die „nackte Wahrheit", bemühte Horaz in einem Trauergedicht für seinen toten Freund Quintilius Varus (nicht identisch mit dem Feldherrn der Varus-Schlacht). In der 24. Ode seines ersten Gedichtbandes schreibt er: „Also ewiger Schlaf deckt den Quintilius! Wann werden je die holdselige Zucht und die Schwester der Gerechtigkeit, die unverbrüchliche Treue und die nackte Wahrheit einen finden, der ihm gleich ist?"

Die Natur macht keine Sprünge

Aristoteles *384 †322 v. Chr.

Das Werden und Entstehen der Welt und aller Dinge war eines der zentralen Themen der antiken Philosophie. Über diese Frage stellten die Philosophen teils erstaunliche naturwissenschaftliche Theorien auf. Die Eklaten etwa gingen vom unveränderlichen Sein aus. Aristoteles kam zu dem Schluss, dass es in der Natur zwar eine ständige Evolution gebe, aber keine plötzlichen radikalen Umwälzungen.

Aristoteles

Neckermann macht's möglich

Mitarbeiter von Neckermann

Mit diesem Spruch warb das Versandkaufhaus Neckermann seit 1960. Angeblich fragte während der Sitzung, auf der ein neuer Slogan ausgebrütet werden sollte, ein Teilnehmer, ob es denn bei Neckermann nicht möglich sei, etwas zu essen zu bekommen. Auf diesen Rüffel hin soll ein junger Mitarbeiter Würstchen organisiert und mit dem Spruch „Neckermann macht's möglich" serviert haben. Der Spruch wurde wohl auch deshalb so populär, weil er die Stimmung der Wirtschaftswunderzeit einfing, in der Konzerne Ungeahntes möglich zu machen schienen.

Neckermann-Logo

Neue Besen kehren gut

Freidank *um 1200 †um 1240

In dem Kapitel „Vom Dienst" in Freidanks *Bescheidenheit* dichtete der mittelalterliche Sänger: „Der niuwe beseme kert vil wol ê daz er stoubes werde vol." Neue Besen kehren also nur so lange gut, bis sie voller Staub sind – was recht schnell geschehen kann. Freidank warnt davor, übertriebene Hoffnungen in den neuen Besen oder überhaupt in Neues zu stecken.

Neue Männer braucht das Land

Ina Deter *1947

Mit *Neue Männer* landete Ina Deter 1982 einen Riesenhit und wurde zu einem der Stars der Neuen Deutschen Welle. Im Text des Liedes geht es eigentlich vor allem darum, dass auch Emanzen Männer „noch nicht ganz satt" haben und sich den Richtigen wünschen. Der Titel wird aber vor allem dann zitiert, wenn es um eine Änderung der traditionellen männlichen Rollenmuster geht.

Ina Deter

Bernhard von Bülow

Nibelungentreue

Bernhard von Bülow *1849 †1929

Dieses oft mit Wilhelm II. in Verbindung gebrachte Schlagwort prägte sein Kanzler. Er gebrauchte es einige Monate vor seiner Entlassung in einer Reichstagsrede am 29. März 1909. Damals hatte Österreich die Provinzen Bosnien und Herzegowina, die es seit 1878 besetzt hielt, formal annektiert und damit eine internationale Krise ausgelöst. In seiner Rede erklärte Bülow, dass Deutschland bedingungslos hinter Österreich stehen werde. Damit erreichte die deutsche Regierung, dass die Annexion von den anderen Mächten fürs Erste hingenommen wurde, isolierte sich außenpolitisch aber völlig von den anderen Großmächten. Mit der Nibelungentreue spielte Bülow auf eine Stelle im *Nibelungenlied* an, in der sich die Burgunder weigern, Hagen, den Mörder von Krimhilds Gatten Siegfried, an diese auszuliefern. Das Schlagwort tauchte 1914 beim Ausbruch des Ersten Weltkrieges wieder auf und wurde propagandistisch auf Teller, Tassen, Postkarten und Plakate gedruckt. Nachdem der Krieg ähnlich desaströs wie das Nibelungenlied ausgegangen war, wurde das Schlagwort zum Synonym für übertriebene und kurzsichtige Treuegelübde mit fatalem Ende.

Nicht das Fell des Bären verteilen, bevor man ihn erlegt hat

*Jean de La Fontaine *1621 †1695*

Jean de la Fontaine

Die Fabel *Der Bär und die zwei Burschen* des französischen Fabeldichters Jean de La Fontaine erzählt von zwei jungen Männern, die dem Kürschner ein Bärenfell verkaufen. „Der Bär zwar, sagten sie, lebe noch, jedoch bald hätt er im Kopf ein Loch." Sie ziehen also auf die Jagd, erschrecken aber gewaltig, als tatsächlich ein Bär auftaucht. Einer fällt hin und der Bär schnuppert lange an ihm herum, hält ihn dann aber für Aas und trollt sich. Sein Kamerad fragt ihn hinterher, was ihm der Bär ins Ohr geflüstert habe. Der Gestürzte erwidert: „Gebrummt hat er, verkaufe nie, du Tor, des Bären Haut, du hättest sie denn zuvor!"

Nicht für die Schule, für das Leben lernen wir

Lucius Annaeus Seneca
**um 4 v. Chr. †65 n. Chr.*

So wird das Zitat heute benutzt. Der römische Politiker und Philosoph Seneca schrieb in einem seiner Briefe an seinen Freund Lucilius jedoch das glatte Gegenteil. „Non vitae, sed scholae discimus" ist da zu lesen. (Nicht für das Leben, sondern für die Schule lernen wir.) Allerdings machte Seneca diese Tatsache den Schulen zum Vorwurf und meinte, dass es eigentlich andersherum sein solle. Deshalb hat sich irgendjemand später die Freiheit genommen, den Satz umzudrehen.

Nicht immer, aber immer öfter

Horst Kitschenberg unbekannt

Eine für einen Werbespruch erstaunlich nüchterne Aussage, die sofort vom Volksmund übernommen wurde. Mit diesem Satz wollte Horst Kitschenberg, Chef der Werbeagentur Eureka, 1990 die immer noch bestehenden Vorbehalte gegen alkoholfreies Bier überwinden. Zwar warb die Firma Clausthaler seit 1978 mit dem Satz „Alles, was ein Bier braucht" für ihr alkoholfreies Produkt, doch die Vorbehalte der gestandenen Biertrinker existierten weiterhin. Der neue Slogan sollte alkoholfreies Bier nicht als Glaubenssache, sondern als gute Alternative für – immer mehr – Gelegenheiten darstellen.

Nicht jeder, der einen Pinsel in die Hand nimmt, ist ein Maler

Gotthold Ephraim Lessing
*1729 †1781

Im Nachwort seiner *Hamburgischen Dramaturgie,* einer Sammlung von Rezensionen und Gedanken über das Theater, schrieb Gotthold Ephraim Lessing von sich selbst, dass er eigentlich kein Dichter sei. Zwar würden ihn einige so nennen, aber „aus einigen dramatischen Versuchen, die ich gewagt habe, sollte man nicht so freigebig folgern. Nicht jeder, der den Pinsel in die Hand nimmt und Farben verquistet, ist ein Maler." Er verfüge nicht über sprudelndes Genie, erklärt er, sondern habe sich seine Stücke mühsam und mithilfe seiner Umwelt erarbeiten müssen.

Nicht nur sauber, sondern rein

unbekannt

Mit dieser Verheißung pries von 1968 bis 1984 die Schauspielerin Johanna König (1921–2009) als „Klementine" das Waschmittel Ariel an. Mit ihrer weißen Latzhose, Schirmmütze und rot-weiß karierten Bluse war die Schauspielerin Kult, auch wenn sich wohl niemand so genau überlegte, wie der Unterschied zwischen sauberer und reiner Wäsche aussehen solle. Der Slogan wurde auch gern umgedichtet, zum Beispiel in „Nicht nur sauber, sondern leise/billig/öko/klein" etc.

Nichts ist erregender als die Wahrheit

Egon Erwin Kisch *1885 †1948

Egon Erwin Kisch

Dies war für den „rasenden Reporter" Egon Erwin Kisch der Antrieb seiner Arbeit. Während Journalismus bis dahin vor allem das Sammeln und Kommentieren von Nachrichten war – oft ohne sauber zwischen Tatsache und Meinung zu trennen –, begeisterte sich Kisch für die „Geschichten, die das Leben schrieb". Dabei interessierten ihn gerade auch die Geschichten aus den armen Vierteln seiner Heimatstadt Prag. Nachdem er von den Nationalsozialisten ins Exil gezwungen worden war, schrieb er Reisereportagen von allen fünf Kontinenten. Im Übrigen erfand Kisch auch die Gestalt des „Rasenden Reporters", der fieberhaft hinter seinen Storys her ist. Er gab 1924 einem Buch mit gesammelten Reportagen diesen Titel.

Nichts ist mächtiger als die Gewohnheit

Ovid (Publius Ovidius Naso)
*43 v. Chr. †um 18 n. Chr.

Im Jahr 8 wurde der römische Dichter Ovid von Kaiser Augustus (63 v. Chr.–14 n. Chr.) nach Constanza am Schwarzen Meer verbannt. Es soll zwei Gründe dafür gegeben haben. Einmal wusste er wohl Skandalöses von der Kaisertochter Julia (39 v. Chr.–14 n. Chr.), zum anderen hatte er ein Buch verfasst, das dem Kaiser nicht gefiel. Seine *Liebeskunst* (*Ars Amatoria*) war ein Ratgeber in Sachen freie Liebe. Die Tipps reichten von der ersten Kontaktaufnahme bis hin zu sexuellen Stellungen, gern garniert mit Beispielen aus der griechischen Mythologie. Ein Tipp Ovids: Den Partner nie gleich am Anfang vernachlässigen, sondern erst, wenn er die Zweisamkeit so gewohnt ist, dass er unter der Trennung leidet. Denn: Nichts ist mächtiger als die Gewohnheit.

1992 in den Werbespots sprechende Tiere auftreten ließ. Thomas Wulfes, Creative Director der Düsseldorfer Agentur Baums, Mang und Zimmermann, von der auch der Slogan stammte, ließ sich im Urlaub von der französischen Fernsehserie *Das Privatleben der Tiere* inspirieren, die er mit seinen Kindern ansah. Der Jingle „Nichts ist unmöglich: Toyota" wurde singenden Affen ins Maul gelegt.

Nie sollst du mich befragen

Richard Wagner *1813 †1883

Der Held Lohengrin ist ein Sohn des Gralsritters Parzival. Um das Geheimnis des sagenumwobenen Grals zu wahren, darf er deshalb niemals seine Herkunft preisgeben. In der Oper *Lohengrin* von Richard Wagner zieht er mit seinem Schwanenboot nach Brabant, um die schöne Elsa zu retten, die fälschlich angeklagt wurde, ihren kleinen Bruder ertränkt zu haben. Anschließend heiratet er sie, ohne sein Inkognito aufzugeben. „Nie sollst du mich befragen", schärft er ihr ein. Sie tut es eines Tages natürlich doch und Lohengrin muss in seinem Schwanenboot wieder zum Gral zurückkehren.

Nichts ist unmöglich

Thomas Wulfes unbekannt

Mit diesem Spruch wirbt der japanische Konzern Toyota seit 1985 für seine Autos. Doch richtig bekannt wurde er erst, als man

Statue des Gründers von Toyota Toyoda Kiichir

Lohengrins Ankunft in Brabant

Niemand ist eine Insel

John Donne *um 1572 †1631

John Donne

1624 erschien *Devotion upon Emergent Occasions*, eine Sammlung von mehreren Meditationen, die der englische Dichter John Donne während einer schweren Krankheit geschrieben hatte. In der 17. Meditation schrieb er: „Niemand ist eine Insel, nur für sich. Jeder ist ein Stück des Kontinents, ein Teil des Festlandes." 1955 gab der Philosoph Thomas Merton (1915–68) einem seiner Bücher den Titel *No man is an Island* (dt. *Keiner ist eine Insel. Betrachtungen über die Liebe*). Außerdem nannte Johannes Mario Simmel 1976 einen seiner Romane *Niemand ist eine Insel*.

Niemand ist so blind wie die, die nicht sehen wollen

Jonathan Swift *1667 †1745

Diese Weisheit stammt aus den *Polite Conversations* des irischen Schriftstellers Jonathan Swift. Darin spekuliert eine Gruppe Damen, ob eine gewisse Lady Spendall („Verschwendet alles"), „schlau wie ein Schwein, aber nicht halb so aufrichtig", über die Affären ihres Gatten Bescheid wisse. Lady Smart erklärt, das tue sie wohl, verdränge es aber. „There is no one so blind as they that won't see."

Niemand trägt zur Unterhaltung so sehr bei wie der Abwesende

Oscar Wilde *1854 †1900

Das ist eine Weisheit, die von dem englisch-irischen Schriftsteller Oscar Wilde stammt. Wilde musste es wissen, denn er galt zu seiner Zeit als absolute Koryphäe, was den geistreichen Small Talk in Gesellschaft anging. Dazu passt auch ein Zitat aus seiner Komödie *Bunbury oder Ernst sein ist alles*: „Auf dem Land lebt man zu seiner Unterhaltung, in der Stadt zur Unterhaltung der anderen."

No sports!

Winston Churchill *1874 †1965

Sir Winston Churchill

Angeblich soll Churchill kurz vor seinem Tod einem Journalisten, der ihn nach dem Geheimnis seines Alters gefragt hatte, erklärt haben: „Vor allem: Kein Sport!" Eine Variante lautet: „Kein Sport, nur Whiskey und Zigarren!" Es ist jedoch noch kein Beleg für diese sehr populäre Anekdote gefunden worden. Sollte Churchill den Satz doch gesagt haben, dann war er mit Sicherheit nicht ernst gemeint. Churchill war ein erfolgreicher Kricket- und Golfspieler, Schwimmer und Fechter. Er spielte noch mit über 50 Jahren begeistert Polo und war bei Fuchsjagden sogar noch mit 70 dabei.

Nobody is perfect

Billy (Samuel) Wilder
*1906 †2002

So lautet der legendäre Schlusssatz der Filmkomödie *Manche mögen's heiß,* deren Drehbuch Regisseur Billy Wilder zusammen mit dem Autor I. A. L. Diamond (1920–88) verfasste. Die beiden Musiker Jerry (Jack Lemmon) und Joe (Tony Curtis), die sich aus Angst vor der Mafia als Mitglieder einer Frauenkapelle tarnen, fliehen zusammen mit Joes Eroberung Sugar (Marilyn Monroe) und Jerrys Verehrer Osgood (Joe E. Brown) in dessen Motorboot. Osgood redet über die gemeinsame Zukunft mit der vermeintlichen Geliebten und alle Argumente Jerrys, warum er Osgood nicht heiraten könne, prallen an diesem ab. Schließlich entschließt sich Jerry zur brutalen Wahrheit: Er nimmt die Perücke ab und sagt: „Ich bin ein Mann!" Osgood jedoch erwidert seelenruhig: „Na und, niemand ist perfekt."

Tony Curtis am Rednerpult

Nolens volens
Nicht wollend wollend

Augustinus von Hippo *354 †430

Augustinus von Hippo

Wer etwas „nolens volens" tut, der hat im Grunde keine Chance, sich zu weigern. Zwar will er nicht wirklich, doch alles andere will er noch weniger. Das Wortspiel mit „wollen" und „nicht wollen" war bei antiken Autoren äußerst beliebt. In Ciceros *De natura deorum* (Über das Wesen der Götter) findet man: „Velim nolim" (Ob ich will oder nicht), bei Martial „Velis nolis" (Du willst, willst nicht), bei Terenz „Velit, nolit" (Er will, will nicht). Die Wendung „nolens volens" findet sich schließlich mehrmals in den Briefen des heiligen Augustinus.

Noli me tangere
Rühr mich nicht an

Neues Testament (Joh 20,17)

„Rühr mich nicht an", heißt die lateinische Wendung auf Deutsch. Sie geht zurück auf eine Stelle im *Johannesevangelium*. Johannes berichtet, dass Jesus nach seinem Tod Maria Magdalena erschienen sei. Als sie ihn erkennt, warnt er sie, ihn nicht zu berühren. Die Szene wurde in der Kunst oft dargestellt und meist mit „Noli me tangere" betitelt. Außerdem ist dies ein geläufiger Name des Großen Springkrautes, dessen Samenkapseln bei der geringsten Berührung aufspringen. Nach dem Springkraut wiederum werden sehr empfindliche Menschen gelegentlich als „Blümchen Rührmichnichtan" bezeichnet.

Nomen est omen
Ein Name ist eine Verheißung

Titus Maccius Plautus
*um 254 †um 184 v. Chr.

In dem Stück *Persa (Der Perser)* des römischen Dichters Plautus prellen Toxilus und Sagaristio einen reichen Verwalter, indem sie ihm eine angebliche Sklavin mit dem Namen Lucris (Gewinn) verkaufen. „Der Name und seine Verheißung sind schon allein jeden Preis wert" (Nomen atque omen quantivis iam est preti), versichert Toxilus. Die Kurzform „Nomen est omen" wurde im antiken Rom offenbar schnell populär. Sie findet sich zum Beispiel in den Schriften des Cicero (106–43 v. Chr.). Heute ist die Wendung auch ein Schlagwort in der Psychologie, etwa wenn es darum geht, wie der Name einer Person Einfluss auf ihre Biografie nehmen kann.

Non liquet
Es ist nicht klar

nach Marcus Tullius Cicero
*106 †43 v. Chr.

Die römischen Richter, so ist es in Ciceros Verteidigungsrede für einen gewissen Aulus Cluentius Habitus nachzulesen, urteilten mithilfe von Stimmtäfelchen über den Angeklagten. Ein A stand für „Absolvo" (Ich spreche frei), ein C für „Condemno" (Ich spreche schuldig) und ein NL schließlich für „Non liquet" (Es ist nicht klar), also für eine Stimmenthaltung. Der lateinische Begriff wird auch heute noch im Recht gebraucht, wenn sich Sachverhalte aufgrund fehlender Beweise einer Beurteilung entziehen.

Jesus erscheint Maria Magdalena

Non plus ultra
Nicht darüber hinaus

Pindar *um 522 †um 442 v. Chr.

Pindar

Die Olympischen und andere sportliche Wettkämpfe galten im antiken Griechenland als bedeutende religiöse Veranstaltungen und wurden entsprechend gefeiert. Deshalb schrieben Dichter wie Pindar die Siegerhymnen. In der sogenannten *3. Nemeischen Hymne* zum Beispiel feierte Pindar Aristocleides von Aegina, der 475 v. Chr. den Faustkampf (Pankraton) bei den Spielen in Nemea gewann. In diesem Gedicht findet sich die Warnung, dass man nicht über die „Säulen des Herakles" hinausfahren soll. Der Halbgott soll diese Säulen mit der Aufschrift „Nicht darüber hinaus" (lat. Non plus ultra) an der Meerenge von Gibraltar eingepflanzt haben, um die Grenzen der Seefahrt zu markieren.

Nota bene
Merke wohl

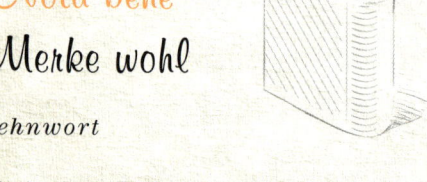

Lehnwort

Wer in einem Text oder in einer Rede einen Satz mit „notabene" einleitet, der möchte, dass seine Leser oder Zuhörer auf das Folgende besonders achten. Es wird oftmals verwendet, wenn es sich eigentlich um einen Nebenaspekt des Themas handelt, den nicht jeder sofort als wichtig oder bemerkenswert erkennt. In einem geschriebenen Text wird die Abkürzung N.B. verwendet. In dem Gedicht *Das Notabene* von Klabund (1890–1928) folgt auf jede Zeile ein „Notabene", das eigentlich eine Einschränkung darstellt, etwa: „Ach, das Leben lebt sich lyrisch. Notabene: wenn man jung ist." Man stößt oft auch auf einen falschen Gebrauch dieser Floskel, etwa im Sinn von „zwangsläufig", „natürlich" oder „notorisch".

Null Problemo

ALF 1986–90

ALF

Das ist der Lieblingsspruch des rot-zotteligen Außerirdischen ALF (Außerirdische Lebensform), wenn er das Leben der amerikanischen Durchschnittsfamilie Tanner wieder einmal gründlich durcheinanderbringt, indem er zum Beispiel mit dem amerikanischen Präsidenten telefoniert, an der Börse spekuliert oder versucht, die Katze Lucky zu fressen. Obwohl der Spruch sehr italienisch klingt, würde ein Italiener ihn wohl eher nicht verwenden, sondern sagen: „Non c'è problema."

Nullachtfünfzehn

Hans Hellmut Kirst *1914 †1989

Die Romantrilogie *08/15* ist das Hauptwerk des früheren Offiziers Hans Hellmut Kirst. Er schilderte darin Ausbildung, Kriegserlebnisse und Nachkriegserfahrungen eines Wehrmachtsgefreiten namens Asch. Thematisiert werden vor allem das Schikanieren, Drillen, Verheizen und Verschaukeln der einfachen Soldaten. Der Titel des Romans, der 1954 sehr erfolgreich verfilmt wurde, ist die Typenbezeichnung eines massenhaft produzierten Maschinengewehrs. Während Kirst das Abqualifizieren der Soldaten zu einer Art menschlicher 08/15 kritisiert, wurde der Begriff in der Folge zum Synonym für Dinge, die so durchschnittlich sind, dass sie es nicht wert sind, beachtet zu werden.

Numerus clausus
Geschlossene Anzahl

Fachausdruck

Der Ausdruck ist vor allem bei der Vergabe von Studienplätzen gebräuchlich. Wenn die Anzahl der Bewerber für einen Studiengang die Kapazitäten der Hochschule überschreitet, kann diese Zugangsbeschränkungen erlassen und nur eine bestimmte Anzahl an Studienplätzen vergeben. Das entscheidende Kriterium ist dabei meist die Abiturnote. Umgangssprachlich spricht man oft davon, dass der NC für einen bestimmten Studiengang beispielsweise bei 1,3 liegt. Genau genommen ist der Notendurchschnitt von 1,3 aber nur das Instrument, um einen Numerus clausus, eine beschränkte Anzahl von Studienanfängern, zu garantieren.

Nur die allerdümmsten Kälber wählen ihre Metzger selber

Max Friedlaender *1873 †1956

In seinem 1943 geschriebenen Stück *Schweyk im Zweiten Weltkrieg* parodierte Bertolt Brecht das *Horst-Wessel-Lied* mit einem *Kälbermarsch*: „Der Metzger ruft. Die Augen fest geschlossen, das Kalb marschiert mit ruhig festem Tritt. Die Kälber, deren Blut im Schlachthof schon geflossen, sie ziehen im Geist in seinen Reihen mit." Ob Brecht von dem Juristen Max Friedlaender inspiriert wurde, der den Satz in seinen Lebenserinnerungen einem anderen Anwalt in den Mund legt, ist ungewiss. Der Spruch ist heute nicht nur bei radikalen Gruppierungen beliebt, um Wahlergebnisse zu kritisieren. So machte zum Beispiel CSU-Politiker Edmund Stoiber (*1941) 2005 Schlagzeilen, weil er damit die hohen Wahlergebnisse für die PDS in Ostdeutschland geißelte.

Bertolt Brecht

Nur Fliegen ist schöner

Carolus Horn *1921 †1992

Mit diesem Spruch bewarb die Firma Opel ihren Sportwagen Opel GT, der 1968 auf den Markt kam. Mit fast 190 Stundenkilometern Spitzengeschwindigkeit war er für damalige Verhältnisse äußerst schnell. Allerdings wurde der Spruch relativ schnell aufgegeben. Das 1971 gebaute Modell Opel GT/J wurde unter anderem mit dem Slogan „Am Preis soll es nicht liegen" beworben. „Nur Fliegen ist schöner" stammte von dem Werbefachmann und Künstler Carolus Horn, der unter anderem auch den Slogan „Alle reden vom Wetter. Wir nicht" für die Deutsche Bundesbahn erfunden hatte. 2005 nahm Opel seinen Satz wieder auf, um für den Astra GTC zu werben.

Nur vom Feinsten

Peter Cornelius *1951

In diesem Lied, das 1993 auf der Platte *Lieber heut als morgen* erschien, prangerte der österreichische Sänger Cornelius den Konsumterror an, in dem alles käuflich ist. Das Beste und Teuerste, meint er, gebe dem Leben vieler Menschen Sinn – als Beweis, dass wenigstens sie selbst sich liebten.

Nur wer sich ändert, bleibt sich treu

Wolf Biermann *1936

Mit diesem Liedtitel schuf der Musiker Wolf Biermann ein Zitat, das sogar seine politischen Gegner im Bedarfsfall gern benutzten. Das Thema des Liedes ist seine eigene Biografie. So singt er darin zum Beispiel darüber, dass er von Hamburg abgehauen ist „mit sechzehn ins Gelobte Land", um dort zu merken, „dass rote Götter auch nur Menschenschweinehunde sind", aber auch über seine Ausbürgerung aus der damaligen DDR im Jahr 1976 und seine Probleme mit dem Westen.

Nur wo Nutella drauf steht, ist auch Nutella drin

unbekannt

Seit die Firma Ferrero 1979 mit diesem Spruch ihre teurere Nugat-Creme „Nutella" in Werbespots von billigeren Nachahmerprodukten absetzte, wird der Slogan gern in allen möglichen Situationen verwendet, wenn man betonen möchte, dass Aufschrift und Inhalt übereinstimmen bzw. dass es sich hier um das (bessere) Originalprodukt handelt.

O tempora, o mores!
O Zeiten, o Sitten!

Marcus Tullius Cicero
*106 †43 v. Chr.

Cicero klagt gegen Catilina

Dieser beliebte Klageruf auf den Verfall der Sitten, die früher angeblich viel besser gewesen sind, ist dem römischen Redner Cicero zu verdanken. Er flocht ihn gern in seine Reden ein, so zum Beispiel am 8. November 63 v. Chr. in seiner ersten Rede gegen Lucius Sergius Catilina (108–62 v. Chr.). Cicero hatte allerdings wirklich Grund zur Klage, denn Catilina hatte erst am Tag zuvor versucht, ihn ermorden zu lassen. Mit seiner vehementen Rede brachte er die übrigen Senatoren dazu, von Catilina abzurücken. Der Verschwörer verließ noch am selben Tag die Stadt und kam später bei Kämpfen gegen römische Truppen in Gallien ums Leben.

Die oberen Zehntausend

Nathaniel Parker Willis *1806 †1867

Mit diesem Begriff – im Original „upper tenthousand" – bezeichnete der amerikanische Journalist Nathaniel Parker Willis in einem Artikel in der New Yorker Zeitung *Evening Mirror* 1844 die Oberschicht der Stadt. In Deutschland wurde der Ausdruck 1957 durch die Filmkomödie *Die oberen Zehntausend* mit Louis Armstrong (1901–71) und Frank Sinatra (1915–98) bekannt. Im Original heißt diese allerdings *High Society.* Die wirklich Reichen werden heute in den USA als die „Forbes 400" bezeichnet, nach der Liste der reichsten Amerikaner, die das *Forbes Magazin* alljährlich veröffentlicht.

Objekt der Begierde

Luis Buñuel *1900 †1983

Wenn diese Wendung heute gebraucht wird, geht es meist tatsächlich nur um einen Gegenstand, den jemand sehr gern haben möchte. Der Film *Dieses obskure Objekt der Begierde* (*Cet obscur objet du désir*) von Luis Buñuel von 1977 dreht sich jedoch um eine junge Frau, in die sich ein alternder Geschäftsmann abgöttisch verliebt. Als Vorlage diente ihm wie auch Joseph Sternberg (1894–1969) für seinen Film *Der Teufel ist eine Frau* (1935) mit Marlene Dietrich (1901–92) der Roman *Die Frau und der Hampelmann* des französischen Schriftstellers Pierre Louÿs (1870–1925), der als ein Meister der erotischen Literatur gilt.

Luis Buñuel

Ohne Furcht und Tadel

Jacques de Mailles *1475 †1540

Très joyeuse et très plaisante histoire du gentil seigneur de Bayart, le bon chevalier sans peur et sans reproche, nannte der französische Jurist Jacques de Mailles sein Lebenswerk. „Die sehr glückliche und sehr angenehme Geschichte des edlen Herrn de Bayard, des guten Ritters ohne Furcht und Tadel." Gemeint war damit de Mailles ehemaliger Brötchengeber, der Ritter Pierre Terrail Bayard (1476–1524), ein in Frankreich äußerst populärer Feldherr, dem zahlreiche kühne Coups gelangen. Obwohl Mailles den Beinamen wohl nicht erfunden hat, scheint Bayard zu Lebzeiten eher als „Der gute Ritter" bekannt gewesen zu sein. Durch die Biografie wurde „Ohne Furcht und Tadel" aber nicht nur zu seinem Beinamen, sondern zu dem Prädikat für einen Ritter schlechthin.

Der Tod des Ritters Pierre Terrail Bayard

Optimismus ist Feigheit

Oswald Spengler *1880 †1936

Oswald Spengler war ein zutiefst pessimistischer Mensch, der den *Untergang des Abendlandes* voraussagte. Er hing sozialdarwinistischen Theorien an und sah letztendlich im Überlebenskampf den Sinn des Lebens. „Ideale sind Feigheit", stellte er deshalb 1931 in *Der Mensch und die Technik* fest. „Denn der Mensch ist ein Raubtier." Auch der Fortschritt der Technik würde letztlich immer auf Kampf abzielen. Angesichts dieses unaufhaltsamen Untergangs sei Optimismus Feigheit. „Wir sind in diese Zeit geboren und müssen tapfer den Weg zu Ende gehen, der uns bestimmt ist", schließt er die Abhandlung, „auf dem verlorenen Posten ausharren ohne Hoffnung, ohne Rettung ist Pflicht […]. Dieses ehrliche Ende ist das einzige, das man dem Menschen nicht nehmen kann."

Oswald Spengler

Ora et labora
Bete und arbeite

Benedikt von Nursia *um 480 †547

„Bete und arbeite" ist das Motto des Benediktinerordens. Damit setzten sich die Benediktiner von älteren Mönchsgemeinschaften ab, die sich nahezu ausschließlich mit Beten und Meditieren beschäftigten. Ob Ordensgründer Benedikt selbst schon das Motto prägte, weiß man nicht, aber in Kapitel 48.1 seiner *Benediktinischen Regel* stellt er den Grundsatz auf: „Müßiggang ist der Seele Feind. Deshalb sollen die Brüder zu bestimmten Zeiten mit Handarbeit, zu bestimmten Stunden mit heiliger Lesung beschäftigt sein."

Benedikt von Nursia

Otto Normalverbraucher

Günter Neumann *1913 †1972

1948 verfasste der Berliner Kabarettist Günter Neumann das Drehbuch für einen Film namens *Berliner Ballade*. Darin ließ er Gert Fröbe (1913–88) als einen ehemaligen Wehrmachtssoldaten namens Otto Normalverbraucher auftreten, der sich im Berlin der Nachkriegszeit zurechtfinden muss. Den Nachnamen „Normalverbraucher" entlehnte Neumann der Lebensmittelkarten-Systematik. Dort wurden alle, die keine Zulagen bekamen, als Normalverbraucher eingestuft. Extras gab es zum Beispiel für Schwangere oder Schwerstarbeiter. Neumann initiierte auch die Kabarettfernsehsendung *Die Insulaner*, schrieb das Drehbuch für den Film *Das Wirtshaus im Spessart* und die Filmmusik für *Wir Wunderkinder*.

Pack die Badehose ein

Hans Bradtke *1920 †1997

Das Lied machte die achtjährige Cornelia Froboess 1951 zum Kinderstar. Es war auch Bradtkes erster Erfolg. Er hatte das Lied gemeinsam mit Connys Vater, dem Komponisten Gerhard Froboess (1906–76), für die Schöneberger Sängerknaben geschrieben, deren Verantwortlichen es aber nicht gefiel. Weitere bekannte Hits, deren Texte von Bradtke stammen, sind *Ohne Krimi geht die Mimi nie ins Bett*, *Er hat ein knallrotes Gummiboot*, *Kalkutta liegt am Ganges* und *Sommerwind*.

Päpstlicher als der Papst

nach Ludwig XIV. *1754 †1793

„Man muss nicht königlicher gesinnt sein als der König", sagte Ludwig XVI., dessen Untertanen allerdings irgendwann so antiköniglich gestimmt waren, dass sie ihren Monarchen zum Tod durch die Guillotine verurteilten. Spätestens in der zweiten Hälfte des 19. Jahrhunderts kam die Redensart „nicht päpstlicher/katholischer als der Papst" auf. „Wozu sollte ich katholischer sein als der Papst?", fragt etwa die aus moralischer Sicht recht lockere Fürstin Betsy Tschwerskaja in Tolstois Roman *Anna Karenina* (1878).

Ludwig XIV.

Pardon wird nicht gegeben

Wilhelm II. *1859 †1941

Wilhelm II. mit seiner Frau Auguste Viktoria

Zu den vielen diplomatischen Fehltritten, die sich Kaiser Wilhelm II. während seiner Amtszeit leistete, gehörte auch die „Hunnenrede", die er am 27. Juli 1900 in Bremerhaven hielt. Er verabschiedete deutsche Truppen, die den sogenannten „Boxeraufstand" in China niederschlagen sollten, mit den Worten: „Pardon wird nicht gegeben, Gefangene werden nicht gemacht." Die Deutschen sollten sich in China einen Namen machen wie einst in Europa die Hunnen. Keinen Pardon zu geben war aber seit einem Jahr durch die auch von Deutschland unterzeichnete Haager Landkriegsordnung ausdrücklich verboten. Im Ersten Weltkrieg stellte dann die britische Kriegspropaganda die Deutschen als kulturlose „Hunnen" hin.

Pars pro toto
Ein Teil statt des Ganzen

Fachausdruck

Als Pars pro toto bezeichnet man eine literarische Stilfigur, bei der ein Teil einer Sache als Synonym für das Ganze verwendet wird, zum Beispiel wenn man vom Pro-Kopf-Einkommen spricht und mit dem Kopf eigentlich den ganzen Menschen meint. Als Begriff weniger bekannt, aber nicht seltener angewandt, ist das „totum pro parte (das Ganze für einen Teil)", etwa, wenn man sagt, dass Deutschland Fußballweltmeister wurde, obwohl eigentlich nur die Nationalmannschaft den Titel geholt hat.

Einen Penny für deine Gedanken

John Lyly *1553 †1606

Ein Penny

„A penny for your thoughts" findet man vor allem in englischsprachiger Literatur. Der Sprecher möchte damit diskret andeuten, dass ihm die Gedanken des anderen im Moment ein völliges Rätsel sind. Erstmals findet sich diese Wendung in dem Roman *Euphues oder Die Anatomie des Verstandes* (engl. *Euphues. The Anatomy of wit*) von dem englischen Renaissance-Schriftsteller John Lyly. Der Roman war wegen seiner kunstvollen Sprache und der vielen Wortspiele so populär, dass „Euphuismus" sogar zu einer eigenen Stilform wurde. Der Held Euphues ist ein junger Mann aus Athen, der nach Neapel kommt. Als ihm seine angebetete Lucilla eröffnet, dass sie ihn zwar sehr schätzt, aber nicht heiraten möchte, ist er wie erstarrt, worauf Lucilla mit der Bemerkung „A penny for your thoughts" reagiert. Euphues geht darauf ein. „Wenn du alle meine Gedanken zu diesem Preis kaufen würdest, würde ich nicht aufhören zu denken", entgegnet er ziemlich bitter. Man nimmt an, dass der Euphuismus auch Lylys berühmtem Zeitgenossen, William Shakespeare (1564–1616), als Vorbild für die Dialoge in seinen Komödien diente.

Perlen vor die Säue werfen

Neues Testament (Mt 7,6)

Im Rahmen der Bergpredigt mahnt Jesus im *Matthäusevangelium* seine Zuhörer, Heiliges nicht an Menschen zu verschwenden, die damit nur Frevel treiben. „Gebt das Heilige nicht den Hunden und werft eure Perlen nicht vor die Schweine, denn sie könnten sie zusammentreten mit ihren Füßen und sich umwenden und euch zerreißen."

benutzt man den Ausdruck meist dann, wenn jemand unerwünscht ist. Heute steht der Begriff auch für ein von einem Staat verhängtes Einreiseverbot zum Beispiel gegenüber einem Schriftsteller. So wurde der Literaturnobelpreisträger Günter Grass wegen seines kritischen Gedichts *Was gesagt werden muss* von der israelischen Regierung zur Persona non grata erklärt.

Die Philosophen haben die Welt nur verschieden interpretiert. Es kommt darauf an, sie zu verändern

*Karl Marx *1818 †1883*

Dies ist die letzte von elf Thesen, die Karl Marx im Jahr 1845 in seinem Werk *Thesen über Feuerbach* niederschrieb. Er setzte sich darin mit dem Werk des Philosophen Ludwig Andreas Feuerbach (1804–72) auseinander, der ebenfalls eine materialistische Sicht auf die Welt hatte. Mit diesem Satz warf Marx ihm jedoch vor, keine Konsequenzen aus seinen Erkenntnissen zu ziehen. Marx selbst bemühte sich durchaus um den Aufbau einer schlagkräftigen kommunistischen Partei, doch seine Vorstellungen von der künftigen Revolution erscheinen oft schwammig und idealisiert.

Persona non grata
Unerwünschte Person

Fachausdruck

Die Bezeichnung eines Menschen als Persona non grata stammt aus der Diplomatensprache. Diplomaten genießen im Ausland Immunität, können also nicht wegen Vergehen belangt werden. Trotzdem hat ein Land die Möglichkeit, solche Diplomaten loszuwerden bzw. die Entsendung unliebsamer Personen bereits im Vorfeld zu verhindern. In den internationalen Vereinbarungen zur Entsendung von Diplomaten ist nämlich geregelt, dass ein Diplomat, der zur Persona non grata erklärt wird, zurückgerufen werden muss bzw. nicht entsandt werden darf. Kommt sein Heimatland dem nicht nach, darf ihn das Gastland ausweisen bzw. ihm den Diplomatenstatus entziehen. Umgangssprachlich

Karl Marx

Ein Platz an der Sonne

Bernhard von Bülow
*1849 †1929

Das Schlagwort wird oft Kaiser Wilhelm II. (1859–1941) zugeschrieben. Tatsächlich jedoch prägte es der spätere Reichskanzler von Bülow. Am 6. September 1897 sagte er – damals noch Staatssekretär im Auswärtigen Amt – in einer Rede vor dem Reichstag: „Wir wollen niemanden in den Schatten stellen, aber wir fordern auch unseren Platz an der Sonne." Damit kündigte er eine neue, aggressivere Kolonialpolitik an. Der deutsche Versuch, in der Kolonialpolitik eine ähnliche Rolle zu spielen wie die anderen Großmächte, sorgte jedoch in der Folge für zunehmende außenpolitische Spannungen. Zum einen waren die Interessengebiete schon weitgehend abgesteckt, zum anderen agierten die deutschen Politiker meist äußerst ungeschickt. Heute kennt man das Zitat als Slogan des Deutschen Hilfswerks und der unterstützenden Fernsehlotterie.

2003 in der ARD und zeigte alle möglichen filmisch festgehaltenen Missgeschicke. Ein Teil des Materials wurde von Zuschauern eingeschickt, die dafür ein Honorar erhielten, andere Beiträge stammten zum Beispiel von missglückten Filmaufnahmen. „Pleiten, Pech und Pannen" bürgerte sich in der Folge als Kommentar zu Missgeschicken ein, die gleich in Serie auftraten.

Politik ist die Kunst des Möglichen

Otto von Bismarck *1815 †1898

Otto von Bismarck

Zugegeben: Diese Weisheit lässt sich nur halb auf Bismarck zurückführen. Er betonte bei seinen Reden öfter, dass Politik eine Kunst sei, auf die man sich verstehen müsse. Dass er wortwörtlich von einer „Kunst des Möglichen" sprach, ist nirgends belegt. Bismarck sagte aber Dinge wie: „Die Politik ist keine Wissenschaft,

Pleiten, Pech und Pannen

Unbekannt

Diese Fernsehshow erfand der österreichische Moderator Max Schautzer (*1940) im Jahr 1986. Sie lief bis

Max Schautzer

wie viele der Herren Professoren sich einbilden, sie ist eben eine Kunst; sie ist ebenso wenig eine Wissenschaft wie das Bildhauen und das Malen." – So geschehen vor dem Deutschen Reichstag am 15. März 1884.

Die Polizei – dein Freund und Helfer

*Albert Grzesinski *1879 †1947*

Als Sozialdemokrat bemühte sich Grzesinski, der 1925 Polizeipräsident von Berlin war und ein Jahr später preußischer Innenminister wurde, um eine Demokratisierung der staatlichen Organe. So gab er 1926 in einem Vorwort zu einem Buch, das die Berliner Polizeiausstellung begleitete, die Devise aus, die Polizei solle „Freund, Helfer und Kamerad der Bevölkerung" sein. Drei Jahre später jedoch wurde das ehrenwerte Vorhaben ad absurdum geführt. Obwohl die Regierung Demonstrationen zum 1. Mai untersagt hatte, rief die KPD weiter dazu auf. Grzesinski war als Innenminister für die blutige Niederschlagung durch die Polizei verantwortlich, die 32 Menschen das Leben kostete.

Primus inter pares
Erster unter Gleichen

Augustus (Gaius Octavius)
*63 v. Chr. †14. n. Chr.

Dieser Ausdruck wurde entweder von oder für den römischen Herrscher Augustus erfunden. Nach dem Sieg über seinen Rivalen Marcus An-

Kaiser Augustus

tonius (um 83–30 v. Chr.) war Augustinus quasi Alleinherrscher von Rom. Doch das war gefährlich. Schon sein Großonkel Caesar (100–44 v. Chr.) war ermordet worden, weil man ihn verdächtigt hatte, nach der Königswürde zu streben. Augustus behandelte deshalb den römischen Senat mit großem Respekt, erreichte es aber doch, dass dieser ihm alle Vollmachten übertrug, die sonst auf mehrere Amtsträger verteilt waren. Er nannte sich auch nicht Kaiser (einen Ausdruck, den es damals noch gar nicht gab) oder König (was in Rom streng verpönt war), sondern Princeps (Führer) oder eben Primus inter pares. Dieser Widerspruch in sich erfüllte seinen Zweck. Die Macht des Augustus, der in Wahrheit niemand etwas entgegenzusetzen hatte, wurde widerspruchslos hingenommen. Seitdem wird immer wieder versucht, mit diesem Ausdruck faktische Ungleichheit herunterzuspielen. Die römische Republik schafften übrigens weder Augustus noch seine Nachfolger ab. Auch spätere Kaiser ließen sich pro forma vom Senat bestätigen und leisteten einen Eid auf die de facto längst nicht mehr existierende Republik.

Prinzessin auf der Erbse

*Jacob Grimm *1785 †1863*
*Wilhelm Grimm *1786 †1859*

Die überempfindliche Prinzessin ist die Heldin des Märchens *Die Erbsenprobe*. Sie hört von einem heiratswilligen Prinzen und macht sich auf den Weg, kommt aber vom Regen durchnässt und völlig abgerissen an dem Schloss an. Zur Probe richtet die Mutter des Prinzen ihr ein Bett aus mehreren Matratzen und Federbetten her. Darunter schiebt sie drei Erbsen. Als sich das Mädchen am nächsten Morgen über die vielen Erbsen im Bett beklagt, sind alle überzeugt, dass sie eine richtige Prinzessin sein muss, denn nur Prinzessinnen sind in ihren Augen so empfindlich.

Die Prinzessin auf der Erbse

Prinzipienreiterei

*Albert Lortzing *1801 †1851*

In Albert Lortzings Oper *Der Wildschütz* (1842) wird der Schulmeister Baculus just auf seiner Verlobungsfeier wegen Wilderei aus dem Schuldienst entlassen. Es folgen einige Verwirrungen, während deren sich ein als Stallmeister verkleideter Baron erst für Baculus' Verlobte Gretchen, dann aber für eine als Student verkleidete Gräfin interessiert. Baculus gibt seiner Verlobten mit den Worten Entwarnung: „Der Herr Stallmeister reitet jetzt ein anderes Prinzip." Etwa zur gleichen Zeit, nämlich im Jahr 1844, erließ Graf Heinrich LXXII. Reuß von Ebersdorf (1797–1853), dass jeder seiner Bediensteten, der Titel nicht korrekt verwende, eine Strafe zahlen müsse. In dem Erlass erklärt er, dass er seit 20 Jahren auf diesem Prinzip herumreite.

Pro domo
Für das Haus

*Marcus Tullius Cicero *106 †43 v. Chr.*

Seine Reden machten den römischen Politiker Cicero berühmt, verschafften ihm aber auch viele Feinde. Im Jahr 58 v. Chr. musste er in die Verbannung gehen und, als er ein Jahr später zurückgerufen wurde, feststellen, dass sein Haus auf dem Palatin niedergerissen und von seinem erklärten Feind, dem Volkstribunen Publius Clodius Pulcher (um 92–52 v. Chr.), in einen Tempel umgewandelt worden war. Cicero protestierte mit einer „Oratio pro domo (Rede für das Haus)" erfolgreich gegen diese Maßnahme. „Pro domo" wurde deshalb zu einem Schlagwort für ein Plädoyer in eigener Sache.

Cicero

Probier's mal mit Gemütlichkeit ...

Terry (Hamilton) Gilkyson
*1916 †1999

„.... mit Ruhe und Gemütlichkeit", so singt der Bär Balu 1967 im Disney-Film *Dschungelbuch* und schwingt dazu die rundlichen Hüften. Dieses Lied, das später für einen Oscar nominiert wurde, war das einzige von Gilkysons Liedern für das *Dschungelbuch*, das vor den Augen von Walt Disney (1901–66) Gnade fand. Die anderen waren dem Chef zu düster. Da Gilkyson sich weigerte, die Lieder zu ändern, wurde er durch die Brüder Robert (1925–2004) und Richard (*1928) Sherman ersetzt. Ins Deutsche übertragen wurde sein Lied, das im Original *The bare necessities* (Die schlichten Notwendigkeiten) heißt, von Heinrich Riethmüller (1921–2006), der für die gesamte Synchronisation zahlreicher Disney-Filme verantwortlich war und daneben die Musik für Fernsehshows wie *Dalli, Dalli* komponierte.

Problembär

Edmund Stoiber *1941

Nein, erfunden hat der bayerische Ministerpräsident Edmund Stoiber diesen Begriff nicht. In Österreich wurde schon in den 1990er-Jahren von „Problembären" gesprochen, wenn wilde Braunbären Schafe rissen. Als jedoch im Mai 2006 der „Bruno" oder „JJ1" genannte Bär in Bayern auch Hühnerställe und Bienenstöcke aufbrach, rechtfertigte Stoiber auf einer Pressekonferenz die Abschussgenehmigung, indem er sehr wortreich zwischen Normalbären und Schad- oder Problembären unterschied. Die Rede fand – wie damals alles, was mit „Bruno" zu tun hatte – ein enormes Echo und der „Problembär" fand Eingang in den normalen Sprachgebrauch. Unter anderem haben sich einige Politiker gegenseitig als „Problembären" oder „Problemminister" diffamiert.

Proletarier aller Länder, vereinigt euch!

Karl Marx *1818 †1883
Friedrich Engels *1820 †1895

Karl Marx und Friedrich Engels

Dies sind die Schlussworte des *Kommunistischen Manifestes* (1848). Da die Arbeiter überall auf der Welt die gleichen Interessen hätten, forderten Marx und Engels ein gemeinsames Vorgehen und internationale Solidarität. 1864 initiierte Karl Marx in London die Gründung der „Internationalen Arbeiterassoziation" (auch Erste Internationale), die zwölf Jahre später wegen prinzipieller Differenzen zwischen Marx und dem russischen Anarchisten Michail Bakunin (1814–76) zerbrach.

Einen Pyrrhussieg erringen

Plutarch *um 45 †um 125

Plutarch

In seinem geschichtlichen Werk berichtet der griechische Schriftsteller Plutarch von dem Molosserkönig Pyrrhus von Epirus. Dieser griff im Jahr 279 v. Chr. von den griechischen Kolonien in Süditalien aus das Römische Reich an und konnte dessen Armee bei Asculum tatsächlich besiegen. Dabei erlitt er jedoch selbst so große Verluste, dass er – laut Plutarch – ausgerufen haben soll: „Noch so ein Sieg und ich bin verloren!" Vier Jahre später wurde Pyrrhus von den Römern geschlagen und kehrte nach Griechenland zurück. Meist bezeichnet man als Pyrrhussieg einen Sieg, der nicht nur verlustreich war, sondern mit dem sich jemand sogar selbst geschadet hat.

Quadratisch. Praktisch. Gut

Agentur DEWE

Seit 1970 bewirbt die Alfred Ritter GmbH mit diesem Slogan ihre „Sport-Schokolade". Ihre quadratische Form haben die Tafeln allerdings schon seit 1932. Firmengründerin Clara Ritter ärgerte sich über die länglichen Schokoladetafeln, die brachen, wenn sie sie in die Tasche ihres Sportjacketts steckte. Auch für den Begriff Sport-Schokolade ist sie verantwortlich. Denn die Tafeln wurden gern von Besuchern des nahen Stuttgarter Sportstadions gekauft. In den 1970er-Jahren, als Schokolade zunehmend als Dickmacher verschrien war, versuchte man dieses sportlich-praktische Image wieder zu stärken und entwickelte zusammen mit der Stuttgarter Agentur DEWE den Slogan „Quadratisch. Praktisch. Gut", der 2004 in einer Umfrage zum bekanntesten Werbeslogan Deutschlands gekürt wurde. Die drei Begriffe werden gern für alle möglichen quadratischen Gegenstände benutzt.

Die Quadratur des Kreises

Anaxagoras *499 †428 v. Chr.

Weil der griechische Philosoph Anaxagoras nicht an Götter, sondern einen unpersönlichen Weltgeist glaubte, wurde er ins Gefängnis geworfen. Dort beschäftigte er sich mit dem mathematischen Problem, nur mithilfe von Zirkel und Lineal aus einem Kreis ein Quadrat mit demselben Flächeninhalt zu konstruieren. Er ist damit der erste bekannte Mensch, der sich mit dem Problem beschäftigte. Allerdings beweisen Aufzeichnungen aus Babylon, Ägypten und Indien, dass man diese Kopfnuss auch dort schon kannte. 1882 bewies der deutsche Mathematiker Ferdinand von Lindemann (1852–1939), dass eine geometrische Quadratur des Kreises tatsächlich unmöglich ist.

Anaxagoras

Que sera, sera

Raymond Bernard Evans
*1915 †2007

Doris Day

In Alfred Hitchcocks Film *Der Mann, der zuviel wusste* von 1956 singt Doris Day (*1922) als Gattin des Titelhelden ein scheinbar altes, nostalgisches Lied über die Unmöglichkeit, die Zukunft vorauszusehen. Tatsächlich aber wurde es von dem Komponisten Jay Livingston (1915–2001) und dem Songwriter Ray Evans extra für den Film geschrieben. Die nicht ganz korrekte spanische Formel „Que sera, sera (Was sein wird, wird sein)" bzw. ihr alt-italienisches Pendant „Che sera" waren allerdings schon im 16. Jahrhundert in Großbritannien gebräuchlich, um Fatalismus auszudrücken.

Quo vadis?
Wohin gehst du?

Neues Testament (Joh 16,5)

Der Evangelist Johannes erzählt, wie Jesus beim Letzten Abendmahl ankündigt, er werde nur noch kurze Zeit bei seinen Jüngern sein. Daraufhin fragt ihn Petrus „Wohin gehst du?" – auf Lateinisch „Quo vadis?". Der berühmte Roman *Quo vadis* des polnischen Nobelpreisträgers Henryk Sienkiewicz (1846–1916) beruht aber auf einer Erzählung aus den kirchlich nicht anerkannten (apokryphen) *Petrusakten*. Demnach begegnete Petrus Jesus Jahre nach dessen Tod vor den Toren Roms auf der Via Appia und stellte dieselbe Frage noch einmal.

Quod erat demonstrandum
Was zu beweisen war

Euklid *um 365 †um 300 v. Chr.

Euklid

Euklid pflegte jeden seiner mathematischen Beweise mit der griechischen Formel „hoper edei deixai" (Was zu beweisen war) abzuschließen, wenn er geglückt war. Von ihm übernahmen viele andere Mathematiker wie Archimedes (um 287–212 v. Chr.) diese Gewohnheit. Populär geworden ist die Formel dann in ihrer lateinischen Form. Meist wurde jedoch nur die Abkürzung – auf Lateinisch q. e. d. – hinter den Beweis gesetzt.

Rache ist süß

Juvenal (Decimus Junius Juvenalis)
*um 60 †um 127

In seiner 13. Satire, die sich an einen Freund richtet, der viel Geld verlor, malt der römische Schriftsteller Juvenal aus, wie der Übeltäter, der den Freund betrogen hat, in Ketten weggeschleppt und umgebracht wird. „Aber die Rache ist doch etwas Gutes, süßer als das Leben selbst" (Vindicta bonum, vita iucundius ipsa), schreibt er. Doch nur, um gleich darauf fortzufahren: „Das sagen die Ungebildeten, deren Herzen oft aus nichtigem Grund entbrennen." Letztendlich bezeichnet er Rache als Freude kleinlicher und schwächlicher Geister.

Das Rad der Geschichte zurückdrehen

Karl Marx *1818 †1883
Friedrich Engels *1820 †1895

Im ersten Kapitel des 1848 von Karl Marx und Friedrich Engels verfassten *Manifest der Kommunistischen Partei* legen die beiden Autoren dar, wie sich Kapital und Produktionsmittel im Lauf der Zeit immer mehr in der Hand einer kleinen Unternehmerschicht, der Bourgeoisie, konzentriert haben. Sie kommen in diesem Zusammenhang auch auf den Mittelstand wie Handwerker oder kleine Kaufleute zu sprechen. Auch diese, geben sie zu, würden die Bourgeoisie bekämpfen, aber nur um ihre eigene, von den Entwicklungen eigentlich längst überholte Existenz zu sichern. „Sie suchen, das Rad der Geschichte zurückzudrehen", werfen Marx und Engels ihnen vor. Damit seien sie reaktionär – im Gegensatz zu den Proletariern, die laut den beiden Autoren nicht für ihre gegenwärtigen, sondern ihre zukünftigen Interessen kämpfen.

Die Rechte/Linke weiß nicht, was die Linke/Rechte tut

Neues Testament (Mt 6,3)

Mit diesem Zustand beschreibt man heute normalerweise Chaos. Bei einem Menschen oder in einer Firma oder Behörde, wo eine Hand nicht weiß, was die andere tut, kann nicht viel funktionieren. Jesus benutzte die Redewendung in den Evangelien ganz anders. Er forderte seine Anhänger auf, sich nicht mit ihren guten Taten zu brüsten, sondern Almosen so diskret zu geben, dass nicht einmal die linke Hand merkt, was die rechte tut.

Reich wie Krösus sein

Herodot *um 484 †425 v. Chr.

In seinen *Historien* berichtet der griechische Autor Herodot auch vom lydischen König Krösus, der von 560–546 v. Chr. regierte und schließlich vom persischen König Kyros besiegt wurde. Darin erzählt er, dass Krösus sehr reich gewesen sein soll und den griechischen Gesetzgeber Solon damit beeindrucken wollte. Er fragte Solon,

Reim dich oder ich fress dich

Krösus zeigt Solon seine Schätze

wen er für den Glücklichsten der Menschen halte, und Solon erzählte ihm von lauter relativ einfachen Menschen, was Krösus sehr erboste. Deshalb schwingt in der Bezeichnung „Krösus" noch heute etwas Neureiches, Protziges mit. Ob es diese Begegnung wirklich gegeben hat, weiß man nicht, denn in Herodots Werk sind Legenden und tatsächliche Ereignisse, Gerüchte und eigene Reiseberichte vermischt. Vermutlich galt Lydien als so reich, weil dort im 7. Jahrhundert v. Chr. das Münzgeld erfunden worden war. Offenbar konnte es sich Krösus aber wirklich leisten, sehr freigiebig zu sein, denn er spendete zahlreiche kostbare Weihegeschenke für diverse Tempel – weshalb man heute gern fragt „Bin ich Krösus?", wenn zu kostspielige Wünsche an einen herangetragen werden.

Reif für die Insel

Peter Cornelius *1951

Mit *Reif für die Insel* landete der österreichische Sänger Peter Cornelius 1982 einen Hit, der sich wochenlang an der Spitze der Charts halten konnte. Er schildert darin, wie ihn sein geregeltes Leben anödet, und fragt sich, warum er es

nicht wagt, auszusteigen. Der Refrain lautet: „I bin reif, reif, reif, reif für die Insel. I bin reif, reif, reif überreif." Das Zitat wird auch heute meist verwendet, wenn sich jemand urlaubsreif fühlt. Teilweise wird „die Insel" aber auch mit Großbritannien gleichgesetzt, sodass es „gut vorbereitet für Großbritannien" ausdrückt.

Reim dich oder ich fress dich

Gottfried Wilhelm Sacer
***1635 †1699**

So kommentiert man gern Verse, die so schlecht sind, dass sie wie unter schlimmsten Drohungen erzwungen wirken. Im Jahr 1673 schrieb Gottfried Wilhelm Sacer, Jurist am Hofgericht Wolfenbüttel und Hobbyschriftsteller, eine Satire gegen schlechte Verse und gab ihr den – allerdings ebenfalls schwer verdaulichen – Titel: *Reime dich, oder ich fresse dich. Das ist deutlicher zu geben: Antipericatametanaparbeugedamphirribificationes Poeticae, oder Schellen- und Scheltenswürdige Thorheit Boeotischer Poeten in Deutschland. Hans Wursten zu sonderbahren Nutzen und Ehren, zu keinem Nachtheil der Edlen Poesie, unsrer löblichen Muttersprache oder einiges rechtschaffenen gelehrten Poetens. Zu belachen und zu verwerffen vorgestellet.*

Titelblatt von Gottfried Wilhelm Sacers Satire Reime dich, oder ich fresse dich

207

Religion ist das Opium des Volkes

*Karl Marx *1818 †1883*

Schlafmohn, aus dessen Milch Opium gewonnen werden kann

Diese Verurteilung alles Religiösen fällt Karl Marx im Vorwort seiner Schrift *Zur Kritik der Hegelschen Rechtsphilosophie* (1844). Nur Menschen, die in realem Elend lebten, erläutert er, bräuchten die Tröstungen der Religion, um ihren Zustand ertragen zu können. Religion sei ein Ersatz für nicht vorhandenes eigenes Selbstbewusstsein. Nur wenn man den Menschen die Religion wegnehme, könnten sie Selbstbewusstsein entwickeln und ihr Leben in die Hand nehmen. Die Wendung „Opium fürs Volk" ist eine spätere Nuancierung von Lenin.

Die Rente ist sicher

*Norbert Blüm *1935*

Keine Diskussion um die Rente kommt ohne diesen Ausspruch des Ex-Arbeitsministers Norbert Blüm aus. 1986 gab es eine aufwendige Plakataktion mit dem Slogan: „Denn eins ist sicher: die Rente." Später verteidigte Blüm seine Aussage wiederholt. Allerdings meinte er, das Rentensystem sei kein Naturprodukt, sondern müsse immer wieder reformiert werden. Außerdem könne die Höhe der Rente nicht garantiert werden. Doch das deutsche Rentensystem hält er nach wie vor für sicherer als alle Alternativen weltweit.

Der Rest ist Schweigen

*William Shakespeare *um 1564 †1616*

„The rest is silence." Das sind die letzten Worte von William Shakespeares Helden Hamlet, bevor er stirbt. Zuvor hat er noch den norwegischen Prinzen Fortinbras zu seinem Erben gemacht. Hamlets Dilemma ist, dass er weiß, dass seine Mutter mithilfe ihres Liebhabers Claudius seinen Vater umgebracht hat. Er fühlt sich zur Rache gedrängt, kann sich aber nicht entschließen, Claudius wirklich zu töten. Doch die Intrigen der Gegenseite führen dazu, dass Hamlets Geliebte Ophelia wahnsinnig wird und stirbt und Hamlet, ohne es zu wollen, deren Vater tötet. Am Ende wird er von Ophelias Bruder vergiftet, doch der Tod ist ihm nach all diesen Schicksalsschlägen willkommen.

Hamlet

Das schrieb ... ... Shakespeare

Ist dies schon Tollheit,
hat es doch Methode.
(Hamlet)

Hoffnung ist oft ein Jagdhund
ohne Spur.
(Die lustigen Weiber von Windso)

Es ist mehr Würde in großmütiger
Vergebung als in Rache.
(Der Sturm)

Die Hölle ist leer,
alle Teufel sind hier!
(Der Sturm)

Das Haupt liegt übel,
das eine Krone trägt.
(Heinrich VI.)

Grausam ists, den Fallenden
zu drängen.
(Heinrich VIII.)

Die ganze Welt ist eine Bühne
und alle Frauen und Männer
bloße Spieler.
(Wie es euch gefällt)

Nichts ist gewonnen, alles ist
dahin, stehn wir am Ziel mit
unzufriednem Sinn.
(Macbeth)

Wo Worte selten sind,
haben sie Gewicht.
(Richard II.)

Ein Pferd, ein Pferd, mein
Königreich für ein Pferd!
(Richard III.)

Das sagten ... ... Herrscher

Meine Stadt brennt. Reicht mir ein Tränendöschen!
Nero (37–68 n. Chr.)

Geschichte ist die Lüge, auf die man sich geeinigt hat.
Napoleon Boanaparte (1769–1821)

Spanisch spreche ich zum Volk, Französisch spreche ich zum Adel, Italienisch spreche ich zu den Damen und Deutsch spreche ich zu meinem Pferd.
Kaiser Karl V. (1500–1558)

Ihr Philosophen habt es gut. Ihr schreibt auf Papier, und Papier ist geduldig. Ich unglückliche Kaiserin schreibe auf der empfindlichen Haut von Menschen.
Katharina die Große (1729–1796)

Wahrhaftigkeit und Politik wohnen selten unter einem Dach.
Marie Antoinette (1755–1793)

In meinem Staate kann jeder nach seiner Façon selig werden.
Friedrich der Große (1712–1786)

Das Automobil ist nur eine Modeerscheinung. Ich setze weiter voll und ganz auf das Pferd!
Wilhelm I. (1797–1888)

Blut muss fließen, viel Blut.
Kaiser Wilhelm II. (1859–1941)

Lassen Sie sich niemals von anderen beherrschen, ganz besonders nicht von einer Frau.
Ludwig XIV. (1638–1715)

Ich bin der letzte Monarch der alten Schule. Es ist meine Aufgabe, meine Völker vor ihren Politikern zu schützen!
Franz Joseph I. (1830–1916)

Die Revolution frisst ihre Kinder

Pierre Vergniaud *1753 †1793

Pierre Vergniaud

„La Révolution est comme Saturne: elle dévore ses propres enfants." (Die Revolution ist wie Saturn, sie frisst ihre eigenen Kinder.) Mit diesen Worten kommentierte der französische Rechtsanwalt Pierre Vergniaud seine Hinrichtung am 31. Oktober des Jahres 1793. Er spielte darin auf den Gott Saturn (griech. Kronos) aus der antiken Mythologie an, der seine Kinder fraß, weil ihm prophezeit war, dass eines davon ihn stürzen werde. Der Dramatiker Georg Büchner (1813–37) legte Vergniauds Worte 1835 in seinem Stück *Dantons Tod* dem Titelhelden in den Mund. Georges Danton (1759–94) hatte zu den radikalen Jakobinern gehört, die gemäßigte Anhänger der Revolution wie Vergniaud vernichteten, wurde dann aber selbst von seinen früheren Gesinnungsgenossen unter die Guillotine geschickt.

Ritter Blaubart

Charles Perrault *1628 †1703

Ein Märchen des französischen Dichters Charles Perrault erzählt von einem abstoßenden, aber reichen Ritter mit blauem Bart. Er heiratet eine junge Frau und vertraut ihr einen Schlüsselbund an. Damit darf sie alle Türen öffnen, nur eine nicht. Sie tut es natürlich trotzdem und erblickt dort die Leichen von Blaubarts früheren Frauen. Ihr Mann entdeckt anhand von Blutflecken, dass sie den Schlüssel benutzt hat, und will sie töten. In Perraults Fassung können ihre Brüder sie aber noch retten. In der Folge wurde der „Ritter Blaubart" ein beliebtes Motiv in der Literatur und „Blaubart" eine Bezeichnung für einen Mann mit außergewöhnlich vielen Ehefrauen, wie zum Beispiel den englischen König Heinrich VIII. (1491–1547).

Ritter von der traurigen Gestalt

Miguel de Cervantes Saavedra *1547 †1616

Mit diesen Worten charakterisiert in Miguel Cervantes Saavedras Roman *Don Quijote* Sancho Pansa seinen Herrn, den Don, der sehr lang, aber dabei extrem hager ist. Während die Bezeichnung gern für Männer von ähnlichem Körperbau verwendet wird, ist „Don Quijote" sprichwörtlich für Menschen geworden, die entschlossen in Kämpfe ziehen, die sie nur verlieren können, bzw. gegen „Windmühlen kämpfen", wie es Don Quijote in einer Episode tut. Der Name seines Pferdes „Rosinante" ist zum Spottwort für alte Klepper geworden, während als „Dulcinea" gern Frauen bezeichnet werden, die wie Don Quijotes Geliebte nichts Besonderes sind, aber von ihren Partnern vergöttert werden.

Miguel de Cervantes Saavedra

Eine Rose ist eine Rose ist eine Rose

*Gertrude Stein *1874 †1946*

Gertrude Stein

Diese Sprachspielerei tauchte erstmals in Gertrude Steins Gedicht *Sacred Emily* im Jahr 1913 auf. Später verwendete die avantgardistische, US-amerikanische Dichterin ihn – mit Varianten – häufiger. Stein sagte einmal, sie habe damit zeigen wollen, dass die reine Nennung des Namens einer Sache im Kopf des Lesers Bilder und Emotionen beschwört. Sie schuf aber mit der dreimaligen Wiederholung eine völlig neue rhetorische Stilfigur, die Lithismus genannt wird und meist als besonders nachdrückliche Bekräftigung verwendet wird, wie etwa 1981 von der britischen Premierministerin Margaret Thatcher (1925–2013): „A crime is a crime is a crime."

wurde später von vielen anderen Interpreten gecovert und die Titelzeile bei allen möglichen Gelegenheiten, vor allem auch in der Kosmetik-Werbung, verwendet. Aber auch für Antiatomproteste wurde es schon zweckentfremdet – mit dem Titel *Castoren soll man stoppen*.

Roter Faden

*Johann Wolfgang von Goethe *1749 †1832*

In seinem Roman *Wahlverwandtschaften* lässt Goethe die Heldin Ottilie über einen roten Faden räsonieren, den die englische Marine benutzt. „Sämtliche Tauwerke der königlichen Flotte sind dergestalt gesponnen, dass ein roter Faden durch das Ganze durchgeht, den man nicht herauswinden kann, ohne alles aufzulösen", schreibt Ottilie in ihrem Tagebuch. Der eigentliche Grund des Fadens war ein ganz prosaischer. Er sollte die Taue als Eigentum der Kriegsmarine kennzeichnen.

Ottilie

Rote Lippen soll man küssen ...

*Hans Bradtke *1920 †1997*

„... denn zum Küssen sind sie da." Mit diesem Schlager von Bradtke nach einer Melodie des US-amerikanischen Produzenten Jerry Leiber gelang dem britischen Popstar Cliff Richard 1963 ein Nummer-Eins-Hit in Deutschland. Das Lied

Rotwein ist für alte Knaben eine von den besten Gaben

*Wilhelm Busch *1832 †1908*

Bei einem Rotwein setzen sich Wilhelm Buschs Titelheld Tobias Knopp und sein alter Freund Rektor Debisch zusammen, um für den in die Jahre gekommenen Knopp noch eine Braut zu finden. Daraus allerdings wird nichts, denn Debischs Sohn Kuno hatte den Bordeaux mit Wasser aus der Regentonne gestreckt. Dies führte dazu, dass Taubenmist und ein ertrunkenes Spatzenküken mit in die Flasche gerieten, was den beiden alten Knaben gründlich die Laune verdarb.

Ruhe ist die erste Bürgerpflicht!

*Friedrich Wilhelm Graf von der Schulenburg-Kehnert *1742 †1815*

Diese Parole gab der preußische Graf als Interims-Gouverneur von Berlin nach der verlorenen Schlacht von Jena und Auerstedt am 17. Oktober 1806 aus. Auf dem entsprechenden Flugblatt

Napoleon zieht als Sieger in Berlin ein.

behauptete er zudem, der König habe nur eine „Bataille" verloren. Die Aufforderung wurde später immer wieder gern beschworen, vor allem während der Epoche des Biedermeier (ungefähr 1815–48). 1852 veröffentlichte der Schriftsteller Willibald Alexis (1798–1871) einen Roman mit diesem Titel, der rund um die Schlacht von Jena und Auerstedt spielt. Alexis stellt darin einige patriotisch gesinnte junge Leute, die Deutschland von Napoleon befreien wollen, einer weitgehend korrupten und verdorbenen Adelsschicht gegenüber.

Der ruhende Pol

*Friedrich Schiller *1759 †1805*

„Sinnend der Weise, beschleicht forschend den schaffenden Geist, prüft der Stoffe Gewalt, der Magnete Hassen und Lieben, folgt durch die Lüfte dem Klang, folgt durch den Äther dem Strahl, sucht das vertraute Gesetz in des Zufalls grausenden Wundern, sucht

Alexander von Humboldt

den ruhenden Pol in der Erscheinungen Flucht", heißt es in Schillers Gedicht *Der Spaziergang*. Die Vorstellung vom ruhenden Pol wurde in der Folge gern von Wissenschaftlern aufgegriffen, etwa von Alexander von Humboldt (1769–1859). Heute dagegen bezieht sich die Wendung meist auf Menschen, die inmitten von großem Trubel oder allgemeiner Erregung durch ihre Gelassenheit und Übersicht auffallen.

Den Sack schlägt man, den Esel meint man

Titus Petronius Arbiter
*um 13 †66

Der bekannteste Teil von *Satyricon,* einem satirischen Roman des römischen Politikers Petronius, ist das *Gastmahl des Trimalchio,* ein vulgär-protziges Gelage eines Neureichen. Dabei wird unter anderem der neueste Klatsch ausgetauscht, zum Beispiel die Tatsache, dass der reiche Glykon seine Frau mit dem Stallmeister erwischt hat und diesen zur Strafe ins Amphitheater geschickt hat, um bei irgendeiner nicht näher genannten Darbietung das Opfer darzustellen. Der Erzähler meint, Glykon hätte besser seine Frau gestraft, da der Stallmeister, ein Sklave, nur getan habe, was ihm befohlen worden war. „Qui asinum non potest, stratum caedit", kommentiert der Erzähler die Episode. „Wer den Esel nicht schlagen kann, schlägt den Sack."

Lenin

Sag mir, wer dich lobt, und ich sag dir, worin dein Fehler besteht

Lenin (Wladimir Iljitsch Uljanow)
*1870 †1924

„Du kannst die Fehler eines Mannes anhand der Menschen, die ihn loben, benennen", schreibt Lenin 1904 in einer Schrift namens *Ein Schritt vorwärts, zwei zurück,* in der er sich über die Krise der bolschewistischen Partei auslässt. Er kanzelt dabei einen Kameraden ab, der vom politischen Gegner gelobt wurde, weil er in seinen Schriften nicht radikal und deutlich genug gewesen sei.

Ein salomonisches Urteil

Altes Testament
(1. Buch der Könige)

Im biblischen *Ersten Buch der Könige* streiten sich zwei Mütter um ein Kind. König Salomo soll ein Urteil fällen. Um die wahre Mutter herauszufinden, befiehlt er, das Kind in zwei Hälften teilen zu lassen. Nur eine der Frauen erklärt sich bereit zu verzichten, wenn das Kind dafür verschont werde. Salomo spricht ihr daraufhin das

Das Urteil des Königs Salomo

Kind zu. Diese Entscheidung soll die große Weisheit des Königs Salomo belegen. Wird allerdings heute von einem salomonischen Urteil gesprochen, dann meint man oft ein ausgleichendes, mit dem beide Seiten gut leben können.

Das Salz der Erde

Neues Testament (Mt 5,13)

„Ihr seid das Salz der Erde", sagt Jesus zu seinen Anhängern in der Bergpredigt im Matthäusevangelium. „Ist das Salz schal geworden, womit soll man es salzen? Es taugt zu nichts weiter, als dass es hinausgeworfen und zertreten wird von den Menschen. Ihr seid das Licht der Welt." Jesus vergleicht seine Anhänger mit kleinen Dingen, die große Wirkung haben, fordert sie aber auch auf, diese Kraft zu nutzen. Heute bezieht sich der Begriff „Salz der Erde" weniger auf Menschen, die besonderen Einfluss ausüben, sondern auf solche, die moralisch besonders vorbildlich und wertvoll sind.

Sancta simplicitas! Heilige Einfachheit

Sophronius Eusebius Hieronymus
*347 †420

Mit dem Kommentar „Sancta simplicitas" – zu Deutsch „Heilige Einfachheit" – bedachte Kirchenlehrer Hieronymus in einem seiner Briefe die schlichte Sprache der Jünger in den Evangelien. Im Gegensatz zu den galiläischen Fischern war er selbst äußerst gelehrt und sprach als Einziger der christlichen Kirchenväter auch Hebräisch. Doch während Hieronymus diese „Einfachheit" positiv bewertete, wurde „Sancta simplicitas" später vor allem als Stoßseufzer mit der respektloseren Bedeutung „Heilige Einfalt!" benutzt.

Hieronymus

Sapere aude Wage es, zu denken

Horaz (Quintus Horatius Flaccus)
*65 †8 v. Chr.

„Wage es, zu denken", heißt dieses Schlagwort übersetzt. Diesen Rat gab Horaz seinem Freund Maximus Lollius. Und er fügte hinzu „incipe" (umgehend). Lollius sollte sich also trauen, sofort weise zu handeln. Niemand dürfe auch nur eine Stunde zögern, richtig zu leben. Immanuel Kant machte den Spruch 1784 in seinem Essay *Beantwortung der Frage: Was ist Aufklärung?* zum Schlagwort der Aufklärung. Der aufgeklärte Mensch wagt es, selbstständig zu denken und sich sein eigenes Urteil zu bilden, und übernimmt nicht das, was Autoritäten oder Mehrheiten ihm vorsetzen.

Horaz

Sardonisches Lachen

Homer um 8. Jh. v. Chr.

Als in Homers zweitem Werk, der *Odyssee*, der Held Odysseus nach einer zehn Jahre dauernden Irrfahrt endlich zu Hause in Ithaka ankommt, stellt er fest, dass eine Unzahl von Freiern seine Frau Penelope bedrängt. Homer berichtet, wie Odysseus zunächst als Bettler verkleidet die Lage erkundet und in ein bitteres Lachen ausbricht. „Bitter" hieß auf Altgriechisch „sardonios".

Penelope und Odysseus

Ein Schatten seiner selbst

Lukan (Marcus Annaeus Lucanus) *39 †65

In dem Epos *Pharsalia* oder *Bellum civile* schildert der römische Dichter Lukan vor allem den Bürgerkrieg zwischen Julius Caesar (100–44 v. Chr.) und seinem Gegenspieler Pompejus (106–48 v. Chr.), der sich im Jahr 48 v. Chr. in der Schlacht von Pharsalos entschied. Lukan schreibt, am Ende sei Pompejus, genannt Magnus (der Große), nur noch ein „Schatten seines großen Namens" gewesen.

Ein Schauspiel für die Götter

Johann Wolfgang von Goethe *1749 †1832

Als Schauspiel – oder auch Bild – für die Götter bezeichnet man in der Regel eine drollige oder auch komische Szenerie. Oft dient die Bemerkung auch als eine Art Entschuldigung, dass man über das Missgeschick eines anderen einfach nur lachen kann. Bei Goethe war die ganze Sache noch ernst gemeint. Die Bemerkung findet sich in einem relativ unbekannten Singspiel des Meisters namens *Erwin und Elmire*. Dort heißt es schwärmerisch: „Ein Schauspiel für die Götter, zwei Liebende zu sehen." In Goethes Schauspiel geht es darum, dass Elmire Erwin durch ihr kaltes Benehmen vertrieben hat und ihm nun irgendwie klarmachen muss, dass sie ihn trotzdem liebt.

Das Schicksal des Menschen ist der Mensch

Bertolt Brecht *1898 †1956

Diese Antwort gibt die Heldin von Brechts Stück *Die Mutter* Pelagea Wlassova den Menschen, die sie nach dem Tod ihres Sohnes mit der Macht des Schicksals trösten wollen, gegen das der Mensch hilflos sei. Das Stück beruht auf einer gleichnamigen Erzählung von Maxim Gorki (1868–1936).

Maxim Gorki

Eine Schlange am Busen nähren

Äsop um 600 v. Chr.

Äsop

Das bedeutet, sich für jemanden einzusetzen, der sich später als hinterlistig erweist und seinem Wohltäter schadet. Doch wer käme auf die Idee, eine Schlange derart zu hegen und zu pflegen? In der Fabel *Der Bauer und die Schlange* des griechischen Fabeldichters Äsop jedoch findet ein Bauer im Winter eine halb erfrorene Schlange, nimmt sie aus Mitleid mit nach Hause und kümmert sich um sie. Doch sobald sie sich wieder erholt hat, benimmt sie sich natürlich wie eine Schlange und beißt, was den Bauern schwer kränkt.

Schnee von gestern

*François Villon *1431 †nach 1463*

In seiner Ballade *Des dames du temps jadis* (Ballade von den Damen vergangener Zeiten) besingt der französische Dichter François Villon die Schönheit berühmter Frauen aus Geschichte und Mythologie wie Thais, Heloise oder Königin Blanca. Im Refrain fragt er jedoch jedes Mal: „Aber wo ist der Schnee vom vergangenen Jahr?" (Mais où sont les neiges d'antan?)

Schneller, höher, stärker

*Henri Didon *1840 †1900*

„Citius, altius, fortius", so lautet das lateinische Motto der Olympischen Spiele, das im Deutschen aber meist als „Höher, schneller, weiter" zitiert wird und zunehmend nur dann benutzt wird, wenn es um Kritik an dieser Rekordjagd und ihren Begleiterscheinungen geht. Das Motto entwickelte der sportbegeisterte französische Dominikanermönch Henri Didon, der den Wettkampfgedanken in die Erziehung an den Schulen des Ordens integrierte. Er wollte den Jugendlichen Vertrauen in ihre eigene Leistungsfähigkeit geben, propagierte aber gleichzeitig Trainingsdisziplin und Anerkennung von Autoritäten. Von ihm übernahm sein Freund Pierre de Coubertin (1863–1937) den Slogan als Motto für die Olympischen Spiele, die er 1896 wiederbelebt hatte.

Schuster, bleib bei deinen Leisten

Apelles
*um 370 †um 300 v. Chr

Apelles und der Schuhmacher

Der römische Gelehrte Plinius (23–79) berichtet, dass der berühmte griechische Maler Apelles sich gern hinter seinen Bildern versteckt hatte, um das Urteil der Betrachter zu hören. Eines Tages habe ein Schuster einen Fehler an einem gemalten Schuh kritisiert. Apelles korrigierte diesen. Als der Schuster dann aber auch etwas am Bein des Trägers aussetzte, soll ihm der Maler geantwortet haben: „Was über dem Schuh ist, kann der Schuster nicht beurteilen." Daraus wurde später die Aufforderung an den Schuster, bei seinen Leisten (Formstück zum Fertigen eines Schuhs) zu bleiben.

Schwachheit, dein Name ist Weib!

William Shakespeare *um 1564 †1616

Noch bevor William Shakespeares Held Hamlet erfährt, dass sein Onkel und seine Mutter seinen Vater umgebracht haben, grämt er sich sehr über deren schnelle Hochzeit, die nur einen Monat nach dem Tod seines Vaters stattfindet. Er kann nicht verstehen, was seine Mutter zu dem Onkel hinzieht, der seinem Vater nicht das Wasser reichen kann, und wütet: „Frailty, thy name is woman!"

Eine Schwalbe macht noch keinen Sommer

Aristoteles
*384 †322 v. Chr.

Wer für den Sommer in dieser Redewendung verantwortlich ist, ist unbekannt. Auf jeden Fall ist er falsch. Aristoteles formuliert im 6. Kapitel seiner *Nikomachischen Ethik:* „Denn eine Schwalbe macht noch keinen Frühling und auch keinen Tag; ebenso macht auch ein einziger Tag oder eine kurze Zeit niemanden gesegnet oder glücklich." Zudem kommen Schwalben auch in unseren Breiten Ende März, also im Frühling, aus dem Winterquartier wieder. Aristoteles spielte mit seinem Vergleich auf eine dem Dichter Äsop zugeschriebene Fabel an, in der ein Mann auf den Beginn der warmen Jahreszeit hofft und seinen Mantel versetzt, nachdem er die erste Schwalbe des Jahres gesehen hat. Nach einigen kalten Tagen macht er der erfrorenen Schwalbe bittere Vorwürfe.

Schwanengesang

*Sokrates *469 †399 v. Chr.*

In Platons Schrift *Phaidon* erklärt der Philosoph Sokrates seinen Anhängern kurz vor seinem Tod: „Und wie es scheint, haltet ihr mich in der Wahrsagung für schlechter als die Schwäne, welche, wenn sie merken, dass sie sterben sollen, […] dann am meisten und vorzüglich singen, weil sie sich freuen, dass sie zu dem Gotte [Apollon] gehen sollen, dessen Diener sie sind. Die Menschen aber, wegen ihrer eigenen Furcht vor dem Tode, lugen auch auf die Schwäne und sagen, dass sie, über den Tod jammernd, aus Traurigkeit sängen." Ob nun aus Traurigkeit oder aus Vorfreude: Bereits im antiken Griechenland wurde der letzte – und angeblich schönste – Gesang des Schwanes sprichwörtlich. Später bezeichnete man das letzte, große Werk eines Künstlers oft als Schwanengesang. So trägt Schuberts letzter Liedzyklus diesen Titel. Dabei muss ein „Schwanengesang" nicht unbedingt das beste Werk des Künstlers sein, sondern eher typische Merkmale eines Abschiedswerkes tragen.

Sokrates

Das Schweigen im Walde

*Ludwig Ganghofer *1855 †1920*

Diesen Titel gab Ludwig Ganghofer einem Roman, den er 1899 schrieb. Er entlehnte ihn allerdings bei einem Bild des Malers Arnold Böcklin (1827–1901), das eine Fee auf einem Einhorn reitend zeigte. Eine ähnliche Erscheinung, ein schönes Mädchen mitten im Wald auf einem Esel, hat auch Ganghofers Held, der Fürst Heinrich Ettingen-Bernegg. Doch die Schöne ist schnell verschwunden. „Dann wieder Schweigen im Wald", schrieb Ganghofer. Während er das jedoch als etwas Ergreifendes schilderte, hat die Bemerkung heute meist etwas Ironisch-Resignatives, etwa wenn niemand aus einer größeren Gruppe reagiert wie gewünscht, sondern alles in Schweigen verharrt.

Ludwig Ganghofer

Schwerter zu Pflugscharen

Altes Testament (Buch Micha)

Am Ende der Tage, so prophezeite der alttestamentliche Prophet Micha seinen Zuhörern, werde Gott in Israel ein Friedensreich errichten. Viele Nationen würden dann zum Berg des Herrn pilgern und ihren Zwist begraben. „Ihre Schwerter schmieden sie zu Pflugscharen um und ihre Lanzen zu Winzermessern. Nimmer wird Volk gegen Volk das Schwert erheben und nicht mehr lernt man die Kriegskunst." „Schwerter zu Pflugscharen" wurde in den 1980er-Jahren zu einem Motto der Friedensbewegung.

Die Seele baumeln lassen

Kurt Tucholsky *1890 †1935

Der Satiriker und Journalist Kurt Tucholsky schrieb auch einige unpolitische Texte. Am bekanntesten ist der kurze Roman *Schloss Gripsholm*, in dem der Ich-Erzähler und seine Freundin Lydia einige Wochen im schwedischen Schloss Gripsholm verbringen. Die Sommeridylle in Schweden wird so geschildert: „Wir lagen auf der Wiese und baumelten mit der Seele. Der Himmel war weiß gefleckt; wenn man von der Sonne recht schön angebraten war, kam eine Wolke, ein leichter Wind lief daher und es wurde ein wenig kühl."

Das berühmteste Amphitheater: das Kolosseum in Rom

Schloss Gripsholm

Sehen und gesehen werden

Ovid (Publius Ovidius Naso) *43 v. Chr. †um 18 n. Chr.

In seinem Ratgeber *Liebeskunst* zählte der römische Dichter Ovid die Orte in Rom auf, wo man am besten Frauen treffen konnte. Dabei lobte er besonders die Amphitheater. „Günstiger ist der Ort, als du es wünschen nur kannst. Da triffst Mädchen du an zum Lieben sowohl als zum Spielen, Mädchen zu kurzem Genuss, Mädchen zu stetem Besitz." Denn, so schreibt er, „sie kommen, um zu sehen und um selbst gesehen zu werden." (Spectatum veniunt, veniunt spectentur ut ipsae.)

Sei hübsch ordentlich und fromm, bis nach Haus ich wiederkomm

Heinrich Hoffmann *1809 †1894

1844 verfasste der Arzt Heinrich Hoffmann für seinen dreijährigen Sohn ein Bilderbuch, weil er alles, was auf dem Markt vorhanden war, für zu ernst und moralisch hielt. Strenge Moral predigte sein *Struwwelpeter* zwar auch noch, das aber mit grotesk überzeichneten Bildern und Geschichten. Dem armen Konrad zum

Der Struwwelpeter von Heinrich Hoffmann

Beispiel werden die Daumen abgeschnitten, weil er verbotenerweise daran lutscht, als die Mutter nicht da ist. Die Ermahnung der Mutter, bevor sie geht, bekommt heute wohl kein Kind mehr zu hören, aber als Scherz unter Erwachsenen oder gegenüber Jugendlichen ist sie noch geläufig.

Seid umschlungen, Millionen

*Friedrich Schiller *1759 †1805*

Friedrich Schiller richtete seine Ode *An die Freude* an alle Menschen der Welt. Über die Freude und die Freundschaft, die jeder kennt, meinte er, müsse sich auch eine Gemeinsamkeit herstellen lassen. In den Versen für den Chor, die auf jede Strophe des Gedichtes folgen, werden die Millionen mehrmals angesprochen, etwa: „Seid umschlungen, Millionen! Diesen Kuss der ganzen Welt" oder: „Duldet mutig, Millionen! Duldet für die bess're Welt!"

Das Sein bestimmt das Bewusstsein

*Karl Marx *1818 †1883*

„Es ist nicht das Bewusstsein der Menschen, das ihr Sein, sondern umgekehrt ihr gesellschaftliches Sein, das ihr Bewusstsein bestimmt", schrieb Karl Marx im Jahr 1859 im Vorwort seiner Schrift *Zur Kritik der politischen Ökonomie*. Damit stellte er die These auf, dass insbesondere die ökonomische Lebensrealität des Menschen, also zum Beispiel die Art seiner Arbeit, materielle Zwänge, fehlende Chancen usw. sein geistiges, soziales und politisches Leben entscheidend prägen. Jemand, der in schwierigen Verhältnissen aufgewachsen ist, hat also zwangsweise ein anderes Bewusstsein als jemand, der von klein auf über alle Chancen und Freiheiten inklusive der materiellen Mittel verfügt.

Sein Kreuz auf sich nehmen

Neues Testament (Lk 9,23)

Das bedeutet, einem schweren Schicksal nicht auszuweichen, sondern sich ihm zu stellen. In diesem Sinne forderte Jesus vor seinem Tod seine Jünger auf, ebenfalls ihr Kreuz auf sich zu nehmen und ihm nachzufolgen. Ob er tatsächlich sein eigenes Kreuz zur Hinrichtung tragen musste, ist dagegen historisch umstritten. Erstens wurden wohl nur die Querbalken getragen, zweitens wird in drei der vier Evangelien ein gewisser Simon von Kyrene als Träger des Kreuzes genannt.

Jesus und das Kreuz

Sein Licht nicht unter den Scheffel stellen

Martin Luther
1483 †1546

Im *Matthäusevangelium* fordert Jesus seine Jünger auf, öffentlich zu wirken. Er sagt, dass schließlich niemand eine Lampe anzündet und sie unter ein Gefäß stellt, sondern gut sichtbar auf einen Leuchter. Martin Luther entschied sich, das hebräische Wort für ein Gefäß mit „Scheffel" zu übersetzen, einem damals allgemein üblichen Hohlmaß. 1975 wollte eine Kommission der evangelischen Kirche derart altmodische Ausdrücke, die viele Menschen nicht mehr kannten, revidieren und machte aus dem Scheffel einen Eimer. In weiten Teilen der Kirche wurde diese Übersetzung danach abfällig das „Eimer-Testament" genannt.

Darstellung des Sprichwortes

Sein oder Nichtsein, das ist hier die Frage

William Shakespeare
um 1564 †1616

Den wohl berühmtesten Satz aus William Shakespeares Drama *Hamlet* – im Original „To be or not to be; that is the question" – spricht der Titelheld, nachdem ihn der Geist seines Vaters zur Rache gedrängt hat. „Ob's edler im Gemüt, die Pfeil' und Schleudern des wütenden Geschicks erdulden", sinniert der Prinz, der eigentlich ein Grübler und kein Mann der Tat ist, „oder sich waffnend gegen eine See von Plagen, durch Widerstand sie enden." Im Grunde, so stellt er fest, möchte er am liebsten sterben und schlafen und allem entrückt sein – also nicht sein.

Sein Scherflein beisteuern

Martin Luther *1483 †1546*

Das bedeutet heute nicht nur, bei einer Kollekte Geld zu spenden, sondern auch, bei einer gemeinsamen Unternehmung seinen Teil an Arbeit zu übernehmen. Im Mittelalter jedoch war der Scherf oder das Scherflein eine Münze, die nur einen halben Pfennig wert war. Martin Luther zog diese Wäh-

Martin Luther

rung heran, um seinen Lesern das Opfer der Witwe aus dem Neuen Testament zu verdeutlichen. Sie gibt nur eine kleine Münze, wird aber von Jesus als edelmütigste von allen Spendern gelobt, da sie alles gibt, was sie hat, die anderen jedoch nur einen Teil ihres Überflusses.

Sein Schicksal schafft sich selbst der Mann

*Gottfried Kinkel *1815 †1882*

Gottfried Kinkel

In seiner Erzählung *Otto der Schütz* (1846) erzählt der Theologe Kinkel eine alte Sage nach. Laut dieser soll der spätere Landgraf Otto II. von Hessen in seiner Jugend heimlich als einfacher Bogenschütze gelebt haben, um dem Zwang, Geistlicher werden zu müssen, zu entgehen. Am Ende rettete er aber sein Land und gewann die Tochter des Grafen von Kleve als Braut. „So spiegle denn in Ottos Glück die eigene Zukunft sich zurück, und lehr' uns diese Mär fortan: Sein Schicksal schafft sich selbst der Mann", endet Kinkel. Er selbst nahm zwei Jahre später an der Revolution von 1848 teil und wurde zum Tode verurteilt, konnte aber mithilfe seines Freundes Carl Schurz (1829–1906) aus dem Gefängnis entkommen und nach England fliehen.

Sein Schwert in die Waagschale werfen

Brennus 4. Jh. v. Chr.

Brennus

Mehrere antike Historiker, darunter Livius (59 v. Chr.–17 n. Chr.) erzählen, dass der gallische Häuptling Brennus von den Römern 1000 Pfund in Gold als Bedingung dafür forderte, dass seine Kelten wieder aus der Stadt abzogen. Die Römer gingen darauf ein, merkten jedoch, dass die Kelten mit falschen Gewichten wogen. Daraufhin soll Brennus sein Schwert (und nach anderen Berichten auch noch Scheide und Gürtel) genommen haben und zu den Gewichten in die Waagschale geworfen haben. Sein Schwert in die Waagschale werfen heißt seitdem, Überlegenheit als moralisches Argument zu benutzen.

Seine Hände in Unschuld waschen

Neues Testament (Mt 27,24)

Pontius Pilates

Das versuchte in der Bibel der römische Stadthalter Pontius Pilatus. Nachdem er auf Drängen der Hohen Priester und Ältesten Jesus zum Tode verurteilt hatte, ließ er sich Wasser bringen, wusch öffentlich seine Hände und erklärte, er sei unschuldig am Tode dieses Gerechten. Was die Nachwelt angeht, hat dies funktioniert. Obwohl Pilatus das Todesurteil verhängte – und wie man aus anderen Quellen weiß, auch sonst ein grausamer Stadthalter war –, wurde er im Christentum teilweise sehr positiv gesehen und in der orthodoxen Kirche sogar heiliggesprochen.

Seine Worte auf die Goldwaage legen

Altes Testament
(Buch Jesus Sirach)

Da Gold ein kostbares Metall ist, wiegen Goldwaagen besonders fein. Heute fordert man jemanden meist auf, Worte nicht auf die Goldwaage zu legen, also nicht kleinlich zu sein, was die Ausdrucksweise betrifft. Im Alten Testament ist das anders. Im alttestamentarischen Buch *Jesus Sirach* heißt es: „Die unnützen Wäscher plaudern, die Weisen aber wägen ihre Worte mit der Goldwaage." Vermutlich wollte der Verfasser damit aber sagen, dass Weise sorgfältig abwägen, ob sie überhaupt etwas sagen.

Den Seinen gibt's der Herr im Schlaf

Altes Testament (Buch der Psalmen)

„Umsonst ist es, dass ihr früh euch erhebt und spät euch niedersetzt, das Brot der Mühsal zu essen, denn den Seinen gibt er es im Schlaf", so heißt es in Psalm 127 aus dem **Alten Testament**, der sich im Untertitel *Ein Wallfahrtslied von Salomo* nennt. In der nächsten Zeile geht es übrigens mit der Behauptung weiter: „Eine Gabe vom Herrn sind Söhne." Man könnte also interpretieren, dass es besser ist, sich vom Herrn im Schlaf – oder zumindest im Bett – Söhne schenken zu lassen, die einen versorgen und das nötige Brot heranschaffen, als sich tagaus, tagein nur allein zu mühen.

Seinen Mantel nach dem Wind hängen

Gottfried von Straßburg †um 1215

Das bedeutet, sich den gerade herrschenden Gegebenheiten (zu sehr) anzupassen. Heute hat das Sprichwort meist einen negativen Beiklang. Wer sein Mäntelchen nach dem Wind hängt, opfert bedenkenlos Überzeugungen und Loyalitäten, um dafür einen – meist materiellen – Vorteil einzuheimsen. Schon der Minnesänger Gottfried von Straßburg verwendete den Begriff in seinem Versepos *Tristan*. Brangäne rät darin ihrer Freundin Isolde, der späteren Geliebten des Tristan: „Man sol den mantel kêren, als ie die winde sint gewant." Sie benutzt die Redewendung also positiv und rät der Freundin, sich entsprechend den äußeren Umständen zu verhalten.

Faust und Mephisto

Gottfried von Straßburg

Geld und Vergnügen gefordert. Nun beabsichtigt er Krieg gegen einen Gegenkaiser zu führen und dabei selbst in die Schlacht zu ziehen. Heute ist der Slogan eher im Do-it-yourself-Bereich zu finden, gern auch in der emanzipierten Variante: „Selbst ist die Frau!"

Selbstüberwindung ist der schönste Sieg

Friedrich von Logau
*1604 †1655

Ein Lehrspruch des Barock-Lyrikers Friedrich von Logau lautet: „Sich selbselbsten überwinden, ist der allerschwerste Krieg: sich selbselbsten überwinden, ist der allerschönste Sieg." In der Fruchtbringenden Gesellschaft, einer bedeutenden barocken Dichtervereinigung, wurde Logau „der Verkleinernde" genannt, wohl weil er alle Themen und Gedanken in eine möglichst knappe Form brachte.

Selbst ist der Mann

Johann Wolfgang von Goethe
*1749 †1832

Dies erklärt ein ungenannter Kaiser in Goethes Tragödie *Faust II*. Dieser Kaiser hat am Anfang des Stücks von Faust und Mephisto vor allem

Ein seltener Vogel

Juvenal (Decimus Junius Juvenalis) ca. 1./2. Jh.

Als „rara avis", als „seltenen Vogel", „ganz wie ein schwarzer Schwan" bezeichnete der römische Dichter Juvenal in seiner sechsten Satire, die sich um Ehe und Ehefrauen dreht, eine perfekte Gattin. Aber selbst wenn es eine solche gäbe, sagt er, dann wolle er sie nicht haben, weil Perfektion nicht zu ertragen sei. Er rät deshalb seinen Lesern, bei einer Heirat lieber auf eine gute Mitgift zu achten. Auch spätere Schriftsteller bezeichneten auffallende Menschen gern als „seltene Vögel", woraus sich die eher abwertenden Bezeichnungen „seltsamer Vogel" und „komischer Vogel" ergeben haben dürften.

Servus
Diener

Grußformel

„Servus" ist das lateinische Wort für Diener oder sogar Sklave. Gleichzeitig ist es bis heute eine beliebte Grußformel in Süddeutschland, Österreich und vielen Gegenden Osteuropas, vor allem in jenen, die einmal zum Habsburger Reich gehört haben. Servus kann sowohl zur Begrüßung als auch zum Abschied gebraucht werden und ist vor allem unter Freunden als lässiger Gruß üblich. Das steht im Kontrast zur Herkunft. Ursprünglich sollte mit „Servus" nämlich die höfliche Behauptung „Ich bin Ihr ergebener Diener" oder „Zu Diensten" ausgedrückt werden.

Sesam öffne dich

Tausendundeine Nacht 8. bis 15. Jh.

Die Formel stammt aus dem Märchen *Ali Baba und die 40 Räuber*. Der Kaufmann Ali Baba entdeckt darin die Schatzhöhle einer Räuberbande, die sich mit diesem Zauberwort auftut. Von einem „Sesam öffne dich" spricht man gern, wenn sich irgendetwas ohne eigenes Zutun und überraschend öffnet.

Ali Baba

Sex, Drugs and Rock'n'Roll

*Ian Dury *1942 †2000*
*Chaz Jankel *1952*

Sex and Drugs and Rock and Roll hieß ein Lied, das der englische Rockmusiker Ian Dury 1977 sang. Es war zunächst kein Hit, gab der Rockmusik aber ihr Motto. Den Text schrieben Dury und der Pianist Chaz Jankel. Er beginnt mit den Zeilen: „Sex and drugs and rock and roll is all my brain and body need. Sex and drugs and rock and roll is very good indeed" und fordert auf, sich nicht mit den gewöhnlichen Dingen des Lebens abspeisen zu lassen, sondern seine „Zähne in ein Stück des Kuchens Freiheit zu schlagen". Das Stück wurde vom Fernsehsender BBC wegen der anstößigen Inhalte zunächst boykottiert. Dabei war der körperlich behinderte Dury gar keiner der ganz wilden Musiker. Er wurde später UNICEF-Botschafter und starb an Krebs, nicht an Drogen.

Si tacuisses ...
Wenn du geschwiegen hättest ...

*Anicius Manlius Torquatus Severinus Boëthius *um 475 †524*

Sein Hauptwerk *Trost der Philosophie* verfasste der spätantike Philosoph Boëthius erst 524, nachdem er schon unter dem Verdacht des Hochverrates gefangen genommen war. In dem Buch unterhält er sich mit der Philosophie, die in menschlicher Gestalt zu ihm kommt. Diese erzählt ihm von einem Mann, der gehört hatte, dass ein wahrer Philosoph Beleidigungen schweigend erdulde. Also tut er dies auch, kann aber die Frage nicht unterdrücken, ob der andere an seinem Schweigen gesehen habe, dass er ein wahrer Philosoph sei. Dieser erwidert daraufhin: „Wenn du geschwiegen hättest, hätte ich das angenommen." (Intellexeram, si tacuisses.) „Si tacuisses ..." oder auch „Wenn du geschwiegen hättest, wärst du ein Philosoph geblieben", sind seitdem gern gebrauchte Antworten auf entlarvend dumme Bemerkungen.

Boethius

Sic transit gloria mundi
So vergeht der Ruhm der Welt

*Thomas von Kempen *um 1380 †1471*

„O quam cito transit gloria mundi", klagte der niederländische Augustinermönch und Mystiker Thomas von Kempen in seinem Buch *Die Nachfolge Christi.* „Oh, wie schnell vergeht der Ruhm der Welt." Im 15. Jahrhundert berichtete dann der päpstliche Zeremonienmeister Augustinus Patricius Piccolomini (1435–um 1495), dass bei der Ernennung eines Papstes der Zeremoniar dreimal Werg verbrennen und dabei ausrufen müsse: „Pater sancte, sic transit gloria mundi!" (Heiliger Vater, so vergeht der Ruhm der Welt!) Das gleiche Ritual soll es aber schon bei den Triumphzügen im Römischen Reich gegeben haben.

Thomas von Kempen

Sich in die Höhle des Löwen wagen

Äsop um 600 v. Chr.

Wer sich in die Höhle des Löwen wagt, stellt sich einer gefährlichen Begegnung, bei der er viel zu verlieren hat. Äsop war der Meinung, man solle sich lieber nicht in die Höhle des Löwen wagen. In seiner Fabel vom alten Löwen lässt dieser, nachdem er nicht mehr auf die Jagd gehen kann, überall verbreiten, er liege im Sterben und wolle von jedem seiner Untertanen persönlich Abschied nehmen. Der schlaue Fuchs jedoch bemerkt, dass viele Fußspuren in die Höhle des Löwen hineinführen, aber keine wieder heraus, und hütet sich, die Höhle zu betreten.

Sich mit fremden Federn schmücken

Äsop um 600 v. Chr.

Phaedrus (20 v. Chr.–50 n. Chr.) zitiert aus Äsops *Fabel von der Dohle* bzw. *Fabel von der Krähe und den Pfauen* und erzählt, wie sich eine Krähe mit Pfauenfedern schmückt und sich dann unter eine Schar von Pfauen mischt. Diese erkennen jedoch, dass etwas faul ist, und reißen der betrügerischen Krähe die Federn wieder aus.

Sich selbst zu lieben, ist der Beginn einer lebenslangen Romanze

*Oscar Wilde *1854 †1900*

Dies ist einer der typischen Dandy-Sprüche, für die Oscar Wilde von seinem Publikum so geliebt wurde. Er kommt von Lord Goring in dem Stück *Ein idealer Gatte*. Goring erklärt auch: „Andere Leute sind ziemlich erbärmlich. Die einzig mögliche Gesellschaft ist die eigene." Oder: „Mode ist, was man selbst trägt. Unmodern ist, was andere Leute tragen." Wie bei so vielen Wilde-Helden – und auch bei dem Dichter selbst – ist diese Menschenverachtung reine Fassade. In Wahrheit ist Lord Goring in die Schwester seines besten Freundes mindestens so verliebt wie in sich selbst. Zudem unterzieht er sich beträchtlicher Mühen, Roberts Ehe zu retten.

Illustration zu Ein idealer Gatte

Sich über gar nichts mehr wundern

Horaz (Quintus Horatius Flaccus)
*65 †8 v. Chr.

„Das Erste, wenn nicht das Einzige, Numicius, was glücklich machen und das Glück erhalten kann, ist, sich über nichts zu wundern", schrieb Horaz an einen Freund. Damit beschreibt er den zentralen Punkt der stoischen Philosophie. Im lateinischen Original steht „nil admirari", was auch „nichts bewundern" heißen kann. In der Folge kritisiert Horaz die Leute, die der Sensationshascherei und der Besitzgier verfallen sind, die sich von allem in Aufregung versetzen lassen und alles gesehen haben.

Sich wie Buridans Esel fühlen

wohl Jean Buridan
*um 1300 †um 1358

Das bedeutet, sich nicht entscheiden zu können, weil alle Alternativen gleich attraktiv erscheinen. Von dem französischen Philosophen Buridan soll nämlich ein Gleichnis von einem Esel stammen, der sich genau in der Mitte zwischen zwei gleichwertigen Heuhaufen befindet und nicht weiß, zu welchem er gehen soll. Also verhungert er in der Mitte. Die Geschichte passt zu dem, was Buridan sonst über Verstand und Willen geschrieben hat, findet sich aber nirgends in seinem hinterlassenen Werk. Auf jeden Fall war er nicht der Erste, der ein solches Szenario kreierte. Bereits Aristoteles (384–322 v. Chr.) beschrieb in seinem Werk *Vom Himmel* einen Mann, der gleichermaßen hungrig wie durstig ist und dazu gleich weit entfernt von Essen und Trinken.

Den sicheren Freund erkennt man in der Not

Quintus Ennius
*239 †169 v. Chr.

In seinem Werk *Laelius de amicitia (Laelius über die Freundschaft)* lässt Cicero die beiden verstorbenen römischen Politiker Gaius Laelius und Scipio Aemilianus, deren Freundschaft in Rom sprichwörtlich war, über das Wesen der Freundschaft debattieren. Dabei zitieren sie auch den Schriftsteller Quintus Ennius mit dem Spruch: „Amicus certus in re incerta cernitur." (Einen sicheren Freund erkennt man in der Not.) Die Originalquelle bei Ennius ist jedoch nicht erhalten.

227

Sieben auf einen Streich

*Jacob Grimm *1785 †1863*
*Wilhelm Grimm *1786 †1859*

Jacob und Wilhelm Grimm

Diesen Spruch stickt sich das tapfere Schneiderlein aus dem gleichnamigen Märchen auf einen Gürtel, nachdem es sieben Fliegen erschlagen hat. Damit zieht es dann in die Welt. Mit einer Mischung aus Großmäuligkeit und List zeigt es sich selbst den Riesen gewachsen, kann alle Gefahren meistern und wird am Ende sogar König.

Einen Silberstreifen am Horizont sehen

Gustav Stresemann
**1878 †1929*

Das bedeutet, dass sich erste Anzeichen für die Besserung einer schwierigen Situation zeigen. Solche schwachen Hoffnungsschimmer sahen die deutschen Wirtschaftsfachleute auch im Jahr 1924, ein Jahr, nachdem die Einführung der Rentenmark die große Inflation gestoppt hatte. In einer öffentlichen Rede zitierte der damalige deutsche Außenminister Gustav Stresemann einen seiner Mitarbeiter, der „zum ersten Mal einen Silberstreifen an dem sonst düsteren Horizont" der deutschen Wirtschaft ausmachen konnte. Der „Silberstreif" verschwand jedoch schon 1929 durch die Weltwirtschaftskrise wieder vom Horizont.

Gustav Stresemann

Silent leges inter arma
Es schweigen die Gesetze unter Waffen

Marcus Tullius Cicero
**106 †43 v. Chr.*

Am 18. Januar des Jahres 52 v. Chr. waren auf der Via Appia die schwer bewaffneten Banden der beiden Politiker Titus Annius Milo (†48 v. Chr.) und Publius Clodius Pulcher (um 92–52 v. Chr.) aufeinandergetroffen. Es kam zum Kampf und Pulcher wurde erschlagen, möglicherweise von Milo selbst. Dieser wurde daraufhin angeklagt. Cicero hielt eine Verteidigungsrede für Milo, in der er die innerpolitischen Krawalle als Krieg darstellte und argumentierte, dass im Krieg Gesetze wie das Verbot zu töten nicht gelten. Dennoch wurde Milo zur Verbannung verurteilt.

Drahtzieher war der damalige starke Mann Roms Pompeius (106–48 v. Chr.), der damit bewies, dass tatsächlich ungesetzliche Zustände herrschten.

Sirenengesang

Homer wohl 8. Jh. v. Chr.

Von den Sirenen berichtet Homer in der *Odyssee*. Diese Wesen locken vorüberfahrende Seemänner mit ihrem Gesang an, um sie zu töten. Homer berichtet von zwei Sirenen, die auf einer blumigen Wiese sitzen, von modernden Knochen und trocknenden Häuten umringt sind und Odysseus nicht nur durch schöne Töne, sondern auch mit schmeichelnden Argumenten verführen wollen. Dieser jedoch lässt sich auf Rat der Zauberin Circe am Mast seines Schiffes festbinden und befiehlt den Gefährten, die Ohren mit Wachs zu verstopfen. In späteren Erzählungen werden die Sirenen als Wesen geschildert, die halb Frau, halb Vogel bzw. halb Frau, halb Fisch sind.

Odysseus und die Sirenen

Sisyphusarbeit

Homer wohl 8. Jh. v. Chr.

Sisyphus

Auf den Rat der Zauberin Circe hin, so berichtet Homer in der *Odyssee*, habe Odysseus die Unterwelt besucht, um dort den verstorbenen Seher Teiresias nach seinem Schicksal zu befragen. Dort begegnet er Sisyphos. Dieser war einst Gründer und König von Korinth, hatte aber immer wieder versucht, die Götter zu täuschen. Als Strafe muss er deshalb nach seinem Tod in der Unterwelt, im Hades, fortwährend vergebliche Arbeit tun, nämlich einen schweren Felsen einen steilen Hang hinaufwälzen, von dem dieser immer wieder herunterrollt. Ebenfalls sprichwörtlich wurden die Qualen des Königs Tantalos, der von Essen und Trinken umgeben ist, aber nichts davon erreichen kann.

Sitzt, passt, wackelt und hat Luft

Willy Reichert *1896 †1973

Diesen beliebten Handwerkerspruch tätigt der Komiker Willy Reichert als Schneidermeister Titus Hasenklein 1963 in dem Fernsehfilm *Hasenklein kann nichts dafür*. Ob er ihn auch erfunden hat, ist allerdings fraglich. Jedenfalls passt der Spruch für einen Anzug, der einerseits gut sitzen, andererseits auch noch „Luft haben" muss, um bequem zu sein. Heute allerdings hört man die Wendung zudem oft als launiges Fazit nach Reparaturarbeiten, wenn besser nichts mehr wackeln sollte.

Skandal im Sperrbezirk

Günther Sigl *1947

Günther Sigl

Mit diesem Titel landete die Münchner Band *Spider Murphy Gang* 1981 ihren größten Hit. Er beginnt mit den Worten „In München steht ein Hofbräuhaus, doch Freudenhäuser müssen raus" und macht sich über die rigiden bayerischen Vorschriften lustig, die Bordelle an den Stadtrand von München verbannen. „Skandal im Sperrbezirk" wurde zum Synonym für unerlaubtes Treiben in dafür gesperrten Zonen.

So ein Tag, so wunderschön wie heute …

Walter Rothenburg *1889 †1975

„… so ein Tag, der dürfte nie vergehn." Das Lied, ohne das kein Fußballsieg würdig gefeiert werden kann, schrieb der Hamburger Boxpromoter Walter Rothenburg im Jahr 1964. Rothenburg organisierte unter anderem Kämpfe für Max Schmeling (1905–2005) und

Freddy Quinn

schrieb Liedtexte für Freddy Quinn (*1931) wie *Junge, komm bald wieder*. Die Musik für *So ein Tag* komponierte Lotar Olias (1913–90). Das Lied wurde von Freddy Quinn gesungen. Inzwischen ist es zum Volksgut geworden und auch mehrmals nachgedichtet worden.

So jung kommen wir nicht mehr zusammen

Christian August Vulpius *1762 †1827

Dies wird immer gern auf Feiern jeglicher Art geäußert. Der Spruch ist auf das Lied *Dem Gott der Reben vertrau ich mein Glück* zurückzuführen. „Wir kommen doch morgen so jung nicht

Sodom und Gomorrha

Christian August Vulpius

um Rat, was er tun soll, und erhält von jedem eine andere Antwort, was der Rechtsanwalt Hegio mit obigem Spruch – auf Lateinisch „Quot homines, tot sententiae" – kommentiert.

Sodom und Gomorrha

Altes Testament
(1. Buch Mose)

Im 19. Kapitel des biblischen Buches *Genesis* wird erzählt, wie Gott die Städte Sodom und Gomorrha mit Feuer und Schwefel vernichtet, denn „ihre Sünde ist überaus schwer". Für diese wird hier nur ein Beispiel gegeben. Die Einwohner von Sodom bedrängen den frommen Lot, ihnen zwei Gäste seines Hauses herauszugeben, damit sie diese vergewaltigen können. Seitdem stehen „Sodom und Gomorrha" für Orte, an denen sexuelle Laster regieren.

zusammen", heißt es dort als Begründung, das Zechen noch etwas auszudehnen. Das Lied war Teil einer komischen Oper namens *Hokus Pokus*, für die Goethes Schwager Christian August Vulpius 1790 das Libretto schrieb, während der österreichische Komponist Carl Ditters von Dittersdorf (1739–99) für die Musik verantwortlich zeichnete. Vulpius war vor allem durch seinen Räuberroman *Rinaldo Rinaldini* bekannt geworden.

So viele Menschen, so viele Meinungen

Terenz (Publius Terentius Afer)
*um 195 †159 v. Chr.

Als der alte Demipho in Terenz' Stück *Phormio* (161 v. Chr.) von einer Reise aus Kilikien zurückkehrt, muss er feststellen, dass sein Sohn in seiner Abwesenheit eine scheinbar sehr unüberlegte Ehe geschlossen hat. Er fragt seine Freunde

Die Verwüstung von Sodom und Gomorrha

231

Sola fide
Allein durch Glaube

Thomas von Aquin *1225 †1274

Das Kolosseum in Rom

„Allein durch Glaube", heißt diese lateinische Wendung, die schon bei Thomas von Aquin belegt ist. Martin Luther gebrauchte sie oft. Es war eine seiner zentralen Überzeugungen, dass der Mensch nur durch den Glauben gerettet werde. Es ist einer von vier Grundsätzen, mit denen die lutherischen religiösen Überzeugungen oft zusammengefasst werden. Die anderen lauten „sola scriptura" (nur die Heilige Schrift zählt, nicht die kirchliche Tradition), „sola gratia" (allein durch die Gnade Gottes wird der Mensch gerettet) und „solus Christus" (allein durch Christus, nicht durch die Anrufung von Heiligen, wird der Mensch erlöst).

Die Lutherstube auf der Wartburg

Solange das Kolosseum steht ...

Beda Venerabilis *um 673 †735

„... steht auch Rom, wenn das Kolosseum fällt, fällt auch Rom; wenn Rom fällt, fällt auch die Welt." Diese Prophezeiung von Beda zog ähnliche nach sich. In München beispielsweise ist es der Kirchturm „Alter Peter" und England soll fortbestehen, solange Raben um den Tower in London fliegen. Es ist jedoch nicht sicher, ob die Vorhersage wirklich von Beda stammt oder ob er sie nur aufgezeichnet hat. Außerdem schrieb Beda im lateinischen Original „coliseus" und meinte damit möglicherweise gar nicht das Kolosseum, sondern die kolossale Nerostatue, die Namensgeber war. Diese steht längst nicht mehr.

Solange ich atme, hoffe ich

Marcus Tullius Cicero *106 †43 v. Chr.

„Dum spiro, spero" heißt der Spruch kurz und knackig auf Latein. Er soll von Cicero stammen, aber gesichert ist das nicht. In seinen Briefen an seinen Freund Titus Pomponius Atticus (110–32 v. Chr.) ist eine solche Aussage höchstens dem Sinn nach, aber nicht wörtlich enthalten. Vom regen philosophischen Briefwechsel der beiden sind übrigens nur Ciceros Briefe erhalten. Diese aber füllen ganze 16 Bände.

Soldaten sind Mörder

*Kurt Tucholsky *1890 †1935*

Dieses Zitat schaffte es sogar vor das Bundesverfassungsgericht. Am 4. August 1931 schrieb Kurt Tucholsky in der *Weltbühne* eine Satire über den Ersten Weltkrieg. Darin hieß es: „Da gab es vier Jahre lang ganze Quadratmeilen Landes, auf denen war der Mord obligatorisch, während er eine halbe Stunde davon entfernt ebenso streng verboten war. Sagte ich: Mord? Natürlich Mord. Soldaten sind Mörder." 1932 wurde der Herausgeber der *Weltbühne*, Carl von Ossietzky (1889–1938), deshalb wegen Verunglimpfung der Wehrmacht angeklagt, jedoch vor Gericht freigesprochen. Auch in der Bundesrepublik wurde mehrmals versucht, die Verwendung des Zitates vor Gericht verbieten zu lassen. 1995 entschied jedoch das Bundesverfassungsgericht, dass die Verwendung von der Meinungsfreiheit gedeckt sei. Nicht erlaubt ist allerdings, bestimmte Soldaten wegen ihres Berufes als Mörder zu bezeichnen.

Die Sonne bringt es an den Tag

*Adelbert von Chamisso (Louis Charles Adélaïde de Chamissot de Boncourt) *1781 †1838*

Der Gedanke hinter diesem Satz findet sich schon bei antiken Autoren oder in der Bibel. Der deutsch-französische Schriftsteller Adelbert von Chamisso verfasste ein Gedicht darüber. Es handelt von einem alten „Meister", der vor langer Zeit einen armen Juden erschlagen hat. Dieser droht ihm sterbend, die Sonne bringe die Tat an den Tag. Der Alte kann den Satz nicht vergessen und erklärt gelegentlich der Sonne, das werde sie nicht schaffen. Das bekommt seine junge Frau mit und bearbeitet ihn so lange, bis er ihr die ganze Geschichte erzählt. „So hatte die Sonn eine Zunge nun", schrieb Chamisso und ließ seinen alten Meister am Galgen enden.

Adelbert von Chamisso

Spaß ist, was ihr draus macht

Unbekannt

Das ist das Motto einer Clique von Jugendlichen aus einem Spot von 2001 für das Limonadengetränk Fanta, in dem die Protagonisten mit ungewöhnlichen Aktionen für Unterhaltung sorgen. Schon seit Mitte der 1970er-Jahre drehte sich in den Fanta-Slogans alles um Spaß, unter anderem mit: „Weil's Spaß macht und schmeckt." Das Getränk, das neben vielen anderen von der Coca-Cola GmbH vertrieben wird, ist schon seit 1940 in Deutschland auf dem Markt. Ursprünglich eine klassische Orangenlimonade, gibt es inzwischen zahlreiche Geschmacksvariationen: Neben der Zitronenvariante, die 1968 in Sprite umbenannt wurde, werden auch exotische Geschmacksrichtungen wie Mango oder Melone verkauft.

Spät kommt Ihr – doch Ihr kommt!

*Friedrich Schiller *1759 †1805*

Dies sind Worte aus dem zweiten Teil von Schillers Dramentrilogie *Wallenstein* (1799). Sie gelten dem Führer der kroatischen Truppen, Graf Isolani. Schiller springt mit dem Satz „in medias res" mitten in die Handlung hinein und macht gleich deutlich, dass Isolani dringend erwartet wird und die Situation in Wallensteins Lager nicht zum Besten steht.

Szene aus Schneewittchen

Szene aus Wallenstein – Die Piccolomini

Spieglein, Spieglein an der Wand …

*Jacob Grimm *1785 †1863*
*Wilhelm Grimm *1786 †1859*

„… wer ist die Schönste im ganzen Land?" Mit diesem Reim lässt sich die böse und maßlos eitle Stiefmutter im Märchen *Schneewittchen* der Gebrüder Grimm von ihrem sprechenden Spiegel bestätigen, dass sie die Allerschönste im ganzen Land ist. Das Unheil nimmt dann aber seinen Lauf, als der Spiegel eines Tages erklärt: „Frau Königin, Ihr seid die Schönste hier, aber Schneewittchen ist noch tausendmal schöner als Ihr."

Die spinnen, die Römer!

*René Goscinny *1926 †1977*

Mit diesem Standardausruf kommentiert Asterix' Freund Obelix immer wieder die Merkwürdigkeiten der römischen Besatzer, denen er und seine gallischen Freunde dank ihres Zaubertrankes allerdings deutlich überlegen sind. Der Satz ist so bekannt geworden, dass es möglich ist, eine simple Beschimpfung zum literarischen Zitat zu erheben, wenn man die Römer durch einen Gegner eigener Wahl ersetzt, aber ansonsten den Wortlaut genau befolgt. Im Übrigen ist auch Obelix der Meinung, dass nicht nur die Römer spinnen.

Splendid Isolation

George E. Forster *1847 †1931

In einer Rede im kanadischen Unterhaus lobte Finanzminister George E. Forster im Januar 1896 die Politik des Britischen Empires, zu dem auch Kanada gehörte, weil das Reich „in diesen etwas schwierigen Tagen" für Europa so „großartig allein" („splendidly isolated") stehe. In England nahm man den Gedanken der „splendid isolation" rasch auf. Er wurde zum Schlagwort für die Politik der Nichteinmischung in europäische Probleme, die man in Großbritannien schon unter Premierminister Benjamin Disraeli (1804–81) verfolgt hatte. Im 20. Jahrhundert allerdings behielt man die Politik nicht bei und Großbritannien nahm an beiden Weltkriegen teil. Persönlich wie politisch ist die Splendid Isolation, die freiwillige und oft etwas arrogante Absonderung vom Rest der Welt, höchst umstritten.

Benjamin Disraeli

Den Splitter im Auge des Bruders sehen

Neues Testament (Mt 7,3)

„Was siehst du aber den Splitter im Auge deines Bruders und den Balken in deinem Auge beachtest du nicht?" Mit dieser Frage stellt Jesus von Nazareth im *Matthäusevangelium* all jene zur Rede, die nur die Fehler der anderen sehen, für die eigenen aber blind sind. Er bezeichnet sie als Heuchler und empfiehlt ihnen, erst einmal den Balken aus dem eigenen Auge zu ziehen, bevor sie sich um die Splitter der anderen kümmern. Außerdem warnt er alle, die über andere richten, dass sie mit demselben Maßstab gerichtet werden, den sie selbst angelegt haben.

Die Spreu vom Weizen trennen

Neues Testament (Mt 3,12)

Heute machen das Maschinen, früher musste jeder Landwirt nach der Ernte erst einmal mühsam die Körner aus den Getreidehalmen herausdreschen und sie dann von der ungenießbaren Spreu trennen. Im *Matthäusevangelium* kündigt Johannes der Täufer Jesus als einen an, der seine Tenne in Ordnung bringt und den Weizen im Speicher sammelt, während er die Spreu in unauslöschlichem Feuer verbrennen wird.

Altar mit Johannes dem Täufer

Der springende Punkt

*Aristoteles *384 †322 v. Chr.*

Zum naturwissenschaftlichen Werk des griechischen Philosophen Aristoteles gehören auch einige Schriften über die Tierkunde. Darin schildert er seine Beobachtung, dass in einem bebrüteten Hühnerei nach den ersten Tagen ein kleiner pulsierender (Aristoteles schrieb: „hüpfender") Blutfleck zu entdecken ist, aus dem sich das Küken entwickelt. In den Übersetzungen wurde daraus der „springende Punkt". Etwa ab dem 16. Jahrhundert bürgerte sich die Bedeutung ein: das Wesentliche und das, worauf es ankommt.

Fasanenküken

Ludwig XIV.

Der Staat bin ich

*Ludwig XIV. *1638 †1715*

„L'état c'est moi", soll der erst 17-jährige „Sonnenkönig" Ludwig XIV. geantwortet haben, als ihn der Präsident des französischen Parlamentes am 13. April 1655 in einer Sitzung bat, auf die Interessen des Staates Rücksicht zu nehmen. In den Parlamentsakten findet sich dieser Ausspruch jedoch nicht. Diese Äußerung bezieht sich aber nicht auf die heutige Auffassung des Staates, sondern auf die Stände (frz: les états), da der Staatsbegriff erst im 18. Jahrhundert aufgekommen sei. Auf jeden Fall gibt der Satz das Regierungsprinzip absolutistischer Herrscher perfekt wieder – und ist vielleicht gerade deshalb als Ausspruch Ludwigs XIV. nicht wahr, sondern gut erfunden.

Den Staub von den Füßen schütteln

Neues Testament (Mt 10,14)

„Wenn man euch nicht aufnimmt", sagt Jesus seinen zwölf Jüngern im *Matthäusevangelium*, „und eure Worte nicht anhört, so geht fort von jenem Haus oder jener Stadt und schüttelt den Staub von euren Füßen!" Den Staub müssen die Jünger in diesem Fall abschütteln, weil sie nicht aufgenommen wurden und ihnen demzufolge kein Wasser angeboten wurde, um ihn abzuwaschen. Wird diese Wendung aber heute gebraucht, soll man etwas Misslungenes hinter sich lassen, alle Erinnerungen daran abschütteln und sich in Zukunft nicht davon belasten lassen.

Stein des Anstoßes

Altes Testament (Buch Jesaja)

Im *Alten Testament* erklärt Gott dem Propheten Jesaja, er werde für alle Pflichtvergessenen, vor allem für die damaligen Könige Israels „zum Stein des Anstoßes und zum Fels des Strauchelns" werden. Der Stein des Anstoßes ist also ursprünglich ein Hindernis, an dem jemand scheitert. Wenn die Wendung dagegen heute gebraucht wird, dann handelt es sich eher um etwas, das Missbilligung und Ablehnung erregt.

Stell dir vor, es ist Krieg und keiner geht hin

wohl Carl Sandburg
*1878 †1967

1936 veröffentlichte der US-amerikanische Journalist und zweimalige Pulitzer-Preisträger Carl Sandburg einen Gedichtband namens *The People, Yes* (Das Volk, jawohl). In einem der Gedichte fragt ein kleines Mädchen, was Soldaten sind. Am Ende des Stückes erklärt die Kleine: „Irgendwann wird ein Krieg sein und keiner wird kommen." (Sometime they'll give a war and nobody will come.)

Die Sterne lügen nicht

Friedrich Schiller
*1759 †1805

Der Feldherr Albrecht von Wallenstein (1583–1634) war ein unbedingter Anhänger von Astrologie und Horoskopen. Diesen Aspekt nahm auch Friedrich Schiller in seine Dramentriologie *Wallenstein* (1799) auf. Als sich herausstellt, dass Octavio Piccolomini nicht Wallenstein, sondern dem Kaiser treu geblieben ist, erklärt Wallensteins Schwager Terzky, die Sterne, die für Piccolomini sprachen, hätten gelogen. Wallenstein erwidert daraufhin: „Die Sterne lügen nicht." Doch dieser Verrat hätte den „wahrhaft'gen Himmel" durcheinandergebracht. Danach sagt er zu seinen versammelten Getreuen den Satz, nach dem Erich Ponto als Oberlehrer Crey seine Schüler in dem Film *Die Feuerzangenbowle* (1944) fragt: „In welchem Akt und in welcher Szene sagte wer zu wem die Worte: ‚Das war kein Heldenstück, Octavio!'" Es ist übrigens die neunte Szene im dritten Akt.

Carl Sandburg

Steter Tropfen höhlt den Stein

Choirilos von Samos 5. Jh. v. Chr.

„Der Tropfen höhlt den Stein durch Beharrlichkeit", schrieb der griechische Dichter Choirilos in seinem Gedicht über den Sieg bei Salamis, von dem nur Fragmente erhalten sind. Die griechische Flotte konnte die zahlenmäßig weit überlegenen Perser in der Meerenge vor der Insel Salamis wohl hauptsächlich deshalb besiegen, weil die Perser gar nicht all ihre Schiffe auf einmal einsetzen konnten. Im direkten Kampf Schiff gegen Schiff erwiesen sich die Griechen aber als stärker, weil sie ausgeruhter waren und die wendigeren Schiffe hatten. So rieben sie die persische Flotte auf. Später ist der Satz auch wörtlich in Ovids (*43 v. Chr. – ca. 18 n. Chr.) *Epistolae* zu finden.

Stille Wasser sind tief

Friedrich Ludwig Schröder
*1744 †1816

Friedrich Ludwig Schröder

Wie viele Theaterdirektoren und Schauspieler seiner Zeit verfasste auch der Schweriner Theaterdirektor und Shakespeare-Übersetzer Friedrich Ludwig Schröder selbst Stücke für seine Truppe. Dazu gehörte ein Lustspiel in vier Akten mit dem Titel *Stille Wasser sind tief*, das er 1786 schrieb. Vorbild dafür bildete die Komödie *Rule a wife and have a wife* des britischen Dramatikers John Fletcher (1579–1625).

Der Stoff, aus dem die Träume sind

William Shakespeare
*um 1564 †1616

Szene aus Der Sturm

William Shakespeares letztes Werk *Der Sturm* spielt auf einer Insel, auf der Prospero, der vertriebene Herzog von Mailand, und seine Tochter Miranda gestrandet sind. Sie leben dort mit einem Luftgeist namens Ariel und dem Ungeheuer Caliban. Auf diese Insel gerät Ferdinand, der Prinz von Neapel. Er verliebt sich in Miranda, wird aber auch von den Geisterwesen der Insel gequält. Schließlich aber erklärt ihm Prospero: „Wir sind aus solchem Stoff, aus dem Träume gemacht sind, und unser kleines Leben ist von Schlaf umgeben." Damit meint er jedoch nicht nur die Geisterwesen auf der Insel, sondern das menschliche Leben überhaupt, das er als einen kurzen, wirren Traum in einem langen Schlaf ansieht. Bekannt wurde das Zitat zusätzlich durch den Titel des berühmten Romans von Johannes Mario Simmel (1924–2009).

Sturm und Drang

*Christoph Kaufmann *1753 †1795*

Eine Sturm-und-Drang-Phase bescheinigt man oft Jugendlichen in der Pubertät oder jungen Erwachsenen. Und genauso wird eine kurze (1767–85), aber wichtige Epoche der deutschen Literatur genannt, in der sich junge Talente wie Goethe und Schiller ausprobierten und unkonventionelle, aufrührerische und leidenschaftliche Dramen und Gedichte schrieben. Namensgeber war ein Drama von Friedrich Maximilian Klinger (1752–1831), einem weniger bedeutenden Literaten aus dem Umfeld Goethes. Er wollte das Stück zunächst *Der Wirrwarr* nennen. Sein Bekannter Christoph Kaufmann schlug jedoch *Sturm und Drang* vor. Kaufmann, der mit wallendem Haar und Wanderstock umherzog, war ein Original der 1770er-Jahre. Der studierte Arzt, von seinen Zeitgenossen „Kraftapostel" genannt, predigte den Vegetarismus und allgemein eine bessere Welt, pries zahlreiche dubiose Wunderkuren an und unterhielt sein Publikum darüber hinaus mit erfundenen Heldengeschichten aus seinem eigenen Leben.

Die Stützen der Gesellschaft

*Henrik Ibsen *1828 †1906*

Die Lebenslügen der scheinbaren „Stützen der Gesellschaft", das war das Hauptthema des norwegischen Dramatikers Henrik Ibsen und so

Henrik Ibsen

nannte er auch eines seiner Stücke. Sein „Held" ist der Werftbesitzer und Konsul Karsten Bernick, der früher nicht nur Geld unterschlagen hat. Jegliche Schuld wurde aber seinem Schwager aufgebürdet, der dann das Land verlässt. Als der Schwager plötzlich wieder auftaucht, fürchtet Bernick, alles, was er sich aufgebaut hat, zu verlieren, und geht sogar so weit, ein nicht seetüchtiges Schiff auslaufen zu lassen, in der Hoffnung, dass der gefährliche Mitwisser damit untergeht.

Summa summarum
Alles in allem

*Titus Maccius Plautus *um 254 †um 184 v. Chr.*

In seinem Stück *Truculentus* lässt der römische Dichter Plautus drei Männer auftreten, die um die Gunst einer Kurtisane werben. Einer davon ist Dinarchus, der sich zu Beginn des Stückes Gedanken um die Liebe macht. Ein ganzes Leben sei nicht genug, meint er, um all die Arten kennenzulernen, auf die ein Liebhaber sich ruinieren könne. Nicht einmal Venus, die alles in allem („summa summarum") die oberste Gebieterin in Liebessachen sei, wisse, wie oft ein Verliebter, der Bitten gegenüber weich sei, gefoppt werde.

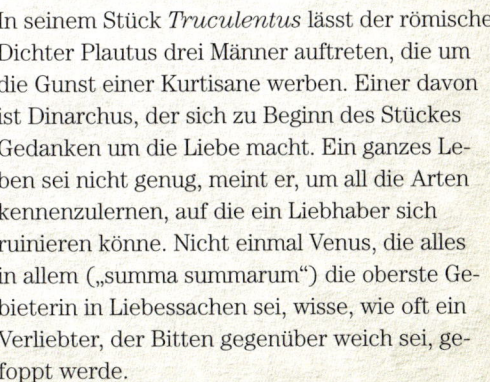

Survival of the fittest

Herbert Spencer *1820 †1903

Herbert Spencer

Die Aussage, dass in der Natur nur die stärksten Individuen überleben, wird oft Charles Darwin (1809–82) angehängt. Tatsächlich stammt sie von dem englischen Soziologen Herbert Spencer, der damit auch der Wegbereiter des sogenannten Sozialdarwinismus ist. Spencer wollte damit jedoch keineswegs das Überleben der Stärksten propagieren. Er gebrauchte das Wort „fittest" im Sinn von „passend" oder „angepasst". Denn gerade die Stärksten überleben in freier Wildbahn oft nicht lange. Ein Leithirsch zum Beispiel ist oft nach ein oder zwei Jahren an der Spitze eines Rudels „verbraucht". Die besten Überlebenschancen haben also die Tiere, die nicht ständig versuchen, ihre Umgebung „passend" zu machen, sondern sich gut an das Gegebene anpassen können.

Das süße Nichtstun

Gaius Plinius der Jüngere *um 61 †um 113

Dies wird auch gern auf Italienisch als „il dolce far niente" zitiert und war schon zur Zeit der alten Römer bekannt. Plinius der Jüngere schrieb in einem seiner Briefe, dass ihm leider keine Zeit bliebe für „dieses zwar erschlaffende, aber doch so angenehme Nichtstun". (Ilud iners quidem, iucundum tamen nihil agere.) Doch er

Plinius der Jüngere

fügte hinzu, dass die Pflichten, vor allem den Freunden gegenüber, wichtiger seien. Die Briefe des Plinius sind berühmt, vor allem jene, in denen er den Vesuvausbruch schildert, bei dem sein Onkel, der römische Gelehrte Plinius der Ältere (um 23–79), ums Leben kam.

Tabula rasa

Platon ca. *427 †347 v. Chr.

In seinem Werk *Theaitetos* verglich der griechische Philosoph Platon die menschliche Seele mit einer leeren Wachstafel, die durch Lebenserfahrung beschrieben wird. Andere Autoren, die seinen Vergleich aufgegriffen haben, wie Plutarch (um 45–125), haben die Tafel durch das gebräuchlichere „Papyrus" ersetzt, woraus ein „unbeschriebenes Blatt" entstand. Der lateinische Ausdruck für die leere Schreibtafel aber, „tabula rasa", hat mit der Zeit eine Umdeutung erfahren. Tabula rasa steht nicht länger für ein „unbeschriebenes Blatt", sondern wird gebraucht, wenn jemand „reinen Tisch" macht, um dann ganz neu beginnen zu können. Auf den antiken Wachstafeln konnte man tatsächlich den Inhalt auslöschen und die Tafel wieder völlig neu beschreiben.

Das sagt … … die Werbung

Alles Müller oder was?
(Müller Milch)

Bild dir deine Meinung.
(Bild)

Dafür steh' ich mit meinem Namen.
(Hipp)

Der mit dem Blub.
(Iglo Rahmspinat)

Die klügere Zahnbürste gibt nach.
(Dr. Best)

Die schlaue Art zu waschen.
(Spee)

Einmal hin, alles drin!
(Real)

Gut ist uns nicht gut genug.
(Hertie)

Heute ein König.
(König Pilsener)

Hier kommt der Genuss.
(Thomy)

Geschmack braucht kein Coffein.
(Kaffee Hag)

Just do it.
(Nike)

Kleidung clever kaufen.
(KIK)

Morgens halb 10 in Deutschland.
(Knoppers)

Ich liebe es.
(McDonald's)

Wer sie liest, sieht mehr.
(Süddeutsche Zeitung)

Wir machen den Weg frei.
(Volksbank)

Sauberer wird's nicht.
(Kärcher)

Ich bin doch nicht blöd!
(Media Markt)

We love to entertain you.
(Pro7)

Merci, dass es Dich gibt!
(Merci)

Sind wir nicht alle ein bisschen Bluna?
(Bluna)

Das sagten ... ... Schriftsteller

Wir finden in den Büchern immer nur uns selbst. Komisch, dass dann allemal die Freude groß ist und wir den Autor zum Genie erklären.
Thomas Mann (1875–1955)

Das Glück besteht darin, dass man da steht, wo man seiner Natur nach hingehört; selbst die Tugend- und Moralfrage verblasst daneben.
Theodor Fontane (1819–1898)

Schreiben ist eine besondere Form des Schwätzens.
Robert Musil (1880–1942)

Alle Kunst ist gänzlich nutzlos.
Oscar Wilde (1854–1900)

Irland ist eine alte Sau, die ihre Ferkel frisst.
James Joyce (1882–1941)

Alles, worauf die Liebe wartet, ist die Gelegenheit.
Miguel de Cervantes (1547–1616)

Um einen Staat zu beurteilen, muss man seine Gefängnisse von innen ansehen.
Leo Tolstoi (1828–1910)

Bereit sein ist viel, warten können ist mehr, doch erst den rechten Augenblick nützen ist alles.
Arthur Schnitzler (1862–1931)

Der Mensch wurde am Ende der Wochenarbeit erschaffen, als Gott bereits müde war.
Mark Twain (1835–1910)

Das Paradies habe ich mir immer als eine Art Bibliothek vorgestellt.
Jorge Luis Borges (1899–1986)

Tanz auf dem Vulkan

Narcisse-Achille de Salvandy
*1795 †1856

Nach dem Sturz Napoleons im Jahr 1815 waren in Frankreich wieder die Bourbonenkönige an die Macht gekommen, sorgten durch ihre reaktionäre Politik aber für große Unzufriedenheit. Im Mai 1830 äußerte der spätere französische Bildungsminister Narcisse-Achille de Salvandy deshalb auf einem großen Hoffest: „Wir tanzen auf einem Vulkan." Tatsächlich ging der „Vulkan" im Juli desselben Jahres hoch. Barrikadenkämpfe in Paris ließen den König abdanken. Er wurde durch einen entfernten Verwandten, den „Bürgerkönig" Louis Philippe von Orléans (1773–1850) ersetzt. 1938 spielte Gustav Gründgens (1899–1963) in einem gleichnamigen Film über das Paris im Jahr 1830 die Hauptrolle. Sein Intimfeind und Ex-Schwager Klaus Mann (1906–49) nannte ein Jahr später seinen Roman über die europäische Emigrantenszene *Der Vulkan*.

Narcisse-Achille de Salvandy

Tanz ums Goldene Kalb

Altes Testament
(2. Buch Mose)

Während Moses auf dem Berg Sinai von Gott die Zehn Gebote erhielt, so erzählt das 32. Kapitel des Buches *Exodus*, kamen sich die Israeliten verlassen vor und forderten Moses Bruder Aaron auf, ihnen einen sichtbaren Gott zu machen. Aaron goss daraufhin aus Gold ein Kalb, das die Israeliten zu ihrem Gott erklärten, dem sie opferten und um das sie tanzten, obwohl sie eigentlich wussten, dass es nur eine geschaffene Figur war. Der „Tanz ums Goldene Kalb" steht deshalb für die Vergötterung banaler Dinge.

Verehrung des goldenen Kalbs beim Auszug der Ägypter

Tausendmal berührt

Diether Dehm *1950

Das Lied *1000 und eine Nacht* war 1984 der größte Hit des Sängers Klaus Lage (*1950). Es erzählt von einem Jungen und einem Mädchen, die eigentlich nur beste Freunde waren, sich tausendmal ohne erotische Folgen berührt hatten und sich plötzlich doch verliebten. Der Song stammt allerdings nicht von Lage selbst, sondern von dem Texter, Komponisten und Musikproduzenten Diether Dehm, der heute Bundestagsabgeordneter der Linkspartei ist. Von Dehm stammen auch andere bekannte Lieder wie *Was woll'n wir trinken sieben Tage lang* oder *Das weiche Wasser bricht den Stein*.

Ein Teil von jener Kraft, die stets das Böse will und stets das Gute schafft

Ein Teil von jener Kraft, die stets das Böse will und stets das Gute schafft

Johann Wolfgang von Goethe
*1749 †1832

So stellt sich Mephisto im *Faust* vor, als der Titelheld ihn fragt: „Nun gut, wer bist du denn?" In älteren Versionen des Faust-Stoffes ist Mephisto ein Teufel bzw. Abgesandter des Teufels. Auch bei Goethe kokettiert er mit teuflischen Attributen, doch sein Wesen wird nie so recht klar. Vor allem bedeutet Mephisto eine Herausforderung für den lebensmüden Faust. Er treibt ihn zu allerlei unmoralischen Dingen, aber am Ende (von *Faust II*) gelangt Faust gerade durch Mephistos ständiges Bestreben zur Erkenntnis des Guten.

Faust und Mephisto

Den Teufel mit Beelzebub austreiben

Neues Testament (Mt 12,24)

Im 12. Kapitel seines Evangeliums erzählt der Evangelist Matthäus, wie Jesus einen Besessenen heilt. Das Volk sei voller Bewunderung gewesen, schrieb Matthäus, die Pharisäer jedoch behaupteten: „Dieser treibt die Dämonen nicht anders aus als durch Beelzebub, den Fürsten der Dämonen." Sie unterstellten ihm also, einen Pakt mit dem obersten Dämon geschlossen zu haben, um niedere austreiben zu können. Beelzebub war ursprünglich eine Verballhornung von „Baal Zebul", dem obersten Gott der Phönizier, und wurde im jüdisch-christlichen Kontext zu einem Beinamen des Teufels.

Der Teufel und seine Großmutter

Jacob Grimm *1785 †1863
Wilhelm Grimm *1786 †1859

In der Religion gilt der Teufel als Verkörperung des Bösen schlechthin. Dass er eine Großmutter hat, ist ein Märchenmotiv, das sich in vielen Kulturen findet. In Deutschland wurde es durch das Grimm'sche Märchen gleichen Namens verbreitet. Darin findet ein Soldat, der einen Pakt mit dem Teufel geschlossen hat und seine Seele an ihn verlieren wird, wenn er nicht ein Rätsel löst, Hilfe bei dessen Großmutter. Ähnliche Hilfe bekommt der Held des Märchens *Der Teufel mit den drei goldenen Haaren*.

The same procedure as every year

Lauri Wylie (Morris Laurence Samuelson) *1880 †1951

Um diesen Satz dreht sich der bekannte Fernsehsketch *Dinner for one*, der traditionell an Silvester ausgestrahlt wird. Die 90-jährige Miss

Sophy (May Warden) hat alle ihre Freunde überlebt, möchte sie an ihren Geburtstagen aber nicht missen. Ihr Butler James (Freddie Frinton) muss deshalb für die vier seit Langem verstorbenen Herren servieren und auch in ihrem Namen Toasts aussprechen, wobei er immer betrunkener wird. Vor jedem Gang des opulenten Mahles vergewissert er sich widerwillig „Same procedure as last year?" (Das Gleiche wie letztes Jahr?), worauf seine Gastgeberin mit Nachdruck erwidert: „The same procedure as every year, James." (Das Gleiche wie jedes Jahr, James.)

Tiefes Schweigen

Vergil (Publius Vergilius Maro) *70 †19 v. Chr.

Nachdem Aeneas, der Held des Epos *Aeneis* des römischen Dichters Vergil, in Italien gelandet ist, gerät er prompt mit einem der dort lebenden Völker, den Rutulern, aneinander. Jupiter beruft einen Götterrat ein und dort hält Venus eine lange Rede, in der sie den obersten Gott beschwört, ihrem Sohn zu helfen. Irgendwann wird das der Göttin Juno zu viel. Sie herrscht Venus an: „Was nötigst du mich, dass mein tiefes Schweigen (lat.: altum silentium) ich breche, den Schmerz, den verharschten, durch Reden eröffne? Hat wohl irgendein Mensch, hat ein Gott den Aeneas gezwungen, Krieg zu beginnen? Als Feind dem latinischen König zu nahen?" Dabei schwingt allerdings auch Heuchelei der Göttermutter mit, denn sie hat durchaus das ihre dazugetan, um die feindlichen Parteien gegeneinander aufzubringen.

Tischlein deck dich, Goldesel und Knüppel aus dem Sack

**Jacob Grimm *1785 †1863
Wilhelm Grimm *1786 †1859**

Alle drei Gegenstände aus dem Märchen *Tischlein deck dich* sind jeder für sich sprichwörtlich geworden. Drei von ihrem Vater aus dem Haus gejagte Brüder gehen jeder zu einem Meister in die Lehre und erhalten von ihnen Abschiedsgeschenke: der älteste einen Tisch, der sich auf Befehl von selbst mit dem besten

Darstellung des Märchens

Essen deckt, der zweite einen Esel, der goldene Dukaten „produziert", und der dritte einen Knüppel, der auf Kommando jeden verprügelt. Scheinbar haben es die beiden älteren Brüder besser getroffen, doch als sie um ihre Dinge betrogen werden, beschafft sie ihnen der jüngste Bruder mit seinem Knüppel wieder.

Dante und Vergil in der Hölle

Der Tod ist ein Meister aus Deutschland

Paul Celan (Paul Antschel)
*1920 †vermutlich 1970

Paul Celan

Das berühmteste Gedicht des rumänisch-deutsch-französischen Lyrikers Paul Celan ist die *Todesfuge* von 1952, ein düsteres Versatzspiel von Impressionen aus den Vernichtungslagern der Nationalsozialisten, kombiniert mit Fetzen aus der Welt der Täter. Eine Hauptrolle darin spielt ein Aufseher, der peitschenschwingend einen Teil der Häftlinge zwingt, Gräber auszuheben, einen anderen, süße Melodien zum Tod aufzuspielen. Immer wieder schieb Celan im Gedicht den Satz „Der Tod ist ein Meister aus Deutschland" ein. Der Satz steht für die historische Einzigartigkeit des Holocausts mit seinen „meisterhaft" organisierten Massenmorden, wird aber auch oft politisch aktuell als Mahnung gebraucht, zum Beispiel wenn es um deutsche Waffenlieferungen geht.

Tohuwabohu

Altes Testament
(1. Buch Mose)

Dieses althebräische Wort kommt gleich zu Beginn der Bibel vor. Die Erde sei „tohu wa bohu" gewesen, heißt es dort. Martin Luther (1483–1546) übersetzte die Worte mit „wüst und leer". Spätere Autoren meinten, dass die Wörter „tohu" und „bohu" nicht nur Leere, sondern Durcheinander, Chaos und das Fehlen von jedem ordnenden Geist ausdrücken. Der jüdische Philosoph Martin Buber (1878–1965) übersetzte es deshalb als „Irrsal und Wirrsal". Im Alltag steht der Begriff ebenfalls weniger für Leere, als für ein größtmögliches, oft lautstarkes Durcheinander.

Martin Buber

Trau keinem über dreißig!

wohl 1968er-Generation

Diese Warnung wird oft Karl Marx zugesprochen, aber ob das stimmt, ist nicht festzustellen. Populär wurde sie jedenfalls Ende der 1960-Jahre durch die Studentenbewegung und es ist nicht ausgeschlossen, dass sie erst damals von begeisterten „Marxianern" dem großen Vorbild angehängt wurde.

Trink, Brüderlein, trink

Wilhelm Lindemann *1882 †1941

„… lass doch die Sorgen zu Haus! Meide den Kummer und meide den Schmerz, dann ist das Leben ein Scherz." So lautet der Refrain des bekannten Trinkliedes im Walzertakt, das der Komponist Wilhelm Lindemann im Jahr 1927 in

Berlin schrieb. Lindemann, der auch unter dem Pseudonym Fritze Bollmann (nach einem Brandenburger Stadtoriginal aus dem 19. Jahrhundert) auftrat, verfasste vor allem populäre Stücke für Tanzorchester und war auch selbst als Kapellmeister tätig.

Trübsal blasen

Neues Testament (Offb 7,14)

Wer trübsinnig ist, verhält sich normalerweise eher still und posaunt sein Elend nicht hinaus. In der biblischen *Offenbarung des Johannes* ist jedoch von einer Zeit der Bedrängnis die Rede, die auch Jesus schon in den Evangelien ankündigte. Luther übersetzte das griechische Wort „Thlipsis" (Angst, Druck), mit dem diese Zeit beschrieben wird, mit Trübsal. Zu dieser schrecklichen Epoche, die dem Weltende vorausgeht, gehören in der *Offenbarung* sieben Trompeten, die jeweils neues schreckliches Unheil bringen. Ihr Blasen vermehrt also die Trübsal oder Bedrängnis. Diese Schilderung könnte die Ursache für die Redewendung sein.

Tu felix austria
Du glückliches Österreich

*wohl Maximilian I. *1459 †1519*

Der Habsburger Maximilian I. und seine Familie

Im Jahr 1477 heiratete der österreichische Erzherzog und Kaiser Maximilian I. die reiche Erbin Maria von Burgund (1457–82), 1496 vermählte sich ihr Sohn Philipp der Schöne (1478–1506) mit Johanna der Wahnsinnigen (1479–1555), der Erbin Spaniens. Daraus entstand der Wahlspruch: „Mögen andere Kriege führen, du, glückliches Österreich, heirate." Er wird manchmal Maximilian persönlich zugeschrieben, könnte aber auch später entstanden sein. Privat wurde Maximilian mit Maria wirklich glücklich, sein Sohn mit Johanna nicht. Politisch jedoch brachte die Burgunder-Erbschaft den Habsburgern einen Konflikt mit Frankreich ein, der viele Kriege nach sich zog.

Tu, was du nicht lassen kannst!

Gotthold Ephraim Lessing
*1729 †1781

Zu Beginn von Lessings gleichnamigem Drama aus dem Jahr 1772 ist Emilia Galotti verlobt. Der eifersüchtige Prinz Gonzaga zwingt seinen Diener Angelo, Emilias Zukünftigen umzubringen. Angelo sucht seinen ehemaligen Spießgesellen Pierro auf. Der möchte jedoch nichts mit der Sache zu tun haben. Angelo erwidert: „Tu, was du nicht lassen kannst!" Er versteht den Satz allerdings ganz anders als heute, wo er meist ein resignierendes Nachgeben ausdrückt, wenn der Gesprächspartner unbedingt etwas tun will, was man selbst als Dummheit empfindet. Bei Lessing dagegen soll Pierro das tun, was ihm gesagt wird, denn er kann es nicht „lassen", da Angelo ihn in der Hand hat. Als Angelo gegangen ist, jammert Pierro: „Lass dich den Teufel bei einem Haare fassen und du bist sein auf ewig."

Die Tücke des Objekts

Friedrich Theodor Vischer
*1807 †1887

Friedrich Theodor Vischer

1879 verfasste der Schriftsteller, Philosoph und Literaturwissenschaftler Friedrich Theodor Vischer einen zweibändigen Roman mit dem Titel *Auch einer. Eine Reisebekanntschaft*. Diese Reisebekanntschaft, ein recht skurriler Fremder, den der Erzähler auf einem Dampfboot auf dem Zuger See getroffen haben will, befindet sich im Kleinkrieg mit allen möglichen Gegenständen des Alltags. Er ist davon überzeugt, dass sie eine böse Seele besitzen und sich gegen ihn verbündet haben. Zum Beispiel zertritt er seine Brille, nach der er lange gesucht hat, und nennt das ein Todesurteil als Strafe für „jahrelange, unbeschreibliche Bosheit". Dem Erzähler erklärt er: „Von Tagesanbruch bis in die späte Nacht, solang irgendein Mensch um den Weg ist, denkt das Objekt auf Unarten, auf Tücke."

Tugend will ermuntert sein, Bosheit kann man schon allein!

Wilhelm Busch *1832 †1908

Wilhelm Busch

Diesen Beschluss fast der leidgeprüfte Vater der beiden Knaben Peter und Paul in Wilhelms Busch Geschichte *Plisch und Plum*. Also werden die beiden zu Magister Bokelmann geschickt, der sich jedoch als ein typischer Vertreter der Schwarzen Pädagogik erweist und die beiden mit Schlägen zum Parieren bringen will. Gleiches tun die beiden Jungen dann mit ihren ungehorsamen Hunden Plisch und Plum und werden dafür auch noch belohnt, da sie die dressierten Tiere teuer verkaufen können. Bei dieser Moral ist es vielleicht kein Wunder, dass die Geschichte heute so gut wie unbekannt ist.

Über sieben Brücken musst du gehen

Über den Wolken ...

*Reinhard Mey *1942*

Dieses Lied des Hobbypiloten Reinhard Mey ist so bekannt geworden, dass die schlichte Aussage „Über den Wolken" kaum noch zitiert werden kann, ohne dass die Inhalte von Meys Lied mitschwingen: Die grenzenlose Freiheit und der Abstand zu den alltäglichen Sorgen, die auf der Erde „groß und wichtig" erscheinen, aber am Himmel plötzlich „nichtig und klein" werden. Dabei handelt das Lied gar nicht wirklich vom Fliegen. Der Ich-Erzähler schaut der Maschine nur nach und wünscht sich, auch über den Wolken zu sein.

Über die Toten soll man nichts Schlechtes sagen

Chilon von Sparta 6. Jh. v. Chr.

Glaubt man dem griechischen Historiker Diogenes Laertios (3. Jh. n. Chr.), dann stammt von dem spartanischen Politiker Chilon die Aufforderung, über Tote nicht schlecht zu reden – auch in der lateinischen Form „De mortuis nil nisi bene" zitiert. Chilon gilt überhaupt als der Schöpfer einer ganzen Reihe von moralischen Anweisungen zu denen beispielsweise „Ehre das Alter" oder „Man lacht nicht über das Pech anderer Leute" zählen. Einige antike Weisheiten werden sowohl ihm als auch Solon von Athen zugeschrieben.

Über sieben Brücken musst du gehen

*Helmut Richter *1933*

Helmut Richter

Diesen Titel trug zunächst eine Erzählung über eine deutsch-polnische Liebe des Schriftstellers Helmut Richter. 1978 machte er daraus ein Drehbuch für einen Fernsehfilm und schrieb auch den Text für den Titelsong. Die Musik dazu stammte von Ulrich Swillms (*1947) von der Band Karat. Im gleichen Jahr erlangte das Lied große Popularität und wurde zum Hit. 1980 coverte es Peter Maffay (*1949) und feierte damit ähnliche Erfolge. Das Motiv mit den sieben Brücken und den sieben dunklen Jahren, die es zu bewältigen gilt, entnahm Helmut Richter einem polnischen Märchen.

Ein Übermensch sein

Friedrich Nietzsche *1844 †1900

Friedrich Nietzsche

Den Begriff gab es schon in der Antike, aber Friedrich Nietzsche machte ihn erst so richtig bekannt. Der „Übermensch" ist eine zentrale Vision in seinem Werk. Trotzdem bleibt vieles rätselhaft. Zwar betonte Nietzsche, dass man hart, grausam und rücksichtslos sein müsse, um zum Übermenschen zu werden. Dessen Zweck jedoch sei nicht die Herrschaft über andere, sondern eine vollkommene schöpferische Selbstverwirklichung – wie immer man sich das vorstellen mag. Heute taucht der Ausdruck eigentlich nur noch in der Verneinung „Ich bin doch kein Übermensch" und in der englischen Version „superman" auf.

Ubi bene, ibi patria
Wo es mir gut geht, ist meine Heimat

Aristophanes *um 448 †um 385 v. Chr.

In Aristophanes letztem Stück *Plutos (Der Reichtum)* gelingt es dem armen Chremylos, den blinden Gott des Reichtums Plutos von seinem Gebrechen heilen zu lassen. Der Gott bedenkt daraufhin jeden mit Reichtum. Das führt dazu, dass die Menschen vergessen, den anderen Göttern zu opfern, worauf diese hungern. Sie senden den Götterboten Hermes zur Erde, um ihren Ärger ausrichten zu lassen. Der gerissene Hermes jedoch versucht stattdessen, bei den Menschen unterzukommen. Chremylos ungläubigem Diener Cario, der sich nicht vorstellen kann, dass ein Gott auf der Erde glücklich werden könne, versichert er, wo es ihm gut gehe, sei seine Heimat. Die lateinische Version des Spruches „Ubi bene, ibi patria" wurde später von Cicero in Mode gebracht.

Hermes

Die üblichen Verdächtigen

Julius J. Epstein *1909 †2000
Philipp G. Epstein *1909 †1952

Die Stadt Casablanca stand im Zweiten Weltkrieg unter der Verwaltung des französischen Vichy-Regimes, das mit den Nationalsozialisten kooperierte. Im Film *Casablanca* zeigt Polizeichef Renault, gespielt von dem britischen Schauspieler Claude Rains (1889–1967), allerdings wenig Interesse an Kooperation. Er verkauft Emigranten Transit-Visa gegen Geld oder Sex und ist ansonsten vor allem daran interessiert, selbst keine Probleme zu bekommen. Ereignen sich irgendwelche Zwischenfälle, bei denen die Deutschen hartes Durchgreifen verlangen, ordnet er an: „Verhaften Sie die üblichen Verdächtigen!" 1955 wurde „Die üblichen Verdächtigen" zum Titel eines amerikanischen Kriminalfilms.

Ultima Ratio
Der letzte vernünftige Weg

*wohl Armand du Plessis, Kardinal Richelieu *1585 †1642*

Und bist du nicht willig, so brauch' ich Gewalt

*Johann Wolfgang von Goethe *1749 †1832*

Kardinal de Richelieu

So droht in Goethes Ballade *Der Erlkönig* der Titelheld einem Kind. Vater und Sohn sind bei „Nacht und Wind" zu Pferde unterwegs und der Sohn glaubt ständig, den Erlkönig (Elfenkönig) zu sehen, der ihn zunächst mit Versprechungen locken möchte. Während der Vater dies als das Säuseln des Windes in den dürren Blättern abtut, glaubt der Sohn, Drohungen zu hören: „Ich liebe dich, mich reizt deine schöne Gestalt, und bist du nicht willig, so brauch' ich Gewalt." Am Ende kommt der Vater mit einem toten Kind in den Armen an seinem Ziel an. Elfen waren ursprünglich keine schönen, ätherischen Wesen, sondern böse Geister, die sprachlich mit dem Alb aus den Albträumen verwandt sind.

Im Dreißigjährigen Krieg ließ der französische Staatsmann Armand du Plessis, besser bekannt als Kardinal Richelieu, den Spruch „Ultima ratio regis" in die Rohre der französischen Kanonen prägen. Übersetzt wird er meist mit „Letztes Mittel der Könige". Dabei bedeutet das lateinische „Ratio" eigentlich Vernunft. Die „Ultima Ratio" wäre damit der letzte vernünftige Weg. Ob Richelieu die Redewendung wirklich erfunden hat, steht nicht ganz fest. Sie wurde um 1640 schnell populär. So bezeichnete zum Beispiel auch der spanische Dichter Pedro Calderón de la Barca (1600–1681) in seinem Stück *In diesem Leben ist alles wahr und alles Lüge* Pulver und Blei als „última razón de reyes".

Illustration zum Erlkönig

Und das ist auch gut so!

*Klaus Wowereit *1953*

Klaus Wowereit

Mit dieser Bekräftigung wurde der spätere Berliner Bürgermeister Klaus Wowereit schlagartig nicht nur bundesweit, sondern sogar international bekannt. Als er im Juni 2001 von seiner Partei zum Spitzenkandidaten für die kommenden Wahlen nominiert wurde, erklärte er, dass er genau wisse, dass sein Privatleben in Zukunft eine öffentliche Angelegenheit sein werde. „Aber damit auch keine Irritationen hochkommen, liebe Genossinnen und Genossen; ich sag's euch auch, und wer's noch nicht gewusst hat: Ich bin schwul – und das ist auch gut so!" Seitdem wurde an viele Aussagen und Slogans ein „Und das ist auch gut so" angehängt.

Und der Himmel hängt voller Geigen ...

*Leo Fall *1873 †1925*

„... wenn der Flieder blüht in den Zweigen und ein blonder Schatz liegt an deinem Platz, hängt so mollig warm dir am Arm." Mit diesen Worten malt sich der Held von Leo Falls dreiaktiger Operette *Der liebe Augustin* eine goldene, sorgenfreie Zukunft aus. Das Stück, das 1912 uraufgeführt wurde, war enorm populär und wurde allein in Berlin über 3000-mal aufgeführt. Erfunden haben allerdings weder Leo Fall noch seine Texter Rudolf Bernauer (1880–1953) und Ernst Welsch (1875–1941) den Ausdruck. Er soll schon im 17. Jahrhundert bekannt gewesen sein. Man vermutet, dass musizierende Engel oder ganze Engelschöre auf Gemälden den Anlass zu diesem doch außergewöhnlichen Sprachbild gaben.

Leo Fall

Und die Moral von der Geschicht'

*Wilhelm Busch *1832 †1908*

... Bad zwei in einer Wanne nicht." Mit diesem Spruch beendete der Dichter und Zeichner Wilhelm Busch seine Bildergeschichte *Das Bad am Samstagabend*. Dort werden die Brüder Franz und Fritz zusammen in eine Badewanne gesteckt und unvorsichtigerweise allein gelassen, was dazu führt, dass sie am Ende den Badebottich umkippen und dabei auch gleich noch einiges von der Kücheneinrichtung zerstören. Auch heute wird die Wendung gerne ironisch gebraucht und hat mit der Moral im ethischen Sinne nichts zu tun.

Und jedem Anfang wohnt ein Zauber inne

*Hermann Hesse *1877 †1962*

„... der uns beschützt und der uns hilft, zu leben", so schrieb Hesse 1941 in seinem Gedicht *Stufen*. Der damals 64-Jährige fordert darin auf, während jeder Lebensstufe bereit zum Neubeginn zu sein. Das Gedicht endet mit der Aufforderung: „Des Lebens Ruf an uns wird niemals enden... Wohlan denn, Herz, nimm Abschied und gesunde." Hesse schrieb Zeit seines Lebens auch Gedichte, sie wurden jedoch nie so populär wie seine Romane.

Hermann Hesse

... und kein bisschen weise

*Hanne Haller *1950 †2005*

Zu seinem 60. Geburtstag brachte der Schauspieler Curd Jürgens (1915–82) seine Biografie mit dem Titel ... *und kein bisschen weise* heraus und ein Lied, das sich *60 Jahre, und kein bisschen weise* nannte. Das Lied komponierte die Sängerin und Produzentin Hanne Haller für Jürgens. Darin kokettierte Jürgens mit der Tatsache, aus gehabtem Schaden nichts gelernt zu haben, und nur Falten bekommen zu haben, aber keine Reife.

Und sie bewegt sich doch

*Galileo Galilei zugeschrieben *1564 †1642*

„Eppur si muove", soll Galileo Galilei gemurmelt haben, als er 1633 nach seiner Verurteilung den Gerichtssaal der kirchlichen Inquisition verließ. Dass es wirklich so war, gilt als sehr unwahrscheinlich. Lange Zeit galt es als ausgemachte Tatsache, dann wurde es zu einer Legende erklärt, die erst Galileos Biograf Guiseppe Baretti (1719–89) erfunden habe. Inzwischen soll jedoch ein spanisches Gemälde von 1642 aufgetaucht sein, auf dem der Satz dargestellt ist. Es gibt auch Quellen, die den Ausspruch Galileos Vorgänger Giordano Bruno (1548–1600) als letzte Worte auf dem Scheiterhaufen zuschreiben. Doch auch dafür fehlen die Beweise. Außerdem widerspricht dies dem Bericht, dass Bruno kopfüber und mit gefesselter Zunge verbrannt worden sei, damit er eben nicht zum Volk sprechen konnte.

Galileo Galilei

Und so kommt zum guten Ende alles unter einen Hut ...

*Bertolt Brecht *1898 †1956*

„... Ist das nötige Geld vorhanden, ist das Ende meistens gut." So beginnen die drei zusätzlichen Verse der *Moritat von Mackie Messer*, die Brecht 1930 für die Verfilmung der *Dreigroschenoper* schrieb. In dem 1931 uraufgeführten Film spielte Ernst Busch (1900–80) den Moritatensänger und machte sich und die Moritat damit berühmt.

Und wenn die Welt voll Teufel wär

*Martin Luther *1483 †1546*

Diese Zeile stammt aus dem Kirchenlied *Ein feste Burg ist unser Gott* von Martin Luther. Die Strophe heißt: „Und wenn die Welt voll Teufel wär und wollt uns gar verschlingen, so fürchten wir uns nicht so sehr, es soll uns doch gelingen."

Und weil der Mensch ein Mensch ist ...

*Bertolt Brecht *1898 †1956*

„... drum braucht er was zu essen, bitte sehr", forderte Brecht in seinem *Einheitsfrontlied*, das er für die Erste Internationale Arbeiterolympiade 1935 in Straßburg schrieb und das von seinem Freund Hanns Eisler (1889–1962) vertont wurde. Er rief darin zu einer geschlossenen Front auf, weil die „Proletarier" kein „Geschwätz" bräuchten, sondern etwas zu essen, Kleider und Schuhe. In der dritten Strophe sagt Brecht, dass echte Menschen unter sich keine Sklaven und über sich keine Herren sehen wollten, in der vierten, dass die Befreiung der Arbeiter ein Werk der Arbeiter sein müsse.

Und wenn ich wüsste, dass morgen die Welt unterginge, würde ich heute noch ein Apfelbäumchen pflanzen

*Martin Luther *1483 †1546*
oder
*Eduard Mörike *1804 †1875*
oder
*Friedrich Rückert *1788 †1866*

Dieser angebliche Ausspruch von Martin Luther ist sehr populär. Allerdings hat noch niemand herausgefunden, wann und wo er ihn aussprach. Im Gegenteil: Recherchen haben ergeben, dass der Satz in der Vergangenheit auch schon anderen Prominenten wie Eduard Mörike oder Friedrich Rückert zugeschrieben worden ist. Ebenso

angehängt und wurde so zu dem Märchenende schlechthin.

Die unerträgliche Leichtigkeit des Seins

*Milan Kundera *1929*

Mit diesem Roman wurde der tschechisch-französische Schriftsteller Milan Kundera im Jahr 1984 international bekannt. Er erzählt die Geschichte eines tschechischen Paares, das in die Schweiz emigriert. Die Heldin Teresa leidet jedoch unter den ständigen Affären ihres Mannes Tomas und kehrt deshalb in die Tschechoslowakei zurück. Kundera reflektiert unter anderem darüber, dass für viele das Leben eine Last ist. Sabina, die Geliebte von Tomas, habe ihn aus freiem Willen verlassen und er habe ihr auch keine Steine in den Weg gelegt. „Ihr Drama ist nicht das Drama des Schweren, sondern des Leichten. Auf Sabina ist keine Last gefallen, sondern die unerträgliche Leichtigkeit des Seins."

wenig lässt sich beweisen, dass die Aussage „Jeder Mann muss in seinem Leben drei Dinge zuwege bringen: einen Sohn zeugen, einen Baum pflanzen und ein Haus bauen" wirklich von Luther stammt.

Und wenn sie nicht gestorben sind, so leben sie noch heute

*Jacob Grimm *1785 †1863*
*Wilhelm Grimm *1786 †1859*

Eine standardisierte Schlussformel findet man bei Märchen aus vielen Kulturkreisen. Die Brüder Grimm verwendeten obige jedoch eher selten, zum Beispiel beim *Fundevogel*. Häufiger aber ist beispielsweise das Ende von *Allerleirauh*: „Darauf ward die Hochzeit gefeiert, und sie lebten vergnügt bis an ihren Tod." Zum Schluss der *Bremer Stadtmusikanten* dagegen heißt es: „Und der das zuletzt erzählt hat, dem ist der Mund noch warm." In Nacherzählungen der Märchen jedoch wird das „Und wenn sie nicht gestorben sind …" oft an alle Geschichten

Milan Kundera

Die Unfähigkeit zu trauern

*Margarete Mitscherlich *1917 †2012*
*Alexander Mitscherlich *1908 †1982*

Unter diesem Titel veröffentlichten die Psychoanalytiker Margarete und Alexander Mitscherlich im Jahr 1967 eine Sammlung von Essays, das sich damit beschäftigte, dass breite Teile der Bevölkerung die NS-Verbrechen verdrängten. Die beiden Forscher untersuchten die Mechanismen der immer stärker werdenden Verdrängung und forderten schließlich für das deutsche Volk eine Art kollektiver Psychoanalyse, um die Schatten der Vergangenheit aufzuarbeiten. Heute wird das Schlagwort allgemein auf den problematischen Umgang mit traurigen Ereignissen angewendet.

Erschießung von Juden

Ungeschriebenes Gesetz

*Solon *um 640 †um 559 v. Chr.*

Als größtes Werk des griechischen Politikers Solon wird seine Gesetzgebung betrachtet, die alle Bereiche – Politik, Wirtschaft und Soziales – umfasste. Er schaffte sozialen Sprengstoff wie die Schuldknechtschaft ab, beseitigte Standesvorteile der Reichen und schuf neue Möglichkeiten der politischen Teilhabe aller am Staatswesen. In seiner Freizeit schrieb er auch Gedichte, in denen er sich teilweise mit seiner politischen Tätigkeit auseinandersetzte. Er unterschied – wohl erstmals – zwischen schriftlich fixierten und ungeschriebenen Gesetzen.

Solon

Ein Unglück kommt selten allein

Altes Testament (Buch Ezechiel)

An mehreren Stellen im Alten Testament kommt es „knüppeldick". Der heute gebräuchlichen Redewendung „Ein Unglück kommt selten allein" wohl am nächsten sind die folgenden Worte aus dem Buch *Ezechiel/Hesekiel*: „So spricht der Herr, HERR: Siehe, es kommt ein Unglück über das andere!", heißt es in Kapitel 7 mit dem Titel *Das Ende naht.* Es gehört zum ersten Abschnitt des Buches *Ezechiel*, einer Schrift, die im Zeitraum von 600–560 v. Chr. in Babylonien entstanden ist. Darin tadelt der Prophet Ezechiel das Volk, das sich von Gott abgewendet und daher nun Schlimmstes zu befürchten habe. Über 22 Verse beschreibt Ezechiel detailgenau, wie mannigfaltig das Unheil hereinbrechen wird, und schließt mit den Sätzen: „Ein Unfall wird über den andern kommen, eine schlimme Kunde nach der anderen. [...] Der König wird betrübt sein und die Fürsten werden in Entsetzen gekleidet sein und die Hände des Volkes im Lande werden verzagt sein. Ich will mit ihnen umgehen, wie sie gelebt haben, und will sie richten, wie sie verdient haben, dass sie erfahren sollen, ich sei der HERR."

Unheimliche Begegnung der dritten Art

J. Allen Hynek *1910 †1986

Von dem US-amerikanischen Futurologen Hynek stammt eine Kategorisierung von Begegnungen mit außerirdischen Lebensformen. Das Messen von Signalen, wie elektromagnetischen Störungen, bezeichnete er als Begegnungen der ersten Art, Indizien, die auf eine Landung eines UFOs hindeuten sollten, wie Abdrücke auf dem Boden, als Begegnungen zweiter Art, und den direkten Kontakt mit Außerirdischen als Begegnungen dritter Art. Dies bewog Steven Spielberg 1977, seinen Science-Fiction-Film über die Landung eines UFOs in einer amerikanischen Kleinstadt *Close Encounters of the Third Kind (Unheimliche Begegnung der dritten Art)* zu nennen. Hynek wirkte bei dem Film als Berater mit.

Unrecht Gut gedeiht nicht gut

Altes Testament (Buch der Sprichwörter)

„Unrecht Gut gedeiht nicht gut; vom Tode aber rettet Gerechtigkeit", das ist eine Lebensweisheit aus der Bibel, genauer aus dem Buch der Sprüche. Eine ähnliche Ermahnung findet sich auch in der Dichtung *Werke und Tage* des griechischen Dichters Hesiod (7. Jh. v. Chr.). Darin wirft er seinem Bruder Perses mehrmals vor, auf unrechtmäßige Art zu Vermögen gekommen zu sein. Doch „nicht die gestohlenen Güter gedeihn, nur die Gaben der Götter", erklärt Hesiod. Wer „großen Besitz mit frevelnder Hand sich erbeutet oder mithilfe der Zunge davonträgt", den würde ein Gott schnell wieder ins Dunkel stoßen und seinen Besitz zerstreuen.

Hesiod

Uns ist ganz kannibalisch wohl...

Johann Wolfgang von Goethe *1749 †1832

„... als wie fünfhundert Säuen!" So grölen die Zecher im *Faust* in Auerbachs Keller und offenbaren dabei im Rausch, welch dünne Tünche ihre Bildung ist, mit der sie anfangs noch geprahlt haben. Mephisto kommentiert die Szene mit einem spöttischen „Das Volk ist frei, seht an, wie wohl's ihm geht!" und erklärt dem angewiderten Faust, der gehen möchte: „Gib nur erst acht, die Bestialität wird sich gar herrlich offenbaren."

Unschuld vom Lande

Johann Strauss (Sohn)
*1825 †1899

Johann Strauss (Sohn)

Im dritten Akt der Operette *Die Fledermaus* von Johann Strauss Sohn versucht das durchtriebene Stubenmädchen Adele, den Gefängnisdirektor Frank zu überreden, ihr eine schauspielerische Ausbildung zu finanzieren. Um ihm ihr Talent zu zeigen, beginnt sie eine Arie: „Spiel ich die Unschuld vom Lande, natürlich im kurzen Gewande, so hüpf' ich ganz neckisch umher." Am Ende streiten sich Frank und Prinz Orlofsky darum, wer sich Adeles annehmen darf, aber der Prinz erklärt, als Kunstmäzen lasse er sich solches Talent nicht entgehen: „'S ist mal bei mir so Sitte: Chacun à son goût."

Unser Leben währet siebzig Jahr ...

Altes Testament (Buch der Psalmen)

„... und wenn's hoch kommt, so sind's achtzig Jahre, und wenn's köstlich gewesen ist, so ist's Mühe und Arbeit gewesen." So lautet ein gern zitiertes Loblied aus dem Psalm 90 über ein arbeitsames, aber erfülltes Leben. Allerdings hat sich Martin Luther (1483–1546) beim Übersetzen hier etwas vertan. Denn korrekt ausgedrückt müsste es heißen, dass das Leben, selbst wenn es köstlich war, nur Mühe und Arbeit gewesen ist. Der Psalmist wollte also nicht Mühe und Arbeit preisen. In den folgenden Versen bittet er Gott auch, ihm seine Güte zu schenken und das Werk seiner Hände zu lenken, damit sein Leben am Ende eben nicht nur Mühe und Arbeit gewesen sein wird.

Unter dem Blickwinkel der Ewigkeit

Baruch (Benedikt) de Spinoza
*1632 †1677

Im zweiten Buch seiner *Ethik* beschäftigte sich der niederländische Philosoph Baruch de Spinoza mit der Frage, wie das menschliche Denken funktioniert. Er schrieb, es sei die Natur der menschlichen Vernunft, Dinge unter „einem gewissen Blickwinkel der Ewigkeit" (lat.: sub quadam aeternitatis specie) zu betrachten. Damit meint er vor allem eine immerwährende Gültigkeit. Wird der Ausdruck heute gebraucht, dann meist eher ironisch und auf eine „ewig lang" erscheinende Zeitdauer bezogen.

Baruch de Spinoza

Unter einem Damoklesschwert leben

Marcus Tullius Cicero
*106 †43 v. Chr.

Das bedeutet, ständig mit einer drohenden Gefahr zu leben, die einen in jedem Augenblick treffen kann. Cicero erzählte die Geschichte von Damokles in seinen philosophischen Erörterungen *Tusculanae disputationes (Gespräche in Tusculum)*. Damokles soll im 4. Jahrhundert v. Chr. gelebt haben. Er beneidete den Tyrannen Dionysos von Syrakus, worauf dieser ihm anbot, einen Tag lang mit ihm zu tauschen. Doch beim abendlichen Bankett bemerkte Damokles, dass über dem Thron des Dionysos ein scharfes Schwert hing, das nur von einem Pferdehaar gehalten wurde. Daraufhin verging ihm die Lust auf das Regieren. Vermutlich erfand Cicero die Geschichte nicht, sondern übernahm sie aus einer älteren griechischen Quelle.

Das Schwert des Damokles

Vae victis! Wehe den Besiegten!

Brennus 4. Jh. v. Chr.

Nachdem der keltische Heerführer Brennus den Römern nach der Eroberung ihrer Stadt um 390 v. Chr. ein gewaltiges Lösegeld abgepresst hatte, soll er ausgerufen haben: „Wehe den Besiegten!" Der Spruch wird seitdem gern verwendet, wenn Gewinner sich gnadenlos zeigen. Brennus soll die Sache jedoch nicht gut bekommen sein. Die Römer waren über diese Arroganz so aufgebracht, dass sie sich doch zu Widerstand entschlossen und die Kelten noch besiegen konnten. Mancher moderne Historiker meint aber, nicht die Tapferkeit der Römer, sondern eine Epidemie habe die Kelten niedergeworfen.

Vater werden ist nicht schwer, Vater sein dagegen sehr

Wilhelm Busch *1832 †1908

Mit diesem Vers leitet Wilhelm Busch seine Bildergeschichte von Julchen Knopp ein. Tatsächlich hat deren Vater so einiges auszustehen, bis seine Tochter schließlich unter der Haube ist. Kaum ist dies jedoch geschehen, erklärt der Dichter herzlos „Knopp, der hat hienieden nun eigentlich nichts mehr zu tun. – Er hat seinen Zweck erfüllt." Also darf noch eine „schwarze Parze mit Nasenwarze" auftreten, die ihm sein „Lebensbändel" abschneidet.

Veni, vidi, vici
Ich kam, ich sah, ich siegte

*Gaius Julius Caesar *100 †44 v. Chr.*

Gaius Julius Caesar

„Ich kam, ich sah, ich siegte." Mit diesen stolzen Worten soll Caesar gemäß den Historikern Sueton (um 70–122) und Plutarch (45–125) in einem Brief seinem Freund Matius (1. Jh. v. Chr.) seinen schnellen Sieg bei Zela im Jahr 47 v. Chr. umschrieben haben. Er triumphierte damals über den König Pharnakes II. von Pontus (1. Jh. n. Chr.). Sueton behauptet, Caesar habe sich an dem Spruch (und wohl auch an seiner militärischen Leitung) so berauscht, dass er die Worte sogar bei dem anschließenden Triumphzug in Rom vor sich habe hertragen lassen.

Verdammt in alle Ewigkeit

*Rudyard Kipling *1865 †1936*

„Damned from here to Eternity." So brachte Rudyard Kipling 1892 in seinem Gedicht *Gentleman-Rankers* das Schicksal von Soldaten aus gutem Haus auf den Punkt, die allmählich dem Dreck, dem Alkohol, den Drogen und der vollkommenen Ehrlosigkeit verfallen. Dieses kritische Gedicht steht in seltsamem Kontrast zu Kiplings Romanen wie *Captains Courageous*, in dem ein verwöhnter Millionärssohn durch Härte zum Helden wird. Auch unterstützte Kipling seinen eigenen Sohn John (1897–1915) dabei, sich im Ersten Weltkrieg freiwillig zu melden. Nach Johns Tod klagte er allerdings bitter: „If any question why we died, tell them, because our fathers lied." („Wenn jemand fragt, warum wir starben, sagt ihnen, weil unsere Väter logen.") *From here to Eternity* war auch der Titel eines Romans von James Jones (1921–77), der 1953 verfilmt wurde. Er dreht sich um eine amerikanische Einheit, deren Mitglieder sich unmittelbar vor dem Überfall auf Pearl Harbour durch gegenseitige Schikanen und Eifersuchtsgeschichten selbst aufreiben.

Das verflixte 7. Jahr

*Billy (Samuel) Wilder *1906 †2002*

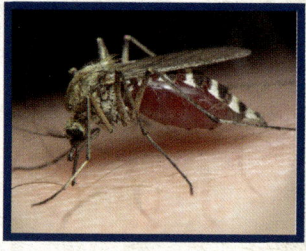

Mit dem Titel dieses Films, den er 1955 drehte, machte der amerikanische Regisseur Billy Wilder im allgemeinen Bewusstsein das siebte zum gefährlichsten Ehejahr. Marilyn Monroe (1926–62) stellt darin als namenlose blonde Schönheit einen Strohwitwer auf die Probe. Im Original hieß der Film *The Seven Year Itch*, wobei „Itch" ein juckender Stich – etwa von einer Mücke – ist und in diesem Zusammenhang für die ähnlich unerträglich juckende Lust der Ehemänner, im siebten Jahr fremdgehen zu wollen, stand.

Verlorene Liebesmüh

William Shakespeare *um 1564 †1616

Love's Labour's Lost, so nannte William Shakespeare eine seiner frühen Komödien, die er um 1593 schrieb. Held des Stückes ist der junge König von Navarra, der zusammen mit drei Freunden schwört, sich drei Jahre lang nur seinen Studien zu widmen und Frauen zu meiden. Allerdings muss er die Prinzessin von Frankreich empfangen, die in diplomatischer Mission kommt. Natürlich verliebt er sich in sie, ebenso wie seine Gefährten in deren schöne Hofdamen. Aber sie versuchen, voreinander zu verheimlichen, dass sie den Eid gebrochen haben. Am Ende ist aber tatsächlich alles vergebens, da der Vater der Prinzessin gestorben ist und sie nach Frankreich heimkehren muss. Es gibt Spekulationen, dass Shakespeare eine Fortsetzung mit dem Titel *Love's Labour's Won* geschrieben haben könnte, die aber verloren gegangen ist.

Vertrauen ist gut, Kontrolle ist besser!

Lenin (Wladimir Iljitsch Uljanow) *1870 †1924

„Dowerjai, no prowerjai", erklärte der russische Revolutionär Lenin gern. „Vertraue, aber kontrolliere." Allerdings handelt es sich bei der Aussage nicht um eine eigene Erfindung, sondern um ein bekanntes russisches Sprichwort. Die deutsche Formulierung dürfte aber aus der Übersetzung von Lenins Äußerungen hervorgegangen sein. Der Gedanke findet sich jedenfalls sehr häufig bei Lenin, zum Beispiel auch in der Version „Vorsicht ist besser!"

Lenin

Viel Lärm um nichts

William Shakespeare *um 1564 †1616

Diesen Titel – auf Englisch *Much Ado about Nothing* – gab William Shakespeare einer seiner beliebtesten Komödien. Natürlich geht es nicht um nichts, sondern um die Liebe. Aber im Grunde ist dem Zuschauer von Anfang an klar, dass Benedikt und Beatrice, die sich genüsslich mit Worten bekriegen, sobald sie sich sehen, das perfekte Paar sind. Nur den beiden ist das noch nicht ganz bewusst und so braucht es einige Intrigen, viel Wirbel und fünf Akte, bevor die beiden einander ihre Zuneigung gestehen.

Eine Szene aus Viel Lärm um nichts

Viele sind berufen, aber wenige sind auserwählt

Neues Testament
(Mt 22,14)

Diese Aussage von Jesus schließt sich im *Matthäusevangelium* an das Gleichnis von den Arbeitern am Weinberg an. Vermutlich gehörte sie eigentlich aber zu einem anderen Gleichnis. Jesus vergleicht darin das Himmelreich mit einem König, der zur Hochzeit seines Sohnes geladen hat. Doch viele Gäste lassen sich entschuldigen, manche misshandeln sogar die Boten des Königs und wieder andere erscheinen in unpassender Aufmachung. Am Ende feiern nur wenige von denen, die eingeladen worden sind, die Hochzeit mit.

Dem Volk aufs Maul schauen

*Martin Luther *1483 †1546*

Martin Luther übersetzte die Bibel nicht nur ins Deutsche, sondern bemühte sich sehr, eine ansprechende und leicht verständliche Sprache zu finden – was gar nicht so einfach war angesichts der vielen Dialekte, die damals in Deutschland gesprochen wurden. Gegenüber Kritikern, die seine Sprache zu derb fanden, rechtfertigte er sich im *Sendbrief vom Dolmetscher:* „Man muss die Mutter im Haus, die Kinder auf den Gassen, den gemeinen Mann auf dem Markt drum fragen und denselben auf das Maul sehen und danach dolmetschen (übersetzen)."

Das Volk der Dichter und Denker

*Jean Paul (Johann Paul Friedrich Richter) *1763 †1825*

Wer letztendlich Deutschland diesen Titel verpasst hat, darüber lässt sich streiten. Der Dichter Jean Paul verwendete den Begriff „Dichter und Denker", ohne Deutschland zum Volk derselben zu erklären. Zuvor hatte der Schriftsteller, Literaturkritiker und Märchensammler Johann Karl August Musäus (1735–87) in einem Vorwort zu einer Volksmärchensammlung schon erklärt: „Was wäre das enthusiastische Volk unserer Denker, Dichter, Schweber, Seher ohne die glücklichen Einflüsse der Fantasie?" Erst der nationalistische Agitator und Schriftsteller Wolfgang Menzel (1798–1873) schließlich meinte in der von ihm verfassten zweibaändigen deutschen Literaturgeschichte: „Die Deutschen thun nicht viel, aber sie schreiben desto mehr. ... Das sinnige deutsche Volk liebt es, zu denken und zu dichten."

Vom Baum der Erkenntnis essen

Altes Testament (1. Buch Mose)

Diese Redewendung spielt auf den Sündenfall im Paradies an. Gott erlaubt Adam und Eva. die Früchte aller Bäume im Paradies zu essen, nur nicht die des Baumes der Erkenntnis. Die Schlange verrät Eva jedoch, dass die Früchte die Fähigkeit verleihen, Gut und Böse zu unterscheiden. Daraufhin isst sie davon und gibt auch ihrem Mann von den Früchten. „Vom Baum der Erkenntnis essen" bedeutet meist, Wissen zu erlangen, das zwar klüger macht, das Leben dafür aber schwerer.

Verbot des Herrn, vom Baum der Erkenntnis zu essen

Napoléon Bonaparte

Vom Erhabenen zum Lächerlichen ist es nur ein kleiner Schritt

Napoleon Bonaparte *1769 †1821

1812 beherrschte der französische Kaiser Napoleon Bonaparte direkt oder indirekt fast ganz Europa, mit Ausnahme von Russland und Großbritannien. Die Briten wollte er durch eine Kontinentalsperre in die Knie zwingen. Da Russland sich aber weigerte, sich daran zu beteiligen, marschierte Napoleon im Juni mit seiner „Grande Armée" Richtung Moskau. Doch er rechnete nicht damit, dass der Zar ihm mit seiner Armee einfach ausweichen würde. Napoleon konnte zwar Moskau einnehmen, doch seine Armee dort nicht monatelang versorgen. Schließlich sah er sich gezwungen, einen demütigenden Rückzug anzutreten – durch Land, das er beim Einmarsch selbst hatte verwüsten lassen. Von über 600.000 Soldaten überlebten nur rund 40.000. Der Anfang von Napoleons Ende hatte begonnen. Doch er glaubte, sich noch retten zu können. In einem Brief an seinen Gesandten in Warschau schrieb er obigen Satz, fügte aber hinzu: „Wenn eine verzweifelte Situation ein besonderes Können erfordert, dann bringt man dieses Können auch auf, obwohl man vorher keine Ahnung davon hatte."

Vom Saulus zum Paulus werden

Neues Testament (Apg 9,1–43))

Die Bekehrung des Saulus

Das bedeutet eine radikale Wandlung um 180 Grad, so wie die des Apostels Paulus, der erst ein glühender Verfolger der ersten christlichen Gemeinde war und dann zu ihrem eifrigsten Missionar und ersten Theologen wurde. Von dieser Bekehrung des Paulus auf dem Weg nach Damaskus berichtet die *Apostelgeschichte*. Anfangs wird Paulus unter seinem jüdischen Namen Saul eingeführt. Später auf seinen Missionsreisen verwendet er aber seinen römischen Namen Paulus. Irgendjemand, der den Text nicht so genau gelesen hatte, brachte den Namenswechsel mit der Bekehrung zusammen und verbreitete das hartnäckige Gerücht, Paulus habe seinen jüdischen Namen abgelegt, als er Christ geworden sei.

Von der Gewalt, die alle Menschen bindet, befreit der Mensch sich, der sich überwindet

*Johann Wolfgang von Goethe *1749 †1832*

Dieses „schwer verstandne Wort" findet sich in Goethes Gedicht *Die Geheimnisse*. Darin kommt ein wandernder Mönch in ein Eremitenkloster, in dem nur alte Männer leben, die zuvor Ritter gewesen sind und mancherlei erlebt haben. „Doch wenn ein Mann von allen Lebensproben", sagt einer der Mönche dem Ankömmling, „die sauerste besteht, sich selbst bezwingt, dann kann man ihn mit Freuden andern zeigen und sagen: Das ist er, das ist sein eigen!" Als solcher Mann wird der Vorsteher des Klosters angekündigt. Da das Gedicht Fragment geblieben ist, tritt diese Lichtgestalt aber nicht selbst auf.

Von drauß vom Walde komm ich her...

*Theodor Storm *1817 †1888*

„... ich muss euch sagen, es weihnachtet sehr." So beginnt das 1862 von Theodor Storm geschriebene Gedicht *Knecht Ruprecht*. Je nach

Gelegenheit wird der populäre Eingangsvers aber auch benutzt, um eine ganz andere Neuigkeit zu verkünden. Doch im Gegensatz zu vielen anderen Gedichten, von denen nur noch wenige Verse bekannt sind, dürfte *Knecht Ruprecht* auch heute noch von vielen Kindern auswendig gelernt werden – als probates Mittel, die Schenkfreudigkeit des Nikolaus zu erhöhen. Von Storm soll jedoch auch der Stoßseufzer stammen: „Und wieder nah'n die Weihnachtstage! Gott, hilf mir, dass ich sie ertrage!"

Der Nikolaus mit seinem Begleiter, einem Krampus, der in seiner Funktion Knecht Ruprecht ähnelt

Von einem, der auszog, das Fürchten zu lernen

*Jacob Grimm *1785 †1863*
*Wilhelm Grimm *1786 †1859*

In diesem Märchen der Brüder Grimm geht es um einen Jungen, den vor allem eine Frage beschäftigt: Warum gruselt es alle anderen Menschen vor vielen Dingen, ihn aber nicht? Auf der Suche nach diesem Gefühl begegnet er allerhand Unholden und Geistern, kann sie aber alle überwinden, weil er einfach keine Angst hat. Daraufhin bekommt er eine Prinzessin zur Frau, ist aber nicht zufrieden, da er immer noch nicht weiß, wie man sich gruselt. Schließlich wird es seiner Frau zu bunt und sie kippt ihm nachts einen Eimer kalter Fische ins Bett, die ihn endlich das Gruseln lehren. Wird die Wendung heute gebraucht, geht es meist um eher unfreiwillige und vor allem überraschende Erfahrungen mit der harten Realität, die jemand macht, nachdem der seinen „Wohlfühlbereich" verlassen hat.

Von Gottes Gnaden

Neues Testament (Römerbrief)

Der Apostel Paulus entwickelte die Vorstellung, dass der Mensch alles, was er ist und hat, nur durch Gottes Gnade empfangen kann. Er sagte aber nicht, dass Dinge wie Reichtum, Gesundheit oder Macht unweigerlich ein Zeichen für die Gnade Gottes seien. Dies wurde jedoch später vielfach so interpretiert. Machthaber erklärten sich ebenso zu „Herrschern von Gottes Gnaden" wie geschäftlicher Erfolg auf die Gnade und das Wohlwollen Gottes zurückgeführt wurde. Im Gegenzug wurden auch Armut und Elend als gottgewollt abgetan.

Paulus von Tarsus

Von Pontius zu Pilatus laufen

Neues Testament (Lk 23,7–12)

Das bedeutet, etwa in einer Behörde von einer Stelle zur anderen zu laufen und doch nichts zu erreichen. In der Bibel ist Pontius Pilatus der römische Statthalter in Galiläa, der die Anklage gegen Jesus zu entscheiden hatte. Der Evangelist Lukas jedoch erzählt, dass Pilatus sich vor dieser Entscheidung habe drücken wollen und Jesus zu Herodes, dem Herrscher über Galiläa, schickte, da Jesus aus Galiläa stammte. Herodes aber verwies Jesus wieder an Pilatus. Dieser verhandelte daraufhin noch einmal mit dem Hohen Rat, der Jesus schon früher verhört hatte. Doch am Ende nützte das ganze Hin und Her nichts. Pilatus musste das Urteil fällen und entschied sich für die Todesstrafe.

Jesus vor Pontius Pilatus und Jesus vor Herodes

Von Zeit zu Zeit seh ich den Alten gern ...

Johann Wolfgang von Goethe *1749 †1832

„... und hüte mich, mit ihm zu brechen. Es ist gar hübsch von einem großen Herrn, so menschlich mit dem Teufel selbst zu sprechen." Derart flapsig kommentiert Mephisto sein Zusammentreffen mit Gott zu Beginn des *Faust*. Goethe legt Gott dagegen die Worte in den Mund:

Satans Wette mit Gott, Szene aus dem Faust

„Ich habe deinesgleichen nie gehasst. Von allen Geistern, die verneinen, ist mir der Schalk am wenigsten zur Last." Jemand wie Mephisto, so fährt er fort, sei sogar nützlich, die Menschen aus ihrer Trägheit aufzurütteln.

Vor den Erfolg haben die Götter den Schweiß gesetzt

Hesiod 8. Jh. v. Chr.

Der griechische Schriftsteller Hesiod hat seine Abhandlung *Werke und Tage* zur Belehrung seines Bruder Perses geschrieben, mit dem er im Streit lag. Freveln sei einfach, erklärt er Perses,

„aber der Tugend Besitz steht voran schweißtreibende Arbeit nach der Unsterblichen Rat". Es geht Hesiod bei seiner Bemerkung also nicht um Besitz oder Erfolg, wie das Zitat meistens lautet, sondern um ein tugendhaftes Leben, das seiner Meinung nach nur mit schweißtreibender Arbeit zu bestreiten ist. Er war offenbar Bauer. Denn seinen moralischen Lehren folgen auch noch eine ganze Menge praktischer landwirtschaftlicher Ratschläge.

Vorschusslorbeeren

Heinrich Heine
*1797 †1856

Als Heine vor seinem Exil in Paris noch in Deutschland lebte, verband ihn mit dem Dichter August von Platen (1796–1835) eine besondere Feindschaft. 1829 zog Platen Heines jüdische Herkunft in den Schmutz, worauf Heine öffentlich machte, dass Platen homosexuell war. Aber auch literarisch verband die beiden nichts. In seinem Gedicht *Plateniden* spottete Heine, Platen sei ein geistiger Schuldenmacher, der Großes ankündige, aber nie etwas zeige. Er hält ihm Goethe, Schiller, Wieland und Lessing vor, die nie Kredit begehrt hätten. „Wollten keine Ovationen von dem Publiko auf Pump, keine Vorschusslorbeerkronen, rühmten sich nicht keck und plump."

Ein wahrer Adonis

Theokrit (Theokritas)
3. Jh. v. Chr.

So werden gern besonders schöne Männer bezeichnet. Der Adonis der griechischen Mythologie jedoch, den der Dichter Theokrit im 3. Jahrhundert v. Chr. zum ersten Mal erwähnte, wird gerade deshalb für so schön befunden, weil er noch kein Mann ist, sondern dem griechischen Schönheitsideal des zarten Jünglings entspricht. In der Sage verliebt sich die Liebesgöttin Aphrodite in ihn, doch ihr eifersüchtiger Galan Ares tötet Adonis, der jedoch im Adonisröschen wiedergeboren wird. Vermutlich steckte hinter der Gestalt des Adonis ein Fruchtbarkeitsgott des Nahen Ostens, von dem man glaubte, dass er jeden Herbst stirbt, aber im Frühjahr stets neu geboren wird.

Ruhender Adonis mit Jagdhund

Wahrlich, ich sage euch …

Neues Testament

Dies scheint eine von Jesus besonders gern verwendete Redewendung gewesen zu sein. Jedenfalls kommt sie sehr häufig in den Evangelien vor. Jesus gebrauchte sie immer, wenn er auf einen Punkt seiner Reden besonders aufmerksam machen oder Besonderes herausstreichen wollte. Sehr häufig beendete er damit eine Ansprache.

Den Wald vor lauter Bäumen nicht sehen

Christoph Martin Wieland
*1733 †1813

Christoph Martin Wieland

In Wielands Versepos *Musarion* diskutiert die Titelheldin mit Philosophen der verschiedenen Denkschulen, die gegen sie allesamt ziemlich alt aussehen, weil ihre Theorien lebensfremd sind und sie vor allem den Wert der Liebe nicht wirklich schätzen. „Die Herren dieser Art", urteilt Wieland, „blendt oft zu vieles Licht. Sie sehn den Wald vor lauter Bäumen nicht."

Ein wandelndes Konversationslexikon

E. T. A. Hoffmann *1776 †1822

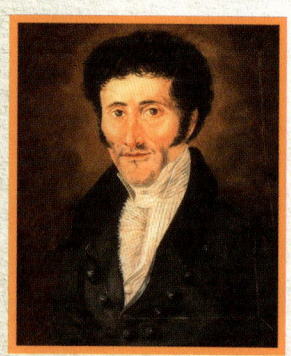
E. T. A. Hoffmann

1819 gab Hoffmann das Buch *Die Serapionsbrüder* heraus. Darin fasste er seine bisher geschriebenen Novellen mit einer Rahmenhandlung zusammen. In der Geschichte *Die Brautwahl* wird erzählt, wie der bereits ältere und bis zur Schrulligkeit biedere Geheime Kanzleisekretär Tusmann die schöne junge Albertine Voßwinkel heiraten will. Hoffmann beschreibt Tusmann als „lebendiges Konversationslexikon …, das man aufschlug, wenn es auf irgendeine historische oder wissenschaftliche Notiz ankam". Am Ende der Geschichte bekommt Tusmann dann auch nicht Albertine, sondern ein kostbares Buch, das ihm im Grunde viel lieber ist.

Das Wandern ist des Müllers Lust

Wilhelm Müller
*1794 †1827

Der Titel dieses Liedes wird gern zitiert, wenn es um die Freude am Wandern geht – auch wenn kein Müller mit von der Partie ist. Überhaupt mutet es seltsam an, dass das Wandern gerade die Lust der Müller sein solle, die doch traditionell an ihre Mühle gebunden waren und wenig Gelegenheit zu Wanderungen hatten. Die Sache klärt sich mit einem Blick auf den Verfasser auf. Dieser war der deutsche Philologe Wilhelm Müller, der viele romantische Volkslieder schrieb, die von dem Komponisten Franz Schubert (1797–1828) in den Liederzyklen *Winterreise* und *Die schöne Müllerin* vertont wurden. In der *Schönen Müllerin* ist der „Müller" zunächst als Wanderer unterwegs, gewinnt dann die Liebe der Titelheldin, was aber wieder in die Brüche geht. Darauf lässt sich der „Müller" von einem Bächlein trösten, das auch schon in seinem Wanderleben eine große Rolle gespielt hat.

Warum in die Ferne schweifen?

Johann Wolfgang von Goethe
*1749 †1832

Mit diesem Satz werden heute vor allem Naherholungsgebiete beworben. Er geht auf Goethes Gedicht *Erinnerung* zurück. Das lautet: „Willst du immer weiter schweifen? Sieh, das Gute liegt so nah. Lerne nur das Glück ergreifen, denn das Glück ist immer da." Goethe, der sehr gern reiste, wollte also weniger das Exotische verdammen, als vielmehr daran erinnern, dass man Glück in seinem eigenen, gegenwärtigen Leben suchen sollte und nicht in vagen Versprechungen der Zukunft.

Was da kreucht und fleucht

Friedrich Schiller *1759 †1805

„Ihm gehört das Weite, was sein Pfeil erreicht", singt in Schillers *Wilhelm Tell* Tells Sohn Walter, „das ist seine Beute, was da kreucht und fleucht." Das soll heißen, dass jedes Getier, das am Boden kriecht oder in der Luft fliegt, die Beute des Schützen ist. Heute wird „kreucht und fleucht" vor allem verwendet, wenn damit ziemlich viel unübersichtliches Getier umschrieben wird, das zum Beispiel in einer Wiese lebt und einem das Picknick verderben kann.

Was die Welt im Innersten zusammenhält

Johann Wolfgang von Goethe
*1749 †1832

Dies zu erkennen, wünscht sich Faust zu Beginn des Dramas. Denn trotz all seiner Gelehrsamkeit ist es ihm nicht gelungen, den Dingen wirklich auf den Grund zu gehen. Das Zitat wird sowohl verwendet, wenn es um die Unmöglichkeit geht, diese „Weltformel" oder dieses eine, zentrale Geheimnis zu entdecken, als auch, wenn von neuen physikalischen Forschungsergebnissen die Rede ist.

Was drei wissen, erfahren hundert

Johann Agricola (Johann Schnitter)
*um 1494 †1566

Der Reformator Johann Agricola gab neben theologischen Schriften wie einem Katechismus, einer Zusammenstellung protestantischer Glaubenssätze, 1582 auch eine Sammlung von 750 deutschen Sprichwörtern heraus, die er in seiner Freizeit gesammelt hatte. Einige blieben durch sein Buch populär, darunter die Warnung vor zu vielen Mitwissern bei einer Angelegenheit, die lieber diskret behandelt werden sollte.

Friedrich Schiller

Was du ererbt von deinen Vätern hast …

Johann Wolfgang von Goethe
*1749 †1832

Johann Wolfgang von Goethe

Konfuzius

„… erwirb es, um es zu besitzen." Denn ansonsten, so räsoniert Faust im gleichnamigen Drama, sei es nur eine schwere Last. Mit der Aufforderung „Erwirb es" meinte Goethe, dass man das Ererbte nicht einfach nur übernehmen soll, sondern für sich neu entdecken und auch nutzen muss. Ansonsten sei es besser, die Dinge zu verprassen als zu behalten, ließ er seinen Faust sagen.

Was du nicht willst, das man dir tut, das füg auch keinem andern zu

Konfuzius (Kong Qiu)
*um 551 †um 449 v Chr.

Diese Maxime, die auch gern als „Goldene Regel" der Ethik bezeichnet wird, findet sich mehrmals in den Schriften des chinesischen Philosophen Konfuzius. Unabhängig davon entstanden ähnliche Regeln auch in fast allen anderen bedeutenden Kulturen. Ähnliches sagten mehrere griechische Philosophen, buddhistische, hinduistische, jainistische und zoroastrische Schriften, das Alte Testament (Buch *Tobit* 4,15) oder die Evangelien (*Matthäus* 7,12; *Lukas* 6,31).

Was Gott zusammengefügt hat, soll der Mensch nicht trennen

Neues Testament (Mk 10,9)

Dieser Satz gehört zu jeder christlichen Hochzeit. Auf die Frage einiger Pharisäer, ob Ehescheidung erlaubt sei, erklärt Jesus in der Bibel, Gott habe den Menschen als Mann und Frau und für die Partnerschaft geschaffen. Diese aber solle der Mensch nicht trennen. Als ihn die Pharisäer erinnern, dass Moses die Scheidung erlaubt hat, entgegnet Jesus ihnen, dies sei nur ein Zugeständnis an die Herzenshärte der Menschen, jedoch nicht im Sinne Gottes.

Was ich nicht weiß, macht mich nicht heiß …

Johann Wolfgang von Goethe
*1749 †1832

„… Und was ich weiß, machte mich heiß, wenn ich nicht wüsste, wie's werden müsste." So lautet ein wenig bekanntes Scherzgedicht von Goethe, in dem der Meister der Sprache ein wenig Spielerei mit derselben betrieb. Heute ist es etwas schwer zu verstehen, da „machte" nur noch als Vergangenheitsform benutzt wird und nicht als Konjunktiv, der heute fast nur noch mit „würde machen" ausgedrückt wird.

Was interessiert mich mein Geschwätz von gestern?

Konrad Adenauer *1876 †1967

Diese unverblümte Antwort gab Konrad Adenauer, als ihm vorgehalten wurde, dass er die Wiederbewaffnung der Bundesrepublik, für die er ab 1950 eintrat, noch im Jahr zuvor mit den Worten abgelehnt hatte: „In der Öffentlichkeit muss ein für alle Mal klargestellt werden, dass ich prinzipiell gegen eine Wiederaufrüstung der Bundesrepublik Deutschland und damit auch gegen die Errichtung einer neuen deutschen Wehrmacht bin." Verschwiegen wird meist der zweite Teil des Zitates, nämlich: „Sie können mich doch nicht daran hindern, von Tach zu Tach klüger zu werden."

Konrad Adenauer

Was ist der langen Rede kurzer Sinn?

Friedrich Schiller *1759 †1805

Friedrich Schiller im Weimarer Musenhof

Mit der schroffen Bemerkung „Was ist der langen Rede kurzer Sinn?" unterbricht der kaiserliche Gesandte von Questenberg in Schillers Drama *Die Piccolomini* (1799) ein weitschweifiges Loblied auf Wallensteins Leistungen von dessen Vertrautem Butler. Questenberg ist gekommen, um Wallenstein aufzufordern, Böhmen, das er erobert hat, mit seinen Truppen zu verlassen, weil er es nach dem Motto „Der Krieg ernährt den Krieg" genauso ausplündert wie vorher die Feinde. Tatsächlich perfektionierte der historische Wallenstein diese Taktik bis zur Meisterhaftigkeit, sodass es für die Bevölkerung im Grunde keinen Unterschied machte, ob sie vom Feind oder den „eigenen" Truppen heimgesucht wurde.

Was macht die Kunst?

Gotthold Ephraim Lessing
*1729 †1781

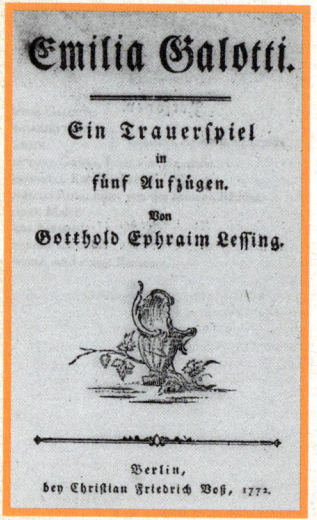

Titelblatt der Originalausgabe von Emilia Galotti

Derart lakonisch begrüßt der Prinz in Lessings Stück *Emilia Galotti* (1772) seinen Hofmaler. „Guten Morgen, Conti. Wie leben Sie? Was macht die Kunst?" Aber natürlich will er keine Details hören. Viele andere Bekannte von Kunstschaffenden begrüßten in der Folge diese mit einem launigen „Was macht die Kunst?", heute braucht der Adressat auch kein Künstler zu sein.

Was man sich eingebrockt hat, muss man auch auslöffeln

Terenz (Publius Terentius Afer)
*um 195 †159 v. Chr.

„Tute hoc intristi; tibi omne est exendendum", sagt der Nichtstuer Phormio in Terenz' gleichnamigem Stück (160 v. Chr.) zu sich selbst, als einer seiner Pläne zu scheitern droht. „Du hast dir das eingerührt, du musst alles auslöffeln." Er hat dem jungen Antipho geholfen, ein armes Mädchen zu heiraten. Doch als dessen Vater Demipho in die Stadt zurückkommt, verlangt er wütend, dass Phormio, der sich als Vormund des Mädchens ausgegeben hat, seine Lüge gesteht. Um aus der Sache herauszukommen, zettelte Phormio dann noch einige Verwicklungen an, die natürlich gut enden.

Was mich nicht umbringt, macht mich stärker

Friedrich Nietzsche
*1844 †1900

Diesen Spruch veröffentlichte Friedrich Nietzsche mit der Einleitung „Aus der Kriegsschule des Lebens" in seinem Buch *Götzendämmerung oder Wie man mit dem Hammer philosophiert* (1888). Er bezeichnete den Satz als einen „Pfeil" im Kampf gegen die Götzen, gegen die er sich sein Leben lang wehrte, nämlich die christlich-bürgerliche Moral seiner Zeit.

Was nicht verboten ist, ist erlaubt

Friedrich Schiller *1759 †1805

Diese Maxime gibt ein Soldat in Schillers Drama *Wallensteins Lager* (1798) aus. In diesem ersten Teil der Wallenstein-Trilogie wird vorgeführt, wie die einfachen Soldaten Wallenstein bedingungslos ergeben sind. Wofür sie kämpfen, ist ihnen egal. Wichtig ist, dass es ihnen gut geht: „Da tret ich auf mit beherztem Schritt, darf über den Bürger kühn wegschreiten wie der Feldherr über der Fürsten Haupt. Es ist hier wie in den alten Zeiten, wo die Klinge noch alles tät bedeuten", schwärmt der Soldat. Schiller bereitet damit den Verrat Wallensteins vor, der sich auch nicht von den Fürsten, für die er kämpft, gängeln lassen will. Selber war Schiller nicht der Meinung seines Soldaten. Die meisten seiner Helden gehen an ihren eigenen Gewissenskonflikten zugrunde.

Was schert mich Weib, was schert mich Kind

Heinrich Heine *1757 †1856

So lässt Heinrich Heine in seinem Gedicht *Zwei Grenadiere* einen Veteranen Napoleons sagen. Beide würden am liebsten sterben, als sie hören, dass ihr Kaiser gefangengenommen ist. Aber der eine wendet ein, dass Frau und Kinder ohne ihn verderben werden. Dem anderen ist auch das egal. „Lass sie betteln gehen, wenn sie hungrig sind", erklärt er.

We are not amused

Queen Victoria *1819 †1901

Nahezu jedes Mal, wenn ein neuer Skandal um das englische Königshaus Schlagzeilen macht, heißt es über die Reaktion von Queen Elizabeth II. (*1926), die Queen sei „not amused" (nicht erfreut). Der Ausdruck soll von ihrer Ururgroßmutter, der legendären Königin Victoria, stammen. Allerdings ist nicht ganz sicher, wann die damalige Queen diesen Satz zum ersten Mal von sich gab. Manche Quellen sagen, ein Diener habe eine schlüpfrige Geschichte erzählt, andere meinen gar, er hätte versucht, die Königin zu parodieren.

Queen Victoria

We are the champions

Freddie Mercury (Farrokh Bulsara)
*1946 †1991

Freddy Mercury

„Wir sind die Besten, meine Freunde. Wir kämpfen weiter bis zum Ende. Wir sind die Besten, keine Zeit für Verlierer, weil wir die Besten der Welt sind." So lautet – ins Deutsche übersetzt – der selbstbewusste Refrain der Hymne *We are the champions* von der englischen Rockband *Queen*, die 1977 auf dem Album *News of the world* erschien. Es ist eines der meistgesungenen Lieder in Sportarenen und wurde von dem Leadsänger und Songschreiber der Gruppe, Freddie Mercury, auch extra als Hymne für Fußballfans konzipiert, auch wenn es im Text keine Anspielung auf Fußball oder eine andere Sportart gibt.

Der Weg ist das Ziel

Laotse wohl 6. Jh. v. Chr.

Dieser Satz wird sowohl dem chinesischen Philosophen Laotse als auch seinem Kollegen Konfuzius (um 551–um 479 v. Chr.) zugeschrieben. Beweise gibt es für beide Annahmen nicht. Der Gedanke passt jedoch besser zur Lehre des Laotse, die Taoismus genannt wird. Tao heißt wörtlich übersetzt „Weg", meint aber auch den Lebensweg, den „rechten Weg", das richtige moralische Prinzip bzw. im Endeffekt den wahren Sinn des Seins überhaupt. Im Grunde umfasst die Bandbreite des Wortes Tao auch die Aussage des ganzen Satzes, dass der Weg das Ziel sei.

Der Weg zur Hölle ist mit guten Vorsätzen gepflastert

Samuel Johnson *1709 †1784

Der Gelehrte Samuel Johnson, Autor des *Dictionary of the English Language*, ist in England der meistzitierte Autor nach Shakespeare. Sein Ausspruch „Hell is paved with good intentions" ist allerdings nur aus einer Biografie über ihn überliefert. Später wurde aus der

Samuel Johnson

„Hölle" ein „Weg zur Hölle". Damit wird deutlich ausgesagt, dass (nicht gehaltene) gute Vorsätze zum Schlechten führen, während man Johnsons Original-Zitat auch so interpretieren könnte, dass nicht gehaltene Vorsätze ein schlechtes Gewissen verursachen und einen so „höllisch" martern.

Wehe, wehe, wenn ich auf das Ende sehe!

Wilhelm Busch *1832 †1908

Diese Drohung stammt aus dem Prolog zu Max' und Moritz' Streichen. Nach einer ausführlichen Aufzählung ihrer Untaten wie „Menschen necken, Tiere quälen, Äpfel, Birnen, Zwetschgen stehlen" kündigt der Autor das schlimme Ende an. Im Original heißt es: „Aber wehe, wehe, wehe …"

Wehe, wenn sie losgelassen

Friedrich Schiller *1759 †1805

Dieser Satz stammt aus der Brandszene von Friedrich Schillers *Lied von der Glocke* (1799). Der Absatz beginnt mit der Feststellung „Wohltätig ist des Feuers Macht, wenn sie der Mensch bezähmt, bewacht." Doch furchtbar werde die Himmelskraft, wenn sie losgelassen werde. „Wachsend ohne Widerstand durch die volkbelebten Gassen wälzt den ungeheuren Brand."

Die Schilderung des Brandes wird immer dramatischer, steigert sich teilweise in ein Stakkato der Worte, bevor die Menschen schließlich vor den niedergebrannten Ruinen stehen.

Wehret den Anfängen

Ovid (Publius Ovidius Naso) *43 v. Chr. †um 18 n. Chr.

Helena und Paris

Quasi als Gegenstück zu seiner *Liebeskunst* schrieb der römische Dichter Ovid auch einen Ratgeber, der *Remedia Amoris* (*Mittel gegen die Liebe*) enthält. Darin empfiehlt er, sich gleich zu Beginn einer neuen Liebe zu fragen, ob man die oder den Richtigen erwischt hat, und eine zweifelhafte Sache lieber im Keim zu ersticken. „Principiis obsta" (Wehre den Anfängen), schreibt er. Denn später werde ein Entkommen immer schwerer. Doch auch dieser Fälle nimmt Ovid sich an. Er behauptet sogar, der Trojanische Krieg hätte verhindert werden können, hätte Paris einen Ratgeber wie ihn gehabt und es geschafft, seine fatale Liebe zu der schönen Helena zu überwinden.

Weil nicht sein kann, was nicht sein darf

Christian Morgenstern *1871 †1914

Der Held vieler Gedichte des Poeten Christian Morgenstern ist ein gewisser Palmström, der an das Leben gern die Fragen stellt, auf die ein normaler Mensch nicht käme. So wird er in dem Gedicht *Die unmögliche Tatsache* beispielsweise von einem Auto überfahren. Palmström aber „sich erhebend und entschlossen weiterlebend" studiert die Gesetzbücher und erfährt, dass die fragliche Kreuzung für Autos gesperrt ist. „Und er kommt zu dem Ergebnis: Nur ein Traum war das Erlebnis. Weil, so schließt er messerscharf, nicht sein kann, was nicht sein darf."

Welch ein Glück, geliebt zu werden!

Johann Wolfgang von Goethe *1749 †1832

Friederike Brion

„... Und lieben, Götter, welch ein Glück!" Mit diesen schwärmerischen Zeilen beendete Johann Wolfgang von Goethe sein Gedicht *Willkommen und Abschied*. Der Erzähler beschreibt darin, wie er zu der Geliebten reitet – „In meinen Adern welches Feuer! In meinem Herzen welche Glut!" –, aber nur eine Nacht bleiben kann und dann schon wieder fort muss: „In deinen Küssen welche Wonne! In deinem Auge welcher Schmerz!" Inspiriert wurde das Gedicht wahrscheinlich durch die Sessenheimer Pfarrerstochter Friederike Brion (um 1752–1813), mit der Goethe von 1770 bis 1771 eine leidenschaftliche Affäre pflegte, während er in Straßburg Jura studierte. Das Gedicht erschien übrigens 1775 in der Damenzeitschrift *Iris*.

Die Welt aus den Angeln heben

Archimedes *um 287 †212 v. Chr.

Archimedes

Laut dem griechischen Philosophen Simplikios (6. Jahrhundert) verwendete der Erfinder Archimedes diese Metapher, um zu zeigen, welche unglaublichen Dinge mit Mechanik möglich sind. „Gebt mir einen festen Punkt und einen genügend langen Hebel, und ich werde die Erde bewegen", soll er gesagt haben. Seitdem werden damit Neuerungen bezeichnet, die das Gewohnte mindestens so auf den Kopf stellen, wie damals die Erfindungen und Entdeckungen von Archimedes.

Die Welt will betrogen sein

Sebastian Brant *um 1457 †1521

113 Narren, die auf einem Schiff gen Narragonia fahren: Das ist die Rahmenhandlung von Brants Erzählung *Das Narrenschiff*. In den 113 Kapiteln des Buches wird jeweils eine spezielle „Narretei" behandelt. In Kapitel 65 ist es die „Achtung des Gestirns". Für Brant ist die Astrologie ganz klar Aberglaube, nach dem sich nur Narren richten. Er macht sich über die Sternengläubigen lustig und kommt zu der Überzeugung: „die weltt die will betrogen syn." So geht es Kapitel für Kapitel und Brant kommt zu dem Schluss, dass eigentlich die ganze Welt voller Narren ist.

Diogenes in der Tonne

etwa der berühmte „Philosoph in der Tonne", Diogenes von Sinope (um 399–323 v. Chr.). Diogenes war allerdings weit radikaler als Sokrates. Er lehnte jegliche Regierung, Religion, soziale Bindung und auch das Privateigentum ab. Als er deshalb aus seiner Heimatstadt vertrieben worden war, erklärte er die ganze Welt zu seinem Wohnort.

Wem die Stunde schlägt

John Donne *um 1572 †1631

Unter diesem deutschen Titel erschien 1940 Ernest Hemingways Roman *For whom the bell tolls*. Die Quelle dieser Wendung findet sich bei dem englischen Dichter Donne nur wenige Zeilen nach der Aussage: „No man is an Island". Da jeder in das Schicksal der ganzen Menschheit involviert sei, fordert Donne seinen Leser auf: „And therefore never send to know for whom the bell tolls; It tolls for thee." (Und deshalb frage nie, für wen die Glocke schlägt. Sie schlägt für dich.) Hemingway schildert in seinem Roman vier Tage im Leben eines amerikanischen Freiwilligen im Spanischen Bürgerkrieg.

Weltbürger sein

Sokrates *469 †399 v. Chr.

Der griechische Schriftsteller Plutarch (um 45–um 125) schrieb, der Philosoph Sokrates habe erklärt, weder Athener noch Grieche zu sein, sondern Kosmopolit, also Weltbürger. Dies sagten nach ihm auch andere Philosophen von sich,

Wen die Götter lieben, der stirbt jung

*Menandros *um 341 †um 293 v. Chr.*

Dieser Spruch – im Original „Hon hoi theoi philusin, apothneskei neos" – stammt aus einem Werk des griechischen Komödiendichters Menandros, über das man aber nichts weiter weiß. Der römische Komödiendichter Plautus (um 254–um 184 v. Chr.) spielt in seinem Stück *Baccides* darauf an, in dem er den Sklaven Chrysalus sagen lässt, wenn ein Gott den Vater seines Herrn geliebt hätte, dann hätte dieser seit mindestens zehn Jahren tot sein müssen. Der Spruch erfreute sich aber auch bei anderen, späteren Dichtern großer Beliebtheit.

Menandros

Weniger ist mehr

*Christoph Martin Wieland *1733 †1813*

„Und minder ist oft mehr", schrieb der Dichter und Verleger Christoph Martin Wieland im Jahr 1774 in seiner Zeitschrift *Der teutsche Merkur* in seinem Editorial zum neuen Jahr. Mit der Gründung der Zeitschrift im Jahr 1773 hatte sich Wieland einen lang gehegten Wunsch erfüllt. Möglich geworden war sie durch die Tatsache, dass er Hofrat in Weimar und Erzieher der Söhne von Herzogin Anna Amalia (1739–1807) geworden war. Im *Merkur* veröffentlichte Wieland, der vor allem durch sein Werk *Agathon*, den ersten deutschen Bildungsroman, bekannt ist, eigene und fremde literarische Texte, schrieb Rezensionen über die verschiedensten Werke und führte auch literarische Debatten.

Wenn 50 Millionen Menschen etwas Dummes sagen, bleibt es trotzdem eine Dummheit

*William Somerset Maugham *1874 †1964*

„If fifty million people say a foolish thing it does not become a wise one, but the wise man is foolish to give them the lie", notierte der englische Schriftsteller William Somerset Maugham im Jahr 1901 in seinem Tagebuch, das er dann in den 1940er-Jahren unter dem Titel *A Writer's Notebook (Notizbuch eines Schriftstellers)* veröffentlichte. „Wenn 50 Millionen Menschen etwas Törichtes sagen, wird daraus nichts Weises, aber der weise Mann ist töricht, wenn er sie Lügen straft." Das Zitat wird mit den verschiedensten Zahlenangaben

William Sommerset Maugham

benutzt und oft auch dem Philosophen Bertrand Russell (1872–1970) oder dem französischen Autor und Literaturnobelpreisträger Anatole France (1844–1924) zugeschrieben. Der zweite Teil, in dem Maugham die Überzeugung äußert, dass man nicht versuchen sollte, derart große Mehrheiten zu belehren, wird jedoch meist weggelassen.

Wenn auch die Kräfte fehlen, ist der Wille doch zu loben

Ovid (Publius Ovidius Naso)
*43 v. Chr. †um 18 n. Chr.

Ovid im Exil

Mit seiner Verbannung ans Schwarze Meer änderten sich nicht nur die Lebensumstände des römischen Dichters Ovid radikal, sondern auch sein literarisches Schaffen. Er schrieb jetzt Klagelieder und Briefe mit dramatischen Appellen an Kaiser Augustus, ihn von seinem Elend zu erlösen. Diese Werke gelten als beispielgebend für spätere Exilliteratur. In einem seiner Briefe an seinen Freund Gaius Vivius Rufinus legte Ovid diesem sein neuestes Gedicht *Triumph* ans Herz. Allerdings, erklärt er, habe er durch das lange Leiden sein Talent verloren. Dann entschuldigt er sich aber gleich, wenn auch die Kräfte fehlten, sei doch der Wille zu loben. (Ut desint vires tamen est laudanda voluntas.)

Wenn der Vater mit dem Sohne

unbekannt

Diese Einleitung wird immer wieder gern benutzt, wenn von Vätern und Söhnen die Rede ist. Gängig geworden ist sie durch den gleichnamigen Film von Hans Quest (1915–97) aus dem Jahr 1955. Heinz Rühmann (1902–94) spielt einen ehemaligen Clown, der den Ersatzvater für einen kleinen Jungen (Oliver Grimm) gibt und dabei lernt, seine eigene Lebensgeschichte zu akzeptieren. Sehr bekannt wurde auch das Gutenachtlied, das Rühmann für seinen Schützling im Film singt: *La-Le-Lu, nur der Mann im Mond schaut zu* von dem Schlagerkomponisten Heino Gaze (1908–67).

Wenn Dummheit wehtäte

Friedrich von Logau
*1604 †1655

Der Barock-Lyriker Friedrich von Logau gilt als der Meister des Epigramms. Dies sind kurze Gedichte, die als Inschrift, beispielsweise für Gedenksteine, verwendet werden können – aber nicht müssen. Eines seiner Epigramme, das sich mit der Dummheit befasst, lautet: „Wenn Torheit täte weh, o welch erbärmlich Schrein würd in der ganzen Welt in allen Häusern sein."

Wenn einer eine Reise tut ...

Matthias Claudius
*1740 †1815

„… so kann er was verzählen", beginnt Claudius Nonsens-Gedicht *Urians Reise um die Welt* aus dem Jahr 1786. Urian berichtet in jeder Strophe Episoden seiner Weltreise und wird im Refrain aufgefordert: „Da hat Er gar nicht übel dran getan; verzähl' Er doch weiter, Herr Urian!" Als er aber schließt: „Und fand es überall wie hier, fand überall 'n Sparren, die Menschen grade so wie wir, und ebensolche Narren", fordert ihn sein Publikum wütend zum Schweigen auf: „Da hat Er übel dran getan; verzähl' Er nicht weiter, Herr Urian!"

Wenn es nicht wahr ist, ist es doch gut erfunden

Giordano Bruno *1548 †1600

Dieser Satz stammt aus der Schrift *Von den heroischen Leidenschaften (De gli eroici furori)*, in der sich der italienische Philosoph Giordano Bruno 1585 gegen ein endliches Weltall und die zentrale Stellung der Erde darin wehrt. „Se non è vero, è ben trovato", heißt es im italienischen Original. Bruno soll damit aber nur ein älteres und ausführlicheres Sprichwort auf den Punkt gebracht haben. Wegen seiner Vorstellungen des Alls, aber auch seiner Kirchenkritik, wurde Bruno als Ketzer verbrannt.

Giordano Bruno

Wenn ich König von Deutschland wär

Rio Reiser (Ralph Christian Möbius) *1950 †1996

Das malte sich der Sänger Rio Reiser 1986 aus. Es ist eines seiner unpolitischsten Lieder, dafür aber das bekannteste und das einzige, das es in die Hitparade schaffte. Dort aber erreichte es Platz eins. Reiser stellt sich vor, 200 Schlösser zu haben und den ganzen Tag nur Vivaldi zu hören, aber auch den damaligen US-Präsidenten Ronald Reagan in die Waden zu beißen und die Bundeswehr nur noch Hitparaden hören zu lassen. Das Lied wurde von vielen anderen Bands und Interpreten gecovert und umgedichtet.

Wenn sie kein Brot haben, dann sollen sie Kuchen essen

Jean-Jacques Rousseau
*1712 †1778

Allgemein wird der Ausspruch der verschwenderischen französischen Königin Marie-Antoinette (1735–93) zugeschrieben. Er findet sich jedoch schon in den *Confessiones* des Genfer Philosophen Jean-Jacques Rousseau, die 1760 herauskamen – als Marie-Antoinette fünf Jahre alt war. Rousseau lässt in dem Werk eine Fürstin auftreten, die über ihre hungernden Untertanen sagt „S'ils n'ont pas de pain, qu'ils mangent de la brioche." Da es kaum wahrscheinlich ist, dass Marie-Antoinette Rousseau las und ihn danach öffentlich zitierte, ist ihr der Spruch wohl von ihren Feinden angehängt worden.

Wenn zwei das Gleiche tun, ist es nicht das Gleiche

Terenz (Publius Terentius Afer)
*um 195 †159 v. Chr.

Dies versucht Micio seinem Bruder Demea in Terenz' Stück *Adelphoe. Die Brüder* (160 v. Chr.) beizubringen. Demea, ein strenger Vater, ist außer sich über seinen Sohn, der ein Mädchen entführt hat. Der liberale Micio versucht, seinem Bruder klarzumachen, dass Entführung nicht gleich Entführung ist, weil sein Sohn nicht gewaltsam gehandelt habe, sondern im Grunde ein sehr anständiger Kerl sei und das Mädchen wirklich liebe.

Wenns der Wahrheitsfindung dient

Fritz Teufel *1943 †2010

1967 wurde Fritz Teufel, Mitbegründer der legendären „Kommune 1" und Mitglied der sogenannten Berliner Spaß-Revoluzzer, während der Studentenbewegung angeklagt, weil er bei einer Demonstration gegen den damaligen Schah von Persien Reza Pahlavi (1919–80) einen Stein geworfen haben sollte. Als er vor Gericht aufgefordert wurde, sich zu erheben, erklärte er: „Wenns der Wahrheitsfindung dient." Die Szene wurde in der Tagesschau gesendet und sorgte weit über das linke Lager hinaus für Heiterkeit. Am Ende wurde Teufel freigesprochen, hatte aber mehr als fünf Monate in Untersuchungshaft sitzen müssen. 1980 ließ sich Teufel wegen einer Beteiligung an der Entführung des Berliner Politikers Peter Lorenz (1922–87) verurteilen und präsentierte erst hinterher sein Alibi. Bei anderer Gelegenheit erfand er das „B-libi", ein „Alibi minderer Qualität".

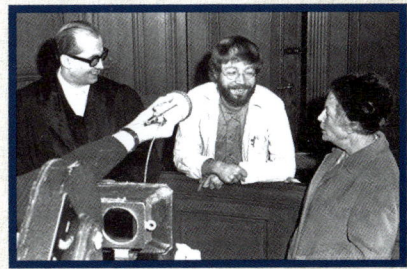

Fritz Teufel vor Gericht

Wer anderen eine Grube gräbt, fällt selbst hinein

Altes Testament
(Buch der Sprichwörter)

Niemanden hasse er so, wie den Hinterlistigen, sagt der Autor des alttestamentarischen *Buches der Sprichwörter*. Außerdem warnt er, dass sich Tücke nicht auszahle. „Auf den, der einen Stein emporwirft, fällt er nieder, und wer im Stillen Schläge austeilt, erntet Wunden. Wer eine Grube gräbt, der fällt in sie hinein, wer eine Falle stellt, der fängt sich selbst darin. Wer Unheil plant, auf den rollt es zurück, und er weiß nicht, woher es auf ihn kommt."

Wer arbeitet, macht Fehler. Wer viel arbeitet, macht viele Fehler …

Friedrich Alfred Krupp
*1854 †1902

„… Nur wer die Hände in den Schoß legt, macht gar keine Fehler." Dieser Satz wird meist Friedrich Alfred Krupp, manchmal aber auch seinem Vater Alfred Krupp (1812–87), dem „Kanonenkönig", zugeschrieben, der eine Gussstahlfabrik zur größten Waffenschmiede seiner Zeit machte. Der ältere Krupp galt jedoch als sehr strenger Patriarch, der seinen Arbeitern zwar umfangreiche Sozialleistungen zukommen ließ, dafür aber auch uneingeschränktes Funktionieren forderte und wohl kaum sehr tolerant gegenüber Fehlern gewesen sein dürfte. Sohn Friedrich Alfred dagegen übernahm das elterliche Unternehmen nur notgedrungen und hielt sich mehrere Monate im Jahr auf Capri auf, wo er Meeresforschung betrieb und förderte. Trotzdem gelang es ihm, die Größe der Krupp-Werke noch einmal auf das Doppelte zu steigern.

Friedrich Alfred Krupp und seine Frau Margarethe

Das Kind beim Namen nennen

Johann Wolfgang von Goethe
*1749 †1832

Um echte Kinder geht es selten, wenn dieses Zitat gebraucht wird, und so war es auch schon bei Goethe. Es stammt aus einem Gespräch in Goethes *Faust* zwischen Faust und seinem Gehilfen Wagner. Der naive Wagner schwärmt davon, dass doch jeder die Welt und des Menschen Herz und Geist erkennen möchte. Faust entgegnet sarkastisch, die wenigen, die wirklich etwas davon erkannt hätten und so dumm gewesen seien, dies dem Pöbel mitzuteilen, indem sie „das Kind beim Namen" nannten, wären stets gekreuzigt und verbrannt worden. Er will also ausdrücken, dass die echten Wahrheiten nicht so sind, dass die Masse sie hören möchte. Auch heute wird das Zitat oft in Zusammenhang mit eher heiklen Wahrheiten gebracht, die man nicht so einfach ausspricht.

Wer einmal lügt, dem glaubt man nicht ...

Phaedrus *um 20 v. Chr. †um 50 n. Chr.

„... und wenn er auch die Wahrheit spricht." Diese Weisheit illustrierte der römische Dichter Phaedrus mit einer nacherzählten Fabel des Äsop (um 600 v. Chr.), in der der Affe als Richter den Fuchs in einem Prozess gegen den Wolf nur deshalb für unglaubwürdig hält, weil er früher schon gelogen hat. „Quicumque turpi fraude semel innotuit, etiamsi verum dicit, amittit fidem", erklärt Phaedrus seinen Lesern dazu. „Wer einmal betrogen hat, dem glaubt man auch dann nicht, wenn er die Wahrheit sagt." Später wurde diese Weisheit meist mit einer anderen Fabel verdeutlicht, die zwar ebenfalls Äsop zugeschrieben wird, aber möglicherweise jüngeren Datums ist. Es ist die von dem Hirtenjungen, der mehrmals aus Spaß um Hilfe schreit und dem niemand mehr glaubt, als tatsächlich Wölfe über seine Herde herfallen.

Wer im Glashaus sitzt, sollte nicht mit Steinen werfen

Benjamin Franklin *1706 †1790

Dieses Sprichwort ist aus dem *Armen Richard*, Franklins literarischem Jahrbuch (Almanach) von 1736. „Don't throw stones at your neighbours if your own windows are made of glass", heißt es dort im Original. „Wirf keine Steine auf die Fenster deines Nachbarn, wenn auch deine aus Glas gemacht sind." Nicht alle Sprüche aus dem Almanach hatten vorwiegend mahnenden Charakter, es waren auch viele ironische darunter wie „Drei Leute können ein Geheimnis behalten, wenn zwei davon tot sind" oder „Halte die Augen weit offen, bevor du heiratest, und halb geschlossen danach".

Wer immer strebend sich bemüht ...

Johann Wolfgang von Goethe *1749 †1832

„... den können wir erlösen." Mit diesen Worten rechtfertigt ein Engel am Ende von *Faust II*, dass Fausts Seele doch in den Himmel kommt und nicht dem Teufel verfallen ist, was sie nach seinem Vertrag mit Mephisto eigentlich sein müsste. Zwar hat Faust während seines Lebens nicht viel Gutes vollbracht, doch sein ewiges Suchen nach etwas, das ihm nicht nur oberflächlich, sondern wirkliche Befriedigung verschafft, wird ihm zugutegehalten. Außerdem ergänzt der Engel, dass im Himmel jeder willkommen sei, „an dem die Liebe von oben teilgenommen" habe.

Die Familie Goethe

Wer nicht für mich ist, der ist gegen mich

*Friedrich Schiller *1759 †1805*

Mit diesen Worten beschimpft der betrunkene Illo, ein Vertrauter Wallensteins, in Schillers Drama *Die Piccolomini* (1799) Max Piccolomini, weil dieser einen schriftlichen Eid, den Wallenstein von seinen Offizieren fordert, nicht schon in der Nacht beim Gelage, sondern erst am nächsten Morgen unterzeichnen will. Der Satz findet sich aber auch schon in den Evangelien des Matthäus und des Lukas als Wort Jesu. Jesus sagt damit, dass es in manchen Situationen, etwa in der Entscheidung für das Gute, keine neutrale Haltung geben kann. Bei Schiller jedoch fordert Illo blinde Gefolgschaft für Wallenstein und greift ausgerechnet den äußerst loyalen und redlichen Max Piccolomini an.

Das Schillerhaus in Weimar

Wer nicht liebt Wein, Weib und Gesang, ...

*evtl. Martin Luther *1483 †1546*

„... der bleibt ein Thor sein Leben lang." Diesen Ausspruch schreibt Matthias Claudius 1775 in seiner Zeitschrift *Wandsbecker Bote* Martin Luther zu. Ob Luther das wirklich so gesagt hat, das wird manchmal bezweifelt. Manche Quellen nennen auch den Dichter Johann Heinrich Voß (1751–1826) als Urheber. Auch andere deftige „Luthersprüche" wie „Aus einem verzagten Arsch kommt kein fröhlicher Furz" sind nicht eindeutig belegt.

Wer noch einmal ein Gewehr in die Hand nehmen will, dem soll die Hand abfallen

*Franz Josef Strauß *1915 †1988*

Wenn es um Politiker und ihre Wahlkampfversprechen geht, dann wird gern dieser Satz zitiert, mit dem Franz Josef Strauß im Wahlkampf 1949 die Frage nach einer deutschen Wiederbewaffnung beantwortet haben soll. Als es 1955 tatsächlich zur Wiederbewaffnung kam, war Strauß einer ihrer entschiedenen Befürworter und wurde ein Jahr später Verteidigungsminister. 1975 erklärte Strauß in einem Interview, dass seine Aussage nur auf Staatsmänner gemünzt gewesen sei, die mit Gewehren ihre politischen Ziele durchsetzen wollen, wie etwa Hitler mit dem Angriffskrieg auf Polen.

Franz Josef Strauß

Wer reitet so spät durch Nacht und Wind …

Johann Wolfgang von Goethe
*1749 †1832

„… es ist der Vater mit seinem Kind." Goethes Ballade vom *Erlkönig*, der während des nächtlichen Rittes das kranke Kind ängstigt und lockt, wurde in früheren Zeiten von Generationen von Schülern auswendig gelernt – kein Wunder, dass die Verse, an deren Ende das Kind tot ist, auch zu den am meisten parodierten Gedichten gehören. In den 1940er-Jahren etwa entstand eine „Motorradversion": „Wer knattert so spät durch Nacht und Wind?". Otto Waalkes (*1948) alberte: „Wer reitet so spät durch Nacht und Wind? Es ist der Fleischer, er sucht sein Rind." Heinz Erhardt (1909–79) endete seine Fassung mit: „Erreicht den Hof mit Müh und Not – der Knabe lebt, das Pferd ist tot!"

eine Lehrstunde für seine Kritiker. Diese bringen eine Frau vor ihn, die Ehebruch begangen hat, und verweisen auf das Gesetz des Moses, nach dem eine solche Frau gesteinigt werden muss. Jesus bleibt nun eigentlich nur die Wahl, gegen sein eigenes Gebot der Nächstenliebe oder das Gesetz des Moses zu verstoßen. Auf seine Antwort hin gehen jedoch alle beschämt von dannen und Jesus ermahnt die Frau nur: „So verurteile auch ich dich nicht. Gehe hin und sündige von jetzt an nicht mehr."

Jesus und Johannes

Der Erlkönig

Wer unter euch ohne Sünde ist, der werfe den ersten Stein

Neues Testament (Joh 8,7)

Mit dieser Antwort macht Jesus im Johannesevangelium aus einer Falle, die ihm gestellt wird,

Wer Visionen hat, sollte zum Arzt gehen

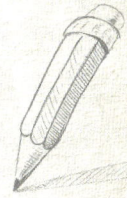

Helmut Schmidt *1918

Derart direkt und hanseatisch trocken bekannte sich Ex-Bundeskanzler Helmut Schmidt im Wahlkampf 1980 zu knallharter Realpolitik. Allgemein wurde das als Absage an die visionäre Politik seines Vorgängers Willy Brandt (1913–92) gesehen. Diesen Zusammenhang bestritt Schmidt jedoch später. Er meinte, es sei einfach eine pampige Antwort auf eine dusselige Frage nach seinen Visionen gewesen.

Wer Wind sät, wird Sturm ernten

Altes Testament (Buch Hosea)

Der Prophet Hosea

In seinen Predigten prangerte der alttestamentliche Prophet Hosea an, dass das Volk Israel Gott untreu geworden sei, indem es fremde Götter im Land dulde und teilweise sogar verehre, aber auch die ethischen Gebote nicht mehr beachte. So seien die Priester korrupt und trieben Unzucht. Der König führe einen Bruderkrieg gegen das Königreich Judäa. Hosea kündigt dafür ein Strafgericht Gottes an: „Denn Wind säen sie und Sturm ernten sie."

Wer wird denn gleich in die Luft gehen?

unbekannt

Diese Frage wurde seit 1957 dem jähzornigen HB-Männchen in den entsprechenden Werbespots gestellt und als Gegenmittel wurde empfohlen: „Greife lieber zur HB!" In den Spots gingen dem tollpatschigen „Bruno", wie das von Trickfilmregisseur Roland Töpfer (1929–99) geschaffene Männchen inoffiziell genannt wurde, allerlei Dinge schief, worauf er schimpfend und zappelnd an die Decke ging, um schließlich mit einer Zigarette beruhigt zu werden. 1984 schien das Männchen dann aber endgültig zu altmodisch und die Spots mit ihm wurden eingestellt.

Wer zu spät kommt, den bestraft das Leben

Gennadi Gerassimow
*1930 †2010

Michail Gorbatschow

Diesen Ausspruch soll der damalige russische Staatschef bei seinem Besuch zum 40. Gründungstag der DDR gemacht haben. Hinterher fand sich jedoch kein Beleg. Alles nur eine Ente? Recherchen der *Frankfurter Allgemeinen* ergaben Folgendes: Gorbatschow sagte am 6. Oktober zu einem ARD-Reporter: „Gefahren warten nur auf jene, die nicht auf das Leben reagieren." Bei seiner offiziellen Festrede am nächsten Tag erklärte er: „Ich halte es für sehr wichtig, den Zeitpunkt nicht zu verpassen und keine Chance zu vertun … Wenn wir zurückbleiben, bestraft uns das Leben sofort." Bei der abendlichen Pressekonferenz machte dann sein persönlicher Sprecher Gennadi Gerassimow die knackige Kurzform daraus: „Those who are late will be punished by life itself."

Wer zuerst kommt, mahlt zuerst

Eike von Repkow
*um 1180 †um 1235

Eike von Repkow auf einem Wappen

Oft findet man auch die Variante „… malt zuerst", die allerdings nach heutiger Rechtschreibung grundfalsch ist. Denn mit Malerei hat dieser Spruch überhaupt nichts zu tun. Er bezieht sich auf einen Rechtsgrundsatz aus dem *Sachsenspiegel*, dem ersten deutschen Rechtsbuch, das der anhaltinische Schöffe Eike von Repkow verfasste. Darin wurde die Benutzung der örtlichen Mühle geregelt. „Die ok irst to der molen kumt, dic sal erst malen", heißt es auf Niederdeutsch. Wer als Erster bei der Mühle war, durfte sein Getreide also auch als Erster mahlen lassen, auch wenn die Nachfolgenden reicher oder einflussreicher waren oder es aus irgendeinem Grund besonders eilig hatten.

Wer's glaubt, wird selig

Neues Testament (Mk 16,16)

Die spöttische Entgegnung, mit der man zum Ausdruck bringt, dass man etwas für völlig unglaubwürdig hält, ist in der Bibel natürlich ernst gemeint – aber auch da nicht leicht zu glauben.

Es geht nämlich um nicht weniger als die Auferstehung Jesu. Der Evangelist Markus berichtet, wie Jesus nach seinem Tod seinen Jüngern erscheint und ihnen befiehlt, alle Welt zu missionieren. „Wer glaubt und sich taufen lässt, wird selig; wer aber nicht glaubt, wird verdammt werden", sagt er.

Wes Brot ich ess, des Lied ich sing

Walther von der Vogelweide
*um 1170 †1228

Dieser Spruch – immer wieder gern zitiert, um derartiges Verhalten anzuprangern – wird traditionell dem Minnesänger Walther von der Vogelweide zugeschrieben. Einen Beweis dafür gibt es allerdings nicht. Aus vielen von Walthers Liedern lässt sich eine dezidierte politische Meinung herauslesen, andererseits wechselte er auch immer wieder die Seiten. So war er zum Beispiel anfangs Anhänger der Welfen und wechselte später ins Lager des siegreichen Stauferkaisers Friedrich II. (1194–1250), der ihm 1220 ein kleines Lehen übertrug und ihm damit eine wirtschaftliche Unabhängigkeit schenkte. Wenn obiger Spruch also wirklich von Walther stammt, dann war er vermutlich eher ein bitterer Kommentar zu den realen Umständen als bedenkenloser Pragmatismus.

Walther von der Vogelweide

Wes das Herz voll ist, des geht der Mund über

*Martin Luther *1483 †1546*

Martin Luther

So übersetzte Martin Luther eine Stelle im *Matthäusevangelium.* Aus einem Brief von ihm weiß man aber, dass er die Redewendung nicht erfunden hat. Stattdessen benutzte er absichtlich ein geläufiges Sprichwort, um dem Volk die Bibel nahezubringen. Dafür passt die Übersetzung nicht ganz. Das Sprichwort sagt aus, dass man nicht schweigen kann, wenn einen Dinge sehr bewegen. In der Bibel jedoch weist Jesus einige Pharisäer zurecht. Weil ihr Herz voll Bösem sei, könne auch ihr Mund nur Böses und nichts Gutes aussprechen, hält er ihnen vor.

Wie der Herr, so's G'scherr

*Titus Petronius Arbiter *um 13 †66*

Am Rande des *Gastmahl des Trimalchio,* das der römische Politiker Petronius in seinem Roman *Satyricon* beschrieb, geraten zwei Diener in Streit und fangen an, einander zu beschimpfen. Dabei wirft der eine dem anderen vor: „Qualis dominus, talis et servus." (Wie der Herr, so auch der Sklave.) In Österreich hat man „Wie der Herr, so's G'scherr" daraus gemacht.

Wie die Orgelpfeifen

*Johann Fischart *1546 †1590*

Im fünften Kapitel der *Geschichtsklitterung,* dem Hauptwerk von Fischart, heiratet der Held, der Grandgoschier Gorgellantua. Fischart nutzt dies zu einigen allgemeinen Bemerkungen über Ehe und Familie und schreibt unter anderem: „Da stellen sie (die Mütter) jre zucht umb den Tisch staffels weiß wie die Orgelpfeiffen, die kann der Vatter mit der Ruten pfeiffen machen, wann er will, on blasbälg treten." Heute fehlt der Aspekt der elterlichen Gewalt. „Wie die Orgelpfeifen" heißt es, wenn mehrere Kinder der Größe nach aufgereiht sind.

Johann Fischart

Wie du mir, so ich dir

*Johann Wolfgang von Goethe *1749 †1832*

Diesen Titel gab Goethe einem Vierzeiler, der geizigen Menschen ins Gewissen redet. Er lautet: „Mann mit zugeknöpften Taschen, dir thut niemand was zulieb. Hand wird nur von Hand gewaschen. Wenn du nehmen willst, so gieb!"

Wie ein Lamm zur Schlachtbank geführt werden

Altes Testament (Buch Jesaja)

Mehrmals spricht der alttestamentliche Prophet Jesaja von einem „Gottesknecht", der später mit Jesus gleichgesetzt wurde. Jesaja schildert ihn als einen „Mann der Schmerzen", den alle verachten. „Man misshandelte ihn und er beugte sich. Er tat den Mund nicht auf wie das Lamm, das zur Schlachtbank geführt wird." Auch auf Jesus wurde das Bild vom „Lamm, das zur Schlachtbank geführt wird" oftmals angewendet.

Schilfrohr im Wind

schreiben, denen man so wenig entgegensetzen kann wie ein Rohr dem Wind. Jesus gebraucht diesen Ausdruck, als er die Menschen tadelt, die nur aus Sensationsgier in die Wüste gegangen sind, um dort Johannes den Täufer zu erleben. Er fragt sie, was sie erwartet hätten: Etwa ein Rohr im Wind? Einen reich gekleideten Mann? Oder einen Propheten?

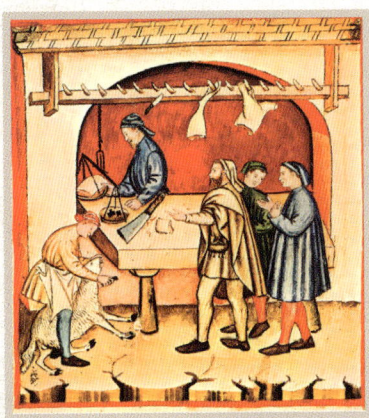

Wie ein Zerberus

Homer oder Hesiod 8. Jh. v. Chr.

Schärfer als ein Zerberus kann man etwas nicht bewachen. In der griechischen Mythologie ist Zerberus der Höllenhund und Odysseus beschreibt seine Begegnung mit ihm so: „Auch den Zerberos sah ich, mit bissigen Zähnen bewaffnet. Böse rollt er die Augen, den Schlund des Hades bewachend. Wagt es einer der Toten, an ihm vorbei sich zu schleichen, so schlägt er die Zähne tief und schmerzhaft ins Fleisch der Entfliehenden und schleppt sie zurück unter Qualen, der böse, der bissige Wächter." Erfunden hat Homer den Zerberus allerdings nicht. Er – oder Hesiod, so genau lässt sich das nicht bestimmen – ist nur der Erste, der ihn schriftlich erwähnt.

Wie ein Rohr im Wind

Neues Testament (Lk 7,24)

Das bedeutet, von den Launen des Schicksals gebeutelt zu werden. Zwar behält das Schilfrohr seinen festen Stand, doch Bewegung und Richtung zwingt ihm der Wind auf. „Wie ein Rohr im Wind" kann Kritik an einem Menschen ohne Rückgrat bedeuten, aber auch Zustände be-

Zerberus

Wie gewonnen, so zerronnen

Johann Wolfgang von Goethe
*1749 †1832

Diese Weisheit stammt aus Goethes Versepos *Reineke Fuchs*. Nach einer mittelalterlichen Fabel erzählt er darin die Geschichte von Reineke Fuchs, der von den anderen Tieren bei deren König, dem Löwen Nobel, wegen seiner Untaten angeschwärzt wird. Eines der harmloseren Vergehen ist noch, dass er einem Hündchen eine Wurst geraubt hat. Verteidigt wird der nicht anwesende Fuchs von seinem Neffen Grimbart, dem Dachs, der erklärt, das Hündchen habe die Wurst selbst gestohlen und solle seinen Verlust mit Würde tragen: „Zerronnen wie gewonnen". Am Ende des Epos geht tatsächlich der Fuchs mit einer Mischung aus Schläue, Skrupellosigkeit und Brutalität als Sieger aus dem Kampf hervor. Das Epos ist eine Satire auf die tatsächlichen Intrigen an den verschiedensten deutschen Fürstenhöfen, bei denen auch oft genug die „Füchse" siegten.

Reineke Fuchs als Sieger

Wie man sät, so erntet man

Marcus Tullius Cicero *106 †43 v. Chr.
Apostel Paulus †um 64

„Ut sementem feceris, ita metes" (Wie du die Saat gemacht hast, so erntest du), belehrte Cicero die Leser in seinem Buch *De Oratore (Vom Redner)*. Genau das Gleiche legte unabhängig davon auch der Apostel Paulus in einem Brief den Christen in Galatien (Zentralanatolien) ans Herz und warnt: „Wer im Vertrauen auf das Fleisch sät, der wir von dem Fleisch Verderben ernten; wer aber im Vertrauen auf den Geist sät, wird vom Geist ewiges Leben ernten."

Wie sag ich's meinem Kinde?

Klaus E. R. Schwarze unbekannt
Roland Cämmerer unbekannt

So nannten Klaus E. R. Schwarze und Roland Cämmerer 1970 ihren Aufklärungsfilm für Kinder. Das Produkt der Autoren, die daneben auch Sexfilme wie *Helga und die Männer – Die sexuelle Revolution* oder *Auto-Nummer – Sex auf Rädern* drehten, ist inzwischen vergessen. Der Titel aber wird gern zitiert, wenn es um alle möglichen heiklen Fragen geht, die Kindern nicht einfach zu erklären sind.

Das sagten... ...Maler

Ich habe nicht alles gesagt,
aber ich habe alles gemalt.
Pablo Picasso (1881–1973)

Die Kunst ist ein kompliziertes
Phänomen.
Wassily Kandinsky (1866–1944)

Man muss im Leben für seine
Erfahrungen bezahlen. Wenn man
Glück hat, bekommt man Rabatt.
Oskar Kokoschka (1886–1980)

Die Normalität ist eine gepflasterte
Straße; man kann gut darauf gehen –
doch es wachsen keine Blumen auf ihr.
Vincent van Gogh (1853–1890)

Denn wahrhaftig steckt die Kunst
in der Natur, wer sie heraus kann
reißen, der hat sie.
Albrecht Dürer (1471–1528)

Am schönsten sind die Frauen so, wie
Gott sie erschaffen hat – die Schneider
können sie nur verderben.
Paul Gauguin (1848–1903)

Wer zu früh Erfolg hat, fängt an,
sich selbst zu kopieren.
*Friedensreich Hundertwasser
(1928–2000)*

Modelle sollen sich bemühen,
dem Portrait ähnlich zu sehen.
*Salvador Dalí
(1904–1989)*

Für einen Künstler ist es vor allem
gefährlich, gelobt zu werden.
Edvard Munch (1863–1944)

Zeichnen ist die Kunst, Striche
spazieren zu führen.
Paul Klee (1879–1940)

Das waren ... ... letzte Worte

Es geht gut, der Berg ist überschritten.
Friedrich der Große (1712–1786)

Nun werd' ich schlafen gehen. Gute Nacht.
Lord Byron (1788–1824)

Gott wird mir vergeben, das ist sein Beruf.
Heinrich Heine (1797–1856)

Gib, dass ich meine Johanna wiedersehe.
Otto Graf Bismarck (1815–1898)

Was ist denn jetzt mit mir geschehen?
Elisabeth von Österreich-Ungarn (Sisi; 1837–1898)

Ich hatte höllisch viel Spaß und ich habe jeden Augenblick davon genossen.
Errol Flynn (1909–1959)

So stirbt man also.
Coco Chanel (1883–1971)

Jungs, das war eine großartige Golfpartie.
Bing Crosby (1903–1977)

Ich sterbe!
Luis Buñuel (1900–1983)

Herr hilf meiner armen Seele.
Edgar Allan Poe (1809–1849)

Nicht schießen!
Rosa Luxemburg (1871–1919)

Versteht es niemand?
James Joyce (1882–1941)

Ich versinke, ich versinke!
Wilhelm II. (1859–1941)

Es lebe die Freiheit.
Hans Scholl (1918–1943)

Ich habe nicht die geringste Angst vor dem Sterben.
Charles Darwin (1809–1882)

Lasst mich in Ruhe!
Bertolt Brecht (1898–1956)

Alles ist so langweilig.
Winston Churchill (1874–1965)

Da gibt es nichts zu weinen.
Konrad Adenauer (1876–1967)

Oh wow. Oh wow. Oh wow.
Steve Jobs (1955–2011)

Wie Schuppen von den Augen fallen

Neues Testament (Apg 9,18)

Der Stier als Symbol für Lukas

Eine der bekanntesten Erzählungen der *Apostelgeschichte* ist die Bekehrung des Apostels Paulus. Er reist nach Damaskus, um auch die dortige christliche Gemeinde zu verfolgen. Auf dem Weg wird er durch ein Licht vom Himmel geblendet, stürzt zu Boden und hört eine Stimme: „Ich bin Jesus, den du verfolgst." Nach dem Ereignis ist Paulus drei Tage lang blind und wird erst durch einen Christen aus Damaskus namens Hananias geheilt. Lukas schrieb: „Sogleich fiel es wie Schuppen von seinen Augen." Eine plötzliche Erkenntnis, wie man sie mit der Redewendung heute verbindet, fand dabei allerdings nicht statt. Bekehrt hatte Paulus sich schon, als er noch blind war.

Der Wille zur Macht

*Friedrich Nietzsche *1844 †1900*

Um zum Übermenschen zu werden, so predigte Friedrich Nietzsches Held Zarathustra seinen Anhängern, bräuchten sie einen „Willen zur Macht". Nur durch die absolute Macht würden sie die absolute Freiheit und damit auch die absolute Schöpferkraft erhalten. Unter dem Titel *Der Wille zur Macht* gab außerdem Nietzsches Schwester Elisabeth (1846–1935) nach seinem Tod unveröffentlichte Schriften heraus, die sie jedoch teilweise verfälschte, um ihren Bruder als Nationalisten und Antisemiten darzustellen, der er nicht war. Sie sorgte damit dafür, dass Nietzsche, der auch ein radikaler Individualist war, von den Nationalsozialisten als einer ihrer Vordenker vereinnahmt werden konnte.

Willst du glücklich sein? Dann lerne erst leiden!

*Iwan S. Turgenew *1818 †1883*

Dies schrieb der russische Dichter Iwan Turgenew in seinem 1882 erschienenen Buch *Gedichte in Prosa*. Leid ist ein zentrales Thema in seinem Werk. Dabei berührt er das Leid der russischen Bauern, die erst 1861 aus der Leibeigenschaft befreit wurden, genauso wie das der bürgerlichen Charaktere, deren Familien zerrissen sind zwischen Tradition und Moderne. Wenn Helden bei Turgenew überhaupt glücklich werden, dann nur, wenn es ihnen zuvor gelungen ist, sich diesen Problemen zu stellen.

Iwan S. Turgenew

Der Wind, der Wind, das himmlische Kind

*Jacob Grimm *1785 †1863*
*Wilhelm Grimm *1786 †1859*

Das Zitat wird gern gebraucht, wenn in einer Situation keiner der Schuldige sein will oder sehr durchsichtige Ausreden gebraucht werden. Auch Hänsel und Gretel konnten nicht ernsthaft erwarten, dass sich die Hexe auf die Frage „Knusper, knusper Knäuschen, wer knuspert an meinem Häuschen?" mit dieser Antwort abspeisen lassen würde. Aber so unsinnig dieser gereimte Kurzdialog ist, er ist zum Markenzeichen dieses Märchens geworden. Er zählt sogar zu den wohl berühmtesten Worten der Grimm'schen Märchen.

Wir können alles. Außer Hochdeutsch.

Werbeagentur Scholz & Friends

Mit diesem Spruch wirbt Baden-Württemberg seit 1999 für sein Land. Erfunden wurde er von der Werbeagentur Scholz & Friends und laut Informationen der Wochenzeitung „Die Zeit" zuerst dem Land Sachsen angeboten, das ihn jedoch nicht wollte. Der Slogan ist wohl zum bekanntesten Länder-Slogan geworden und oft persifliert worden, zum Beispiel: „Wir können alles. Außer Bahnhof" – oder Flughafen, Bildungspolitik, Atomausstieg usw. Die Liste von Problemen und Pannen, die statt „Hochdeutsch" schon eingesetzt wurden, ist schier endlos.

Wir sind im Auftrag des Herrn unterwegs

*Dan Aykroyd *1952*
*John Landis *1950*

Das erklären Jake (John Belushi) und Elwood Blues (Dan Aykroyd), die Helden des US-amerikanischen Kultfilms *Blues Brothers,* ohne mit der Wimper zu zucken – und zwar nach den wildesten Verfolgungsjagden, denen ganze Einkaufszentren, eine Neonazi-Bande oder Dutzende von Polizeiautos zum Opfer gefallen sind. Schließlich ist ihr ehrenwertes Ziel, 5000 Dollar zusammenzubringen, um damit das christliche Waisenhaus, in dem sie aufgewachsen sind, vor der Schließung zu retten. Das Drchbuch für den Film von 1980 schrieben Aykroyd und Landis.

Wir sind Papst!

*Georg Streiter *1955*

So titelte die „Bild"-Zeitung, als am 19. April 2005 mit Kardinal Joseph Ratzinger (*1927) ein Deutscher zum Papst gewählt worden war. Wie der Schöpfer der Schlagzeile, Politik-Ressortleiter Georg Streiter später verriet, hatte die ganze Redaktion die Wahl gemeinsam im Fernsehen verfolgt. Als dann der Name Ratzinger fiel, habe er spontan ausgerufen: „Wir sind Papst." In der anschließenden Diskussion um die Schlagzeile habe sich dieser Spruch durchgesetzt. Er wurde später bei diversen anderen Gelegenheiten umgedichtet und persifliert, etwa zu „Wir sind Oscar" oder „Sind wir noch Papst?".

Joseph Ratzinger als Papst Benedikt XVI.

Wir stehen selbst enttäuscht und sehn betroffen den Vorhang zu und alle Fragen offen

*Bertolt Brecht *1898 †1956*

Mit dieser Feststellung endet Brechts Stück *Der gute Mensch von Sezuan*. Der gute Mensch ist die ehemalige Prostituierte Shen Te, die aber derartig ausgenutzt wird, dass sie gelegentlich in der Maske ihres kaltherzigen Vetters Shui Ta auftreten muss, um sich aus der Misere zu retten, in die ihre Hilfsbereitschaft sie gebracht hat. Als dies bekannt wird, lässt Brecht sein Publikum mit der Frage allein, wie ein Mensch gleichzeitig gut sein kann und in dieser Welt überleben. „Verehrtes Publikum, los, such dir selbst den Schluss!", heißt es. „Es muss ein guter da sein, muss, muss, muss!" Bekannt wurde das Zitat aber vor allem durch den Kritiker Marcel Reich-Ranitzki (1920–2013), der seine Sendung *Literarisches Quartett* mit den Worten zu beenden pflegte: „Und so sehen wir betroffen den Vorhang zu und alle Fragen offen."

Wir wollen mehr Demokratie wagen

Willy Brandt (Herbert Frahm)
**1913 †1992*

Diese Parole gab Bundeskanzler Willy Brandt in seiner Regierungserklärung vom 28. Oktober 1969 aus. „Wir werden unsere Arbeitsweise öffnen und dem kritischen Bedürfnis nach Information Genüge tun. Wir werden darauf hinwirken, dass durch Anhörungen im Bundestag, durch ständige Fühlungnahme mit den repräsentativen Gruppen unseres Volkes und durch eine umfassende Unterrichtung über die Regierungspolitik jeder Bürger die Möglichkeit erhält, an der Reform von Staat und Gesellschaft mitzuwirken", sagte er weiter. Die Opposition fühlte sich kritisiert und reagierte mit Empörung.

Willy Brandt am Wahlabend 1969

Wir wollen sein ein einzig Volk von Brüdern ...

*Friedrich Schiller *1759 †1805*

„... in keiner Not uns trennen und Gefahr. Wir wollen frei sein, wie die Väter waren, eher den Tod, als in der Knechtschaft leben." Mit diesen Worten beschwören die Abgesandten der drei Schweizer Urkantone Uri, Schwyz und Unterwalden in Schillers *Wilhelm Tell* auf dem Rütli ihr Bündnis. Ob dieser Schwur stattgefunden hat, ist umstritten, allerdings gibt es einen Bundesbrief von 1291, in dem die Einwohner der drei Kantone „einander Beistand, Rat und Förderung mit Leib und Gut" versprechen, „innerhalb ihrer Täler und außerhalb nach ihrem ganzen Vermögen [...] gegen alle und jeden, die [...] Gewalt oder Unrecht an Leib oder Gut antun." In diesem Bundesbrief geht es aber mehr um die Regelung der eigenen Angelegenheiten als um eine Auflehnung gegen die Habsburger wie im *Wilhelm Tell*.

Erstdruck von *Wilhelm Tell*

Wissen ist Macht

*Francis Bacon *1561 †1626*

Der Engländer Francis Bacon war nicht nur ein geschickter Politiker und bedeutender Denker, sondern auch ein guter Schriftsteller. Er verfasste Essays, die von seinen Zeitgenossen sehr gern gelesen wurden. In einem davon, *Meditationes sacrae* (Heilige Überlegungen), erklärt er 1597: „For knowledge too, itself is power." Bacon war nicht nur persönlich ehrgeizig, sondern auch am wissenschaftlichen Fortschritt interessiert. Um aber die Natur beherrschen zu können, müsse man sie erst einmal kennen, forderte er.

Wissen, wo der Schuh drückt

*Plutarch *um 45 †um 125*

In seiner Biografie des römischen Feldherrn und Politikers Aemilius Paulus (um 229–160 v. Chr.) schrieb der griechische Schriftsteller Plutarch, niemand wisse, warum Paulus sich von seiner ersten Frau Papiria habe scheiden lassen. Aber es sei vermutlich wie in jener Anekdote gewesen: Ein Mann, der sich von seiner Frau getrennt hat, wird von seinen Freunden mit Vorwürfen überschüttet. Sie halten ihm vor, wie schön, tugendhaft und fruchtbar sie gewesen sei. Als er dies zugibt, wollen sie wissen, warum – um alles in der Welt – er sie dann verlassen habe. Er zieht seinen Schuh aus, hält ihn den Freunden vor und fragt, ob er nicht neu und gut gearbeitet sei. „Aber keiner von euch kann sagen, wo er mich drückt."

Wo alle schuld sind, ist es niemand

*Hannah Arendt *1906 †1975*

Mit diesem Satz sprach sich die deutsch-amerikanische Philosophin Hannah Arendt, die Deutschland 1933 wegen ihrer jüdischen Herkunft verlassen hatte, gegen eine Kollektivschuld der Deutschen an den nationalsozialistischen Verbrechen aus. Es sei eine moralische Verwirrung, erklärte sie, wenn die, die völlig frei von persönlicher Schuld seien, aller Welt ihre Schuldgefühle versicherten, während die wirklichen Täter keinerlei Reue zeigten. Arendts bekanntestes Werk befasst sich mit dem Prozess gegen den Nazi-Verbrecher Adolf Eichmann (1906–62). Eichmanns Standpunkt, er sei unschuldig, weil er nur Befehle ausgeführt habe, umschrieb sie als eine „furchtbare Banalität des Bösen", ein Begriff, der ebenfalls sehr bekannt geworden ist.

Wo ich sitze, ist immer oben

*Otto von Bismarck *1815 †1898*

Eine Anekdote über Otto von Bismarck erzählt, der „Eiserne Kanzler" wäre einmal in ein Haus eingeladen gewesen, in dem es nur einen runden Esstisch gab, der für die Anzahl der Gäste geeignet war. Der Gastgeber war nun in einer gewissen Verlegenheit, weil er dem Staatsmann keinen Ehrenplatz am oberen Ende der Tafel anbieten konnte. Bismarck soll daraufhin geantwortet haben: „Wo ich sitze, ist immer oben."

Wo man singt, da lass dich ruhig nieder

*Johann Gottfried Seume *1763 †1810*

„... denn böse Menschen haben keine Lieder." Obwohl der Gegenbeweis offensichtlich ist – man denke nur an das Liedgut totalitärer Regime oder Bewegungen –, wird dieser Spruch immer noch gern zitiert. Er ist eine Verkürzung einer Stelle aus dem Gedicht *Die Gesänge* von Johann Gottfried Seume. Sie lautet im Original: „Wo man singt, lass dich ruhig nieder, ohne Furcht, was man im Lande glaubt. Wo man singet, wird kein Mensch beraubt. Böse Menschen haben keine Lieder." Seume nahm darin Bezug auf seine reichhaltigen Reiseerfahrungen. Er hatte unter anderem im Jahr 1802 eine neunmonatige Wanderung nach Sizilien unternommen, von der er in seinem *Spaziergang nach Syrakus* erzählte, war aber auch lange in Skandinavien und Russland unterwegs gewesen.

Johann Gottfried Seume

Wo rohe Kräfte sinnlos walten ...

*Friedrich Schiller *1759 †1805*

„... da kann sich kein Gebild gestalten." Diese Warnung findet sich in der Glocke von Friedrich Schiller. Schiller schildert in dem Gedicht, wie der Meister die Form der Glocke vorsichtig und zur rechten Zeit zerbricht, und beschwört im Gegenzug dazu das Fiasko, das sich einstellt, wenn das glühende Erz „sich vor der Zeit" selbst befreit. Der Dichter schlägt den Bogen zur Französischen Revolution, deren Ideale ihn anfangs begeistert haben, die er aber ablehnte, als sich die Gewalt verselbstständigte. Er spricht von Weibern, die zu Hyänen werden, und schreibt: „Gefährlich ist's, den Leu zu wecken, verderblich ist des Tigers Zahn, jedoch der schrecklichste der Schrecken, das ist der Mensch in seinem Wahn."

Wo stehet das geschrieben?

*Martin Luther *1483 †1546*

Einer der größten Vorwürfe, die Luther der katholischen Kirche machte, war, dass sie allerlei angebliche Glaubenswahrheiten verbreitete, die sich nicht auf die biblische Verkündung zurückführen ließen. In seinem *Kleinen Katechismus* stellt er deshalb nach seinen eigenen Erklärungen zu Taufe, Abendmahl und Sündenvergebung die rhetorische Frage „Wo stehet das geschrieben?" und nennt die betreffende Bibelstelle. Später bürgerte sich die Wendung ein, um gesellschaftliche Normen vom Schlag „Das macht man halt so" zurückzuweisen. So dichtete Leo Fall (1873–1925) in einer Operette *Der liebe Augustin*: „Wo steht denn das geschrieben, du darfst nur eine lieben?"

Wo viel Licht ist, ist auch viel Schatten

*Johann Wolfgang von Goethe *1749 †1832*

„Wo viel Licht ist, ist starker Schatten", antwortet Götz von Berlichingen, als ihm sein Freund Weislingen viel Freude mit seinem Sohn wünscht, und fährt dann lakonisch fort. „Doch wär mir's willkommen. Wollen sehn, was es gibt." Der Sohn spielt später keine Rolle, sondern kommt ins Kloster. Weislingen jedoch verrät Götz.

Wohnst du noch, oder lebst du schon?

Agentur Weigert, Pirouz, Wolf

Mit dieser Frage bewirbt seit 2003 der schwedische Möbelkonzern IKEA den Lifestyle seiner Firma. Das Unternehmen hatte schon früher darauf gesetzt, nicht nur als Möbelhaus, sondern als Repräsentant eines bestimmten Lebensgefühls wahrgenommen zu werden. Dazu gehörte zum Beispiel auch das konsequente Duzen der Kunden. Kreiert hat den Slogan die erst 1998 gegründete Hamburger Agentur Weigert, Pirouz,

er seinen Jüngern an, sie wie Schafe unter die Wölfe zu senden. Für seine Zuhörer, von denen vermutlich viele Kleinvieh besaßen, war das Bild von dem Wolf und den Schafen ein anschaulicher Vergleich.

Wolf. Von ihr stammen auch die Plakataktionen, die beispielsweise Berlin mit drei IKEA-Fillialen zur heimlichen schwedischen Hauptstadt erklärten oder eine Weißwurst zwischen zwei Knäckebrotscheiben zeigten, um Münchens Lage zwischen den IKEA-Fillialen im Norden und Süden der Stadt zu illustrieren.

Wölfe im Schafspelz

Neues Testament (Mt 7,15)

Mit diesen Worten kanzelt Jesus in der Bibel Irrlehrer ab. „Hütet euch vor den falschen Propheten", warnt er seine Jünger, „die in Schafskleidern zu euch kommen; inwendig sind sie reißende Wölfe." In diesem Zusammenhang spricht er seinen Rat aus, auf die Früchte, sprich Taten, zu schauen. An anderer Stelle kündigt

Wollt ihr den totalen Krieg?

Joseph Goebbels
*1897 †1945

Kaum jemand weiß heute noch, was Goebbels tatsächlich in seinen zahlreichen Hass- und Hetzreden sagte – mit einer Ausnahme: Seine Rede vom 18. Februar 1943 im Berliner Sportpalast ist bekannt. Zweieinhalb Wochen nach der Kapitulation der deutschen Truppen in Stalingrad beschwor Goebbels die brutale Rache, die die Gegner bei einem Sieg an Deutschland nehmen würden, und fragte: „Wollt ihr den totalen Krieg? Wollt ihr ihn, wenn nötig, totaler und radikaler, als wir ihn uns heute überhaupt noch vorstellen können?" Sein Publikum antwortete auf diese und zehn andere Fragen mit frenetischem Jubel. Trotz dieses Hintergrunds wird der eingängige Satz heute immer noch verwendet, etwa: „Wollt ihr den totalen Spaß/Beat/Rabatt/Fasching?"

Joseph Goebbels

Das Wort zum Sonntag

unbekannt

Die Sendung gehört zu den ältesten der ARD. Sie wird seit dem 8. Mai 1954 jeden Samstagabend nach den *Tagesthemen* ausgestrahlt. Evangelische und katholische Theologen halten abwechselnd eine kleine Predigt, die sich meist um den Evangeliumstext des kommenden Sonntags dreht. Obwohl sie sich dabei oft um aktuelle Bezüge bemühen, wurde ausgehend von der Sendung das „Wort zum Sonntag" sprichwörtlich für eine Rede oder Ansprache, die zu fromm oder zu predigtähnlich geraten ist oder wenig mit den tatsächlichen Problemen der Welt zu tun hat. Auch Politikerversprechen, denen keine Taten folgen, werden als „Sonntagsreden" abgetan.

Der Worte sind genug gewechselt

Johann Wolfgang von Goethe
*1749 †1832

Goethes Geburtshaus in Frankfurt am Main

Goethe beginnt seinen *Faust* nicht mit der Geschichte des Dr. Faustus direkt, sondern mit einem *Vorspiel auf dem Theater*. Darin unterhalten sich ein Theaterdichter, ein Direktor und eine „lustige Person", wie man das verwöhnte Publikum am besten fesseln könne. Während der Direktor für das „pralle Leben" auf der Bühne schwärmt und die lustige Person mahnt, keine Lehre ohne Narrheit vorzutragen, verlangt der Dichter statt des Gaukelspiels tiefere Wahrheiten und Empfindungen. Am Ende bricht der Direktor das Gespräch ab. „Der Worte sind genug gewechselt, lasst mich auch endlich Taten sehn."

Wovon man nicht sprechen kann, darüber muss man schweigen

Ludwig Wittgenstein *1889 †1951

Ludwig Wittgenstein

Das klingt erst einmal banal – bis man wieder jemandem begegnet, der über Sachverhalte plappert, von denen er offensichtlich keine Ahnung hat. Der österreichische Philosoph Ludwig Wittgenstein, von dem dieser Satz stammt, war in dieser Sache ganz radikal. „Die Grenzen unserer Sprache sind die Grenzen unserer Welt" ist ein anderer bekannter Ausspruch von ihm. Von Dingen, für die man keine Worte hat, kann man sich auch keine Vorstellung machen – oder die Vorstellungen werden dem Wortschatz angepasst und damit falsch. Dann aber, so Wittgenstein, ist es besser, zu schweigen.

Die Würde des Menschen ist unantastbar ...

**Verfasser des Grundgesetzes
23. Mai 1949**

„... Sie zu achten und zu schützen ist Verpflichtung aller staatlichen Gewalt." Mit dieser Feststellung beginnen die Artikel des Grundgesetzes. Die Idee dahinter ist viel älter und findet sich schon in religiösen und philosophischen Schriften der Antike. In der *Allgemeinen Erklärung der Menschenrechte* von 1948 und vielen anderen Verfassungen heißt es, dass alle Menschen frei und gleich an Würde und Rechten geboren sind. Den Verfassern des Grundgesetzes aber war es nach den Gräueln des Nationalsozialismus ein Anliegen, ganz explizit das Recht auf die Bewahrung dieser Würde zu betonen.

Yes we can

Bob, der Baumeister 1998

Nein, es war nicht US-Präsident Barack Obama (*1961), der diesen Spruch in seinem ersten Wahlkampf 2008 erfand. Bereits vor ihm pflegte die Zeichentrickfigur Bob, der Baumeister, seine Freunde regelmäßig zu fragen „Can we fix it?", und erhält zur Antwort: „Yes we can." In der deutschen Fassung heißt es: „Können wir das schaffen? – Yo, wir schaffen das!" Auch die lateinamerikanischen Farmarbeiter in den USA zogen bereits in den 1970er-Jahren mit dem Kampfruf „Sí se puede" in die gewerkschaftlichen Auseinandersetzungen. Aber natürlich war es Barack Obama, der die drei Worte weltweit populär machte.

Bob der Baumeister

You'll Never Walk Alone

Oscar Hammerstein *1895 †1960

Richard Rogers (l.) und Oscar Hammerstein (r.)

„Walk on, walk on with hope in your heart, and you'll never walk alone" („Geh weiter, geh weiter mit Hoffnung im Herzen und du wirst niemals allein gehen"), lautet der berühmte Fan-Gesang des FC Liverpool, der heute in vielen Fußballstadien zum Besten gegeben wird. Ursprünglich stammt das Lied aus einem Broadway-Musical namens *Carousel*. Mit dem Lied wird die weibliche Hauptfigur Julie getröstet, als ihr Mann bei einem fehlgeschlagenen Bankraub umkommt. Die Musik dazu stammt von Richard Rodgers (1902–79). Zusammen mit Texter Hammerstein produziert er neun Musicals, darunter auch *The King and I* (*Anna und der König von Siam*).

297

Der Zahn der Zeit

*William Shakespeare *um 1564 †1616*

In William Shakespeares Komödie *Maß für Maß* (um 1604) stellt der Herzog von Wien seinen Berater Angelo auf die Probe. Er macht Angelo zu seinem Stellvertreter und gibt vor, zu verreisen, bleibt aber verkleidet in der Stadt. So bekommt er mit, dass Angelo den jungen Claudio zum Tod verurteilen lassen will, nur weil er eine Frau geschwängert hat, mit der er erst verlobt, aber noch nicht verheiratet ist. Gleichzeitig erpresst Angelo jedoch Claudios schöne Schwester Isabella. Wenn sie mit ihm schläft, will er ihren Bruder freilassen. Als der Herzog zurückkehrt, tut er zunächst, als wäre er mit Angelo zufrieden. Dessen Verdienst, sagt er, wäre würdig „mit Buchstaben aus Erz gegen den Zahn der Zeit und den Rost des Vergessens" gesichert zu werden. Die Metapher „Zahn der Zeit" wurde auch schon ab der Antike von verschiedensten Verfassern verwendet.

Zankapfel

Homer um 8. Jh. v. Chr.

Ein Apfel ist in der *Ilias* der Auslöser des ganzen Trojanischen Krieges. Eines Tages, so heißt es, habe die Göttin der Zwietracht, Eris, einen Apfel mit der Aufschrift „Der Schönsten" unter die versammelten Götter geworfen. Sofort stritten sich Hera, Athene und Aphrodite darum, wem er gebührt. Schließlich wählten sie Paris, den Sohn des Königs Priamos, als Schiedsrichter und boten ihm jede eine verlockende Gabe als Bestechung an. Paris wählte schließlich Aphrodite, die ihm die schönste Frau der menschlichen Welt als Gattin versprach. Da diese, Helena, aber schon verheiratet war, musste Paris sie entführen und zettelte damit den Krieg an.

Zehn, neun, acht, sieben, sechs, fünf, vier, drei, zwei, eins, null!

*Fritz Lang *1890 †1976*

Der Countdown, das Herunterzählen, wurde von dem österreichischen Regisseur Fritz Lang 1929 für seinen Science-Fiction-Film *Frau im Mond* erfunden, um dem Raketenstart zusätzliche Spannung zu verleihen. Von Lang übernahm später die amerikanische Weltraumbehörde NASA den Brauch und von der Raumfahrt schwappte er auf zahlreiche andere Gelegenheiten über, vor allem das Herunterzählen der letzten Sekunden des alten Jahres in der Silvesternacht.

Die Zeichen der Zeit erkennen

Neues Testament (Mt 16,3)

Das bedeutet, in der Gegenwart Anzeichen dafür zu erkennen, wie sich die Dinge in der Zukunft entwickeln könnten, und dann die richtigen Maßnahmen zu ergreifen. Der Evangelist Matthäus berichtet, eines Tages seien Pharisäer und Sadduzäer zu Jesus gekommen und hätten ihn aufgefordert, ein Zeichen am Himmel entstehen zu lassen. Jesus sei daraufhin wütend geworden und habe ihnen vorgehalten, sie könnten nur die Zeichen am Himmel interpretieren, nicht aber die Zeichen der Zeit.

Zeigen, was eine Harke ist

Johann Ackermann 16. Jh.

In Ackermanns Erzählung *Der ungerathene Sohn* von 1540 kommt ein Bauernjunge nach dem Studium nach Hause, lässt den Gebildeten heraushängen und weiß angeblich nicht einmal mehr, was eine Harke ist. Das Gerät bringt sich jedoch selbst in Erinnerung: Prompt tritt der junge Schnösel auf eine solche, bekommt den Stiel an den Kopf und schimpft in plötzlicher Erkenntnis: „Verfluchte Harke!"

Die Zeit heilt alle Wunden

nach Voltaire (François-Marie Arouet)
*1694 †1778

Voltaire

Die Behauptung „Le temps adoucit tout" (Die Zeit mildert alles) findet sich in dem Roman *Der ehrliche Hurone (L'Ingénu)* von Voltaire. Darin lässt der Autor einen Indianer vom Stamm der Huronen nach Frankreich kommen und dort schonungslos alle Schwächen der damaligen französischen Gesellschaft, Politik und Religion aufdecken. Voltaire verpackte seine Gesellschaftskritik und seine philosophischen Erörterungen oft in Romane. Sein bekanntestes Werk ist *Candide oder Die beste aller Welten*. Am Schicksal des naiven Candide legt er dar, dass seiner Meinung nach die Welt keineswegs die beste aller möglichen Welten ist, wie das der deutsche Philosph Gottfried Wilhelm Leibniz (1646–1716) behauptet hatte.

Die Zeit ist aus den Fugen

William Shakespeare
*um 1564 †1616

So klagt William Shakespeares Held Hamlet. Sein Vater ist vom eigenen Bruder getötet worden und dieser hat daraufhin dessen Witwe, Hamlets Mutter, geheiratet und sich selbst zum neuen König Dänemarks gemacht. Mit dem Satz „The time is out of joint" beklagt Hamlet diese dramatischen Missstände – aber auch, dass er dazu berufen ist, die natürliche Ordnung wiederherzustellen. Im Kontrast dazu erklärt sein mörderischer Onkel Claudius in seiner Thronrede, alles wäre in bester Ordnung, auch wenn der norwegische Prinz Fortinbras strittige Ländereien fordere, weil er wohl meine, der Staat wäre durch den Tod seines Königs „aus den Fugen".

Hamlet

Zeit ist Geld

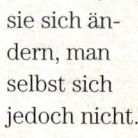

Benjamin Franklin
*1706 †1790

„Remember that time is money", mahnte der US-amerikanische Staatsmann Franklin 1748 in einer Schrift namens *Advice to young tradesmen* die im Titel angesprochenen jungen Geschäftsleute. Für sich selbst hatte er frühzeitig 13 Lebensmaximen ausgearbeitet, von denen eine lautete: „Verliere keine Zeit; sei immer mit etwas Nützlichem beschäftigt; entsage aller unnützen Tätigkeit." Geboren als 15. Kind eines Kerzenmachers, hatte er sich sein Wissen mit viel Fleiß selber angeeignet, war mit 17 selbstständiger Buchdrucker geworden und gehörte schon bald zur wohlhabenden Elite Pennsylvanias.

Die Zeiten ändern sich

Lothar I. **795 †855*

Auf den fränkischen Kaiser Lothar I. soll der Ausspruch „Tempora mutantur, et nos mutamur in illis" (Die Zeiten ändern sich und wir uns mit ihnen) zurückgehen. Das schrieb der flämische Gelehrte Jan Gruter 1612 in seinem Werk *Delitiae Poetarum Germanorum*. Der Spruch war seit dem Mittelalter sehr beliebt, doch mit der Zeit wurde der zweite Teil meistens weggelassen und der eigene Wandel unterschlagen. Oft genug wird die Aussage sogar gebraucht, um zu betonen, dass die Zeiten einem fremd geworden sind, weil sie sich ändern, man selbst sich jedoch nicht.

Lothar I.

Ziviler Ungehorsam

Henry David Thoreau *1817 †1862

Henry David Thoreau

Der amerikanische Schriftsteller verbrachte 1846 eine Nacht im Gefängnis, weil er sich geweigert hatte, Steuern zu zahlen, da mit diesen auch die Sklaverei und ein Krieg gegen Mexiko finanziert wurden. Nach dieser Erfahrung hielt er Vorträge, die er 1849 zunächst unter dem Titel *Resistance to Civil Government* herausgab (*Widerstand gegen die Zivilregierung*), später aber in *Civil Disobedience* (*Ziviler Ungehorsam*) umbenannte. Das Werk inspirierte unter anderem Martin Luther King (1929–68) und Mahatma Gandhi (1869–1948).

Zu jung, um ohne Wunsch zu sein

Johann Wolfgang von Goethe *1749 †1832

„Ich bin zu alt, um nur zu spielen, zu jung, um ohne Wunsch zu sein", erklärt Faust Mephisto.

Er drückt damit seine Zwiespältigkeit aus, die ihn verzweifeln lässt. Er kann kein unschuldiges Vergnügen mehr empfinden, weil er bei jeder Sache die negative Seite sieht, aber es gelingt ihm auch nicht, seine Sehnsucht, sich wieder einmal derart zu vergnügen, zu unterdrücken. Zitiert wird meist nur der zweite Teil, um auszudrücken, dass man noch Erwartungen an das Leben hat.

Zu viele Köche verderben den Brei

Johann Wolfgang von Goethe *1749 †1832

Zu Goethes weniger bekannten Gedichten gehört auch der spöttische Vierzeiler: „Viele Köche versalzen den Brei; bewahr uns Gott vor vielen Dienern! Wir aber sind, gesteht es frei, ein Lazarett von Medizinern." Da die Pointe des Gedichts das „Lazarett von Medizinern" ist, also die Tatsache, dass jeder viel über Gesundheitsrezepte redet und sich trotzdem alle krank fühlen, dürfte der Satz von den Köchen schon damals ein bekanntes Zitat gewesen sein. Irgendwann wurde versalzen durch verderben ersetzt, da salzige Getreidebreis, die früher das Hauptgericht der armen Leute waren, kaum noch gegessen wurden.

Die Zukunft hat schon begonnen

Robert Jungk (Robert Baum)
*1913 †1994

Dies war der Titel des Buches, mit dem der deutsch-österreichische Zukunftsforscher Robert Jungk im Jahr 1952 bekannt wurde. Darin warnte er vor den modernen Technologien, deren Zukunftsfolgen schwer abschätzbar oder noch gar nicht bekannt seien. Durch ihre Anwendung würden die Weichen für die zukünftige Entwicklung der Welt jedoch bereits heute gestellt. Denn vieles lässt sich nicht mehr rückgängig machen, wenn sich die Folgen zeigen. Jungk wurde 1986 mit dem Alternativen Nobelpreis, dem Right Livelihood Award, ausgezeichnet. Er gilt als einer der bedeutendsten Vordenker und Agitatoren der Umwelt- und Friedensbewegung.

Zur Sache, Schätzchen!

Werner Enke *1941

Diese meist reichlich süffisant vorgetragene Aufforderung, wenn der andere stets ausweicht, ist der Titel einer Filmkomödie aus dem Jahr 1968 von May Spils (*1941). Ums Zur-Sache-Kommen geht es in dem Film dann aber gar nicht. Der Tagedieb Martin (Werner Enke) und seine neue Freundin Barbara (Uschi Glas, *1944)) liefern sich stattdessen ein eher provokantes als notwendiges Duell mit der Polizei, die Martin wegen eines Einbruchs verhaften will. Auch Martins damals zum Kult gewordene Prophezeiung „Das wird böse enden" trifft nicht ein.

Zur Salzsäule erstarren

Altes Testament
(1. Buch Mose)

Dieses Schicksal trifft die Frau des frommen Lot im Rahmen der Katastrophe von Sodom und Gomorrha. Lots Gäste, die in Wahrheit Engel sind, so erzählt die Bibel, retten das Ehepaar und seine beiden Töchter kurz vor dem Untergang der Stadt aus Sodom. Sie warnen sie aber eindringlich, ja nicht hinter sich zu sehen. Lots Frau jedoch dreht sich trotzdem um und wird angesichts des Grauens, das sie erblicken muss, zur Salzsäule. Heute meint man mit der Redewendung durchaus noch ein Erstarren vor Schreck. Umgangssprachlich fragt man aber auch „Bist du zur Salzsäule erstarrt?", wenn jemand nicht die gewünschten Reaktionen zeigt.

Lot und seine Familie auf der Flucht

Zurück zur Natur!

Jean-Jacques Rousseau
*1712 †1778

Jean-Jaqcues Rousseau

Dieser Spruch wird oft dem Genfer Philosophen Jean-Jacques Rousseau zugeschrieben, aber er ist nur ein Schlagwort, auf das seine Ideen später oft reduziert wurden. Es stimmt jedoch, dass Rousseau eine Rückbesinnung auf den natürlichen Zustand forderte, in dem der Mensch seiner Meinung nach frei und gut gewesen ist. Doch er hatte deswegen nicht vor, primitiv zu leben. Er forderte nur eine radikale Abkehr von der Ungleichheit, Korruption und moralischen Verderbtheit seiner Zeit.

Zwar weiß ich viel, doch möcht ich alles wissen

Johann Wolfgang von Goethe
*1749 †1832

Diesen Wunsch trägt Fausts einfältiger Assistent Wagner vor. Sein Meister dagegen ist längst der Meinung, dass es unmöglich ist, alles zu wissen, und selbst sein vieles Wissen, das weit über dem Wagners steht, ihm kein Glück bringt. Er nennt Wagner den „erbärmlichsten von allen Erdensöhnen" und spottet, dass dieser immerfort mit gieriger Hand nach Schätzen grabe, dann aber schon froh sei, wenn er Regenwürmer finde.

Der Zweck heiligt die Mittel

Niccolò Machiavelli
*1469 †1527

Wortwörtlich findet sich dieser Satz in Niccolò Machiavellis Werk nicht. Aber der Italiener war der erste bedeutende Denker, der die Auffassung vertrat, dass ein guter Zweck die Mittel rechtfertigt, die nötig sind, ihn zu erreichen. Er meinte zum Beispiel, es sei besser, durch Grausamkeit ein Staatswesen stabil zu halten, als es durch Milde instabil

Niccolò Machiavelli

werden zu lassen. Man braucht diese Ansicht nicht zu teilen, aber Machiavelli ist es zu verdanken, dass solche Dinge überhaupt diskutiert wurden. Der Genfer Philosoph Jean-Jacques Rousseau (1712–78) meinte sogar, Machiavelli habe mit seinem Buch *Il Principe (Der Fürst)* die Machtpolitik der Fürsten für jedermann offengelegt und damit ein demokratisches Werk verfasst.

Zwei Seelen wohnen, ach! in meiner Brust

Johann Wolfgang von Goethe
*1749 †1832

Johann Wolfgang von Goethe

So die berühmt gewordene Klage von Goethes Faust. „Die eine", führt er aus, „hält, in derber Liebeslust, sich an die Welt mit klammernden Organen. Die andre hebt gewaltsam sich vom Dust zu den Gefilden hoher Ahnen." Über diese innere Zerrissenheit ist seitdem viel geschrieben worden. Sie wurde als „faustische Seele" tituliert und in der Vergangenheit sogar manchmal zu einem nationalen Wesenszug der Deutschen erklärt. Inzwischen sieht man die Sache meist gelassener und verwendet das Zitat für persönliche innere Widersprüche, die schließlich jeder kennt.

Der Zweifel ist der Beginn der Wissenschaft …

Pierre Teilhard de Chardin
*1881 +1955

„… Wer nichts anzweifelt, prüft nichts. Wer nichts prüft, entdeckt nichts. Wer nichts entdeckt, ist blind und bleibt blind", schreibt Teilhard weiter. Interessant ist, dass Teilhard Theologe war: Mit 18 Jahren trat er in den Jesuitenorden ein. Aber er war auch Wissenschaftler, studierte und erwarb einen Doktortitel in Geologie. Zudem forschte er im Bereich der Paläontologie. Seine Arbeit in China, während der er am Fund der Überreste des Peking-Menschen beteiligt war, brachte die Evolutionslehre weiter voran, was die Kirche nicht gern sah. Dabei wollte Teilhard die Religion gar nicht widerlegen, sondern versuchte, eine Brücke zwischen Religion und Wissenschaft zu schlagen. Dennoch wurde er vom Jesuitenorden aus Frankreich verbannt und starb schließlich im Exil in den USA. Da er sich zu Lebzeiten geweigert hatte, in einem freien Verlag zu publizieren und die Kirche seine Schriften nicht drucken wollte, erreichten Teilhards Gedanken erst nach seinem Tod eine breitere Öffentlichkeit – und seine Werke entwickelten sich innerhalb kurzer Zeit zu Bestsellern.

Schädel eines Peking-Menschen

Ein zweischneidiges Schwert

**Altes Testament
(Buch der Sprichwörter)**

Das ist ein Schwert, dessen Klinge an beiden Seiten geschliffen ist – was übrigens für die meisten Schwerter gilt. Damit ist es im Kampf vielseitiger verwendbar als eine einschneidige Waffe. Im alttestamentarischen *Buch der Sprüche* wird dieses Bild benutzt, um vor Ehebruch zu warnen. Fremde Frauen seien zuerst süß wie Honig und glatt wie Öl, würden zuletzt aber bitter wie Wermut und scharf wie ein zweischneidiges Schwert. Heute spricht man meist nicht vom Schwert, sondern von einer „zweischneidigen" Sache, meint aber dasselbe. Mit dem Zitat wird meist eine sehr heikle Angelegenheit bedacht, bei der sich ein Vorteil auch schnell zum Nachteil entwickeln kann.

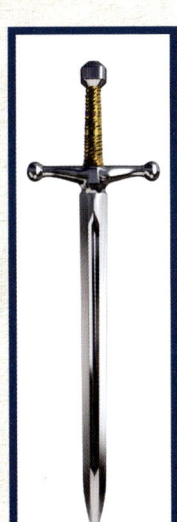

könnte einwenden, dass ein Zwerg auf einem Berg mehr sieht und damit seine mangelnde Größe wettmacht. Doch Seneca kommt es an dieser Stelle nicht auf die Perspektive des Zwerges an, sondern auf die des Betrachters. Er räsoniert darüber, dass man zu oft den Fehler macht, Menschen nach Äußerlichkeiten zu beurteilen, etwa nach ihren Ämtern, ihrer Herkunft oder ihrem Besitz. Solche Faktoren ließen sie vielleicht bedeutender erscheinen, wie der Berg den Zwerg, machten sie aber nicht tatsächlich – im moralischen Sinne – größer. Deshalb dürfe man, um den Charakter eines Menschen zu beurteilen, auch nur diesen betrachten.

Ein Zwerg wird nicht größer, auch wenn er sich auf einen Berg stellt ...

**Lucius Annaeus Seneca der Jüngere
*um 4 v. Chr. †65 n. Chr.**

„... und ein Riese behält seine Masse, auch wenn er in einem Schacht steht", schreibt der Philosoph Seneca an seinen Brieffreund Lucilius. Man

Zwischen Furcht und Hoffnung schwebend

**Vergil (Publius Vergilius Maro)
*70 †19 v. Chr.**

Gleich zu Beginn des Epos' *Aeneis* des römischen Dichters Vergil gerät die Flotte des Helden in einen Seesturm und wird auseinandergerissen. Äneas selbst kann sich an der libyschen Küste in Sicherheit bringen, wo er und seine Mannschaft sich erst einmal mit dem Nötigsten versorgen. „Als sie mit Kost den Hunger gezähmt und entfernet die Tafeln", erzählt Vergil dann weiter, „werden bedauert in langem Gespräch die verlorenen Freunde: Schwankend in Furcht und Hoffnung erwägt man, ob sie noch leben".

Personenregister

A

Abraham a Santa Clara 53
Accius, Lucius 179
Ackermann, Johann 299
Acton, John E., Baron 163
Adenauer, Konrad 269
Agricola, Johann 267
Aischylos 131, 174
Albers, Hans 54
Alexis, Willibald 211
ALF 192
Alhazen 42
Alkaios von Mytilene/von Lesbos 136
Altes Testament 14, 18, 26, 27, 29, 30, 33, 37, 41, 48, 62, 76, 77, 87, 102, 114, 118, 119, 135, 138, 142, 152, 158, 168, 171, 172, 176, 212, 217, 222, 231, 237, 241, 244, 254, 255, 256, 261, 280, 284, 287, 302, 305
Anaxagoras 204
Andersen, Hans Christian 112
Angely, Louis 48
Anka, Paul 122
Apelles 216
Archimedes 115, 274
Arendt, Hannah 293
Aristophanes 85, 248
Aristoteles 6, 8, 63, 94, 100, 131, 133, 184, 216, 236
Armstrong, Neil 53
Arnobius der Jüngere 28
Äsop 116, 162, 215, 226, 281
Augustinus 45
Augustinus von Hippo 159, 175, 190
Augustus 69, 201
Aykroyd, Dan 290

B

Bacon, Francis 99, 292
Balz, Bruno 54, 56, 124, 144
Bardot, Brigitte 174
Becher, Johannes R. 28
Bechstein, Ludwig 131
Beda Venerabilis 232
Benedikt von Nursia 196
Bibliotheke des Apollodor 63
Bierbaum, Otto Julius 121
Biermann, Wolf 76, 194
Bismarck, Otto von 61, 83, 150, 181, 200, 293
Bizet, Georges 27
Blüm, Norbert 208
Bob, der Baumeister 297
Böcklin, Arnold 217
Bodenstedt, Friedrich von 103
Boëthius 225
Bogart, Humphrey 127
Böll, Heinrich 120
Bolten-Baeckers, Heinz 52
Bormann, Edwin 138
Bradtke, Hans 37, 197, 210
Brandt, Willy 143, 291
Brant, Sebastian 131, 275
Brecht, Bertolt 34, 57, 75, 193, 214, 252, 291
Brennus 221, 257
Brillat-Savarin, Jean-Anthelme 65
Bruno, Giordano 251, 278
Büchmann, Georg 96
Büchner, Georg 90
Bühler, Fritz 66
Bülow, Bernhard von 185, 200
Bülow, Vicco von (Loriot) 47, 54, 128
Buñuel, Luis 195
Buridan, Jean 227
Buschor, Georg 161
Busch, Wilhelm 6, 7, 11, 17, 34, 57, 60, 70, 79, 109, 177, 181, 211, 246, 250, 257, 273
Bush, George W. 8

C

Caecus, Appius Claudius 138
Caesar, Gaius Julius 10, 23, 258
Calderón de la Barca, Pedro 156
Cämmerer, Roland 288

Personenregister

Campbell, Thomas 108
Cato, Marcus Porcius 44
Celan, Paul 244
Cervantes Saavedra, Miguel de 69, 209
Chamisso, Adelbert von 233
Chardin, Pierre Teilhard de 304
Chilon von Sparta 247
Choirilos von Samos 238
Churchill, Winston 38, 42, 56, 124, 189
Cicero 19, 46, 111, 120, 135, 191, 195, 202, 227, 228, 232, 248, 257, 288
Claudius, Matthias 20, 278
Coke, Edward 181
Constant, Benjamin 151
Cooper, James Fenimore 157
Cornelius, Peter 194, 207
Coubertin, Pierre de 215
Cousin, Victor 151

D

Dante Alighieri 73, 154
Day, Doris 205
Dean, James 58
Dehm, Diether 241
Denz, Wolfgang 96
Descartes, René 6, 45
Deter, Ina 185
Deutscher, Drafi 167
Diana, Prinzessin von Wales 149
Dickens, Charles 113
Didon, Henri 215
Die Prinzen 66
Dietmar von Aist 95
Döblin, Alfred 109
Donne, John 189, 275
Dumas, Alexandre 12, 44
Dürrenmatt, Friedrich 76
Dury, Ian 224

E

Eisler, Hanns 28
Engels, Friedrich 203, 206
Enke, Werner 302
Ennius, Quintus 227
Epicharmos von Kos 111

Epstein, Julius J. und Philip G. 33, 248
Erhardt, Heinz 283
Euklid 205
Evans, Raymond Bernard 205

F

Falk, Johannes Daniel 47
Fallada, Hans 147
Fallersleben, August Heinrich Hoffmann von 59
Fall, Leo 250
Farinacius, Prosper 45
Fellini, Federico 108, 152
Feuerbach, Ludwig 65
Fischart, Johann 100, 105, 286
Flaischlen, Cäsar 109
Fleming, Ian 101, 169
Fontane, Theodor 30, 45, 53, 137, 164
Forster, George E. 235
France, Anatole 277
Franck, Sebastian 27, 59
Franklin, Benjamin 64, 92, 117, 281, 300
Freidank 92, 95, 122, 184
Friedlaender, Max 193
Friedrich II. (Friedrich der Große) 84, 140, 146
Friedrich August III. 162
Frisch, Max 164
Fröbe, Gert 197
Froboess, Cornelia 197
Frum, David 8
Fuchs, Erika 136

G

Galilei, Galileo 251
Ganghofer, Ludwig 217
Gardner, John 161
Gaus, Günter 105
Gavarni, Paul 71
Geibel, Emanuel 20
Gellert, Christian Fürchtegott 155
Genée, Richard 140
Gerassimow, Gennadi 284
Gilbert, Robert 52, 89
Gilkyson, Terry 203
Giller, Walter 161

Personenregister

Girulatis, Richard 71
Glaßbrenner, Adolf 79
Goebbels, Joseph 124, 295
Goethe, Johann Wolfgang von 17, 30, 35, 39, 48, 50, 51, 52, 66, 67, 72, 74, 78, 85, 97, 102, 107, 110, 116, 118, 168, 169, 176, 177, 182, 210, 214, 223, 242, 249, 255, 262, 264, 267, 268, 269, 274, 280, 281, 283, 286, 288, 294, 296, 301, 303, 304
Goldberger, Ludwig Max 152
Goldwyn, Samuel 86
Goscinny, René 234
Grimm, Jacob und Wilhelm 7, 62, 84, 112, 123, 202, 228, 234, 242, 243, 253, 263, 290
Grzesinski, Albert 201

H

Haffner, Karl 140
Haller, Hanne 251
Hammerstein, Oscar 297
Harris, Sydney J. 72
Harvey, Lilian 52
Hase, Viktor von 169
Heine, Heinrich 56, 63, 79, 104, 129, 166, 265, 271
Heinrich der Glîchezære 38
Hemingway, Ernest 110
Hensel, Luise 180
Heraklit 14, 150
Herberger, Sepp 71, 183
Herodot 153, 206
Hesiod 23, 25, 42, 64, 106, 255, 264, 287
Hesse, Hermann 251
Hieronymus 31, 74, 100, 213
Hobbes, Thomas 150
Hofer, Wolfgang 173
Hoffmann, E. T. A. 266
Hoffmann, Heinrich 218
Hollaender, Friedrich 123
Homer 25, 121, 141, 144, 171, 214, 229, 287, 298
Horaz 21, 34, 43, 87, 90, 105, 135, 160, 184, 213, 227
Horch, August 25
Horn, Carolus 194
Humboldt, Alexander von 211
Hynek, J. Allen 255

I

Ibsen, Henrik 64, 239
Ionesco, Eugène 44
Isidor von Sevilla 33

J

Jahn, Friedrich Ludwig 90
Jankel, Chaz 224
Jary, Michael 56
Jean Paul 260
Johnson, Samuel 272
Julius Paulus 61
Jungk, Robert 302
Jürgens, Curd 251
Jürgens, Udo 173
Justinian I. 133, 134
Juvenal 40, 171, 206, 224

K

Kaloff, Constantin 97
Kamp, Hermann Adam von 15
Kant, Immanuel 6, 29, 144
Kästner, Erich 77, 81, 180
Kaufmann, Christoph 239
Keller, Gottfried 147
Kempen, Thomas von 225
Kennedy, John F. 88, 122, 172
Kershner, Irvin 132
Kinkel, Gottfried 221
Kipling, Rudyard 101, 131, 258
Kirst, Hans Hellmut 193
Kisch, Egon Erwin 187
Klinger, Friedrich Maximilian 239
Koch, Roland 40
Kohl, Helmut 72
Konfuzius 268
König, Johanna 187
Kopper, Hilmar 55
Korn, Heinz 177
Krause, Norbert 162
Kroll, Werner 137
Krupp, Friedrich Alfred 280
Kundera, Milan 253

L

La Fontaine, Jean de 93, 186
Lage, Klaus 241
Landis, John 290
Lang, Fritz 298
Laotse 24, 272
Leander, Zarah 144
Lenin 212, 259
Lennon, John 155
Leo, Heinrich 113
Lessing, Gotthold Ephraim 36, 58, 80, 82, 98, 145, 187, 246, 270
Lévis, Pierre-Marc-Gaston de 9
Lichtenberg, Georg Christoph 116
Lichtwer, Magnus Gottfried 38
Liebermann, Max 126
Lincke, Paul 52
Lindemann, Ferdinand von 204
Lindemann, Wilhelm 244
Lindenberg, Udo 15, 124
Lippe, Jürgen von der 109
Lippmann, Walter 143
Livius, Titus 95, 160
Locke, John 6
Logau, Friedrich von 106, 134, 223, 278
Loose, Günter 167
Loriot (Vicco von Bülow) 47, 54, 111, 128
Lortzing, Albert 24, 51, 151, 202
Lothar I 300
Ludwig XIV. 197, 236
Lukan 93, 214
Lukrez 31
Luther, Martin 7, 87, 102, 117, 150, 155, 162, 167, 220, 252, 256, 260, 282, 286, 294
Luxemburg, Rosa 88
Lyly, John 198
Lysippos 99

M

Machiavelli, Niccolò 303
Macrobius, Ambrosius Theodosius 149
Maffay, Peter 247
Maier, Ralf 178
Mailles, Jacques de 196
Maistre, Joseph Marie de 141
Malmkvist, Siw 161
March, Peggy 177
Marie-Antoinette 279
Martin IV. 73
Marx, Groucho (Julius Henry) 68, 127
Marx, Karl 199, 203, 206, 208, 219
Mason, George 12, 13
Maugham, William Somerset 276
Maximilian I. 245
Maximus, Valerius 170
McFerrin, Bobby 61
Meher Baba 61
Menandros 122, 276
Mercury, Freddie 272
Meyer, Joseph 36
Mey, Reinhard 109, 114, 179, 247
Miller, Henry 155
Milton, John 117
Mitscherlich, Margarete und Alexander 254
Molière 69, 164
Monroe, James 20
Morgenstern, Christian 274
Mörike, Eduard 252
Moscherosch, Johann Michael 130
Mozart, Wolfgang Amadeus 119
Müller, Wilhelm 266
Murphy, Edward Aloysius 16

N

Napoleon Bonaparte 261
Napoleon III. 113
Neues Testament 6, 7, 26, 32, 41, 58, 67, 68, 75, 94, 96, 114, 129, 143, 146, 154, 163, 176, 191, 199, 205, 206, 213, 219, 222, 235, 236, 242, 245, 260, 262, 263, 264, 265, 268, 283, 285, 287, 289, 295, 299
Neumann, Günter 197
Newton, Isaac 8
Nietzsche, Friedrich 15, 16, 18, 65, 99, 106, 142, 146, 173, 248, 270, 289
Novalis 37

Personenregister

O
Orff, Carl 43
Orwell, George 36, 143
Ovid 35, 91, 126, 188, 218, 273, 277

P
Parker Willis, Nathaniel 195
Patricius 110
Paulus von Tarsus 68, 103, 288
Perrault, Charles 209
Peter, Laurence J. 134
Petronius Arbiter, Titus 212, 286
Phaedrus 39, 61, 226, 281
Picasso, Pablo 128
Pindar 192
Pittakos von Mytilene 99
Platon 14, 58, 138, 148, 159, 240
Plautus, Titus Maccius 103, 114, 142, 172, 182, 191, 239
Plinius der Ältere, Gaius 46, 157, 216
Plinius der Jüngere, Gaius 240
Plutarch 32, 39, 63, 115, 204, 292
Pompadour, Madame de 182
Pomponazzi, Pietro 178
Pooth, Verona 49
Pottier, Eugène 28
Properz 30
Protagoras 171
Publius Terentius Afer (Terenz) 120, 139, 231, 270, 279

Q
Quinn, Freddy 230

R
Rabelais, François 22, 101
Ray, John 38
Reichert, Willy 230
Reiser, Rio 145, 163, 278
Remarque, Erich Maria 132
Repkow, Eike von 285
Richelieu, Kardinal de 249
Richter, Helmut 247
Rollenhagen, Georg 24, 55, 137, 139
Rosanow, Wassilij 70

Rothenburg, Walter 230
Rousseau, Jean-Jacques 75, 279, 303
Rückert, Friedrich 19, 252
Rühmann, Heinz 76, 124
Rumsfeld, Donald 18
Russell, Bertrand 277

S
Sacer, Gottfried Wilhelm 207
Sachs, Hans 95
Sainte-Beuve, Charles-Augustin 130
Saint-Exupéry, Antoine de 165
Salingré, Hermann 165
Salvandy, Narcisse-Achille de 241
Sandburg, Carl 237
Schautzer, Max 200
Scheffel, Joseph Victor von 78
Scherchen, Hermann 40
Schiller 35
Schiller, Friedrich 29, 32, 40, 50, 51, 60, 62, 65, 74, 81, 82, 85, 91, 104, 113, 119, 124, 128, 148, 156, 174, 179, 211, 219, 234, 237, 267, 269, 271, 273, 282, 292, 294
Schill, Ferdinand von 160
Schleiermacher, Friedrich 69
Schlippenbach, Albert Graf von 21
Schmeller, Johann Andreas 43
Schmidt, Helmut 283
Schneckenburger, Maximilian 158
Schopenhauer, Johanna 55
Schröder, Friedrich Ludwig 238
Schröder, Gerhard 120
Schubert, Franz 266
Schulenburg-Kehnert, Friedrich Wilhelm Graf von der 211
Schwarze, Klaus E. R. 288
Schwarzer, Alice 81
Seneca 59, 111, 156, 186
Seneca der Jüngere 305
Seume, Johann Gottfried 293
Shakespeare, William 19, 21, 49, 71, 77, 80, 82, 84, 94, 108, 123, 132, 141, 148, 154, 175, 208, 216, 220, 238, 259, 298, 300
Sienkiewicz, Henryk 205

Personenregister

Sigl, Günther 230
Simmel, Johannes Mario 82, 158, 159
Simonides von Keos 104, 138
Sinatra, Frank 122
Sixtus V. 10
Sokrates 58, 129, 148, 217, 275
Solon 73, 254
Spencer, Herbert 240
Spengler, Oswald 196
Spinoza, Baruch de 256
Splittegarb, Karl Friedrich 180
Spohr, Louis 54
Staël, Madame de 158
Stein, Gertrude 210
Stoiber, Edmund 203
Storm, Theodor 262
Strack, Günter 164
Straßburg, Gottfried von 222
Strauß, Franz Josef 282
Strauss, Johann (Sohn) 104, 140, 256
Streiter, Georg 290
Stresemann, Gustav 228
Sturluson, Snorri 107
Swift, Jonathan 175, 189
Swigert, John Leonard 121
Sydney, Philip 170
Syrus, Publilius 98

T

Tacitus, Publius Cornelius 67
Terenz (Publius Terentius Afer) 120, 139, 231, 270, 279
Teufel, Fritz 279
Theokrit 265
Thomas von Aquin 232
Thomas von Celano 60
Thoreau, Henry David 301
Tiedge, Christoph August 102
Titus Livius 80
Trapattoni, Giovanni 125
Treitschke, Heinrich von 130
Tribonianus, Flavius 133, 134
Tucholsky, Kurt 162, 173, 218, 233
Turgenew, Iwan S. 289
Twain, Mark 44, 147

U

Uhland, Ludwig 13, 17
Usteri, Johann Martin 89

V

Vajda, Ladislao 76
Valentin, Karl 88, 178
Vergil 14, 118, 243, 305
Vergniaud, Pierre 209
Vespasian 98
Victoria, Queen 271
Villon, François 93, 215
Vischer, Friedrich Theodor 246
Vogelweide, Walther von der 95, 285
Voltaire 35, 299
Vulpius, Christian August 230

W

Waalkes, Otto 283
Wader, Hannes 115
Wagner, Richard 54, 168, 188
Walpole, Robert 140
Watley, Jody 112
Wecker, Konstantin 50
Weislinger, Johann Nikolaus 91
Weiße, Christian Felix 180
Werbung 31, 49, 78, 87, 92, 112, 164, 178, 183, 184, 186, 187, 188, 194, 204, 233, 284, 290, 294
Wieland, Christoph Martin 266, 276
Wilde, Oscar 12, 70, 115, 125, 127, 133, 153, 189, 226
Wilder, Billy 166, 190, 258
Wilhelm II. 150, 198
Wilp, Charles 73
Wittgenstein, Ludwig 296
Wowereit, Klaus 23, 250
Wylie, Lauri 242

Z

Zenon von Kition 18
Zola, Émile 137
Zschokke, Johann Heinrich 111

311

Sachregister

A

Abend 80
Aber 145
Abschaum 7
Abwesender 189
Abwesenheit 67
Achse des Bösen 8
Achtung 34
Adel 9
Adonis 265
Advocatus Diaboli 10
Agenda 10
Akte 9
Aktion 8
Alias 11
Alibi 11
alle 150
allein 13, 232, 254
Alles 239, 290
Allwissend 17
Allzumenschliches 173
Alone 297
Alter 19, 264
Alter Ego 18
Alumnus 19
Amen 138
Amerika 20
amused 271
ändern 194, 300
Andersdenkender 88
Andrea Doria 15
Anfang 21, 129, 251, 273
Angeln 274
Angenehmes 21
Anno Domini 22
anpacken 78
anrühren 191
ante meridiem 22
Anwalt des Teufels 10
Anzahl 193
Apfelbäumchen 252
Apollo-11 53
Appetit 22
Arbeit 23
arbeiten 196, 280
Arbeitskraft 164
Argusaugen 174
Arm 23
Arm, langer 153
Arsch 72
Ars Poetica 21, 34
art 151
Art, englische 87
Arzt 283
Asche 135
Athen 85
atmen 232
Audi 25
Aufklärung 29, 40
Auftrag 290
Auge 29, 30, 47, 127, 149, 235, 289
Auge, lachendes 175
Auge, weinendes 175
Ausdauer 45
auserwählen 260
auslöffeln 270
Axiom, Newton'sches 8
Axt 32

B

Badehose 197
Bär 186
Bart 32
Basilisk 33
Baum 261, 266
baumeln lassen 218
Beelzebub 242
befreien 262
Begegnung 255
Begierde 195
Beginn 33
begreifen 51
beneidenswert 34
Berg 34, 103, 305
Berlin 23
Berliner 122
berufen 260
berühren 241
Beschäftigter 134
Beschluss 17
Besen, neue 184
Besiegter 257
Besserer 35
Bestes 35
bestrafen 284
beten 196
betroffen 291
betrübt 118
betrügen 36, 275
Betrüger 36
Betrug, frommer 91
bewegen 251
Bewusstsein 219
bezirzen 141
bibamus 73
Bier 120
Big Brother 36
Bildung 36
Blatt 123
Blaubart 209
blind 159, 189
Blume, blaue 37
Blut 38
Boden 26
Bogen 39
Bona Fide 39
Bond 169
Böses 8, 109, 142, 242
Bosheit 246
Botschaft 39
Brauch 79
brechen 167
Brei 301
Bremer Stadtmusikanten 84
Bretter 40
Brot 40, 172, 279, 285
Brücke 247
Brücke, goldene 105
Bruder 235, 292
Brüderlein 244

Sachregister

brüllen 108
Brust 304
Brustton 130
Brutus 23
Buch 41, 63, 147
Büchse der Pandora 42
Buffet, kaltes 114
Bühne 94
Bund 128
Bürgerpflicht 211
Buridan 227
Busen 215
Business 42

C

Canossa 181
Carmen 27
Carmina burana 43
Casablanca 33, 127, 248
castle 181
champion 272
Chaucer 44
Club 127
Coitus interruptus 45
Corpus delicti 45
Courage 45
Credo 46
cum tempore 46
Curriculum vitae 46

D

Damoklesschwert 257
Dänemark 84
Danksagung 107
Demokratie 56, 291
denken 171, 213
Denker 260
Deutschland 56, 59, 244, 278
Dichter 260
Dieb 99
Diener 224
Dinge 61
Dirne, leichte 104
Dörfer, böhmische 55
Doria 62

Dorn 62
Dornröschenschlaf 62
Drachensaat 63
Drakon 63
Drang 239
Dreck 162
Dreiecksverhältnis 64
Drei Musketiere 12
dreißig 244
Drugs 224
Dschungel 101
Duft 66
Dummes 276
Dummheit 173, 174, 276, 278
Dunkel 130
dürfen 178

E

edel 67
Effi Briest 53
Ehe 65
Ehre 68, 151
Eifer 38
Eifersucht 69
Eigenes 47
eilen 69
einbrocken 270
Einfachheit 213
Ein Sommernachtstraum 21
Eisen 167
Eisenbahn, allerhöchste 79
Elfenbeinturm 130
Ende 21, 33, 71, 160, 172, 252, 273
Enfant terrible 71
Engelszungen 176
Entlein, hässliches 112
enttäuscht 291
Episode 158
Erbse 202
Erde 77, 117, 213
Ereignis 108
erfahren 267
Erfahrung 31
erfinden 278

Erfolg 264
Erhabenes 261
Erinnerung 135
erkennen 73
erlauben 271
Ernst sein ist alles 133
ernten 284, 288
erregend 187
erstarren 302
Erster 75, 201
Erwachsener 112
Esel 212
essen 65, 154, 164, 279, 285
Essen 22
Eule 85
Europa 18
Ewigkeit 256, 258
Ewig-Weibliche 85

F

Faden, roter 210
Faksimile 86
Fakten 86
fälschen 124
Familie Hoppenstedt 47
Fasson 140
Faust 17, 30, 39, 48, 50, 51, 52, 78, 79, 85, 97, 107, 116, 129, 169, 176, 177, 182, 223, 242, 255, 264, 267, 268, 280, 281, 296, 301, 304
Fazit 86
Feder, fremde 226
Fehler 212, 280
feiern 165
Feigheit 196
Feind 35
Feinstes 194
Feld, weites 53
Fell 186
Ferne 267
fertig 125
Fest 165
Fiat 25

313

Sachregister

finden 128
fittest 240
Fleisch 96
fleuchen 267
Fliegen 194
Frage 220
Frau 12, 65, 124, 127, 158, 174, 176
Fräulein, schönes 169
frei 34, 36, 82, 90, 95, 177
Freiheit 40, 59, 88
fremd 88
fressen 91, 126, 207
Fressen 75
Freund 19, 71, 89, 160, 201, 227
Freundschaft 33
Friede 81, 90
frisch 90
fröhlich 90, 154
fromm 90, 218
Froschmeuseler 24, 55, 137, 139
früh 92
Fugen 300
Furcht 196, 305
fürchten 179
Fürchten 263
Fuß 123, 236
Fußball 71

G

Galgenhumor 93
Ganzes 94, 198
Gärtner 179
Gast 182
Gaul, geschenkter 100
geben 61, 94, 114
Geberlaune 123
Geburt, späte 105
Gedanke 49, 95, 198
Gedöns 95
Gefahr 95, 134
Gefecht 28
Gefühl 119
Geige 250

Geist 96, 97, 171
Geiz 97
Geld 98, 300
Gelegenheit 99
Gemütlichkeit 203
Genie 100
Gerade 80
Geräusch 181
Gesang 282
Geschichte 206
Geschichte, alte 79
Geschichtsklitterung 7, 100, 101, 105, 286
Geschmack 125, 140
Geschwätz 269
gesehen werden 218
Gesellschaft 239
Gesetz 29, 101, 153, 228
Gesetz, ungeschriebenes 254
Gestalt, traurige 209
gestern 215
Gestriger 85
Gewalt 249, 262
Gewehr 282
gewinnen 90, 288
Gewissensbisse 102
Gewohnheit 188
glänzen 80
Glas 136
Glashaus 281
Glaube 39, 103, 232
glauben 281, 285
Glaubensbekenntnis 46
Gleicher 201
Gleiches 103, 279
Glocke, große 20
Glück 103, 104, 138, 274
glücklich 104, 140, 245, 289
Gnade 263
Gold 80, 142, 182
Goldenes Kalb 241
Goldwaage 222
Gomorrha 231
gönnen 164

Gott 58, 106, 117, 171, 174, 263, 268
Götter 214, 264, 276
Gottes Mühlen 106
Götz von Berlichingen 72
Gras 107
Grazie 64
Gretchenfrage 107
Großmutter 242
Grube 280
Grün 55
G'scherr 286
gut 35, 67, 204
Gut 142, 156
Gutes 35, 77, 109, 242

H

Haar 24, 48, 168
Haben 110
Haifisch 57
halb 110
Hälfte, bessere 170
Hamlet 77, 84, 132, 175, 208, 216, 220, 300
Hand 26, 111, 222, 282
Hannibal 111
Hans 112
Hansdampf 111
Haribo 112
Harke 299
hart 99
Hase 169
hassen 179
Haus 202
Haushalt 37
Hecht 113
Heimat 248
Heimchen 113
heiß 166, 269
helfen 117
Helfer 201
Hemd 114
Herr 50, 222, 286
Herz 26, 109, 114, 124, 165, 286

Sachregister

Heu 98
Heureka! 115
heute 115
Hierarchie 134
hilfreich 67
Himmel 77, 81, 117, 118, 250
Himmelhoch 118
Himmel, siebter 131
hingehen 237
Hiob 27, 48, 78, 102, 114
Hochdeutsch 290
Hochmut 119
Hocker 161
hoffen 11, 232
Hoffnung 154, 306
Höflichkeit 120
höher 215
Höhle 226
Hölle 118, 272
home 181
Honig 152
Hoppenstedt, Familie 47
Horizont 228
Houston 121
Huhn 128
Huhn, blindes 24
Humor 121
Hunger 122
Hut 252
Hütte 90
Hypochonder 69

I

Ilias 24, 25, 121, 171, 298
Imperativ, kategorischer 144
Imperium 132
Ingeniör 136
Inkompetenz 134
Insel 189, 207
international 173
Internationale 28
interpretieren 199
irren 74, 78
Irrung 137
Isolation 235

J

Ja 138
Jagd 83
Jahr 256
Jahre, beste 166
Jahr, verflixtes siebtes 258
jung 230, 301
Jüngling 24

K

Kalb 193
Kalter Krieg 143
Kamel 68
Kamerad 17
Kampf 156
kannibalisch 255
kaputt 162
Karpfenteich 113
Kassandraruf 144
Kastanie 93
Katze 137
Kaviar 82
kehren 139
Kelch 146
Kerl 146
Kind 112, 146, 180, 209, 271, 280, 288, 290
Klassiker 147
Kleider 147
Kleines 127
klug 48
Knabe, alter 211
Koch 122, 301
Kolosseum 232
kombinieren 126
kommen 148, 234
König 141, 278
Königin 149
Kontrolle 259
Konversationslexikon 266
Kopf 123
Korn 24
Körper 171
kotzen 126
Kraft 242, 277
Kräfte, rohe 294
Krähe 149
Kranker, eingebildeter 69
Kreis 204
Krethi 150
kreuchen 267
Kreuz 219
Krieg 83, 90, 131, 150, 172, 237
Krieg, totaler 295
Krösus 206
Kuchen 279
Kunst 74, 200, 270
Kupferstecher 19
Kurs 150
Kürze 132
Küsschen 151
küssen 210

L

lachen 121
Lachen, sardonisches 214
Lächerliches 261
Lamm 287
Land 88, 133, 185, 203, 256
Langeweile 153
Lapsus 153
Larifari 53
Lärm 259
lassen 246
Last 182
Lästermaul 155
Laune 70
leben 51, 155, 164, 253, 294
Leben 41, 74, 76, 89, 155, 156, 173, 186, 256, 284
Leben, feindliches 119
Lebensgeschichte 158
Lebenslauf 46
Leichtigkeit 253
Leid 102
leiden 289
Leidenschaft 69

315

Sachregister

Leisten 216
lenken 171
Lerche 82
lesen 147
Letzter 75
Leuchte 157
Leute 147
Leviten 157
Licht 87, 158, 168, 220, 294
Liebe 14, 70, 123, 144, 158, 159
lieben 127, 226, 274, 276, 282
Liebeskummer 161
Liebesmüh 259
Lied 285
Lied von der Glocke 29, 65, 119, 273
Likör 79
Linie, kürzeste 80
Linke 206
Lippen, rote 210
Lizenz 161
loben 212
locker 161
Lösung 72
Löwe 108, 226
Löwenanteil 162
Lückenbüßer 162
Luft 230, 284
Luft, Berliner 52
Lüge 116
lügen 83, 237, 281

M

Macht 145, 163, 289, 292
Mädchen 21
mahlen 285
Mai 15
Maler 187
Mammon 163
Mann 92, 127, 146, 158, 166, 221, 223
Männer, neue 185
Mann, kleiner 147
Mann, kluger 148
Mantel 222

Märchen 166
Marmor 167
Maß 171
Matthäi 167
Maul 260
Maus 34, 137
Max und Moritz 7, 11, 17, 60, 109
Meinung 231
Meister 91, 244
Menetekel 102
Mensch 67, 78, 81, 82, 116, 122, 140, 145, 164, 171, 172, 214, 252, 268, 297
Menschen 12, 29, 63, 67, 231, 262, 276
Menschheit 53, 172
Menschliches 122, 173
Messers Schneide 25
Methusalem 18
Metzger 193
Michel, deutscher 59
Milch 152
Million 75, 219
Mitglied 127
Mitte, goldene 105
Mittel 303
Mittelweg 134
mittendrin 178
Modus 178
mögen 178
Möglichkeit, unbegrenzte 152
Mohikaner 157
Mohr 179
Mondlandung 53
Moral 75, 250
Mörder 179, 233
morgen 87, 115, 180
müde 180
Müller 266
Mund 286
munkeln 130
Münze 175
Murphy's Law 16
Musik 181

müssen 145
Mütter 12
Muttermilch 175
my way 122

N

Nachbar 81
Nächste 139
Nacht 283
Nachtgedanken 56
Nachtigall 82
Nadelöhr 68
Nähkästchen 30
Name 169, 191, 216, 280
Nathan der Weise 36, 82, 145
Natur 184, 303
Neckermann 184
nehmen 94, 114
Nein 50
Neues 77, 132
Nibelungentreue 185
Nichthaben 110
nichts 31
Nichtsein 220
Nichtstun 240
nie 160
niedriger hängen 84
niemand 293
Nieren 26
Normalverbraucher 197
Not 31, 134, 227
null 298
Nullachtfünfzehn 193
Nutella 194
Nützliches 21

O

Objekt 195, 246
Ödipussi 54
Olymp 25
Opfer 131
Opium 208
Optimismus 196
Orakel von Delphi 73
ordentlich 218

Sachregister

Orgelpfeife 286
Österreich 245

P

Palast 90
Pandora, Büchse der 42
Pannen 200
Pappenheimer 50
Papst 110, 197, 290
Pardon 198
Paulus 262
Peanuts 55
Pech 200
Peitsche 65
Ponny 198
Perle 199
Person, unerwünschte 199
Pferd 103
Pflugscharen 217
Philosoph 199
Pilatus 264
Pinsel 187
Pläne 155
Pläsierchen 138
Platz 200
Pleiten 200
Plisch und Plum 6, 57, 246
Pointe 116
Politik 200
Polizei 201
Pol, ruhender 211
Pontius 264
post meridiem 22
praktisch 204
Preis 34, 115, 140
Prinzessin 202
Prinzipienreiterei 202
Problem 72, 121
Problembär 203
Proletarier 203
Prophet 32
prüfen 65
Pudels Kern 51
Punkt 236
Pyrrhussieg 204

Q

Quadrat 204
Quadratur 204
Quark 102
Queen 271
Quo vadis? 205

R

Rache 206
Rad 206
Rad, fünftes 92
Raserei 93
Raum 42
Reaktion 8
Rechte 206
Recht, höchstes 120
Rede 269
Regen 27
Regierung 141
reich 206
reif 207
reimen 207
rein 187
Reise 24, 278
Religion 208
Rente 208
Rest 208
Revolution 209
Rhodos 116
Ringparabel 36
Ritter 196, 209
Ritter Blaubart 209
Rock 114
Rock'n'Roll 224
Rohr 287
Romanze 226
Römer 234
Rose 210
Rotwein 211
Ruf 35, 137
Ruhe 211
Ruhm 225
rühren 101
Ruinen 28
Rumpelstilzchen 7

S

Sack 135, 212
säen 284, 288
Salz 46, 213
Salzsäule 302
Samariter 32
same procedure 242
satt 123
Sau 199
sauber 187
Saulus 262
Sauseschritt 70
Schafspelz 295
Schatten 108, 214, 294
Schätzchen 302
Schauspiel 214
Scheffel 220
Scherflein 220
scherzen 176
Schicksal 214, 221
Schlachtbank 287
Schlaf 222
schlagen 212
Schlange 215
Schlaraffenland 131
Schläuche, alte 143
schlecht 163
Schmied 138
Schnee 215
schneller 215
Schopf 99
Schrecken 160
Schriftsteller 116
Schritt 24
Schritt, kleiner 53
Schuh 292
Schuld 167, 293
Schulden 168
Schuldigkeit 179
Schule 186
Schulweisheit 77
Schuppen 289
Schuster 216
schütteln 101
Schutzengel 26

317

Sachregister

schwach 96
Schwachheit 216
Schwalbe 216
Schwan 168
Schwanengesang 217
schweigen 208, 217, 225, 296
Schweigen, tiefes 243
Schwein 66
Schweiß 38, 264
Schwert 217, 221
Schwert, zweischneidiges 305
Seele 114, 218, 304
Seemann 54
sehen 165, 218
Sehnen 11
Sein 219, 220, 253
Seine 222
Selbstüberwindung 223
selig 285
Sesam 224
Sex 224
sexy 23
siebzehn 177
siebzig (Jahr) 256
Sieg 223
Siegel, sieben 41
Silberstreifen 228
sine tempore 46
singen 293
Sinn 30, 269
Sinnloses 8
Sintflut 182
Sirene 229
Sisyphus 229
Sitten 195
sitzen 293
Skandal 230
Sodom 231
Sohn 23, 277
Solda 233
Sommer 216
Sonne 27, 40, 109, 200, 233
Sonntag 296
Sorgen 79, 109
Spaß 233

spät 160, 234, 284
Spencer 44
Sperrbezirk 230
Spieglein 234
Spiele 40
Spiel, nächstes 183
spinnen 234
Splitter 235
sprechen 296
Spreu 235
Sprung 53, 184
Staat 236
Stadt 133
stärker 215
stärker machen 270
Statistik 124
Staub 236
Stein 167, 237, 238, 281, 283
stellen 107
sterben 91, 155, 253, 276
Stern 237
Stimme, innere 57
Stoff 238
straucheln 153
streben 78, 281
Streich 60, 228
streiten 177
Stunde 275
Sturm 239, 284
Stütze 239
suchen 128
Sünde 144, 153, 283
Sündenbock 142
süß 206

T

Tabula rasa 240
Tadel 196
Tag 230, 233
Tagesordnung 10
Tag, helllichter 76
Tanz 241
Taoismus 24
Tatgegenstand 45
tausendmal 241

Tausendundundeine Nacht 166
Teil 94, 198, 242
Teufel 242, 252
Teufelsadvokat 10
Teufelskreis 133
Tierchen 138
Tiere 13
Tischlein deck dich 243
Tod 76, 84, 244
Tohuwabohu 244
Tor, armer 48
Torero 27
Torheit 19
töten 161
Toter 247
Tränen 38
trauen 178, 244
trauern 254
Traum 156, 177, 238
treu 194
trinken 244
Tropfen 238
Trübsal 245
Tüchtiger 104
Tücke 246
Tugend 31, 246
Tür 139

U

Übel 148
Übel, höchstes 120
üben 91
Übermensch 248
übersichtlich 54
überwinden 262
Überzeugung 130
umbringen 270
umziehen 64
Unfähigkeit 254
Ungehorsam, ziviler 301
Unglück 254
unheimlich 255
unmöglich 188
Unmündigkeit 29

318

Sachregister

Unrecht Gut 255
Unrecht, himmelschreiendes 118
Unschuld 222, 256
Unterhaltung 133, 189
Unterschied 81
Unwort des Jahres 55
Urteil, salomonisches 212

V

Vater 150, 257, 268, 277
Vaterland 158
Verachtung 120
verändern 199
verboten 271
verbrennen 63
Verdächtiger 248
verdienen 141
vereinigen 203
Vergangenheit 127
Vergebung 153
vergelten 103
vergessen 104
Verheißung 191
Verlaub 177
verneinen 97
verstehen 16
Versuchung 125
Vertrauen 259
verzeihen 16
Vision 283
Vogel 91
Vogel, seltener 224
Volk 13, 141, 208, 260, 292
Volldampf 150
Vorgehen 178
Vorhang 291
Vorhang, eiserner 70
Vorsätze 272
Vorschusslorbeeren 265
Vulkan 241
VW-Käfer 73

W

Waagschale 221
Waffen 174, 228
wagen 90
Wahl 83
Wahnsinn 100
wahr 58, 278
Wahrheit 131, 136, 184, 187
Wahrheitsfindung 279
wahrlich 265
Wald 217, 262, 266
Wandern 266
Wasser 38
Wasser, stille 238
Weg 272
wehe 273
Weib 216, 271, 282
Weile 69
Wein 136, 282
Wein, junger 143
weise 251
Weisheit 52
Weizen 235
Welt 56, 66, 94, 98, 199, 225, 252, 267, 274, 275
Weltbürger 275
Wenigkeit 170
Wert 115
Wesen, deutsches 20
Westen 132
widerstehen 125
wiederkommen 218
Wille 277, 289
willig 96, 249
Wind 222, 283, 284, 287, 290
Winter 183
Wirrung 137
wissen 129, 267, 269, 292, 303
Wissenschaft 157, 304
Witz 160
wohnen 294
Wolf 172, 295
Wolken 247
wollen 178, 190

Wort 129, 177, 222, 296
Worte, geflügelte 96
Wort, großes 66
Wort, honigsüßes 121
Wunden 299
Wunder 76
wundern 227
Wunsch 49, 301
Würde 297
Würfel 10
Würze 132

Y

Yes 297

Z

Zahn 30, 298
Zampano 108
Zankapfel 298
Zarathustra 18
Zauber 251
Zehntausend, obere 195
Zeichen 76, 299
Zeit 14, 264, 298, 299, 300
Zeitalter, goldenes 106
Zeiten 195
Zepter, eisernes 176
Zerberus 287
zerrinnen 288
Ziel 272
Zimmermann 32
Zögling 19
Zoll 141
Zorn 60
Zufriedenheit 7
zufügen 268
Zukunft 127, 302
Zukunftsmusik 54
zurückzahlen 175
zusammengehören 143
zusammenwachsen 143
Zweck 303
Zweifel 304
Zweig, grüner 27
Zwerg 305

Bildnachweis

Bettina Weisl: 119 o. l.; 139 u. r.; 200 o.; 215 o. r.; 290 m. l., 298 o. r.;

Claudia Romero und Olaf Encke: 277 u. r.

dpa/picture alliance: 24 u. r., 25 o. l., 47 m. l., 50 o. l., 59 o. r., 77 o. r., 114 o. l., 118 m. r., 120 u. r., 149 o. l., 161 m. l.; akg-images 11 u. l., 11 u. r., 14 o. r., 18 o. l., 20 u. r., 21 u. r., 60 u. r., 61 u. l., 65 o. r., 101 o. l., 121 u. r., 146 o. r., 147 m. r., 150 u. l.; Mary Evans Picture Library 14 m. l., 23 o. l., 31 m. r., 32 u. r., 175 o. r.; Jörg Carstensen 15 o. r.; CSU Archives/Everett Collection 36 m. r.; Keystone 47 m. r., 56 o. l., 76 u. l., 89 o. l., 120 o. r., 124 o. l., 124 o. r., 167 o. l., 173 m. l.; Robert Harding World Imagery 133 m. l.; KPA Copyright 145 u. r., 164 u. l., 192 u. r.; maxppp 165 u. r., 178 o. r.; Imagno 244 o. l.; CTK 253 u. r.; Zentralbild 279 u. r.

Florian Heubach: 293 u. l.

Fotolia: picsfive 9 o. l.; Kreatiw 10 u. l.; Toby Hudson 22 o. l.; sanchez30 27 o. l.; jarous 27 u. r.; barbulat 34 m. r.; Perysty 39 m. l.; kytalpa 39 u. r., 66 u. r., 79 m. r., 136 m. l.; christine krahl 40 o. r.; asmakar 43 u.; canicula 46 u. l., 180 m. l., 183 u. r.; lynea 46 u. r.; kuco 54 o. r.; shlapak_liliya 55 u. l., 55 o. r.; Fixelpix 55 u. r.; Nataliia Bezditna 57 m. r.; hadkhanong 68 o. r.; senoldo 71 m. l.; mitay20 82 o. l.; olga demchishina 106 u. r.; raven 128 m. r.; Leonid Nyshko 131 u. r.; thongsee 142 m. l.; Stephi 142 u. l.; Ellie Nator 149 r.; Ismael M Verdu 151 u. l.; Africa Studio 152 u. r.; robodread 163 u. r.; Erica Guilane-Nachez 176 o. l.; asmakar 194 m. l.; Günter Menzl 257 u. r.; Yaroslav Gnatuk 258 u. r.; danielschoenen 260 o. r.; grafnata 270 m. r.; DLeonis 288 m. r.; sharpner 294 u. l.; Eduard Härkönen 305 m. l.; Hans-Jürgen Krahl 305 o. r.

Gruppo Editoriale Fabbri, Mailand: 296 m. r.

Karl Knospe: 45 o. r., 100 o. r., 265 o. l., 278 u.

Kerstin Landwehr: 301 u. r.

Lidman Production, Stockholm: 90 o. l., 127 u. r.; 226 m. l., 292 u. r.

Pixelio: Christian Rohr 85 o. r.; Klicker 273 u. l.; Wolfgang Dirscherl 275 m. l.

Shutterstock: Fedorov Oleksiy Hintergrund; Maxik Kulko 172 m. l.

Sonstige: Lizenz cc-by-sa: Dr. Meierhofer 7 u. r.; Mishastranger 12 o. r.; Superbass 23 o. r.; Clemensfranz 28 u. l.; photo taken by myself 29 o. l.; Bernd Schwabe in Hannover 32 m. l., 60 o. l., 62 o. l.; Bundesarchiv/Jörg Kolbe 34 u. l.; Kurt Wichmann 35 m. l.; Stiftung Schloss Friedenstein Gotha 40 m. l.; Armin Kübelbeck 41 o. l.; Wronkiew 42 m. r.; aewolf from Denver 43 o. r.; Belinda 51 u. l.; Hugo van Gelderen/Anefo 52 o. l.; © Foto H.-P.Haack 53 o. r., 75 o. l., 132 m. l.; 137 m. l., 292 m. l.; Jacques Lameloise – Editer par „Anaud 25" 54 u. r.; Steve Jurvetson 61 u. r.; Ralf Roletschek/Wikipedia 73 u. l.; Michael Lucan 81 o. r.; Wuzur 84 o. l.; Joachim Köhler 87 m. r., 160 o. r.; Hans Weingartz 91 o. l.; Cruccone 93 o. r.; shakko 98 u. l.; Constance Vlahoulis 101 m. l.; Rabanus Flavus 103 m. r.; Buchhändler 112 m. r.; Dale Frost oft he Port of San Diego 112 u. r.; Richard Huber 115 o. r.; Daniel Schwen 116 o. l.; A. Hunter Wright 118 o. l.; Michael Kranewitter 125 u. l.; Abbasi1111 125 u. r.; Siddarth Krish 126 u. r.; Colin Swan 127 u. l.; Eric Gaba 129 u. l., 284 o. l.; nicolas genin 132 o. r.; Freud 135 u. l.; Gedenkplakette gestiftet von D.O.N.A.L.D. 136 u. r.; Gennaro Visciano 139 u. r.; böhringer friedrich 140 u. r., 253 o. l.; Karl-Heinz Münker-Appel 143 o. l.; Louis Huch (1896–1961) 144 m. r.; Joe DeSantis 154 u. l.; Jack Mitchell 155 m. r.; Calidius 156 u. l.; Luis García 156 m. r.; Graoully/Archimatth 157 u. r.; Molendijk, Bart/Anefo 161 o. r.; Kurz Liese Harald-Reportagen 161 u. r.; I, Alex Ex 163 m. r.; photo by Alan Light 169 o. l.; Steindy 173 u. r.; sailko 174 o. l., 276 m. l.; Ed Uthman 179 u. l.; Paolo da Reggio 181 u. r.; Ulrich Zwirner 185 m. l.; Gnsin 188 u. l.; Rufus46 193 u. r.; Cornischong 194 u. r.; Bundesarchiv, Bild 183-R06610 196 o. r.; Andreas Praefcke 197 o. l.; Klaus Mueller 200 u. r.; Aiwok 201 o. r.; Tomasz Sienicki 202 m. l.; Glauco92 202 u. r.; Manfred Brückels 203 m. r.; Odysses 204 o. l.; Gerardo Irazábal Valledor 209 u. r.; upyernoz 212 o. r.; Twdk 213 o. r.; D.N.R. 213 u. r.; Willhurt 214 o. r.; shakko 215 o. l.; Hofres 218 m. l.; Diliff 218 o. r.; Roman Eisele 220 u. l.; Norbert Aepli 220 u. r.; Tohma 221 m. l.; Med 221 o. r.; Wolfgang Sauber 222 o. l., 289 o. l.; Nightflyer 224 m. l.; Memecry2 227 o. r.; HagenU 230 u. l.; Heinrich Klaffs 230 o. r.; Bgabel 232 o. r.; Wolfgang Moroder 235 u. r.; 4028mdk09 236 m. l.; Axel Rouvin 247 o. l.; Jastrow 248 o. l.; Oliver Wolters 250 o. l.; Ansgar Walk 251 o. l.; GeoTrou 254 o. r.; Richard Elzey 255 u. l.; Jaontiverus 259 u. l.; AngMoKio 263 u. r.; David Wen Riccardi-Zhu 267 u. l.; Sir James 269 u. r.; Bernd Brägelmann 272 o. l.; Andreas Trepte 282 m. l.; Bundeswehr/Archiv 282 u. r.; Michael Schilling 284 m. r.; Doris Antony 286 u. l.; Darkone 287 o. r.; Fabio Pozzebom 291 o. l.; Bundesarchiv/Jens Gathmann 291 u. r.; Jorge Barrios 297 u. l.; Tfa1964 299 m. l.; National Gallery of Art, Widener Collection, Washington 299 m. r.; Yan Li 304 u. r.

Schmuck-Illustrationen: Fotolia/chuhail (Bücher, Füller, Bleistift); Fotolia/Amid (Feder); Fotolia/sharpner (Hand mit Feder)